PREFACE

이 책은 초등학교 예비교사와 현장교사들이 초등학생들을 대상으로 화학 관련 내용을 지도하고 연구하는 데에 도움이 되도록 집필되었습니다. 초등학교에서 잘 가르치기 위해 필수적으로 꼭 알아야 할 화학 개념 중심 교재가 필요하겠다는 생각에서 이 책을 기획하고 구성하였습니다. 예비교사들을 위해 필수적으로 알아야 할 과학 개념을 정리하여 제공하기 때문에 임용고사 준비 등 앞으로 교사가 되기 위해 알아야 할 교사 내용 지식을 담고 있으며, 현장 교사들을 위해서는 교재 연구, 실험 준비, 수업 진행 등 전반적인 교수-학습 활동을 위해 필요한 깊이 있는 화학 개념을 정리하였습니다. 초등학생들에게 과학 개념을 효과적으로 잘 지도하려면 초등학교 교과서에 나오는 내용만을 이해해서는 제대로 가르치기 어렵습니다. 과학을 잘 가르치려면, 교사는 이보다 더 넓은 범위와 구체적인 내용을 이해하여야 하고, 실제 교육 및 생활과의 적용을 함께 고려하여야 합니다.

초등학교에서 과학 교재 연구를 하려 할 때, 보다 깊이 있는 과학 개념에 대한 이해가 필요함을 스스로 느끼게 됩니다. 이 때 인터넷을 검색하여 관련 내용 지식에 대한 이해를 도모하지만, 부정확하거나 확실하지 않은 내용이 많아 만족스러운 결과를 얻기 어려운 경우가 많습니다. 그래서 대학 일반화학 수준의 교재를 어렵게 찾아 참고하는 경우가 있지만, 초등학교 교육과정에서 다루지 않는 불필요한 내용이 많아 오히려 공부하는 데에 부담을 느끼게 되는 경우가 많습니다. 이에 초등학교에서 다루는 개념과 내용 중심으로 교사들이 보다 심화되고 구체적인 내용을 이해하는 데에 도움이 될 수 있도록 이 책을 집필하였습니다.

이 책은 기본 화학과 맞춤 화학 두 부분으로 크게 구성되어 있습니다. 1편 기본 화학은 초등교사로서 알아야 할 기초 화학 내용을 소개하고 있습니다. 물질의 구성, 화학 결합, 화학 반응은 물질과 관련하여 교사들이 필수적으로 알아야 할 내용을 중심으로 구성하였습니다. 2편 맞춤 화학은 기본 화학 내용을 바탕으로 초등학교 과학과 교육과정과 교과서에서 다루는 개념을 소개하고 있으며, 초등학교 교사로서 이해하고 있으면 과학 수업을 진행하는 데에 도움이 될 개념과 내용 중심으로 초등학교 맞춤형 내용으로 구성하였습니다. 교육과정에서 제시하는 내용에 대한 깊이 있는 개념 이해를 위해, 물체와 물질, 혼합물의 분리, 용해와 용액, 산과 염기, 기체의 성질, 연소와 소화, 수질 오염, 대기 오염의 내용을 중심으로 대학 교양화학 수준의 깊이와 이해를 도모하고자 했습니다.

이 책으로 공부하고 연구하여 초등 과학을 지도하고 연구하는 예비 및 현장 선생님들에게 조그마한 도움이 되길 바라며, 이 책의 내용이 초등교사의 전문성을 향상시키는 데에 도움이 되기를 기대합니다. 이 책이 초등 현장의 과학 교육에 도움이 될 수 있도록 꼭 필요한 내용을 이해하기 쉽게 집필하려고 노력하였지만 여전히 부족한 점들이 많을 줄로 생각합니다. 부족한 부분은 점차 보완해 나갈 것이니, 아낌없는 지적과 의견을 주시기 바랍니다.

이 책이 완성되기 까지 크게 도움을 주신 청범 출판사의 김응열 선생님과 삽화 및 편집을 도와주신 모든 분들께 진심으로 감사드립니다.

2010. 3. 저자 일동

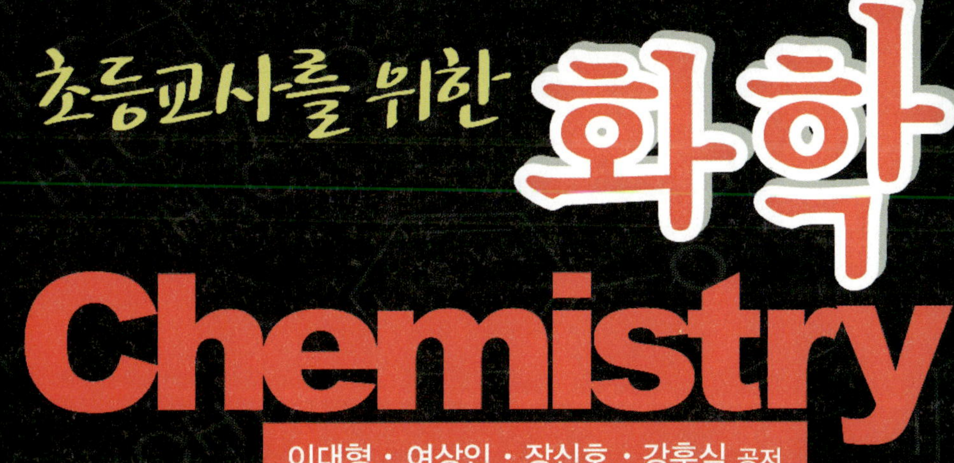

초등교사를 위한 화학 Chemistry

이대형 · 여상인 · 장신호 · 강훈식 공저

청범출판사

CONTENTS

1편 기본 화학

물질의 구성

화학 결합

Chapter 03

화학반응

2편 맞춤 화학

물체와 물질

Chapter 05

혼합물의 분리

Chapter 06

용해와 용액

산과 염기

기체의 성질

연소와 소화

Chapter 10

수질오염

대기오염

I

기본 화학

Chapter 01

물질의 구성

우리는 수많은 물질에 둘러싸여 살아간다. 몇 분 간 만이라도 호흡하지 않으면 생명 유지에 심각한 영향을 주는 공기라는 물질도 자세히 들여다보면 질소, 산소 등의 물질이 섞여 있다. 매일 마시는 식수도 우리가 물이라고 부르는 H_2O라는 물질이 대부분을 차지하지만, 이 외에도 많은 물질이 포함되어 있다. 전기 분해를 이용하여 물을 다시 수소(H_2)와 산소(O_2)로 분해할 수 있다. 또한 상온에서 공기는 기체로 물은 액체로 존재하듯이 물질도 다양한 상태로 존재하고 있다.

이 장에서는 우리 주위에 존재하는 수많은 물질을 분류하는 방법과 원소, 원자, 화합물, 그리고 분자가 무엇인지에 대하여 알아볼 것이다. 그리고 온도, 길이, 부피와 같은 물질량과 이러한 물질량의 측정에 대하여 공부할 것이다.

01-1 물질의 분류

이 생수병에 담긴 물은 순수할까? 아닐까?

목마름을 해소하기 위하여 마시는 생수병에 담긴 물을 생각해보자. 이 물은 액체 상태라고 할 수 있다. 왜 액체라고 부를 수 있을까? 이 액체는 H_2O라는 화합물인 순수한 물로만 구성되어 있을까? 아니면 물 이외에도 다른 물질이 섞여 있는 것일까? 일반적으로 우리가 마시는 식수는 물과 그 안에 용해된 미네랄, 기체 등이 균일하게 섞여 있는 균일한 혼합물인 용액이다. 그리고 시냇물과 같이 자연에 존재하는 물 속에는 고운 흙 입자가 분산되어 있는 경우가 많다. 이러한 상태는 일반적으로 여러 가지 물질이 불균일하게 혼합되어 있는 불균일 혼합물이다.

1-1-1 물질의 상태에 따른 분류

물질의 성질 중에서 쉽게 알 수 있는 것은 상태, 즉 기체, 액체, 고체인가 하는 것이다. 고체는 모양이 일정하며, 부피도 온도와 압력의 변화에 따라 거의 변하지 않는다. 고체와 마찬가지로 액체도 부피는 일정하지만, 액체는 자신의 일정한 모양이 없다. 액체는 담겨 있는 용기의 모양에 의하여 그 모양이 결정되는 유체이다. 기체의 부피는 고체나 액체와 달리 온도와 압력의 영향을 많이 받는다. 기체를 용기에 담으면 기체는 담긴 용기에 균일하게 분포하면서 용기 전체를 채우기 때문에 기체의 모양은 일정하지 않고 담긴 용기의 모양에 따라 변한다.

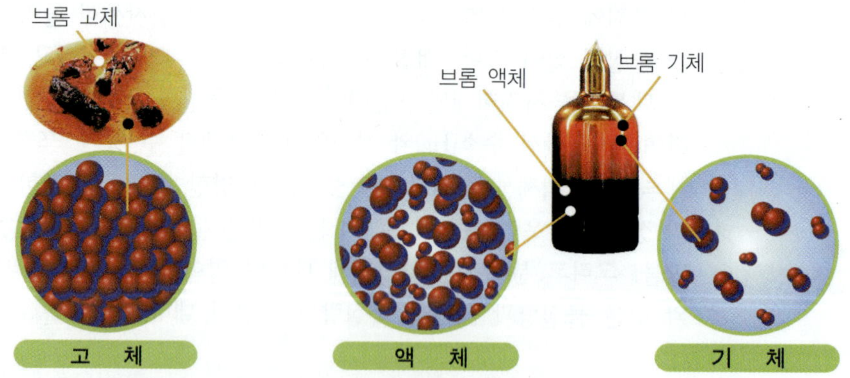

그림 1.1

물질의 상태 : 고체, 액체, 기체

브롬은 녹는점이 −7.2℃이고 승화성이 큰 물질이다. 그림의 붉은색 작은 구는 브롬 원자를 표시한다. 브롬 원자 2개는 서로 결합하여 브롬 분자(Br_2)를 형성한다.
고체 상태에서는 브롬 분자(Br_2)가 규칙적으로 배열하고, 액체 상태와 기체 상태에서는 브롬 분자 사이의 거리는 차이가 나지만 불규칙하게 배열한다.

물질의 온도가 충분히 낮아지면 모든 물질은 고체 상태로 존재한다. 고체 물질의 온도가 증가하면 고체는 녹아서 액체가 되며, 충분히 높은 온도에서는 액체가 증발하여 기체가 된다. 상태가 변함에 따라 부피도 변한다. 그러나 물질의 질량은 변화가 없기 때문에 물질의 상태가 변하면 밀도가 달리진다. 일반적으로 물을 제외한 대부분의 물질은 고체에서 액체, 액체에서 기체가 될 때 부피가 늘어나기 때문에, 고체에서 액체, 액체에서 기체가 될 때 밀도는 작아진다.

물질의 **분자운동론**은 고체, 액체, 기체의 성질을 이해하는 데 있어서 매우 유용하다. 분자운동론에 따르면 모든 물질을 구성하는 입자는 끊임없이 운동을 한다. 분자운동론의 관점에서 고체, 액체, 기체의 특성은 다음과 같다.

- **고체**에서 입자들은 서로 가까이 뭉쳐 있으며, 규칙적인 배열을 하고 있고, 입자들은 제자리에서 진동 운동을 한다. 이러한 고체를 결정성 고체라고 한다. 유동성이 거의 없고 불규칙한 배열을 하고 있는 유리, 플라스틱과 같은 물질은 비결정성 고체라고도 한다. 이러한 비결정성 고체는 점성이 매우 큰 액체로 분류하기도 한다.
- **액체**를 구성하는 원자나 분자는 불규칙적인 배열을 한다. 액체는 입자들이 특정 위치에 한정되어 있지 않지만 일정한 공간 내에서는 자유롭게 움직이는 유체이다.
- 보통의 조건에서 **기체** 입자는 고체나 액체에 비하여 분자 사이의 거리가 10배 정도 서로 멀리 떨어져 있다. 이렇게 분자 사이의 거리가 멀면 분자 간에 작용하는 인력이 적어 기체 분자는 액체 분자보다 더 빠르게 움직인다.

분자운동론에서 중요한 점은 온도가 높을수록 입자는 더 빠르게 운동한다는 것이다. 고체에서 온도가 높아질수록 고체 분자의 진동이 빨라지고, 규칙적으로 배열된 위치에서 벗어날 수 있을 정도로 운동에너지가 충분히 커지면 고체는 녹아서 액체가 된다. 이때의 온도를 **녹는점**이라고 한다. 온도가 크게 증가하면 입자의 운동은 훨씬 빨라져서 이웃 분자의 인력을 이기고 이탈하여 결국 기체 상태가 된다. 이 때의 온도를 **끓는점**이라고 한다.

1-1-2 거시적 수준과 미시적 수준에서의 물질

기체, 액체, 고체의 특성은 우리의 감각으로 쉽게 관찰된다. 예를 들어, 물질의 색깔이 어떠한지, 물에 녹는지, 전기를 통하는지, 또는 산소와 반응하는지와 같은 물질의 특성은 실험과 관찰에 의하여 거시적인 세계에서 결정된다.

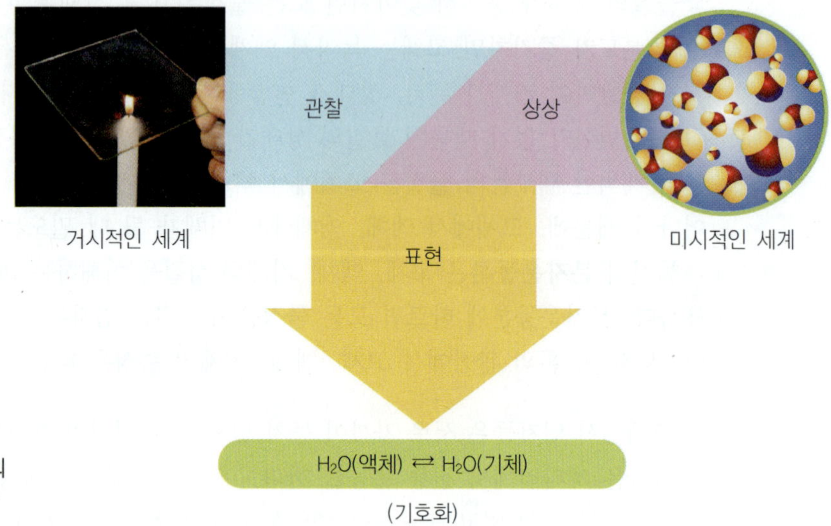

그림 1.2
거시적인 수준에서의 관찰과 상상을 통한 물질 세계의 표현

우리는 거시적 수준에서 화학적, 물리적 과정을 관찰한다. 이들 과정을 이해하고 설명하기 위해 과학자들은 이러한 현상에 대한 관찰 사실을 원자와 분자 수준에서 상상하여 기호로 표시한다.

눈으로 직접 볼 수 없는 원자, 분자, 그리고 이온의 세계로 가보자. 한 덩어리의 물질을 나누고 또 나누면 육안으로 볼 수 있는 상태를 지나고, 계속해서 나누면 광학현미경으로도 볼 수 없는 상태에 도달할 것이다. 결국 모든 물질을 구성하는 개개의 입자 수준에 도달하게 되는데, 이 상태가 원자와 분자라는 미립자의 세계이다(그림 1.2).

화학자는 입자 수준에서의 물질의 구조에 관심을 가진다. 미립자의 세계인 원자, 분자, 그리고 이온은 거시적 세계에서 처럼 보이지 않는다. 그래서 화학자는 미시적 수준에서 원자와 분자가 어떻게 서로 조합되는지를 상상한다. 그들은 원자나 분자를 나타내는 모형(원자를 작은 구로 나타냄)을 창안하였고, 이 모형을 사용하여 거시 세계에서 관찰된 내용을 설명하였다.

화학자는 거시적인 수준에서 관찰하고 실험하면서 관찰 또는 실험 결과를 이해하고 설명하기 위해 미립자 수준에서 상상한다. 그리고 그들은 H_2O, Cl_2와 같은 기호를 사용하여 알아낸 사실을 표현한다.

1-1-3 물질의 구성에 따른 분류

우리가 마시는 식수인 물도 일반적으로 순수한 물로만 되어 있지 않고, 나트륨, 칼륨, 칼슘과 같은 미네랄, 산소, 질소와 같은 기체가 용해되어 있다.

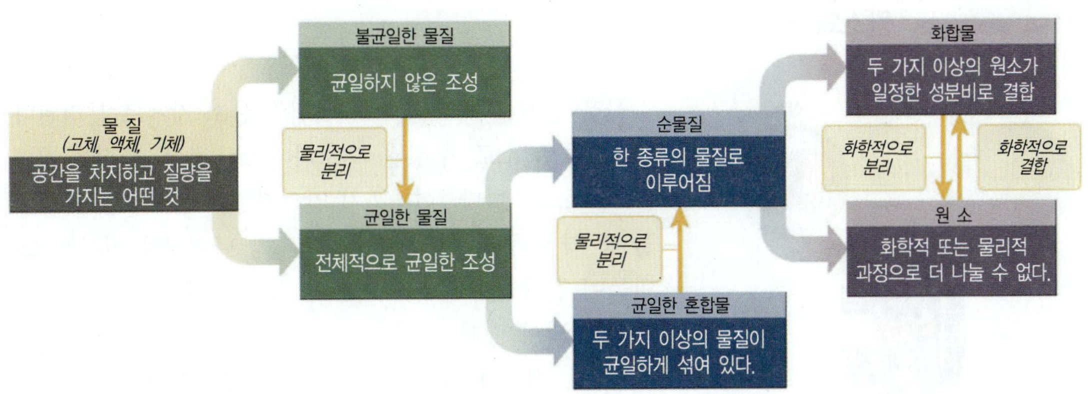

그림 1.3 물질의 분류

이렇게 두 가지 이상의 물질이 서로 섞여 있는 상태를 **혼합물**(mixture)이라고 한다. 혼합물은 소금물과 설탕물, 공기와 같이 섞여 있는 물질이 균일하게 분포하고 있는 혼합물도 있지만, 우유나 흙탕물, 암석과 같이 섞여 있는 물질이 불균일하게 분포하고 있는 혼합물도 있다. 전자와 같은 혼합물을 균일 혼합물, 후자와 같은 혼합물을 불균일 혼합물이라고 한다.

혼합물과 달리 한 종류의 물질로 이루어진 물질을 **순물질**(substance)이라고 한다. 산소, 물, 염화나트륨과 같은 물질이 서로 섞여 있지 않고 분리되어 있을 때, 이들 각 물질은 순물질이라고 한다. 순물질도 산소(산소라는 원소로만 구성됨)와 같이 한 종류의 원소로 구성된 물질이 있고, 염화나트륨(염소와 나트륨이라는 원소로 구성됨)과 같이 두 종류 이상의 원소로 구성된 물질이 있다. 전자를 **원소**(element), 후자를 **화합물**(compound)이라고 구분한다.

연습문제

1.1
아래 사진에 있는 된장국, 설탕물, 혈액을 균일 혼합물과 불균일 혼합물로 구분하라.

1-1-4 원소와 원자

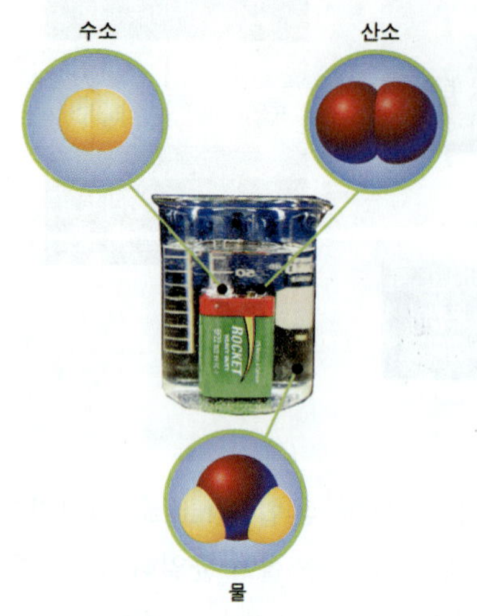

그림 1.4 화합물인 물을 전기 분해하면 원소인 수소와 산소가 생성된다.

물을 전기 분해하면 수소 기체와 산소 기체로 분리된다. 한 가지 원소로 구성된 수소와 산소 같은 물질을 원소(element)라 한다. 현재까지 알려진 원소는 118종이며, 이들 중 약 90종은 천연에서 발견되고, 나머지는 인공적으로 만들어 진다. 각 원소의 이름과 기호는 이 책의 표지 안쪽에 수록되어 있다.

황(S), 철(Fe), 구리(Cu), 은(Ag), 주석(Sn), 금(Au), 수은(Hg), 납(Pb) 등은 초기 그리스 시대와 로마 시대, 고대 중국, 아랍, 그리고 중세 유럽의 연금술사들에게 알려졌다. 그러나 다른 원소들의 대부분은 18, 19세기까지 알려지지 않았다. 천연에 존재하지 않는 원소- 플루토늄(Pu), 아메리슘(Am) 등-는 현대 물리학의 기술을 사용하여 20세기에 만들어졌다.

원소의 이름과 기호는 라틴어와 그리스어에 기원을 둔 원소들이 많이 있다. 예를 들면, 헬륨(He)의 어원은 '태양'이란 의미를 가진 그리스어 helios이며, 납의 기호인 Pb는 '무거운'이란 뜻을 가진 라틴어 plumbum에서 나왔다. 최근에 발견된 원소들은 발견된 장소, 발견한 사람, 또는 중요한 사람이나 장소의 이름이 붙어졌다. 예를 들어, 아메리슘(Am), 버클륨(Bk), 퀴륨(Cm) 등이 있다. 현대 화학은 원자 수준에서의 자연에 대한 이해와 탐구에 기초하고 있다.

1-1-5 화합물과 분자

두 종류 이상의 서로 다른 원소들의 화학 결합(chemical bond)으로 이루어진 설탕($C_{12}H_{22}O_{11}$), 염화나트륨(NaCl), 또는 물(H_2O)과 같은 순물질을 **화합물**(compound)이라고 한다. 알려진 원소는 116종이지만 이들 원소로 이루어진 화합물은 무수히 많다. 최근까지 2000만개 이상의 화합물이 알려져 있으며 매년 50만개 이상이 추가되고 있다.

원소가 화합물을 이루게 되면 색, 경도, 끓는점 등 원소 본래의 성질은 바뀌게 된다. 나트륨과 염소라는 두 원소가 결합하여 염화나트륨이라는 화합물을 생성하는 경우에 대하여 생각해 보자.

그림 1.5
나트륨과 염소가 반응하면 새로운 성질을 가지는 염화나트륨이라는 화합물이 형성된다.

- 나트륨은 은백색 광택이 있는 금속으로 물과 격렬하게 반응하여 수소 기체를 발생한다.
- 염소는 연한 노란색 기체로 자극성이 있는 냄새가 나며, 폐와 다른 조직에 강력한 자극을 주는 물질이다.
- 염화나트륨은 무색의 결정성 고체로 염화나트륨의 성질은 구성 원소인 나트륨과 염소의 성질과는 전혀 다르다.

원소의 혼합물과 화합물을 구분하는 것은 중요하다. 원소의 혼합물은 다양한 비율로 섞일 수 있지만, 화합물을 구성하는 원소의 비율은 일정하다. 예를 들어, 순수한 금속 철과 노란색 황가루는 다양한 비율로 섞일 수 있으며, 자석을 이용하여 혼합물 중에서 철가루만을 분리할 수 있다. 그러나 철과 황으로 이루어진 화합물인 활철광은 구성 성분 물질인 철과 황의 비율이 일정하며, 천연에서 황금색 결정으로 산출되기도 한다(그림 1.5).

소금과 같은 몇 가지 화합물은 전하를 띤 원자나 이온(ion)으로 구성되어 있다. 물이나 설탕 같은 화합물은 자신의 조성과 화학적 특성이 같은 가장 작고 분리될 수 있는 단위인 **분자**(molecule)로 이루어져 있다.

접시에 있는 물질은 철가루와 황의 혼합물로 두 성분의 비율은 다양할 수 있고, 자석을 이용하여 철을 분리할 수 있다.

황철광은 철과 황으로 구성된 화합물로 철과 황의 무게 비율이 각각 46.6 %, 53.5 %로 일정하다. 그러나 자석으로 철을 분리할 수 없다.

그림 1.6
혼합물과 화합물

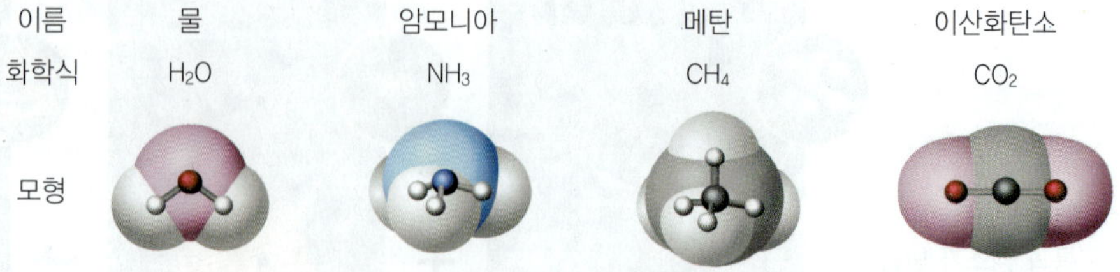

이름	물	암모니아	메탄	이산화탄소
화학식	H_2O	NH_3	CH_4	CO_2
모형				

그림 1.7 몇 가지 분자의 이름, 화학식, 그리고 모형

화합물의 조성은 **화학식**(chemical formula)으로 표시할 수 있다. 예를 들면, 메탄의 화학식은 CH_4인데, H는 수소의 원소 기호이고 C는 탄소의 원소 기호이며, 수소 원소 기호의 아랫첨자 '4'는 메탄 분자 1개에 수소 원자 4개가 있다는 의미이다. 탄소 원소 기호에는 아랫첨자가 없는데 이것은 메탄 분자 1개에 탄소 원자가 1개가 있다는 의미이다. 그리고, 분자의 조성과 구조는 모형으로 설명되기도 한다. 그림 1.6은 몇 가지 분자의 이름, 화학식, 모형을 보여준다.

01-2 원소와 원자

물질을 구성하는 기본 단위인 원자들은 어떻게 생성되었을까? 원소들의 기원에 대한 과학적 견해는 '빅뱅' 이론으로 설명하는 것이 일반적인 학설이다. 이 학설은 약 150억년 전에 상상하기 어려울 만큼 농축된 주먹만한 작은 물질에서 대폭발이 일어났고, 이 폭발로 10^{30} K 정도의 엄청나게 높은 온도의 폭발물이 뿜어져 나왔으며, 폭발 후 1초 이내에 우주는 양성자, 전자, 그리고 중성자와 같은 입자들로 채워졌다. 몇초 후 우주는 수백만도로 냉각되면서 양성자와 중성자가 결합하여 헬륨핵이 생성되었다. 그리고 8분쯤 후에 우주는 약 25 %의 헬륨과 75 %의 수소로 이루어졌던 것으로 과학자들은 생각한다. 그러나 인간, 동물, 식물을 이루는 탄소, 질소, 질소, 철, 아연과 같은 원소들(대체적으로 이들 원소는 우주 전체에서 차지하는 비율은 극미량이며, 비교적 무거운 원소임)은 어떻게 생긴 것일까?

수소와 헬륨 구름이 냉각되면서 태양과 같은 별들로 응축되고, 수백만년 동안 지속으로 응축된 수소가 융합되면서 별은 더욱 농축되고 뜨거워진다. 초기에 별에서 생성된 헬륨 원자들은 처음에는 탄소, 그리고 산소, 다음으로 네온, 마그네슘, 실리톤과 같은 더 무거운 원자들로 전환되기 시작하였다. 어떤 환경에서는 이러한 별이 폭발하면서 더 무거운 원소들이 만들어 지기도 하였다. 이러한 과정을 되풀이하면서 오늘날 지구상에서 발견할 수 있는 무거운 원소들이 생겨난 것이다.

1-2-1 양성자, 전자, 중성자

1990년경 영국에서 톰슨과 러더포드와 같은 과학자들에 의해 수행된 일련의 실험들은 원자의 모형을 정립시켰고, 현대 원자론의 기초가 되었다. 전기적으로 양성인 양성자와 중성인 중성자, 그리고 전기적으로 음성인 전자 등과 같은 원자보다 작은 입자(subatomic particle)가 모여 원자를 만든다. 무거운 양성자와 중성자가 모여 아주 작은 원자의 핵을 이룬다. 양성자나 중성자보다 훨씬 작고 가벼운 전자는 핵을 둘러싸고 있으면서 대부분의 원자의 부피를 차지하고 있다. 원자는 알짜 전하를 갖지 않고, 양전하와 음전하가 균형을 이룬다. 즉, 원자를 구성하는 양성자와 전자의 개수는 같다.

전자의 발견

원자가 더 작은 입자로 이루어진다는 증거는 톰슨에 의해 행해진 음극선 실험에 의하여 밝혀졌다.

톰슨은 실험적으로 전자의 존재를 증명하고, 그 성질을 연구하기 위해 음극선에 전기장과 자기장을 동시에 걸어주었다. 전기장과 자기장의 세기를 조절하고 전기와 자기의 기본 법칙을 이용하여 톰슨은 원자의 구성 입자 중에 음전하를 띠는 입자가 있다는 것을 밝혔고, 이 입자의 질량 대 전하의 비를 계산하였다. 그러나 그는 전자의 전하 또는 질량을 각각 독립적으로 측정하지는 못했다. 전자의 전하와 질량은 미국의 물리학자 밀리컨의 기름방울 실험을 통하여 구해졌다.

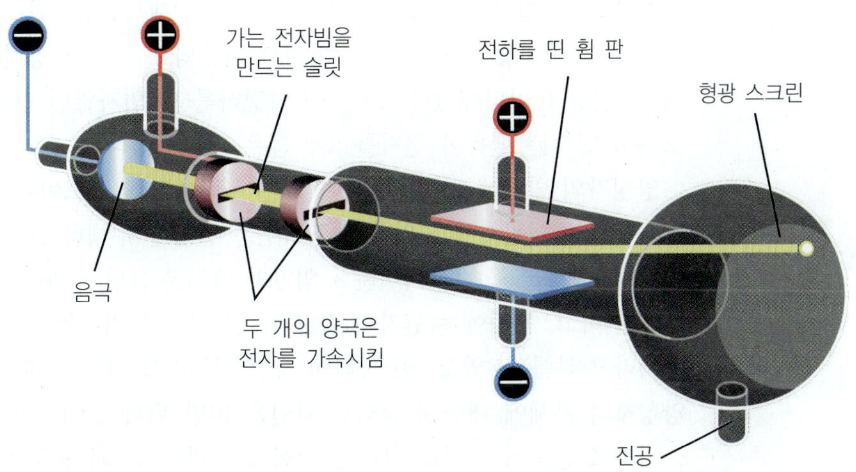

그림 1.8
전자의 존재를 밝힌 톰슨의 음극선 실험

전자빔(음극선)이 2개의 초점 슬릿을 통과할 때 가속되고, 이 음극선이 전기장을 통과할 때, (+)극 쪽으로 휘어진다. 이 결과로부터 원자에는 음의 전하를 띠는 입자가 존재한다는 것이 밝혀졌다.

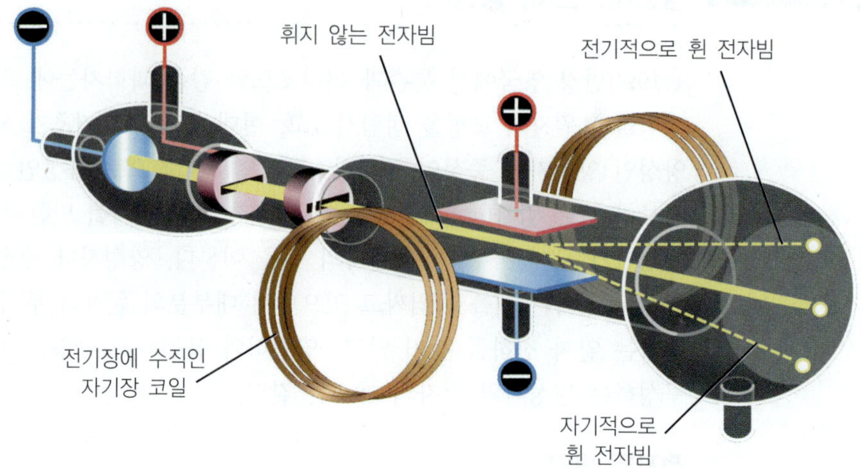

그림 1.9
전하 대 질량비를 측정한 톰슨의 음극선 실험

실험 장치에서 전기장에 의해 전자빔이 한 방향으로 휘고, 자기장은 반대 방향으로 전자빔이 휘도록 한다. 전기장과 자기장의 세기를 조절하여 전자빔을 휘지 않도록 해서 전자의 전하 대 질량비를 측정할 수 있다.

양성자의 발견

지금은 원자에서 기본적인 양전하를 띤 입자로서 양성자를 인식하는 것은 쉽지만, 원자의 구조에 대한 기초 연구가 이루어지던 100년 전에는 쉽게 이해되지 않았다. 이 기본적인 사실은 특정 실험이나 한 순간에 정립되지 않았다.

음전하를 띤 전자가 원자의 구성 요소라는 것이 입증되자 양전하를 띤 원자의 구성 입자도 존재해야 한다는 것은 인식되었다. 전자와 상반되는 작은 질량과 양전하를 띤 입자가 존재해야 한다는 가설은 제시되었지만 이러한 입자에 대한 실험적 증거는 없었다. 이전 실험에서 검출되고 연구된 양전하를 띤 입자는 훨씬 큰 질량을 나타내었다. 사실 이 양전하를 띤 입자였던 방사성 원소로부터 나오는 α 입자는 헬륨이 전자를 2개 잃은 He^{2+}이었다.

양성자의 발견에 가장 큰 기여를 한 사람은 러더퍼드이다. 그는 1900년대 초에 여러 가지 원소에 α 입자를 쬐어주는 실험을 수행하였다. 그의 유명한 실험에서 금과 같은 금속에 쬐어준 α 입자가 대부분 그냥 통과하고 일부만 휘는 현상을 발견하고, 원자에는 원자의 질량의 대부분을 차지하는 작은 공간(지금은 원자핵이라고 부름)이 있고, 이 공간이 양전하를 띠고 있다는 것을 밝혀냈다. 그러나 양성자의 존재에 대한 실질적인 확인은 10년 뒤까지 이루어지지 않았다. 그 뒤 α 입자로 질소에 충격을 가하는 실험에서 러더퍼드와 공동 연구자들은 큰 에너지 입자를 관찰하였다. 이것의 전하 대 질량비의 값은 가장 낮은 질량을 갖는

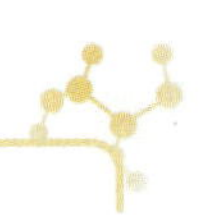

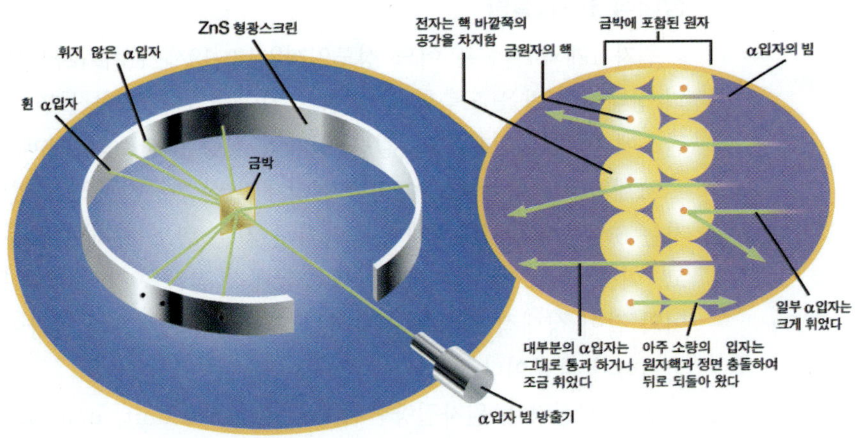

그림 1.10
원자 구조를 알아내기 위한 러더퍼드의 실험

양전하를 띤 α 입자를 얇은 금 박막에 쬐었을 때, 대부분의 α 입자는 그대로 통과하였으나 일부분은 약간 휘었다. 그중 극소수는 정반대편으로 꺾였다.

양성 입자인 수소와 비슷하였다. 양성자를 핵으로부터 방출하는 것은 양성자가 핵의 입자로 존재한다는 결정적인 증거로 받아들여졌다. 이 입자를 '양성자'로 명명한 것은 1919년에 러더퍼드가 과학학회의 보고서에서 처음 사용하면서부터이다.

중성자의 발견

원자가 알짜 전하를 갖지 않기 때문에 즉, 중성이기 때문에 양전하를 띤 양성자의 수는 원자에서 음전하를 띤 전자의 수와 같아야 한다. 그러나 대부분의 원자는 양성자와 전자를 합친 예상값 보다 더 큰 질량을 나타내었다. 이것은 원자가 전하가 없고 비교적 질량이 큰 어떤 입자를 포함한다는 것을 있음을 의미한다. 1932년에 러더퍼드의 학생이었던 영국의 물리학자 채드윅은 그런 입자의 존재를 실험적으로 증명하였다. 중성자는 양성자보다 질량이 약간 더 크다.

1-2-2 원자 번호와 원자 질량

원자 번호

동일 원소의 원자는 핵 내에 모두 같은 개수의 양성자를 갖고 있다. 수소는 핵 내에 1개의 양성자를 지닌 가장 간단한 원소이다. 헬륨 원자에는 양성자가 2개, 리튬에는 3개, 탄소에는 6개의 양성자가 각각 존재한다. 핵 내에 있는 양성자의 수가 바로 원자번호(atomic number)이다. 일반적으로 부호 Z로 표시된다.

상대적 원자 질량

원자 1개의 질량은 어느 정도일까? 18~19세기 화학자들은 실험을 통해 원자의 상대적 질량을 도출할 수 있음을 알아내었다. 예를 들면, 산소 원자의 질량은 탄소에 비해 1.33배이고, 칼슘 원자의 질량은 산소의 2.5배에 해당한다.

21세기의 화학에서도 아직까지 상대적 질량을 사용하고 있다. 기준이 되는 원자는 6개의 양성자와 6개의 중성자를 갖는 탄소 원자의 질량을 정확히 12로 하고, 이를 기준으로 한 다른 원자의 상대적 질량을 그 원자의 원자량이라고 한다. 이와 같이 상대적 질량을 사용하는 까닭은 원자 1개의 질량이 너무 작아 다루기 불편하기 때문이다.

원자의 질량은 **원자질량단위**(atomic mass unit, amu)로 표시할 수 있다. 1 amu는 6개의 양성자와 6개의 중성자를 지닌 탄소 원자 1개의 질량의 1/12로 정의된다. 따라서 탄소 원자 ^{12}C의 질량은 12 amu라고 할 수 있다. 1 amu를 그램으로 변환하면 다음과 같다.

$$1\ \text{amu} = 1.661 \times 10^{-24}\ \text{g}$$

질량수

양성자와 중성자의 질량은 1 amu와 비슷하다. 반면에 전자의 질량은 1 amu의 약 1/2000에 해당하는 작은 질량을 가지고 있다. 따라서 원자의 질량은 크게 양성자와 중성자의 수에 의해 결정된다. 양성자와 중성자의 질량이 1 amu와 거의 같기 때문에 양성자의 수와 중성자의 수의 합을 **질량수**(mass number)라고 하며, 일반적으로 부호 A로 표시한다.

$$\text{A(질량수)} = \text{양성자수} + \text{중성자수}$$

예를 들면, 핵에 양성자가 6개, 중성자가 6개인 탄소의 질량수 A = 12가 된다. 92개의 양성자와 146개의 중성자를 갖고 있는 우라늄의 질량수는 238이다. 이러한 정보는 다음과 같이 표현하기도 한다.

표 1.1 원자를 구성하는 입자의 성질

입자	질량(g)	전하	기호
전자	9.109383×10^{-28}	−1	$^{0}_{-1}e$ 또는 e^-
양성자	1.672622×10^{-24}	+1	$^{1}_{1}p$ 또는 p^+
중성자	1.674927×10^{-24}	0	$^{1}_{0}n$ 또는 n^0

$$\text{질량수} \longrightarrow {}^{A}_{Z}\mathrm{X} \longleftarrow \text{원소기호}$$
$$\text{원자번호} \longrightarrow Z$$

아랫첨자 Z는 일정한 원자번호를 나타내기 때문에 생략이 가능하다. 예를 들면, 앞에서 언급된 원자번호 6인 탄소와 원자번호 92인 우라늄을 각각 ^{12}C, ^{238}U로 표현할 수 있다.

예제

원자번호가 15이고 질량수가 31인 중성 원자에서 양성자수, 중성자수, 전자수는 어떻게 되는가? 그리고 이 원자의 실제 질량이 30.9738 amu라면, 그램으로 나타내면 얼마인가?

정답 양성자수 15개, 중성자수 16개, 전자수 15개, 원자의 질량은 5.145×10^{-23} g

해설 원자번호가 양성자수와 같기 때문에 양성자수는 15개이고, 질량수는 양성자수와 중성자수의 합이므로, 중성자수 = 질량수 − 양성자수이다. 따라서 중성자수는 16개가 된다. 전기적으로 중성인 원자는 양성자수와 전자수가 같기 때문에 전자수는 15개이다.
1 amu = 1.661×10^{-24} g이므로 30.97387 amu는 5.145×10^{-23} g이다.

연습문제

1.2
(1) 20개의 중성자를 지닌 염소 원자의 질량수는?
(2) ^{64}Zn에 들어있는 양성자, 전자, 중성자의 수는?
(3) ^{16}O의 질량은 15.9949 amu이다. 그램으로 질량을 변환하라.

1-2-3 동위원소

자연계에 존재하는 원소 중에는 몇 가지 원소(예를 들면, 알루미늄, 플루오르, 인)만이 모든 원자가 동일한 질량을 지니고 있고, 대부분의 원소들은 자연계에서 서로 다른 질량을 가지는 원자들이 서로 섞여 있다. 예들 들면, 붕소는 질량수가 10인 ^{10}B와 질량수가 11인 ^{11}B의 2가지 원자가 존재한다. 주석은 자연계에서 질량수가 다른 원자가 10개나 존재한다. 이렇게 원자번호는 동일하나 질량수가 다른 원자들을 **동위원소**(isotope)라고 한다.

동위원소의 원자들은 양성자수가 동일하다. 동위원소들의 질량수가 다른 것은 중성자수가 다르기 때문이다. $^{10}\mathrm{B}$의 핵에는 5개의 중성자가 $^{11}\mathrm{B}$의 핵에는 6개의 중성자가 있고, 양성자수는 모두 5개로 동일하다. 수소는 $^{1}\mathrm{H}$, $^{2}\mathrm{H}$, $^{3}\mathrm{H}$의 동위원소가 있는데, $^{2}\mathrm{H}$은 **중수소**라고 부르며 $^{1}\mathrm{H}$와 구별하기 위하여 D라고 표기하기도 한다. $^{3}\mathrm{H}$는 **삼중수소**라고 부르며 $^{1}\mathrm{H}$와 구별하기 위하여 T라고 표기하기도 한다.

자연계에 존재하는 수소 원자의 대부분(99.985 %)은 $^{1}\mathrm{H}$으로 존재하고, 나머지 0.015 %는 $^{2}\mathrm{H}$로 존재하고 있다. 삼중수소 $^{3}\mathrm{H}$는 방사성 원소로 자연적으로는 존재하지 않는다.

연습문제

1.3

자연계에 존재하는 물은 $^{1}\mathrm{H_2O}$, $^{2}\mathrm{H_2O}$, $^{1}\mathrm{H}^{2}\mathrm{HO}$의 세 종류가 존재할 수 있다.

(1) 각각의 존재 비율을 계산하라.

(2) 각각의 상대적 질량의 크기를 비교하라.

1-2-4 원자량

자연계에 존재하는 붕소는 질량이 10.0129 amu인 $^{10}\mathrm{B}$와 질량이 11.0093 amu인 $^{11}\mathrm{B}$로 구성되어 있기 때문에 시료 중의 붕소의 평균 질량은 그 사이의 값이 될 것이다. 이와 같은 평균 질량을 **원자량**이라고 한다. 붕소의 동위 원소의 존재비($^{10}\mathrm{B}$: 19.91 %, $^{11}\mathrm{B}$: 80.09 %)를 고려하여 평균 질량(원자량)을 구하면 다음과 같다.

$$\text{B의 원자량(평균 질량)} = 10.0129 \times (19.91/100) + 11.0093 \times (80.09/100) = 10.811\ \text{amu}$$

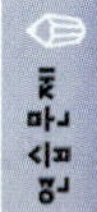

연습문제

1.4 원자량

다음 정보를 이용하여 염소의 원자량을 구하라.

$^{35}\mathrm{Cl}$의 질량 = 34.97 amu, 존재비 = 75.77 %

$^{37}\mathrm{Cl}$의 질량 = 36.97 amu, 존재비 = 24.23 %

1-2-5 몰

화학적 연구를 통해 새로운 물질이 발견되고, 이 과정에서 정량적인 실험이 수반되는 경우가 많다. 이러한 과정에서 반응한 물질의 수와 생성된 물질의 수

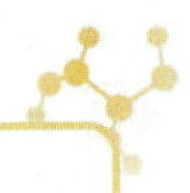

를 계산하기 위해서는 원자나 분자의 개수를 계산하는 방법이 필요하다. 이를 위해서는 눈에 보이지 않는 미시적 세계인 원자 또는 이온을 우리 눈에 보이면서 측정 가능한 거시적인 세계로 끌어내야 한다. 이러한 문제를 해결하기 위해서는 이미 알고 있는 개수의 입자가 포함된 양을 정의하여 사용하는 것이 편리하다. 이에 해당되는 화학적 단위가 **몰**(mole)이다.

몰(mole, 약어로 mol)은 물질의 양을 측정하는 SI 기본 단위이며, 다음과 같이 정의된다.

물질(원자, 분자, 또는 기타 입자) 1 mol은 정확히 12g의 ^{12}C 원자의 개수에 해당되는 물질의 양이다.

몰의 개념을 이해하는 데 가장 중요한 것은 물질의 종류에 관계없이 1 mol은 항상 동일한 개수의 입자를 갖고 있다는 것이다. 1몰의 수소 원자의 수와 1몰의 구리 원자의 수는 항상 동일하다. 현재까지 수많은 실험을 통해 1 mol에는 다음과 같은 수의 입자가 포함되어 있음을 실험적으로 확립하였다.

$$1\ \text{mol} = 6.0221415 \times 10^{23}\text{개 입자}$$

이 값은 몰에 대한 기본적인 아이디어를 제공한 이탈리아의 과학자인 아보가드로를 기념하여 **아보가드로 수**라고도 부른다.

1-2-6 몰질량

어떤 원소 1 mol에 해당하는 질량을 그램으로 나타낸 것을 **몰질량**(molar mass)이라고 한다. 몰질량은 약자로 문자 M으로 나타내고, 단위는 g/mol이다. 원소의 몰질량은 원자량과 숫자는 같고 그램으로 표시하면 된다. 예를 들면, 다음과 같다.

$$\begin{aligned}\text{산소의 몰질량} &= 1\ \text{mol의 산소 원자의 질량}\\ &= 6.0221415 \times 10^{23}\text{개 산소 원자의 질량}\\ &= 16.00\ \text{g/mol}\end{aligned}$$

$$\begin{aligned}\text{탄소의 몰질량} &= 1\ \text{mol의 탄소 원자의 질량}\\ &= 6.0221415 \times 10^{23}\text{개 탄소 원자의 질량}\\ &= 12.01\ \text{g/mol}\end{aligned}$$

그림 1.11
몇 가지 원소의 1 mol에 해당하는 양

왼쪽부터 마그네슘, 황, 구리, 아연이다. 양이 적을 수록 원자량이 크다.

그림 1.11에서 몇 가지 원소의 1 mol에 해당한 양을 보여준다. 각 원자들의 부피와 질량은 다르지만, 항상 6.022×10^{23}개 원자가 들어있다.

몰의 개념을 이해하는 것은 정량적 화학의 출발점이 된다. 정량적인 계산을 위해서는 몰을 질량으로 바꾸고, 질량을 몰로 바꿀 수 있어야 한다. 예를 들면, 0.35몰의 알루미늄의 질량은 몇 그램이 될까? 알루미늄의 몰질량(27.0 g/mol)을 이용하면 0.35 mol의 Al의 질량은 9.5 g임을 알 수 있다.

$$0.35\ \text{mol} \times 27.0\ \text{g/mol} = 9.5\ \text{g}$$

예제

(1) 518 g의 납의 몰수는? 이 시료에 있는 납 원자의 개수는?
(2) 0.308 mol의 주석의 질량을 그램으로 나타내어라.

정답 (1) 2.5 mol, 1.50×10^{24}개의 납 (2) 36.5 g

해설 (1) 납의 몰수 = 518 g/(207.2 g/mol) = 2.5 mol,
납 원자의 개수 = 1.5 mol × 6.0×10^{23} 개/mol = 1.50×10^{24} 개
(2) 주석의 질량 = 0.308 mol × 118.7 g/mol = 36.5 g

연습문제

1.5
(1) 1.5몰 물의 질량은?
(2) 64 g의 황의 몰수는?
(3) 황 원자 한 개의 질량은?

1-2-7 주기율표

화학에서 원소의 주기율표는 가장 유용한 도구 중의 하나이다. 그 안에 풍부한 정보가 있을 뿐 아니라, 화학에서 여러 가지 아이디어를 도출할 때 이용될 수 있다. 우리는 주기율표에 포함된 특징과 용어 등을 잘 알아둘 필요가 있다.

주기율표의 특징

주기율표가 지닌 중요한 특징은 다음과 같다.

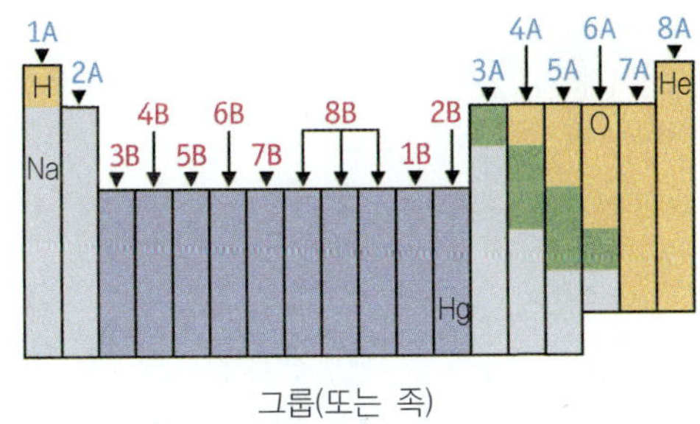

그룹(또는 족)

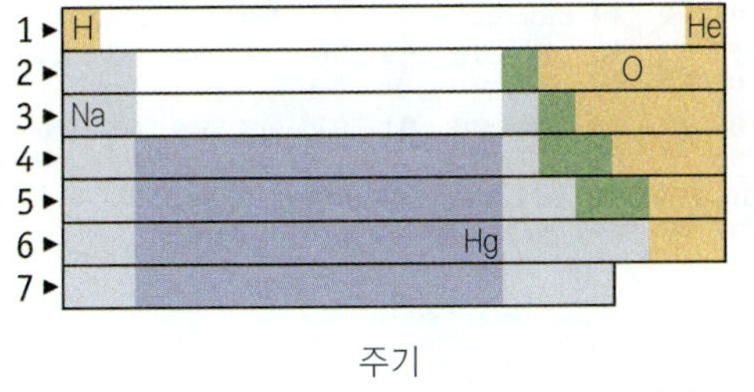

주기

- 주기율표의 세로축은 **족**(family)이라고 부르며 물리적, 화학적 성질이 비슷한 원소가 나열되어 있다. 족은 1족에서 8족으로 크게 나뉘어져 있으며, 숫자 뒤에 A 또는 B로 다시 구별할 수 있다. A 그룹은 주족 원소(main element), B 그룹은 진이원소(transitional element)이다. 최근에는 A 그룹과 B 그룹으로 나누지 않고 1A부터 8A까지 차례대로 1족, 2족 … 18족으로 이름을 붙여 사용하기도 한다.
- 주기율표의 가로축을 **주기**(period)라고 부른다. 수소와 헬륨이 포함된 주기가 1주기가 된다. 예를 들면, 나트륨은 1A족이면서 3주기의 맨 앞에 위치하고 있다. 산소는 6A족이면서 2주기에 속하고, 수은은 2B족이면서 6주기에 속한다.

주기율표는 원소의 성질에 따라 몇 가지 영역으로 나눌 수 있다. 이 책이 표지 안쪽에 금속은 보라색, 비금속은 주황색, 준금속은 녹색띠로 표시되어 있다. 같은 주기의 원소들은 왼쪽에서 오른쪽으로 갈수록 금속성이 감소하며, 준금속은 금속과 비금속의 경계에 존재한다. 그림 1.12에 몇 가지 원소를 나타내었다.

일상생활에서 여러 가지 금속의 성질에 대하여 우리는 익히 잘 알고 있다. 금속들은 수은을 제외하고 고체이며, 열과 전기의 전도성이 있고, 연성과 전성이 크다. 철과 알루미늄은 연성과 전성이 크고, 가격이 비교적 저렴하기 때문에 자동차 부품 등으로 사용된다. 구리는 다른 금속보다 전도성이 크기 때문에 전선으로 이용된다. 크롬은 금속 부품에 도금으로 사용하는데, 광택이 좋을 뿐 아니라 다른 금속이 산화를 막아주는 역할을 한다. 비금속 원소는 주기율표상의 B와 Te를 잇는 대각선의 오른쪽에 위치하는데, 흑연 상태인 탄소를 제외하고 비금속 원소들은 전기전도성이 없다.

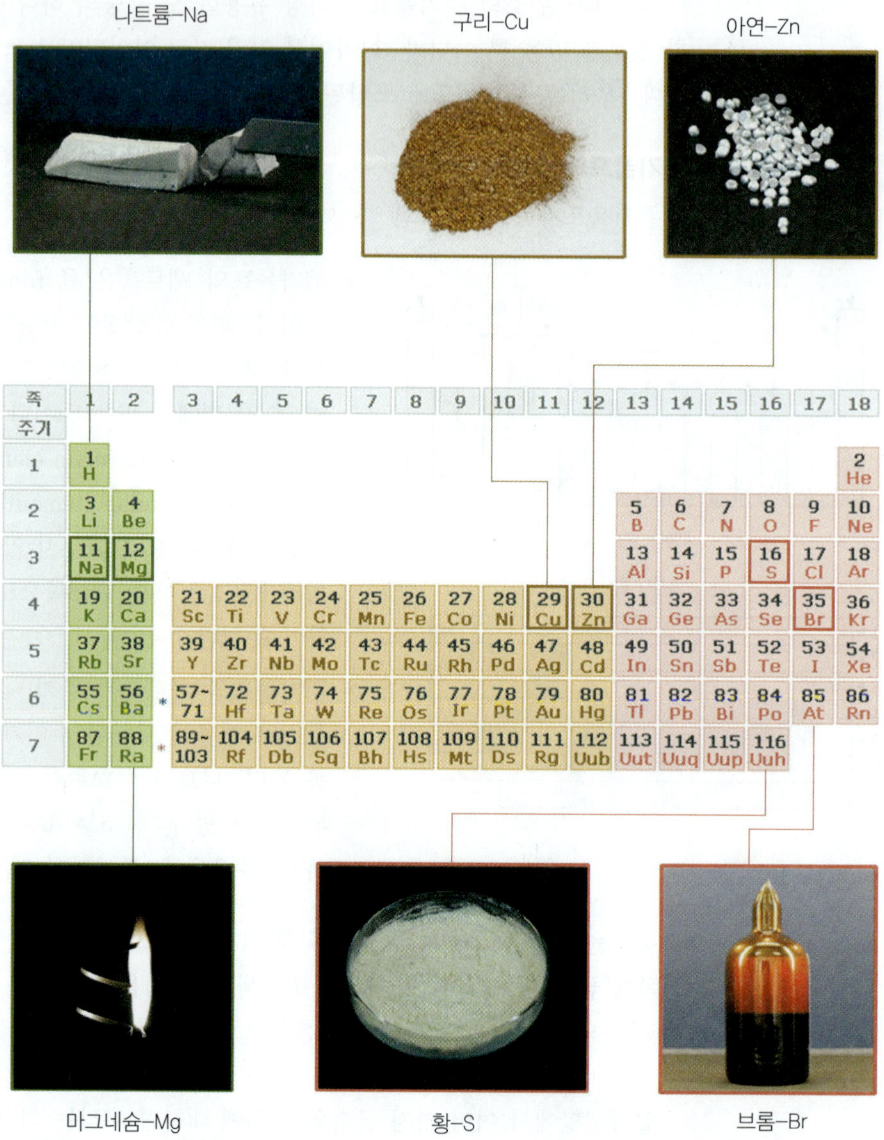

나트륨–Na　구리–Cu　아연–Zn

족 주기	1	2	3	4	5	6	7	8	9	10	11	12	13	14	15	16	17	18
1	1 H																	2 He
2	3 Li	4 Be											5 B	6 C	7 N	8 O	9 F	10 Ne
3	11 Na	12 Mg											13 Al	14 Si	15 P	16 S	17 Cl	18 Ar
4	19 K	20 Ca	21 Sc	22 Ti	23 V	24 Cr	25 Mn	26 Fe	27 Co	28 Ni	29 Cu	30 Zn	31 Ga	32 Ge	33 As	34 Se	35 Br	36 Kr
5	37 Rb	38 Sr	39 Y	40 Zr	41 Nb	42 Mo	43 Tc	44 Ru	45 Rh	46 Pd	47 Ag	48 Cd	49 In	50 Sn	51 Sb	52 Te	53 I	54 Xe
6	55 Cs	56 Ba	* 57~71	72 Hf	73 Ta	74 W	75 Re	76 Os	77 Ir	78 Pt	79 Au	80 Hg	81 Tl	82 Pb	83 Bi	84 Po	85 At	86 Rn
7	87 Fr	88 Ra	* 89~103	104 Rf	105 Db	106 Sg	107 Bh	108 Hs	109 Mt	110 Ds	111 Rg	112 Uub	113 Uut	114 Uuq	115 Uup	116 Uuh		

마그네슘–Mg　황–S　브롬–Br

그림 1.12 주기율표에 나타난 몇 가지 원소의 사진

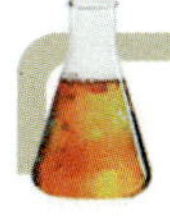

01-3 분자, 이온 그리고 화합물

1-3-1 분자

설탕이나 물과 같은 순물질을 계속 나누면 그 물질의 조성과 화학적 성질이 유지되는 가장 작은 단위 입자가 존재하며, 이 입자를 **분자**(molecule)라고 한다. 일반적으로 기체 상태의 물질은 분자가 존재한다. 예를 들어, 공기의 주성분인 질소의 경우 순물질인 질소의 성질이 유지되는 가장 작은 입자 단위인 질소 입자, 즉 질소 분자가 존재한다. 그러나 염화나트륨(NaCl)과 같은 물질의 경우 최소 단위인 나트륨 이온과 염화 이온이 각각 1개씩 결합한 최소 단위는 순물질인 염화나트륨의 성질을 유지하지 못하므로 염화나트륨은 분자가 존재하지 않는 물질이다. 마찬가지로 탄소로 이루어진 다이아몬드에서 최소단위인 탄소 원자 1개는 더 이상 다이아몬드의 성질을 가지지 않는다. 따라서 다이아몬드도 분자가 존재하지 않는 물질이다.

알루미늄이 브롬과 반응하여 브롬화알루미늄이 생성되는 반응에서 알루미늄은 최소 단위 입자가 원자이고 분자로는 존재하지 않는다. 그러나 브롬은 분자가 존재한다. 생성물인 브롬화알루미늄은 브롬 이온과 알루미늄 이온으로 만들어진 화합물로 분자로는 존재하지 않는다.

$$2Al(s) + 3Br_2(\ell) \rightarrow Al_2Br_6(s)$$

이름	분자식	시성식	구조식	분자 모형
에탄올	C_2H_6O	CH_3CH_2OH	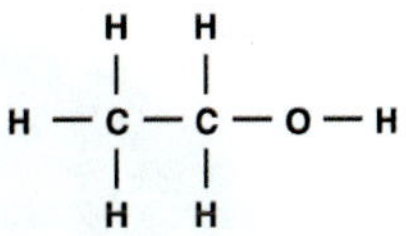 H H H — C — C — O — H H H	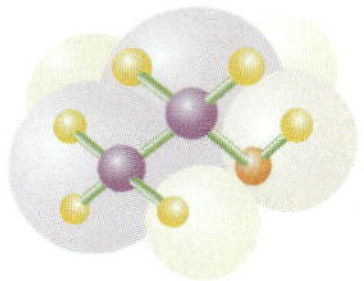
디메틸에테르	C_2H_6O	CH_3OCH_3	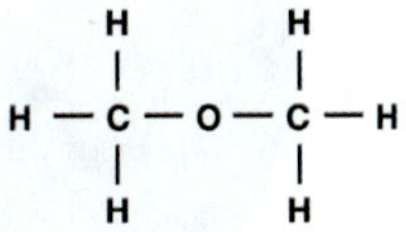 H H H — C — O — C — H H H	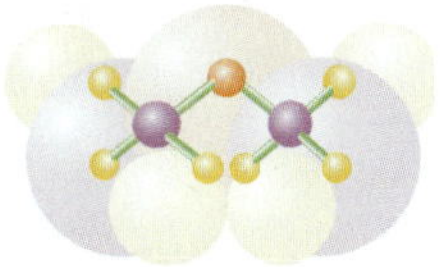

그림 1.13
분자를 표현하는 화학식과 분자모형

위에 나타낸 두 종류의 분자는 같은 분자식을 갖는다. 그러나 시성식, 구조식 또는 분자 모형을 표시해 보면 이들 분자들은 확실히 서로 다르다는 것을 알 수 있다.

복잡한 분자들의 화학식을 표현하는 데는 한 가지 이상의 방법이 사용된다. 예를 들어, 에탄올의 화학식은 C_2H_6O와 같이 표현할 수 있다. 이와 같이 한 분자를 구성하고 있는 원자의 종류와 개수를 나타낸 화학식을 **분자식**이라고 한다. 즉, 에탄올 한 분자는 탄소 원자 2개, 수소 원자 6개, 산소 원자 1개로 구성되어 있다. 그러나 분자식은 구성 성분 원소의 조성은 나타낼 수 있지만, 구조적인 정보는 제공하지 않는다.

원자가 어떻게 결합하고 어떻게 공간을 채우느냐에 관한 구조 정보는 분자들이 다른 분자와 어떻게 상호작용하고 있는가를 알려주기 때문에 화학적으로 중요하다. 구조 정보를 알려주는 화학식으로 **시성식**이 있다. 시성식은 특정 원자들과 함께 그룹지어지는 방식을 알려준다. 예를 들어, 에탄올의 시성식(condensed formula)인 CH_3CH_2OH는 에탄올 분자가 CH_3, CH_2, OH의 세 가지 '군'으로 이루어져 있다는 사실을 알려준다. 또한 화학식을 CH_3CH_2OH와 같이 나타내므로 이 화합물이 분자식은 같으나 다른 물질인 디메틸에테르(CH_3OCH_3)와 서로 다르다는 것을 알려준다.

에탄올과 디메틸에테르가 다른 분자라는 사실은 그들의 **구조식**(structural formula)을 확인해보면 분명해진다. 이러한 형태의 화학식은 보다 높은 수준의 상세한 구조를 알려주는데, 이를 통해 모든 원자들이 분자 내부에서 어떻게 결합하고 있는지를 알 수 있다. 구조식에서 원자 사이의 선은 분자 내부에서 원자들을 연결하는 화학결합을 나타낸다.

물질의 물리·화학적 성질들은 그 물질의 구조와 밀접한 관계가 있다. 예로서 얼음의 구조를 살펴보면 거시적인 세계에서 얼음이 나타내는 여러 가지 특징들을 짐작할 수 있다. 그림 1.14에서 얼음의 구조에서 우리가 눈으로 확인할 수 있는 얼음 결정의 육각형 모양을 찾아볼 수 있다. 또한 얼음 구조에서 볼 수 있는 빈 공간은 얼음이 물보다 밀도가 낮다는 사실을 짐작할 수 있게 한다.

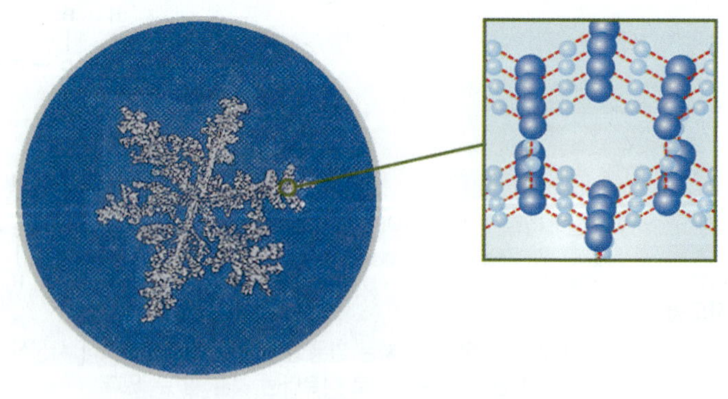

그림 1.14
얼음의 결정 구조와 분자 모형

분자는 3차원 구조를 가지므로 2차원인 지면에 그 형태를 나타내는 것이 쉽지 않다. 그러나 2차원 지면 상에 3차원 구조를 표현하는 여러 가지 방법이 개발되었다. 그림 1.15와 같이 단순투시도에서 쐐기는 지면에서 앞으로 튀어 나온 것을 의미하고 점선은 지면에서 뒤로 들어간 것, 그리고 실선은 지면에 있는 것을 의미한다. 또한 나무나 플라스틱을 이용하여 분자 구조를 나타내는 것도 유용한 방법이다. 공-막대 모형(ball and stick model)에서 공은 원자를 막대는 원자 사이의 결합을 나타낸다. 이들 모형을 보면 원자들이 서로 어떻게 연결되어 있는지를 확인하기 쉽다. 분자는 공간 채움 모형(space-filling model)으로도 표현할 수 있다. 이 모형은 분자 내에서 원자 사이의 거리 및 원자의 상대적 크기를 보다 잘 반영하기 때문에 사실적이다. 그러나 공간 채움 모형의 단점은 원자들이 다른 구조에 의해 시야에서 가려질 수 있다는 점이다.

그림 1.15
메탄 분자를 표현하는 여러 가지 방법

연습문제

1.6

(1) 다음과 같은 시성식을 가지는 분자의 분자식은?
CH_2CHCN, $CH_3CH_2CH_2OH$

(2) 물컵이나 보온재의 재료로 사용되는 폴리스티렌은 스티렌 분자가 중합하여 만들어진다. 다음과 같은 화학식으로 표현되는 스티렌의 분자식은?

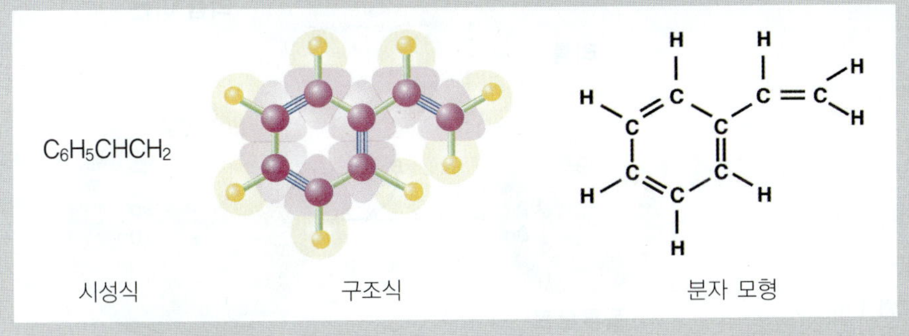

1-3-2 이온과 그 화합물

물, 설탕, 메탄과 같은 물질은 최소 단위 입자로 분자가 존재하는 물질이다. 그러나 염화나트륨(NaCl)과 같은 물질은 분자가 존재하지 않고, 나트륨 이온(Na^{+})과 염화 이온(Cl^{-})이 규칙적으로 결합하여 형성된 물질이다. 이와 같이 이온으로 이루어진 물질을 **이온 화합물**(ionic compound)이라고 한다. 우리에게 친숙한 많은 물질 중에는 이온으로 이루어진 물질도 많다. 달걀 껍질의 주성분인 탄산칼슘($CaCO_3$), 석회(CaO)는 이온 화합물이다. 이온 화합물을 인식하고, 이 화합물의 화학식을 쓰기 위해서는 이온들의 화학식과 전하량을 알고 있어야 하며, 이온의 이름과 그들이 형성하는 화합물의 이름을 명명할 수 있어야 한다.

표 1.2 몇 가지 이온 화합물의 화학식과 구성 이온

일반명	이름	화학식	포함된 이온
방해석	탄산칼슘	$CaCO_3$	Ca^{2+}, CO_3^{2-}
형석	플루오르화칼슘	CaF_2	Ca^{2+}. F^{-}
석고	황산칼슘이수화물	$CaSO_4 \cdot 2H_2O$	Ca^{2+}, SO_4^{2-}
적철광	산화철(Ⅲ)	Fe_2O_3	Fe^{3+}, O^{2-}
웅황	황화비소	As_2S_3	As^{3-}, S^{2-}

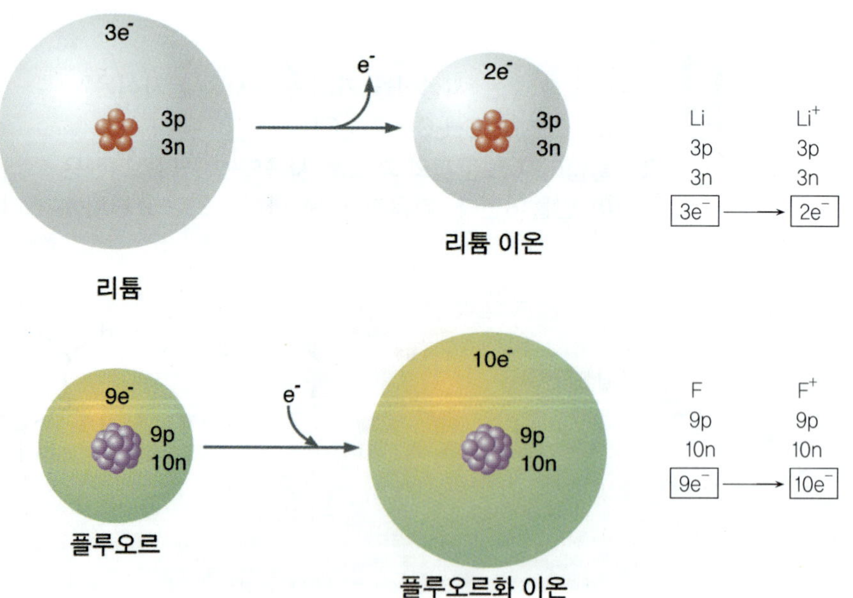

그림 1.16
양이온과 음이온의 형성

중성 원자를 전자를 잃으면 양전하를 띠는 입자, 즉 양이온이 만들어지고, 전자를 얻으면 음전하를 띠는 입자, 즉 음이온이 만들어진다. 예를 들어, 리튬(Li) 원자가 전자 1개를 잃으면 양이온인 리튬 이온(Li^+)이 되고, 플루오르(F)가 전자 1개를 얻으면 음이온인 플루오르화 이온(F^-)이 된다.

단원자 이온은 한 개의 원자가 전자를 얻거나 잃음으로써 만들어지는 이온이다. 일반적으로 금속은 전자를 잃고 양이온이 되며, 비금속은 전자를 얻어 음이온을 형성한다. 그러나 2개 이상의 원자로 구성된 이온도 존재하는데, 이런 이온을 **다원자 이온**이라고 한다. 표 1.3에 몇 가지 다원자 이온의 화학식과 이름을 나타내었다.

표 1.3 몇 가지 다원자 이온의 화학식과 이름

화학식	이름	화학식	이름
양이온			
NH_4^+	암모늄 이온		
음이온			
4족 원소		7족 원소	
CN^-	시안화 이온	ClO^-	차아염소산 이온
$CH_3CO_2^-$	아세트산 이온	ClO_2^-	아염소산 이온
CO_3^{2-}	탄산 이온	ClO_3^-	염소산 이온
HCO_3^-	탄산수소 이온	ClO_4^-	과염소산 이온
5족 원소		전이 금속	
NO_2^-	아질산 이온	CrO_4^{2-}	크롬산 이온
NO_3^-	질산 이온	$Cr_2O_7^{2-}$	중크롬산 이온
PO_4^{3-}	인산 이온	MnO_4^-	과망간산 이온
HPO_4^{2-}	인산수소 이온		
$H_2PO_4^-$	인산이수소 이온		
6족 원소			
OH^-	수산화 이온		
SO_3^{2-}	아황산 이온		
SO_4^{2-}	황산 이온		
HSO_4^-	황산수소 이온		

01-4 단위와 측정

1-4-1 측정 단위

화학에 대해 기술할 때 화학반응과 물리적 변화를 관찰하는 것은 필수적인 부분이다. 그림 1.17과 같이 2가지 용액을 혼합할 때, 황금색 고체가 형성되는 경우에 대한 살펴보자. 이 경우에 물질의 색, 가라앉는 사실 등의 관찰은 **정성적인(qualitative) 관찰**들이다. 여기에는 어떠한 측정과 수가 관여하지 않고 있다. 과학자들은 정확한 화학반응을 이해하기 위해 **정량적인(quantitative) 관찰**을 수행한다. 이런 관찰은 수적 정보가 중요하다. 화학에서 시간, 질량, 부피, 길이 등에 대한 정량적인 측정이 일반적으로 실시된다. 과학계에서는 측정치를 기록하고 보고할 때 표준 체계로 미터단위법을 사용하며, 국제적으로 이용되는 십진법 체계를 **국제단위계**(Intermnational System of Units: SI)라고 칭한다. 모든 SI 단위는 표 1.4에 수록되어 있는 기본 단위들로부터 유도된다. 너무 크거나 작은 수를 표현할 때는 기본 단위와 함께 적당한 접두사(표 1.5)를 이용한다.

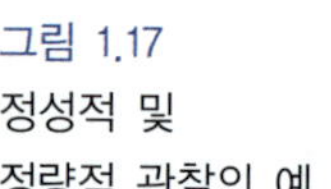
그림 1.17
정성적 및
정량적 관찰의 예

용액 상태의 두 물질을 혼합하면 새로운 물질이 생성된다. 이때 다음과 같은 관찰이 가능하다. 생성물이 노란색이고 솜털 같다는 정성적 관찰과 생성된 고체의 질량이 12 g이라는 정량적인 관찰이다.

표 1.4 몇 가지 SI 단위

측정되는 성질	단위 이름	약자
질량(mass)	킬로그램(kilogram)	kg
길이(length)	미터(meter)	m
시간(time)	초(second)	s
온도(temperature)	켈빈(kelvin)	k
물질의 양(amount of substance)	몰(mol)	mol
전류(electric current)	암페어(ampere)	A

표 1.5 미터 단위계에서 사용되는 몇 가지 접두사

접두사	약자	의미	예
메가(mega–)	M	10^5	1 megaton = 1×10^6 tons
킬로(kilo–)	k	10^3	1 kilogram (kg) = 1×10^3 g
데시(deci–)	d	10^{-1}	1 decimeter (dm) = 1×10^{-1} m
센티(centi–)	c	10^{-2}	1 centimeter (cm) = 1×10^{-2} m
밀리(milli–)	m	10^{-3}	1 millimeter (mm) = 1×10^{-3} m
마이크로(micro–)	μ	10^{-6}	1 micrometer (μm) = 1×10^{-6} m
나노(nano–)	n	10^{-9}	1 nanometer (nm) = 1×10^{-9} m
피코(pico–)	p	10^{-12}	1 picometer (pm) = 1×10^{-12} m
펨토(femto–)	f	10^{-15}	1 femtometer (fm) = 1×10^{-15} m

1-4-2 온도

통상적으로 온도는 그림 1.18과 같이 3가지 온도, 즉 화씨(Fahrenheit), 섭씨(Celsius), 그리고 켈빈(Kelvin) 척도가 이용된다. 화씨 척도는 미국에서 일상적으로 이용되지만, 대부분의 나라에서는 섭씨 온도를 사용한다. 물론, 보통 섭씨 온도가 실험실에서 온도 측정 시에 이용되지만, 계산할 때 온도 자료가 포함되면 **Kelvin 온도**가 사용된다.

섭씨 온도(℃)는 순수한 물의 어는점을 0 ℃, 끓는점을 100 ℃로 지정함으로써 규정된 것이다. 반면 **화씨 온도**(℉)는 순수한 물의 어는점을 32 ℉, 끓는점을 212 ℉로 지정하여 규정한다.

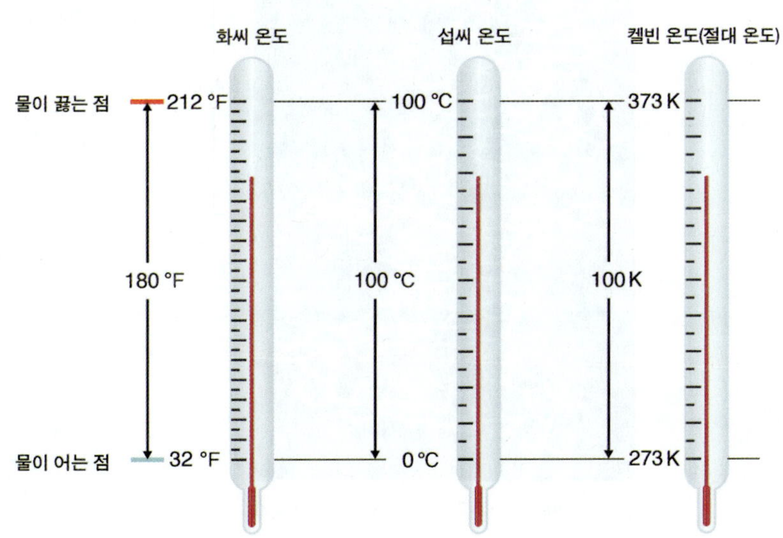

그림 1.18
화씨, 섭씨, 그리고 켈빈 온도의 비교

절대 온도라고도 하는 **켈빈 온도**는 섭씨 온도와 동일한 크기 단위를 사용하지만, 물질이 도달할 수 있는 최저 온도로서 **절대 영도**(absolute zero) 개념을 이용한다. 이 한계 온도는 많은 실험에서 −273.15 ℃라는 것이 발견되었다. 그래서 이 온도(−273.15 ℃)를 절대 영도인 0 K로 정의한다. 섭씨 온도와 절대 온도의 관계는 다음과 같다.

절도 온도(T, 단위 K) = 섭씨 온도(t, ℃) + 273.15

> **연습문제 1.7**
> (1) 액체 질소의 끓는점은 77 K이다. 섭씨 온도로 변환하라.
> (2) 드라이아이스는 −78 ℃에서 승화한다. 절대 온도로 변환하라.

1-4-3 길이

미터(meter: m)는 길이의 표준 단위이지만, 화학에서 관찰되는 물질은 보통 1 m보다 더 작다. 보통 거시적인 물질에 대한 측정치들은 cm, mm가 사용되고, 원자나 분자의 크기를 표현할 때에는 나노미터(nanometer, nm)와 같은 단위가 사용된다.

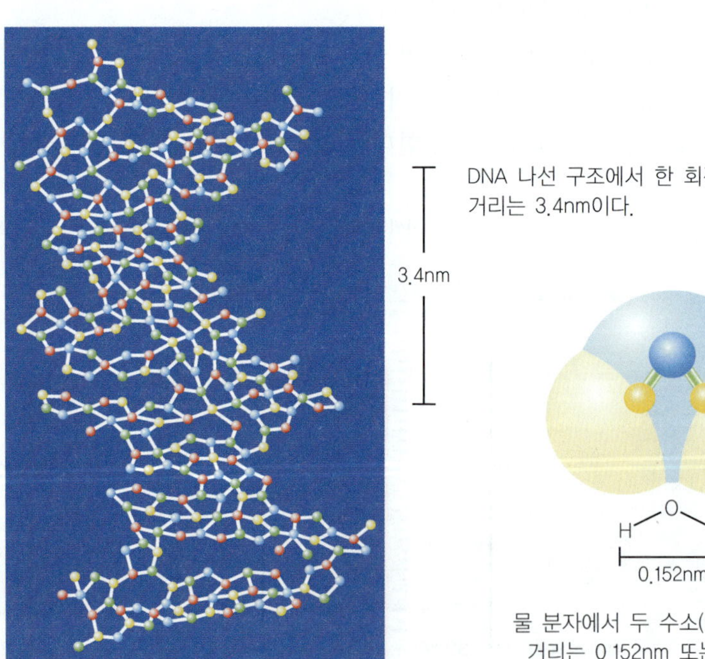

그림 1.19 분자 수준의 차원에서의 길이

분자 규모에서는 종종 나노미터(1 nm = 1 × 10^{-9}m)나 피코미터(1 pm = 1 × 10^{-12}m) 단위로 표현한다.

1-4-4 부피

화학자들은 부피(volume) 단위로 표시된 유리기구인 비커, 플라스크, 피펫, 눈금실린더, 뷰렛 등을 자주 이용한다(그림 1.20). 부피의 SI 단위는 입방미터(m^3)이지만, 이것은 실험실에서 통상적으로 이용하기에는 너무 크다. 그래서 화학자들은 보통 리터(L) 단위나 mL 단위를 이용한다.

$$1\,\text{cm}^3 = 0.001\,\text{L} = 1\,\text{mL}$$

부피 플라스크

눈금실린더

삼각 플라스크와 뷰렛

그림 1.20 실험실에서 많이 사용하는 부피를 측정하는 기구

1-4-5 측정

측정치의 **정밀도**(precision)는 동일한 양에 대해 수차례 측정한 결과들의 일치 정도와 관계가 있다. 그리고 **정확도**(accuracy)는 어떤 양의 인정된 값 즉 참값과 측정된 값 간이 일치 정도와 관계가 있다. 정밀도와 정확도의 차이는 그림 1.21과 같이 과녁에 대한 다트 던지기로 설명할 수 있다. 1.21(a)는 정확도와 정밀도가 모두 낮은 것을 의미하고, 1.21(b)는 정확도는 떨어지지만 정밀도는 높다고 할 수 있다. 그리고 1.21(c)는 정밀도와 정확도가 모두 높은 상태이다.

(a)

(b)

(c)

그림 1.21 측정의 정밀도와 정확도

※ 들숨과 날숨의 성분비는?

공기는 여러 가지 기체가 섞여 있는 혼합물이다. 일반적으로 공기라고 부르는 것은 우리가 숨을 쉴 때 사용하는 지표면 부근의 대류권에 존재하는 기체를 말한다. 대류권에 있는 공기의 조성은 대체로 일정한데, 이것은 공기의 확산과 대류에 의하여 서로 섞이기 때문이다. 그러나 고도가 높아지면서 중력의 영향이 적어지면 성분비가 달라진다. 고도가 100km 정도까지는 질소가 주성분이지만, 170km 정도부터는 산소가 주성분이고, 1,000km 이상이 되면 헬륨 성분이 많아지고 고도가 더 높아지면 수소가 주성분이 된다. 그러면 우리가 숨을 쉬는 대류권에 존재하는 공기의 종류와 그 성분비는 어떻게 될까?

우리가 호흡할 때 들이마시는 들숨 속에는 많은 기체 물질이 포함되어 있지만 성분비의 함량이 높은 물질은 질소, 산소, 아르곤, 이산화탄소, 수증기 등이다. 이들 물질 중 수증기는 보통 액체인 물로 존재하지만, 공기 중에 존재하는 수증기는 산소나 질소와 마찬가지로 눈에 보이지 않는 기체 상태이다. 우리가 눈으로 볼 수 있는 물이 끓을 때 나오는 김이나 구름은 기체가 아니고 작은 물방울이다. 공기 중에 들어 있는 수증기의 비는 계절에 따라 지역에 따라 변동폭이 매우 크다. 열대 우림의 공기에는 5% 정도가 되지만, 건조한 사막 공기에는 0%에 가깝다. 그래서 공기의 조성을 말할 때는 보통 수증기의 양은 제외한다. 일반적으로 건조한 공기 중에는 질소가 78%, 산소가 21%, 기타 기체 성분이 1% 들어 있다.

우리는 숨을 쉬기 위해 들여 마시는 공기와 숨을 쉰 후 내뿜는 공기의 조성은 어떻게 될까? 아래 표에 제시된 것처럼 질소는 산소보다 반응성이 적기 때문에 폐 속에서 변하지 않고, 혈액에 녹아 들어가는 일부를 제외하고 대부분 날숨 속에 포함되어 나온다. 질소는 생명체의 필수 성분이지만 우리가 먹는 음식에 포함된 질소를 통해서 대부분 흡수한다. 그러나 우리 몸의 신진대사에 필요한 대부분의 산소는 호흡을 통해 얻는다. 그래서 들숨과 날숨 속에 포함된 질소와 산소의 성분비의 변화가 크게 다르다. 질소와 산소를 제외한 1%의 기타 기체의 대부분은 아르곤 기체가 차지한다. 아르곤은 혈액에도 거의 녹지 않기 때문에 들숨과 날숨에서 성분비의 변화가 거의 없다. 들숨에 비해 날숨 속의 성분이 높아진 물질로 이산화탄소와 수증기가 있다. 우리가 들숨을 통해 공급받은 산소는 우리가 섭취한 음식물을 소화시키는 데 사용된다. 음식물이 산소와 반응하여 소화되는 과정에서 이산화탄소와 수증기가 발생한다. 우리가 잘 알고 있듯이 양초가 공기 중에서 연소될 때 생성되는 주생성물이 이산화탄소와 수증기인 것을 상기하기 바란다. 마찬가지로 우리 몸 속에서도 양초가 연소되는 것과 같이 음식물이 산소에 의해 연소되면서 이산화탄소와 수증기가 생성되며, 이렇게 생성된 물질이 호흡을 통하여 몸 밖으로 배출되는 것이다.

물질	들숨(%)	날숨(%)
질소	78.0	75.0
산소	21.0	16.0
아르곤	0.9	0.9
이산화탄소	0.04	4.0
수증기	0.0	4.0

핵심정리

물질의 분류

- 물체는 입자 배열의 규칙성, 모양과 부피의 일정성 등의 성질에 따라 고체, 액체, 기체로 구분할 수 있다.
- 물질은 혼합물과 순물질로 구분할 수 있고, 혼합물은 다시 균일 혼합물과 불균일 혼합물로 나뉜다. 순물질은 원소와 화합물로 구분할 수 있다.

원소와 원자

- 원자는 핵과 전자로 이루어져 있으며, 핵은 다시 양성자와 중성자 등으로 구성된다.
- 원자 질량의 대부분은 양성자와 중성자에 의하여 결정된다.
- 원자는 6개의 양성자와 6개의 중성자를 갖는 탄소 원자의 질량을 정확히 12로 하고, 이를 기준으로 한 다른 원자의 상대적 질량을 그 원자의 원자량이라고 한다.
- 원자 번호는 동일하나 질량수가 다른 원자들을 동위원소라고 한다.
- 물질(원자, 분자, 또는 기타 입자) 1 mol은 정확히 12 g의 ^{12}C 원자의 개수에 해당되는 물질의 양이며, 1 mol은 6.0221415×10^{23}개의 입자이다.

분자, 이온 그리고 화합물

- 분자란 물질의 조성과 화학적 성질이 유지되는 최소 단위의 입자이다.
- 분자는 분자식, 시성식, 구조식, 분자 모형으로 표현할 수 있다.
- 중성 원자가 전자를 잃으면 양전하를 띤 입자인 양이온이 만들어지고, 전자를 얻으면 음전하를 띤 입자인 음이온이 만들어진다.

단위와 측정

- 국제적으로 이용되는 십진법 체계를 국제단위계(SI)라고 한다.
- SI 단위는 질량(kg), 길이(m), 시간(초), 온도(K), 물질의 양(몰), 전류(A) 등이 있다.
- 온도 척도로는 화씨 온도, 섭씨 온도, 절대 온도가 있다.
- 측정의 정밀도는 동일한 양에 대하여 수차례 측정한 결과들의 일치 정도와 관계가 있고, 정확도는 어떤 양의 인정된 값인 참값과 측정된 값의 일치 정도와 관계가 있다.

평가문제

01 균일 혼합물, 불균일 혼합물, 원소, 화합물의 예를 각각 1개씩 들어라.

02 다음 물질의 화학식을 써라.

(a) 암모니아

(b) 이산화탄소

(c) 메탄올

(d) 아세트산

03 원자를 구성하는 중요한 세 입자는 무엇인가? 세 입자 중 질량이 가장 작은 것은 무엇인가? 세 입자의 전하는 어떠한가?

04 다음 표의 빈칸을 채워라.

기호	^{23}Na	$^{37}Cl^-$	^{33}S	$^{24}Mg^{2+}$
양성자 수				
중성자 수				
전자수				
이름				

05 자연에 존재하는 리튬의 동위원소와 각 동위원소의 질량과 존재비는 다음과 같다. 리튬의 원자 질량을 구하라.

^{6}Li, 질량 = 6.01 amu, 백분율 존재비 = 7.50 %,

^{7}Li, 질량 = 7.01 amu, 백분율 존재비 = 92.50 %

06 다음 각 물질량을 그램 단위로 나타내어라.

(a) 알루미늄 1.5 mol

(b) 칼륨 2.5 mol

(c) 염소 0.4 mol

07 다음 질량을 mol 단위로 나타내어라.

(a) 리튬 1.21 g

(b) 알루미늄 1.5 g

(c) 나트륨 2.3 g

08 칼륨은 3개의 동위원소(^{39}K, ^{40}K, ^{41}K)가 존재한다. 이중 ^{40}K은 자연계에 매우 소량 존재한다. 칼륨의 원자량이 39.0983이라면 자연계에 가장 많이 존재하는 동위원소는 어느 것인가? 그 이유는?

09 두 개의 양이온(Mg^{2+}, NH_4^+)과 두 개의 음이온(CO_3^{2-}, Cl^-)으로 만들 수 있는 이온 화합물의 화학식과 각 화합물의 이름을 써라.

10 다음 원소들의 단원자 이온들에 대해 가장 일반적으로 관찰되는 전하는 무엇인가?

(a) 칼슘

(b) 브롬

(c) 아연

(d) 나트륨

11 다음 이온들을 이온식으로 표현하라.

(a) 바륨 이온

(b) 인산 이온

(c) 탄산수소 이온

(d) 황산 이온

(e) 암모늄 이온

(f) 질산 이온

12 다음 물질의 분자식을 써라.

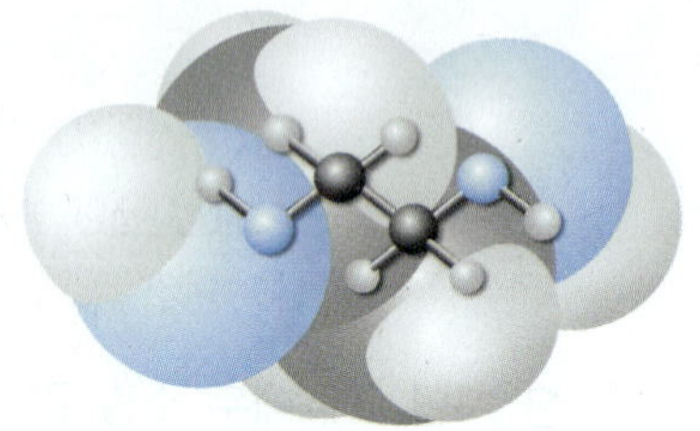

```
     H   H
     |   |
HO — C — C — OH
     |   |
     H   H
```

13 다음과 같이 다트판에 다트가 꽂혀 있는 경우, 정밀하다고 할 수 있는가? 정확하다고 할 수 있는가?

14 어떤 물질을 물이 담겨 있는 눈금 실린더에 넣기 전과 후의 그림이다. 이 물질의 부피를 계산하라.

Chapter

02 화학 결합

생명은 물과 암모니아처럼 간단한 분자들, 나트륨 이온과 칼륨 이온과 같은 무기물들, 설탕처럼 좀더 복잡한 화합물들, 그리고 DNA와 헤모글로빈과 같이 매우 복작한 것들을 기반으로 한다. 이것들은 어디서 왔고, 어떻게 만들어졌으며, 이들의 모습은 어떠한가? 그것들의 성질은 모양, 즉 구조와 관련되어 있는가? 이 장에서는 화합물 안에서 원자들이 어떻게 배열되어 있으며, 무엇이 이들 원자들을 함께 붙들고 있는지 설명하는 것이 목표이다. 또한 분자 내의 결합과 구조를 분자의 화학적 성질과 물리적 성질과 어떻게 연관이 되는지 공부할 것이다.

02-1 화학 결합의 종류

자연계에 존재하는 수많은 물질도 100여 종류도 안 되는 원소로 이루어져 있다. 그러면 원자는 어떠한 방식으로 결합하여 많은 종류의 물질을 만드는 것일까? 화학자들은 자연에 존재하는 수많은 물질을 분리해 내고, 이들을 결합 방식에 따라 몇 가지로 분류할 수 있었으며, 결합 방식에 따라 물질이 나타내는 성질이 독특하다는 사실을 알아내었다. 물질의 종류에 따른 결합 방식과 원리 등을 원자의 전자 배치를 바탕으로 이해하여 보고, 결합 방식에 따라 물질이 가지는 독특한 성질에 대하여 알아보자.

2-1-1 결합의 원리

왜 원자들은 서로 결합하는가? 원자가 충돌하면, 충돌로 인한 혼란에 의하여 원자들 사이에서 전자가 재배열을 일으킨다. 만약 충돌에 의하여 전자가 원래의 배열보다 좀 더 안정한 배열로 이동하면 원자는 안정한 상태가 된다. 이와 같이 원자는 안정한 전자 배열을 이루려는 경향성에 의하여 결합한다. 그러나 18족 비활성 기체는 쉽게 화학 결합을 형성하지 않는다. 비활성 기체가 화학 결합을 형성하지 않는 까닭은 이들은 이미 매우 안정하고 균형 잡힌 전자 배열을 이루고 있어서 전자들이 더 이상 재배열하려는 경향이 없기 때문이다.

18족 이외의 원자들은 화학 반응에 의하여 헬륨, 네온, 아르곤과 같은 비활성 원소의 안정한 전자 배열을 이루게 된다. 이러한 사실은 화학 결합의 중심이 되는 원리이다. 화학 반응은 원자들이 주기율표에서 그 원자에 가장 가까운 18족 원소와 비슷한 전자 배치를 이루려는 경향에 의하여 대부분 지배된다. 이와 같이 비활성 기체와 같은 전자 배치를 가지려는 원소의 경향성을 **옥테트(octet) 규칙**이라고 한다.

따라서 원자의 화학 결합에서는 원자핵 주위의 전자 배치, 그 중에서도 최외각 전자의 배치가 중요한 열쇠가 된다. 원자가 안정한 전자 배열을 이루기 위해 화학 결합을 통해 물질을 형성하는 과정에 포함된 다음과 같은 상호 작용을 고려하면 화학 결합이 형성되는 원리를 쉽게 이해할 수 있다.

- 음전하를 띠는 전자와 양전하를 띠는 핵 사이에는 인력이 작용한다.
- 전자 사이에는 반발력이 작용한다.
- 핵 사이에는 반발력이 작용한다.

즉, 모든 화학 결합은 핵 또는 전자 사이의 상호 작용의 결과이며, 반대 전하끼리는 인력이, 같은 전하끼리는 반발력이 작용하게 된다.

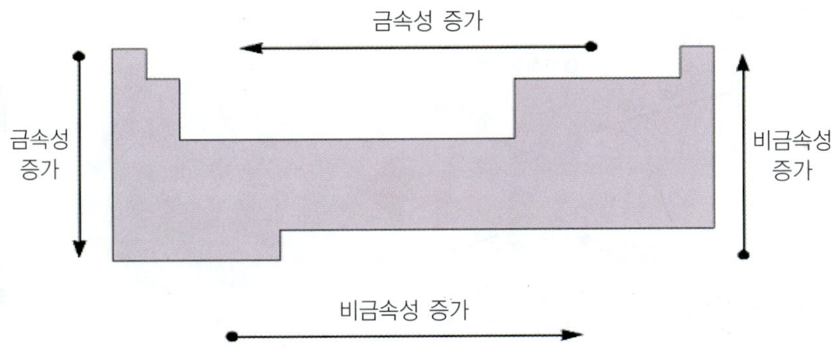

원소의 금속성에 대한 일반적인 경향(금속성과 비금속성은 서로 반대이다.)

그림 2.1 금속 원소는 전자를 잃고 안정한 전자 배치를 이루고, 비금속 원소는 전자를 얻어 안정한 전자 배치를 이루려는 경향이 있다.

연습문제

2.1

아래 원자가 옥테트 규칙에 따라 안정한 전자 배열을 이루었을 때의 전자 배치는 어떤 비활성 원소와 같은 전자배치를 가지는가?

$_{3}Li$, $_{8}O$, $_{9}F$, $_{12}Mg$, $_{17}Cl$

2-1-2 이온 결합

금속성 원자와 비금속성 원자가 결합하여 화합물을 만드는 경우를 생각해 보자. 예를 들어 그림 2.2와 같이 나트륨과 염소가 반응하여 염화나트륨을 만드는 과정에서 나트륨은 전자 하나는 잃으면, 네온과 같은 안정한 전자 배열의 나트륨 이온이 된다. 염소 원자는 나트륨이 잃은 전자를 얻어 아르곤과 같은 안정한 전자 배열을 이루는 염화 이온이 된다. 두 경우 모두 이온들은 최외각 전자가 안정한 옥테트를 이루며, 두 이온이 결합하여 그림 2.2와 같은 염화나트륨을 만든다. 이와 같이 양이온과 음이온이 사이에 생기게 되는 결합을 **이온 결합**(ionic bond)이라고 하고, 이온 결합에 의하여 만들어진 물질을 **이온 결합성 물질**, 또는 **이온 결합 화합물**이라고 하며, 간단히 이온 화합물이라고도 한다.

마그네슘 원자와 염소 원자가 반응하면 마그네슘 원자는 네온과 같은 전자 배열을 이루기 위해 두 개의 전자를 잃어야 한다. 이 사실은 마그네슘 원자가 Mg^{2+} 이온을 형성하고, 두 염소 원자는 각각 1개의 전자를 마그네슘 원자로부터 얻어 Cl^{-} 이온이 되어 서로 결합한다는 것을 의미한다. 따라서 염화마그네슘 결정은 마그네슘 이온 한 개당 두 개의 염화 이온으로 구성되어 있고 화학식은 $MgCl_2$가 된다(그림 2.3(a)). 산소와 칼륨이 반응하여 산화칼륨을 만드는 과정에서 칼륨

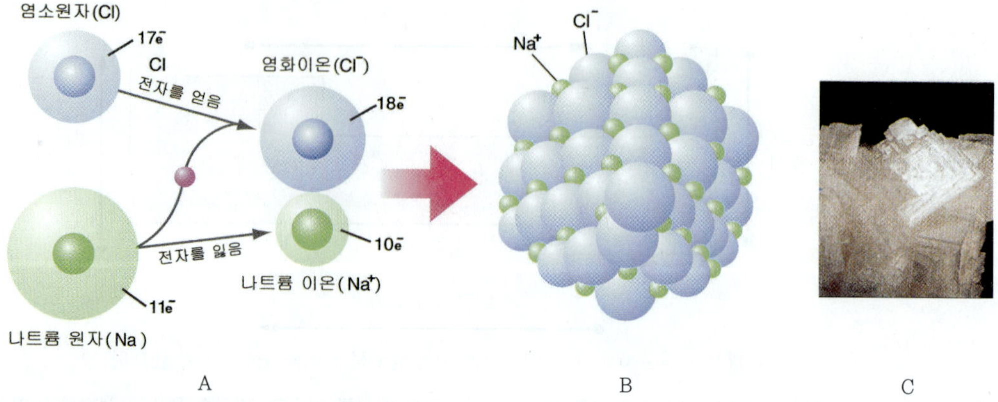

그림 2.2 염화나트륨의 형성
나트륨 원자와 염소 원자가 각각 전자를 잃고 얻어 이온이 되면(A), 서로 반대로 하전된 이온들이 서로를 잡아당겨서 조밀하게 뭉치게 된다(B). 이렇게 생성된 것이 염화나트륨 결정이다(C).

원자는 한 개의 전자를 잃고 K^+ 이온을 형성하며, 산소 원자는 두 개의 칼륨 원자로부터 각각 한 개씩 전자를 얻어 산화 이온(O^{2-})을 형성한다. 그러므로 산화칼륨의 화학식은 K_2O이다(그림 2.3(b)).

일반적으로 금속이 비금속과 반응할 때 형성되는 화합물에서는 이온 결합이 이루어진다. 이온 화합물에서 양전하를 띠는 이온을 형성하는 것은 금속이고, 음전하를 띠는 이온을 형성하는 것은 비금속이다. 그림 2.4에서 볼 수 있듯이 원자가 전자를 잃으면 크기가 작아지고, 원자가 전자를 얻으면 크기가 커진다. 그림 2.4는 알칼리 금속이 양이온이 되었을 때와 할로겐 원소가 음이온이 되었을 때의 크기를 비교한 것이다.

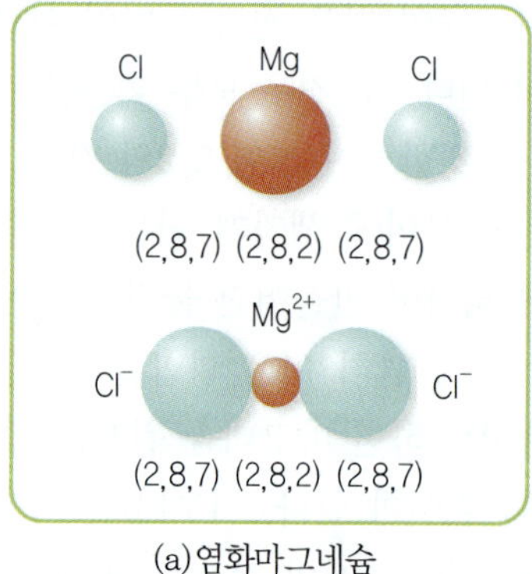

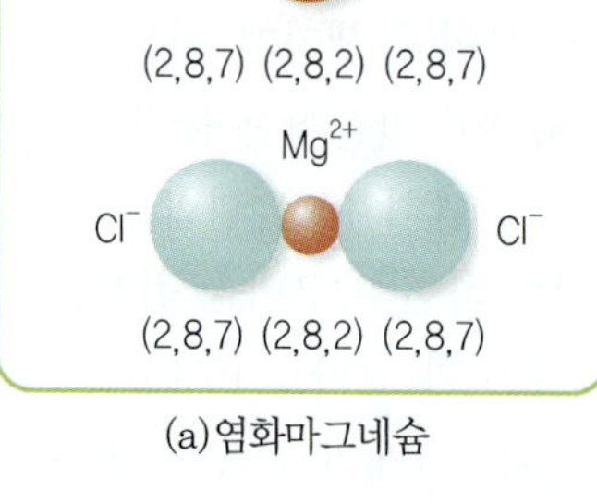

(a) 염화마그네슘

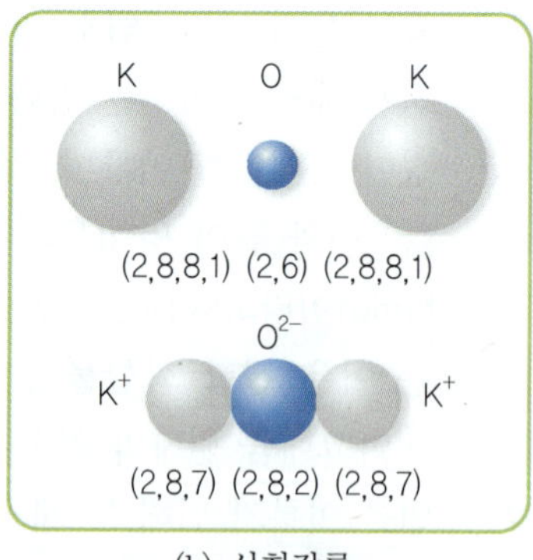

(b) 산화칼륨

그림 2.3
몇 가지
이온 결합의 형성

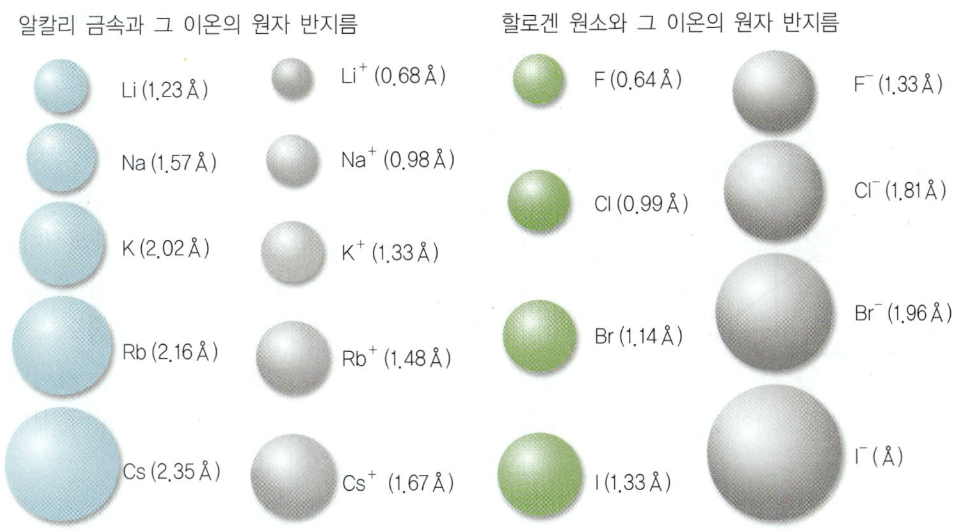

그림 2.4 알칼리 금속과 할로겐 원소가 안정한 이온이 되었을 때의 크기 변화
일반적으로 전자를 잃으면 크기가 작아지고, 전자를 얻으면 크기가 커진다.

그림 2.5 염화나트륨 결정 모양

염화나트륨의 결정 모양을 관찰하여 보면 그림 2.5와 같은 육면체 모양인 것을 알 수 있다. 그렇다면 수많은 나트륨 이온과 염화 이온은 어떠한 방식으로 결합하여 육면체 모양의 결정을 이루는 것일까?

우리는 염화나트륨의 화학식 NaCl에서 염화나트륨 결정이 수많은 Na^+ 이온과 Cl^- 이온이 1 : 1의 개수비를 이루며 규칙적으로 계속 배열되어 생긴 것임을 알 수 있다. X선으로 조사한 염화나트륨의 결정 구조를 모형으로 나타내면 그림 2.6과 같다. 이것은 부분적으로 볼 때, 각 Na^+는 6개의 Cl^-로 둘러싸여 있으며, 각 Cl^-는 6개의 Na^+로 둘러싸여 있음을 알 수 있다.

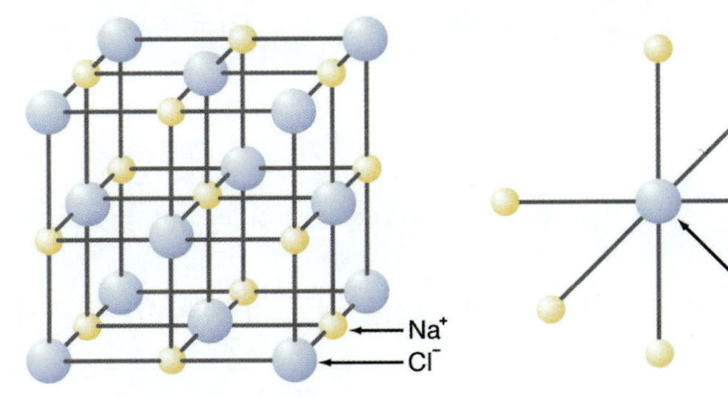

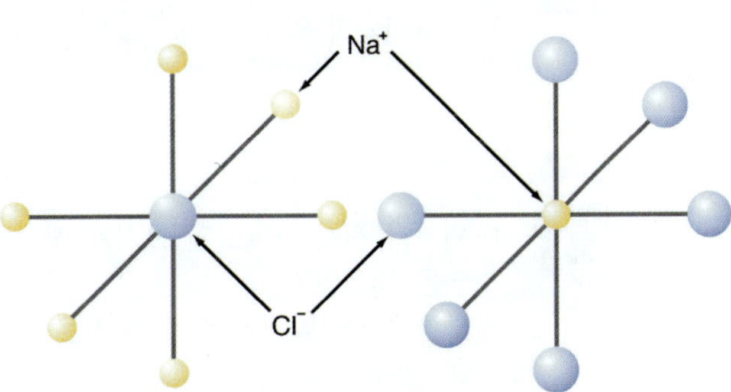

그림 2.6 염화나트륨 결정 구조의 모형

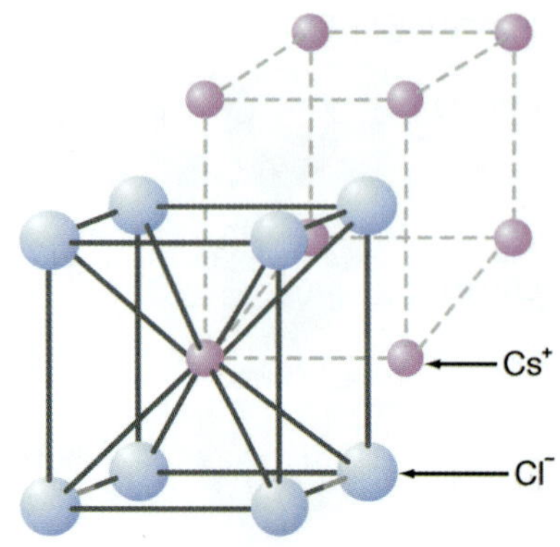

그림 2.7 염화세슘(CsCl)의 결정 구조 모형

이와 같이, 이온들이 규칙적으로 배열되어 형성된 결정을 **이온 결정**(ionic crystal)이라고 한다. 염화나트륨(NaCl)과 같은 육면체 모양의 결정구조를 가지는 화합물로는 플루오르화리튬(LiF), 브롬화나트륨(NaBr), 브롬화은(AgBr) 등이 있다. 한편 이온 결정인 염화세슘(CsCl)은 그림 2.7과 같은 결정 구조를 가지는 것으로 밝혀졌다. 이 구조를 보면, 정육면체의 중심에 Cs^+가 위치하고 각 꼭지점에 8개의 Cl^-가 위치한다. 또한 Cl^-를 중심으로 생각하면 각 꼭지점에 8개의 Cs^+가 위치하는 구조를 가진다고 볼 수도 있다. 이온성 물질은 자연 상태에 많이 존재하며, 보석들 중에도 이온성 물질이 많다.

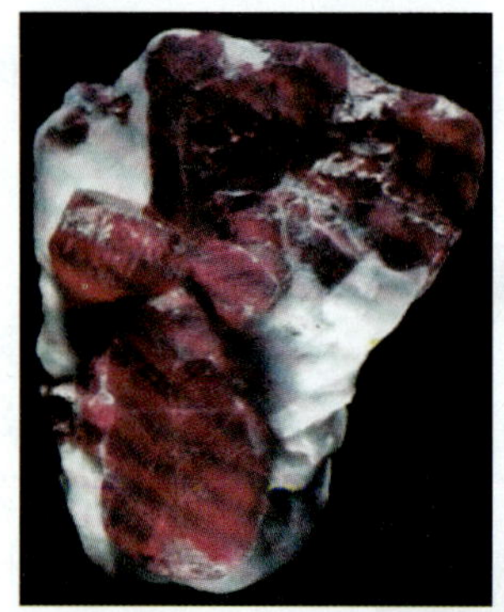

그림 2.8 자연에서 얻을 수 있는 이온성 화합물인 원석 : 오팔(왼쪽), 루비(가운데), 에메랄드(오른쪽)

연습문제

2.2

아래 짝지은 원소가 결합하여 이온성 물질을 만들 때, 원소의 전자 배열이 어떻게 달라지는가? 그리고 이온 결합 화합물의 화학식은 어떻게 되는가?

(1) 알루미늴과 염소 (2) 칼슘과 황 (3) 리튬과 브롬

연습문제

2.3

(1) 원자가 전자를 잃으면 크기가 작아지고, 전자를 얻으면 크기가 커지는 까닭은 무엇인가?

(2) 자연계에서 발견할 수 있는 이온 결합성 물질을 찾고, 그 성분 이온을 조사해 보자.

2-1-3 이온 결합 화합물의 성질

이온 결합 화합물들은 대부분 상온에서 결정 상태로 존재하며, 이온 결정에서는 한 이온이 반대 전하를 띠는 여러 개의 이온과 정전기적 인력에 의하여 결합되어 있으므로, 이온 결정을 용융하거나 기화시키려면 큰 에너지가 필요하다. 따라서 이온 결합 물질의 녹는점과 끓는점은 다른 물질에 비해 매우 높다. 이처럼 이온 결합 물질은 양이온과 음이온이 강한 정전기적 힘으로 결합하여 규칙적인 배열을 하므로 다른 물질과 구별되는 특성을 가진다.

이온 결정은 똑바로 누르면 매우 단단하지만, 결정을 비비듯이 비틀면 쉽게 부서지는 특성이 있다. 이온 결정에 그림 2.9와 같이 어긋나게 힘을 가하면 이온층이 한 칸 밀리면서 두 층의 경계면은 같은 종류의 전하를 띠는 이온이 서로 마주 보게 된다. 이렇게 되면 같은 종류의 이온 사이에 작용하는 반발력에 의해 이온 결정이 나누어지게 되므로 쉽게 부서지는 성질을 지니게 된다.

그림 2.9 이온 결합 화합물이 쉽게 부서지는 이유

표 2.1 상업적으로 중요한 이온 결합 화합물

화학식	이름	용도
NH_4NO_3	질산암모늄	비료와 폭약
$NaNO_2$	아질산나트륨	식품 방부제, 금속 처리제
KNO_3	질산칼륨	화학과 성냥
$NaOH$	수산화나트륨	비누, 세제, 펄프와 종이 산업
KOH	수산화칼륨	바누와 세제, 비료
$Mg(OH)_2$	수산화마그네슘	제산제
Na_2CO_3	탄산나트륨	세제와 세척제, 유리와 세라믹
K_2CO_3	탄산칼륨	염료와 그림 물감
Na_3PO_4	인산나트륨	식품 첨가물
$CaHPO_4$	인산수소칼슘	비료
$Ca(H_2PO_4)_2$	인산이수소칼슘	비료
$CaSO_4$	황산칼슘	석고, 석고판
$Al_2(SO_4)_3$	황산알루미늄	정수기

또, 고체 상태에서는 이온들이 제자리에서 진동만 하고 이동할 수 없기 때문에 전류를 통하지 않으나, 수용액이나 액체 상태에서는 이온들이 자유롭게 이동할 수 있으므로 전류를 잘 통하는 성질을 지닌다. 또한 많은 이온 결합 화합물이 물과 같은 용매에는 비교적 잘 녹지만, 석유나 벤젠 같은 용매에는 거의 녹지 않는다.

이온 결합 화합물이 가지는 여러 가지 성질로 인해 우리 생활에서 이용되는 이온 결합성 물질은 매우 많다. 표 2.1에 상업적으로 중요한 이온 결합 화합물을 나타내었다.

연습문제

2.4

다음 표를 보고 이온 결정의 녹는점이 이온의 전하 및 이온 사이의 거리에 따라 어떻게 변하는지를 설명하고, 그 까닭을 토의해 보자.

이온 결정	NaCl	KCl	RbCl	MgO	CaO	SrO
이온 사이의 거리 (nm)	0.276	0.314	0.329	0.205	0.239	0.253
녹는점(℃)	801	773	715	2800	2580	2430

2-1-4 공유 결합

원자들 간의 결합에는 두 원자가 전자를 주고받는 것이 아니라, 전자를 서로 공유함으로써 각각 안정한 상태를 이루는 물질도 있다. 이와 같이 중성인 두 원자가 최외각 전자를 서로 공유함으로써 각각 비활성 기체와 같은 전자 배치를 이루면서 안정한 상태로 되는 것을 공유 결합(covalent bond)이라고 하고, 공유 결합에 의하여 만들어진 물질을 **공유성 물질** 또는 **공유 결합 물질**이라고 한다.

예를 들어 그림 2.10(a)와 같이 수소 원자가 수소 분자를 형성할 때, 수소 원자는 두 개의 전자를 서로 공유하여 각 수소 원자는 헬륨의 안정한 배열처럼 전자 배열을 이루게 된다. 물 분자(그림 2.10(b)에서도 각 수소 원자는 산소와 두 개의 전자를 공유하여 수소는 헬륨, 산소는 네온과 같은 전자 배열을 가지게 된다.

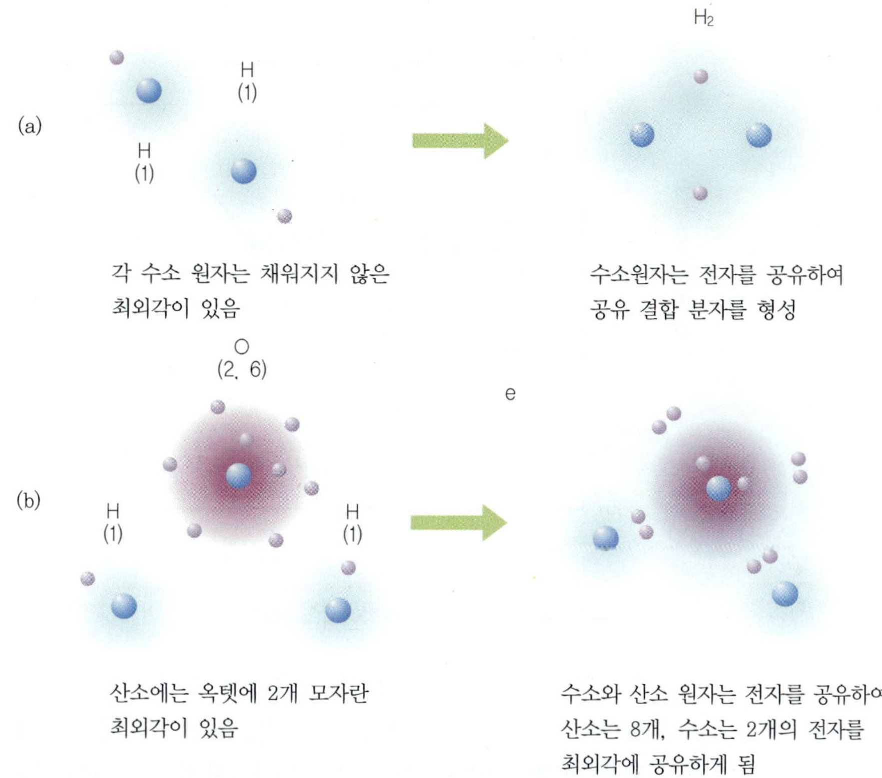

그림 2.10 수소 분자(a)와 물 분자(b)의 공유 결합 형성

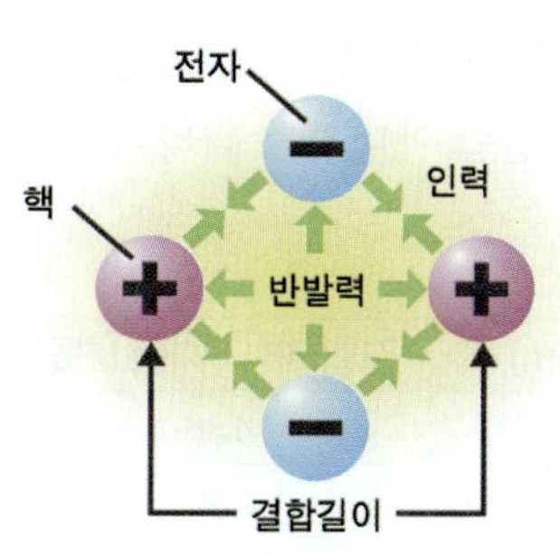

그림 2.11 수소 분자 안에서 작용하는 인력과 반발력

수소 원자가 결합하여 수소 분자를 만드는 과정에서 에너지가 방출되는 데, 이 에너지는 어디에서 왔을까? 두 수소 원자가 접근하여 분자를 형성하는 과정에서는 그림 2.11에서 보듯이 핵 사이와 전자 사이에는 에너지를 높이는 반발력이 작용하고, 핵과 전자 사이에는 에너지를 낮추는 인력이 작용한다.

수소 분자가 형성되는 과정에서의 에너지 변화를 나타낸 그림 2.12를 보면 멀리 떨어져 있던 두 수소 원자가 점차 가까워지면 에너지가 낮아져 두 핵 사이의 거리가 0.074 nm일 때 에너지가 가장 낮다. 그러나 두 핵 사이의 거리가 더 가까워지면 에너지는 오히려 높아지게 된다. 따라서 수소 원자는 두 핵 사이의 거리가 0.074 nm가 되는 거리에서 가장 안정한 수소 분자를 형성하게 되고, 수소 분자가 형성되는 과정에서 낮아진 에너지만큼 에너지를 방출하게 된다.

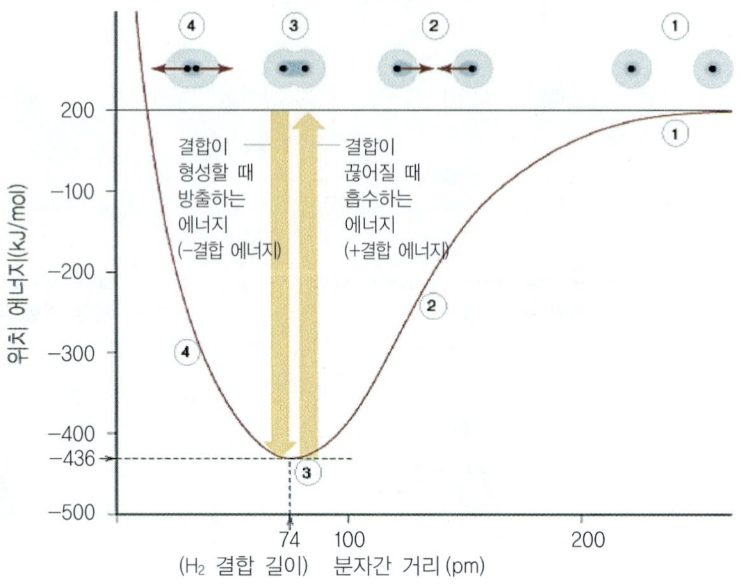

그림 2.12 수소 분자가 형성되는 과정에서의 에너지 변화

두 원자의 공유 결합으로 에너지가 가장 낮아지는 핵 사이의 거리를 **결합 길이**라고 하며, 같은 종류의 원자가 공유 결합하는 경우 결합 길이의 반을 그 원자의 **공유 결합 반지름**이라고 한다. 수소 분자에서 수소 원자의 결합 길이는 0.074 nm이고, 수소 원자의 공유 결합 반지름은 0.037 nm가 된다. 반대로 수소 분자에서 수소 원자 사이의 결합을 끊으려면 공유 결합이 형성될 때 방출하는 것과 같은 양의 에너지를 공급해 주어야 한다. 이처럼 공유 결합을 끊는 데 필요한 에너지를 **공유 결합 에너지**라고 하며, 수소 분자의 경우 공유 결합 에너지는 436 kJ/몰이다. 표 2.2에 몇 가지 공유 결합 분자에서의 결합 길이와 결합 에너지를 나타내었다.

표 2.2 몇 가지 분자에서의 결합 길이와 결합 에너지

분자	결합	결합 길이(nm)	결합 에너지(kJ/몰)
H_2	H−H	0.074	436
F_2	F−F	0.142	159
Cl_2	Cl−Cl	0.199	247
HCl	H−Cl	0.127	432
H_2O	O−H	0.096	498
H_2S	S−H	0.135	381
N_2	N≡N	0.110	945
O_2	O=O	0.121	498
NH_3	N−H	0.101	449
CH_4	C−H	0.109	438

2-1-5 공유 결합의 표현

공유 결합 물질에서 전자 배열을 매우 단순화시켜 나타내는 방법으로 1916년 루이스(Lewis)에 의하여 개발된 **루이스 구조**가 있다. 루이스 구조는 최외각 전자를 점으로 나타내며, 하나의 점이나 쌍으로 표시한 점을 써서 최외각 전자의 배열 상태를 나타내기 때문에 루이스 전자점식으로도 불린다. 그림 2.13(a)에 수소부터 네온까지 원소의 루이스 구조를 나타내었다.

원소의 루이스 구조는 원자들이 공유 결합할 때, 비활성 기체와 같은 전자 배열을 하기 위하여 몇 개의 전자를 공유해야 하는지를 쉽게 알 수 있게 한다. 그림 2.13(b)에 나타낸 수소, 산소, 질소, 물, 암모니아, 포름알데히드, 아세트산 분자의 루이스 구조를 살펴보면 이것을 명확히 알 수 있을 것이다.

루이스 구조에서 결합에 관여하는 전자쌍을 **공유 전자쌍**(binding pair), 결합에 관여하지 않는 전자쌍을 **고립 전자쌍**(lone pair)이라고 한다. 예를 들면 암모니아의 경우 3개의 공유 전자쌍과 1개의 고립 전자쌍이 있다. 루이스 구조에서 공유 전자쌍은 점을 찍는 대신에 선을 이용하여 나타내기도 하며, 그림 2.13(b)에 선과 점을 동시에 써서 나타낸 루이스 구조를 보여 준다. 분자를 좀더 간단히 나타내기 위하여 공유 전자쌍만을 선으로 나타내어 분자 내의 원자의 결합과 배열을 나타내는 구조식(structural formula)이 있다.

공유 결합에서 두 원자 사이에 한 쌍의 전자를 공유하고 있는 경우 **단일 결합**(single bond)이라고 하고, 두 원자 사이에 공유하는 전자쌍이 두 쌍인 경우는 **이중 결합**(double bond), 세 쌍인 경우는 **삼중 결합**(triple bond)이라고 한다.

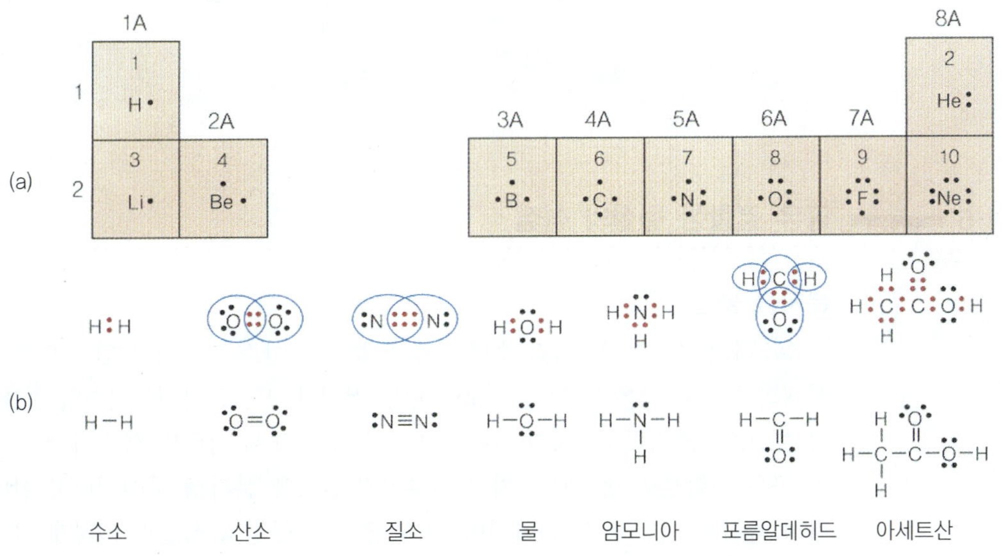

그림 2.13 수소부터 네온까지 원자의 루이스 구조(a) 및 몇 가지 분자의 루이스 구조(b)

그림 2.13(b)에서 수소, 물, 암모니아 분자는 모두 단일 결합으로만 이루어져 있다. 그러나 산소는 이중 결합, 질소는 삼중 결합으로 이루어져 있다. 포름알데히드는 탄소와 수소는 단일 결합, 탄소와 산소는 이중 결합으로 이루어진 분자이다.

예제

다음과 같은 루이스 구조를 가지는 물질에서 (a) 단일 결합의 개수, (b) 이중 결합의 개수, (c) 공유 전자쌍의 개수, (d) 고립 전자쌍의 개수는 각각 얼마인가?

```
     H   H   H
     |   |   |
 H - C - C = C - H
     |
     H
```

정답 (a) 7개, (b) 1개, (c) 9개, (d) 0개

해설 (a) 탄소와 수소 사이의 6개, 탄소 사이의 1개를 합해 모두 7개이다.
(b) 탄소 사이에 1개의 이중 결합(C=C)이 있다.
(c) 결합선의 개수가 총 9개이므로 공유 전자쌍도 9개이다.
(d) 고립 전자쌍의 개수는 0개이다.

연습문제

2.5

매니큐어를 제거할 때 사용하는 용매의 하나인 에틸아세테이트의 루이스 구조는 다음과 같다. (a) 단일 결합의 개수, (b) 이중 결합의 개수, (c) 공유 전자쌍의 개수, (d) 고립 전자쌍의 개수는 각각 얼마인가?

```
          ..
     H    O          H     H
     |    ||   ..    |     |
 H - C  - C  - O  -  C  -  C  - H
     |         ..    |     |
     H               H     H
```

2-1-6 공유 결합성 물질의 성질

분자성 물질

수소나 산소 기체는 각각 수많은 수소 분자와 산소 분자가 모인 것이며, 액체 상태의 물은 수많은 물 분자가 모여 있는 것이다. 또, 드라이아이스와 얼음은 각각 이산화탄소와 물 분자가 규칙적으로 배열된 고체 상태의 물질이다. 이와 같이 공유 결합으로 형성된 분자로 이루어진 물질을 **분자성 물질**이라고 한다. 분자성 물질은 어떤 특성을 가지며, 이온 결합성 물질의 성질과 어떻게 다를까?

연소숟가락 위에서 철솜을 태웠을 때는 질량이 증가하지만, 황이나 나무 조각

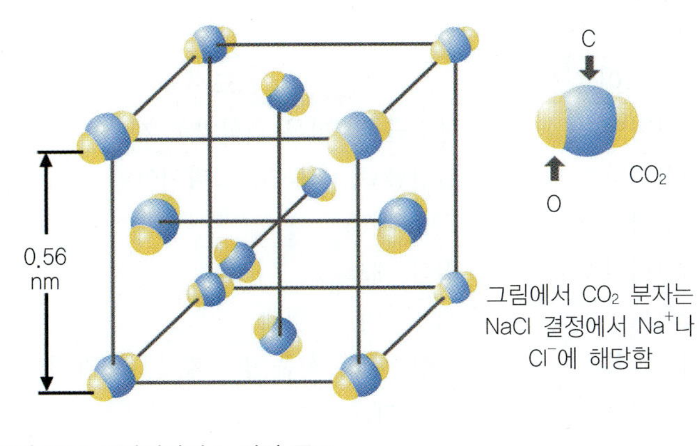

그림 2.14 드라이아이스 결정 구조

을 태웠을 때는 질량이 감소하는 것을 볼 수 있다. 철의 연소로 생긴 산화철은 이온 결합 물질이므로 성분 입자인 양이온과 음이온이 사이의 결합력이 커서 고체 상태로 존재하므로 연소숟가락에 남아 있지만, 황이나 나무의 연소로 생긴 이산화황과 이산화탄소와 같은 분자는 분자 사이의 인력이 약해 실온에서 기체 상태로 존재하므로 연소숟가락에 남아 있지 못하고 공기 중으로 날아가게 된다. 이와 같이 공유 결합으로 이루어진 분자는 이온 결합성 물질에 비해 구성 입자 사이에 작용하는 인력이 약하므로 녹는점, 끓는점이 낮아 실온에서 대부분 기체나 액체로 존재하며, 고체로 존재하는 물질도 쉽게 승화하는 성질이 있다. 표 2.3에 2, 3주기 원소의 염소 화합물의 녹는점과 끓는점을 나타내었다. 표 2.3에서 금속의 염화물은 녹는점과 끓는점이 매우 높으나, 염소와 다른 비금속의 화합물은 녹는점과 끓는점 훨씬 낮은 것을 볼 수 있다.

표 2.3 이온 결합과 공유 결합의 녹는점, 끓는점 비교

족	1	2	13	14	15	16	17
2주기 원소와 형성한 염소 화합물							
	LiCl	$BeCl_2$	BCl_3	CCl_4	NCl_3	OCl_2	ClF
녹는점(℃)	614	405	−107.3	−23	<−40	−20	−154
끓는점(℃)	1325	520	12.5	76.8	<71 (폭발)	3.8 (폭발)	−100.8
3주기 원소와 형성한 염소 화합물							
	NaCl	$MgCl_2$	$AlCl_3$	$SiCl_4$	PCl_3	SCl_2	Cl_2
녹는점(℃)	801	708	190	−70	−114	−78	−101
끓는점(℃)	1413	1412	182.7 (승화)	57.6	75.5	59 (분해)	−34.6

우리 생활 주변에서 널리 이용되고 있는 공유 결합성 물질은 대단히 많다. 표 2.4에 잘 알려진 분자 화합물과 그 용도를 나타내었다.

표 2.4 잘 알려진 분자 화합물

화학식	이름	용도
CO	일산화탄소	메탄올 및 다른 화학약품 제조
CO_2	이산화탄소	탄산음료, 소화기, 드라이아이스
NO	일산화질소	질산 제조
NO_2	이산화질소	질산 제조
N_2O	산화이질소	스프레이, 마취제
SO_2	이산화황	황산 제조, 식품 방부제, 금속 제련
SO_3	삼산화황	황산 제조
CCl_4	사염화탄소	용매
SF_6	육플루오르황	전기변압기용 절연제
P_2O_5*	오산화인	인산 제조

* 오산화인은 P_4O_{10}으로 존재한다.

원자 결정

다이아몬드, 흑연, 석영과 같이 물질을 구성하고 있는 모든 원자들이 연속적인 공유 결합을 하여 이루어진 결정을 **원자 결정**(또는 **공유 결정**)이라고 하는데, 원자 결정은 녹는점, 끓는점이 매우 높고 단단한 성질이 있다. 그림 2.15는 몇 가지 원자 결정의 모형을 나타낸 것이다. 그림 2.15의 흑연과 다이아몬드는 구성 입자인 탄소 원자가 모두 공유 결합으로 이루어진 원자 결정으로 흑연은 구조적인 특징으로 인하여 전기 전도성이 있지만, 대부분의 공유 결합 물질은 전기 전도성이 없다.

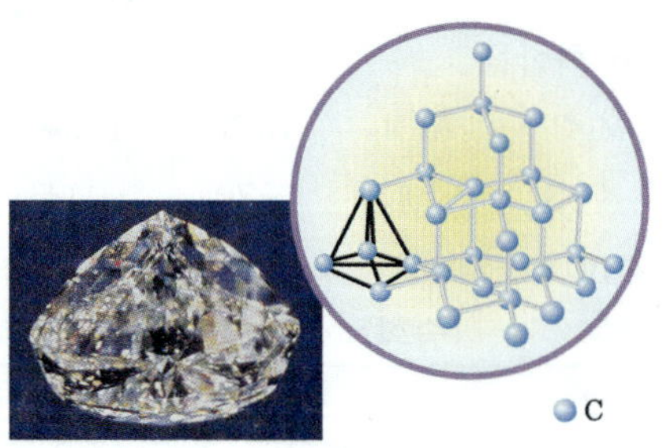

(a) 다이아몬드

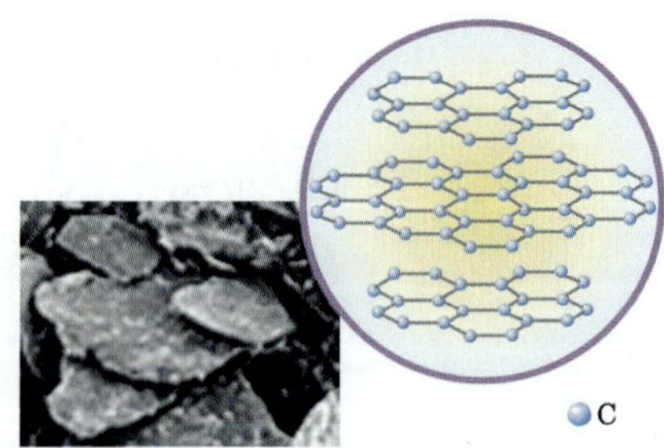

(b) 흑연

그림 2.15 원자 결정의 예

예제

다음 물질 중에서 이온 결합으로만 이루어진 물질 (a), 공유 결합으로만 이루어진 물질 (b), 이온 결합과 공유 결합을 모두 포함하는 물질 (c)로 분류하여 보자.

$NaCl$, CO_2, NH_4Cl, $CHCl_3$, H_2CO_3, MgO, Na_2SO_4, CH_3CH_2OH

정답 및 해설

일반적으로 금속과 비금속 원소로 이루어진 결합은 이온 결합, 비금속 원소로 이루어진 결합은 공유 결합이다.

(a) : $NaCl$, MgO

(b) : CO_2, $CHCl_3$, H_2CO_3, CH_3CH_2OH

(c) : NH_4Cl(NH^{4+}와 Cl^- 사이에 이온 결합, NH^{4+}를 이루는 N-H 결합은 공유 결합), Na_2SO_4(Na^+와 SO_4^{2-} 사이에 이온 결합, SO_4^{2-}를 이루는 S와 O 사이의 결합은 공유 결합)

연습문제

2.6

(1) 이온 결합을 포함하는 물질과 공유 결합을 포함하고 있는 물질의 예를 각각 5가지 들어보자.

(2) 공유 결합 물질 중에서 분자 결정과 원자 결정의 예를 각각 3가지 들어보자.

02-2 분자의 모양과 극성

가정이나 가게에서 음식물을 가열하거나 냉동 제품을 해동하기 위하여 많이 사용하는 전자레인지에서는 파장이 약 12 cm가 정도 되는 마이크로파가 발생한다. 전자레인지에서 발생시키는 마이크로파는 식품에 포함된 물분자의 회전 운동을 활발하게 하며, 그 결과 온도가 높아져, 식품이 뜨거워지거나 익는 원리가 숨겨져 있다. 어떻게 마이크로파가 물분자의 회전 운동을 활발하게 할 수 있을까? 또한 암모니아는 물에는 매우 잘 녹지만 사염화탄소에는 거의 녹지 않고, 반대로 요오드는 물에는 거의 녹지 않지만 사염화탄소에는 잘 녹는다. 또한 물과 사염화탄소는 서로 섞이지 않는다. 이와 같이 공유 결합 분자라도 어떤 물질끼리는 서로 잘 섞이고, 어떤 물질끼리는 잘 섞이지 않는 것일까? 그 까닭이 공유 결합 분자의 어떤 성질과 관련이 있는지 알아보자.

2-2-1 결합의 극성과 전기 음성도

우리는 앞에서 공유 결합은 비금속 원자가 전자를 서로 공유하는 결합이라고 배웠다. 그러나 주기율표에서의 위치에 따라 전자를 얻어 음이온이 되려는 성질이 서로 다르므로 서로 다른 비금속 원자가 공유 결합을 하는 경우, 공유 전자쌍을 서로 균등하게 공유할 수 없다.

결합의 극성

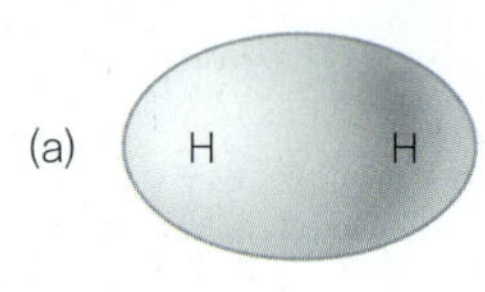

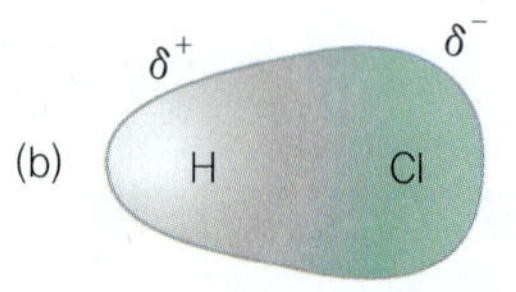

그림 2.16 공유 전자쌍을 균등하게 공유하는 경우(a)와 불균등하게 공유하는 경우(b)의 예

그림 2.16과 같이 원자가 공유 결합을 형성할 때 원자가 동일한 경우에는 결합에 참여한 전자들을 균등하게 공유한다. 즉, O_2, H_2와 같이 동일한 원소로 이루어진 분자의 공유 결합에서만 가능하다는 의미이다. 그러나 HCl과 같이 서로 다른 원자가 공유 결합을 형성하는 경우에는 결합하는 두 원자가 전자를 끌어당기는 정도가 다르기 때문에 전자를 균등하게 공유하기 어렵다. 이와 같이 공유 전자쌍이 균등하게 분포하는 결합을 **무극성 공유 결합**(nonpolar covalent bond), 공유 전자쌍이 한 쪽 원자로 더 많이 끌려 불균등하게 분포하는 결합을 **극성 결합**(polar covalent bond)이라고 한다.

공유 결합이 극성을 띤다는 것은 공유 전자를 세게 잡아당기는 원자 주위에는 약한 '음성의 극'이, 전자를 덜 잡아당기는 원자 주위에는 약한 '양성의 극'이 생긴다는 뜻이다. 극성 공유 결합의 두 원자에서 생기는 부분 전하는 그리스 문자 δ (델타)에 '+'나 '−' 부호를 덧붙여 결합의 양쪽에 그림 2.16(b)와 같이 δ^+와 δ^-로 나타낸다.

전기음성도

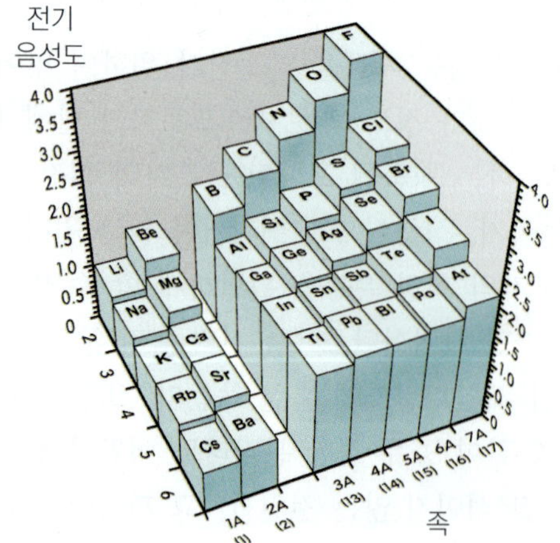

그림 2.17 폴링의 전기 음성도

미국의 화학자 폴링(Pauling)은 공유 결합에서 각 원자가 공유 전자쌍을 끌어당기는 상대적 힘의 크기를 수치로 나타내고, 이것을 **전기음성도**(electronegativity)라고 하였다(그림 2.17). 폴링은 전자쌍을 끌어당기는 힘이 가장 큰 플루오르(F)의 전기 음성도를 4.0으로 정하고, 다른 원자들의 전기 음성도를 상대적으로 정하였는데, 각 원자들의 전기 음성도는 0.7(Cs)~4.0(F) 사이의 값을 갖는다. 그림 2.18은 원소의 전기 음성도의 경향성을 주기율표에 나타낸 것으로, 여기서 비활성 기체는 화합물을 거의 형성하지 않으므로 제외되었다. 이 그림을 보면 대체로 같은 주기에서는 원자 번호가 커질수록 전기 음성도가 커지고, 같은 족에서는 원자 번호

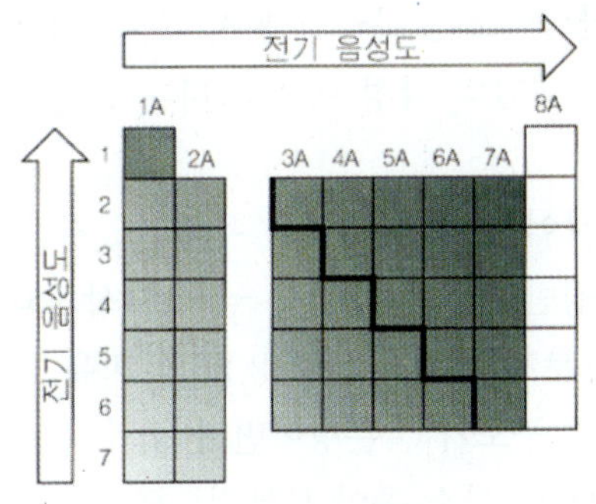

그림 2.18 전기 음성도의 경향성

가 커질수록 전기 음성도가 작아지는 것을 알 수 있다.

공유 결합에서 두 원자의 전기 음성도의 차이가 클수록 결합의 극성이 커지며, 전기 음성도의 차이가 거의 0이면 무극성 공유 결합을 이루게 된다. 한편, 전기 음성도가 매우 작은 알칼리 금속 원자와 전기 음성도의 차이가 큰 할로겐 원자가 결합하는 경우와 같이 전기 음성도의 차이가 매우 크면 이온 결합을 형성하게 된다.

예제

아래 물질에서 중심 원자가 이루고 있는 공유 결합의 극성의 세기를 비교하여 보자.

```
      H
      |
Br -  C  - Cl
      |
      I
```

정답 및 해설

전기 음성도의 차이가 클수록 결합의 극성이 크다. 탄소의 전기 음성도는 2.5이고, H, Cl, Br, I의 전기 음성도는 각각 2.1, 3.0, 2.8, 2.5이므로 전기 음성도의 차이는 0.4, 0.5, 0.3, ~0이다. 따라서 각 결합의 극성의 세기는 순서는 다음과 같다고 예상할 수 있다.

C–Cl > C–H > C–Br > C–I

연습문제

2.7

아래 물질에서 중심 원자가 이루고 있는 결합의 극성 판단하고, 그 세기를 비교하여 보자.

```
H - N - Cl
    |
    F
```

분자의 극성

우리가 결합의 극성을 논의할 때에는 공유 결합을 하고 있는 두 원자 사이의 전기 음성도의 차이가 어떠한가에 초점이 맞추어져 있지만, 분자의 극성을 논의할 때에는 분자를 구성하는 각 원자의 결합의 극성을 모두 고려하여야 한다. 따라서 무극성 결합만 있는 분자는 무극성 분자이지만, 극성 결합을 포함하고 있는 경우에는 단순히 분자의 극성을 판단할 수 없다. 예를 들면, 이산화탄소와 물 분자는 모두 극성 결합을 가지고 있지만, 이산화탄소는 무극성 분자, 물은 극성 분자로 분류되므로 분자의 극성을 판단하려면 결합의 극성 이외의 다른 요인을 생각해야 한다.

그림 2.19에서 이산화탄소는 탄소와 산소 사이에 극성 결합이 두 개 있지만, 그 구조가 직선형이므로 크기가 같고 방향이 정반대인 두 결합은 극성은 상쇄되어 분자 전체로서는 극성을 띠지 않는 **무극성 분자**가 된다(그림 2.20의 비유 참고). 그러나 그림 2.19(b)의 물 분자와 같이 그 구조가 굽은형이면 산소와 수소 사이의 결합의 극성이 상쇄되지 않고, 분자 전체로 산소 쪽이 부분적으로 (−) 전하를 수소 쪽이 부분적으로 (+) 전하를 띠는 극성이 존재하므로 **극성 분자**가 된다(그림 2.20의 비유 참고).

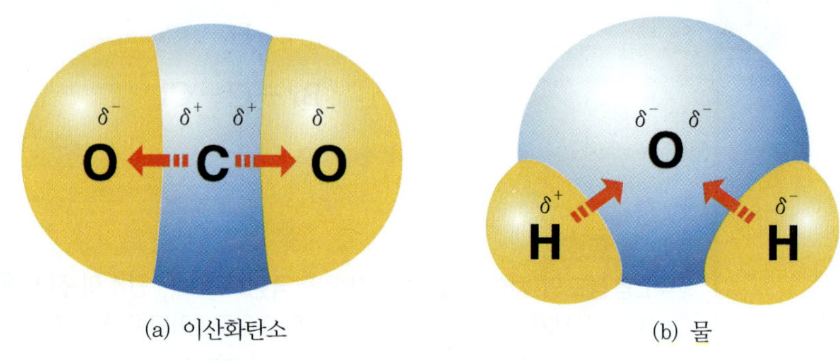

그림 2.19 무극성 분자(a)와 극성 분자(b)의 예

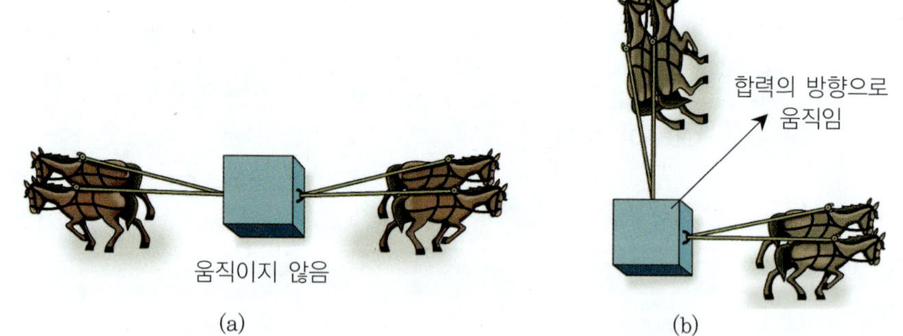

그림 2.20
무극성 분자(a)와 극성 분자의(b) 비유

물체에 같은 힘이 작용하더라고 방향이 180°이면 두 힘이 상쇄되지만, 방향이 정반대가 아니면 물체는 합력의 방향으로 움직인다.

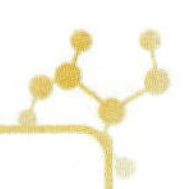

예제

다음 물질을 극성 분자와 무극성 분자로 구분하여라.

H_2, CO, NCl_3, HBr

정답 및 해설

H_2는 같은 원자 사이의 결합이므로 무극성 결합만 있고, NCl_3는 전기 음성도가 같으므로 NCl_3 분자는 무극성 결합만 있으므로 무극성 분자이다. 그러나 CO와 HBr은 전기 음성도가 다른 원자 사이의 결합으로 극성 결합이 있고, 이 결합의 극성이 상쇄되지 않으므로 극성 분자이다.

연습문제

2.8

분자의 극성을 결정하는 요인을 두 가지 들어라.

2-2-2 공유 결합 분자의 모양

분자의 모양이 분자의 극성을 결정하는 한 요인이라는 것을 앞에서 배웠다. 여기서는 분자의 모양을 설명하는 간단한 이론과 실제 분자의 모양에 대하여 알아보자. 공유 결합 분자에서 중심 원자 주위의 전자쌍은 그들 사이의 정전기적 반발 때문에 가능한 멀리 떨어지려고 한다. 이것을 **전자쌍 반발 이론**이라고 하는 데, 중심 원자 주위의 전자쌍의 개수에 따라 직선, 삼각 평면, 사면체 등의 모양으로 전자쌍이 분포하여 분자의 모양을 결정하게 된다. 전자쌍 반발 이론을 토대로 하여 몇 가지 실제 분자의 모양을 이해하여 보고, 분자의 모양으로 인한 분자의 극성에 대하여 알아보자.

공유 결합 분자에서 중심 원자 주위에 놓여 있는 전자쌍은 전자쌍 반발 원리에 따라 반발력이 최소가 되는 구조를 하므로, 중심 원자 주위의 전자쌍의 기하학적 구조는 중심 원자 주위의 전자쌍의 개수에 의해 결정된다. 전자쌍의 개수에 따른 전자쌍의 기하학적 구조는 표 2.5와 같다.

중심 원자 주위의 전자쌍의 기하학적 구조를 토대로 하여 몇 가지 실제 분자의 모양에 대하여 알아보자.

2쌍

플루오르화베릴륨(BeF_2)은 3원자 분자로서 Be이 중심 원자이고, 두 개의 F는 Be과 공유 결합한다. 그림 2.21의 루이스 구조에서 볼 수 있듯이 중심 원자인 Be 주위의 2쌍의 공유 전자쌍은 그들 사이의 반발력을 최소로 하기 위하여 서로 반대 방향에 놓인다. 즉, 그림과 같이 결합각은 180°가 되며, 분자의 모양은 직선이다.

표 2.5 중심 원자 주위의 전자쌍의 개수에 따른 전자쌍의 기하학적 구조

전자쌍의 개수	분자 모양	결합각	분자의 예
2	직선형	180°	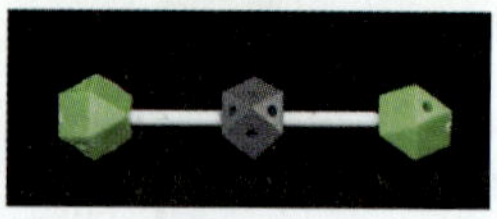 ($BeCl_2$)
3	 삼각 평면	120°	 (BF_3)
4	 사면체	109.5°	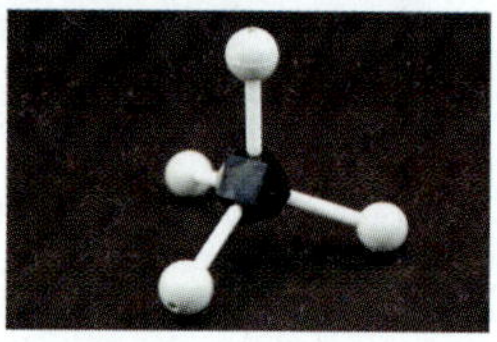 (CH_4)

:F: Be :F: F − Be − F (180°)

직선형

그림 2.21 BeF_2의 루이스 구조와 분자 모양

앞에서 CO_2의 모양이 직선인 것을 배웠다. CO_2는 그림 2.22와 같은 루이스 구조를 가지므로 중심 원자인 C 주위로 실제적으로는 4쌍의 공유 전자쌍이 존재하지만, 전자쌍 반발의 원리를 적용하여 분자의 모양을 예상할 때에는 2쌍의 전자쌍을 가지는 것으로 생각한다. 즉, 두 원자 사이의 이중 결합이나 삼중 결합은 단일 결합과 마찬가지로 1쌍으로 생각하여 분자의 모양을 예상하면 된다.

O :: C :: O   O = C = O (180°)

직선형

그림 2.22 CO_2의 분자 모양: 이중 결합은 단일 결합처럼 전자쌍 1개로 생각한다.

3쌍

플루오르화붕소(BF_3)은 4원자 분자로서 B가 중심 원자이고, 세 개의 F는 B과 공유 결합한다. 그림 2.23의 루이스 구조에서 볼 수 있듯이 중심 원자인 B 주위의 3쌍의 공유 전자쌍은 그들 사이의 반발력을 최소로 하기 위하여 결합각이 120°가 되어야 하므로, 분자의 모양은 삼각 평면 구조이다.

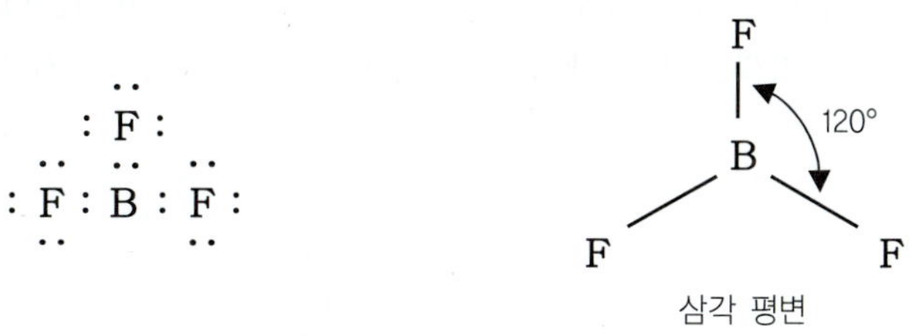

그림 2.23 BF_3의 분자 모양: 삼각 평면 구조를 이루는 4개의 원자는 한 평면에 존재한다.

4쌍

메탄(CH_4)은 중심 원자인 C 주위로 4개의 공유 전자쌍을 있으므로 아래 그림 2.24와 같이 결합각이 109.5°인 정사면체 구조를 가지면 전자쌍 사이의 반발력이 최소가 된다.

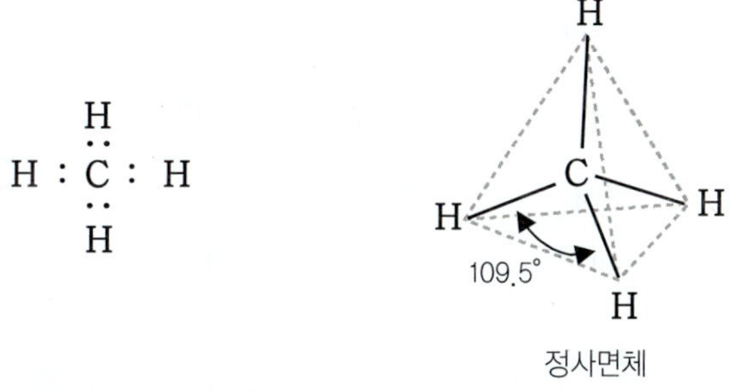

그림 2.24 메탄의 분자 모양

그러면 중심 원자에 비공유 전자쌍이 있는 분자는 어떤 모양일까? 중심 원자에 비공유 전자쌍이 1개 있는 암모니아(NH_3)와 물(H_2O) 비공유 전자쌍이 2개 있는 분자를 예로 들어 분자의 모양을 알아보자.

암모니아 분자의 중심 원자인 N은 수소 원자 3개와 결합한 3개의 공유 전자쌍과 결합에 참여하지 않은 1개의 비공유 전자쌍이 있다. 따라서, NH_3 분자도 CH_4 분자에서와 같이 전자쌍 사이의 반발력이 최소가 되기 위해서는 전자쌍의 기하학적 구조는 사면체를 이룬다. 그러나 4개의 동등한 공유 전자쌍을 가진 메탄과 달리 암모니아는 3개의 동등한 공유 전자쌍과 1개의 비공유 전자쌍을 가지고 있으므로, NH_3 분자는 그림 2.25와 같이 1개의 꼭지점이 비어 있는 사면체의 중심에 N 원자가 있는 형태의 피리미드 모양이다. 일반적으로 비공유 전자쌍의 반발력이 공유 전자쌍의 반발력이 보다 크기 때문에 H–N–H의 결합각은 메탄의 H–C–H의 결합각 109.5°보다 작은 107.3°를 이루고 있다.

물 분자의 중심 원자인 O는 수소 원자 2개와 결합한 2개의 공유 전자쌍 이외에 2개의 비공유 전자쌍이 있다. 따라서 O 주위의 4개의 전자쌍도 반발력이 최소가 되는 사면체의 기하학적 구조를 가지지만, H_2O의 분자 모양은 그림 2.26과 같이 2개의 꼭지점이 비어 있는 굽은형이며, H–O–H의 결합각은 2개의 비공유 전자쌍으로 인하여 H–N–H의 결합각보다 더 작은 104.5°를 이룬다.

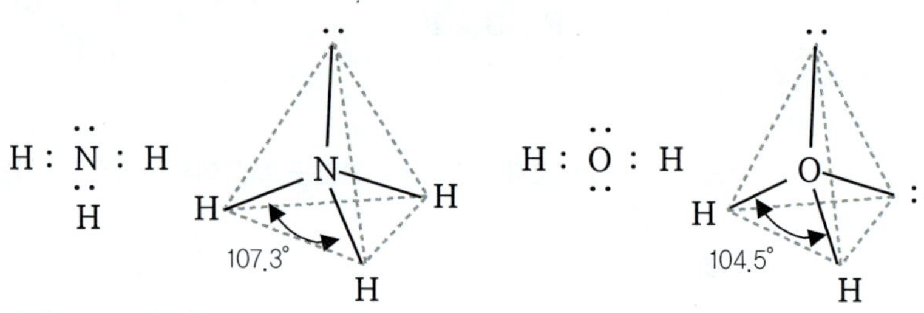

그림 2.25 암모니아의 분자 모양

그림 2.26 물 분자의 모양

표 2.6에 2, 3주기 원소가 중심 원자로 있는 몇 가지 분자의 결합각과 분자 모양을 나타내었다.

표 2.6 몇 가지 분자의 결합각과 분자 모양

분자	결합각	모양	분자	결합각	모양
BeF_2	180°	직선	NH_3	107.3°	피라미드
CO_2	180°	직선	PH_3	93.3°	피라미드
BF_3	120°	삼각평면	H_2O	104.5°	굽은형
CH_4	109.5°	정사면체	H_2S	92.2°	굽은형

2-2-3 분자의 모양과 극성

우리는 앞에서 분자의 극성을 결정하는 요인으로 결합의 극성과 더불어 분자의 모양도 매우 중요하게 작용하는 것을 알았다. 다음 활동을 통해 결합의 극성과 분자의 모양을 고려하여 분자의 극성을 결정해 보자.

같은 원자로 된 H_2, F_2와 같은 이원자 분자는 직선 구조로 극성이 없지만, 전기 음성도가 다른 원자들이 직선 구조를 이루는 HF, HCl과 같은 분자는 극성이 있다.

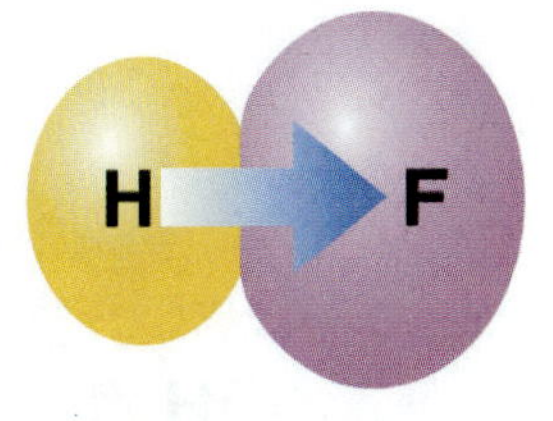

그림 2.27 이원자 분자의 극성

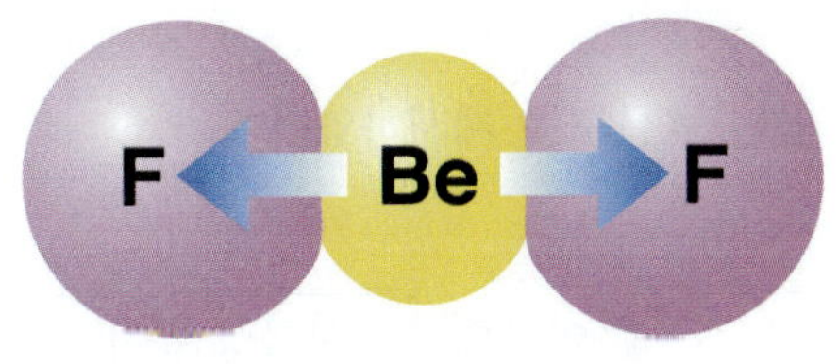

그림 2.28 BeF_2는 결합의 극성이 서로 상쇄되어 무극성 분자이다.

3원자 분자인 BeF_2에서 Be과 F의 전기 음성도의 차이로 보아 Be−F 결합의 극성이 크리라고 예상되나, 실제 BeF_2 분자는 극성이 없다. 즉, 그림 2.28과 같이 BeF_2 분자는 직선 구조로 2개의 Be−F 결합의 극성이 크기가 같고 방향이 정반대이므로, 결합의 극성이 서로 상쇄되어 분자 전체로는 극성이 없다. 이와 같이, 3개 이상의 원자로 이루어진 분자에 극성 결합이 있어도 분자 전체가 극성인 것은 아니다. 그림 2.29와 같이 CO_2, BF_3, CH_4에서 C=O, B−F, C−H의 각 결합은 극성이나, CO_2는 직선 구조로 극성이 상쇄되고, BF_3나 CH_4는 기하학적으로 대칭적 구조를 이루므로 극성이 상쇄되어 분자 전체는 극성이 없는 **무극성 분자**이다.

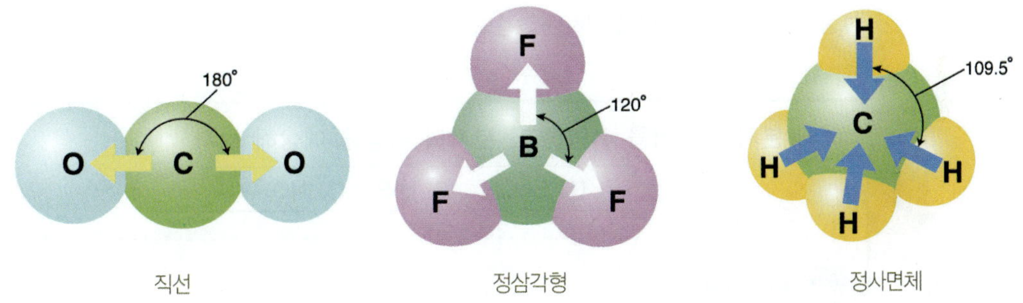

그림 2.29 결합의 극성은 있지만 무극성인 분자들

그러나 그림 2.30과 같이 NH_3와 H_2O에서 N−H, O−H의 각 결합은 극성이고, 질소와 산소 원자를 중심으로 하는 분자의 모양이 각각 피라미드와 굽은형이므로 극성이 상쇄되지 않아 분자 전체가 극성을 나타낸다. 이 때, NH_3에서는 전기 음성도가 큰 질소 원자 쪽이 δ^-의 부분 전하를 띠고, 수소 원자 쪽이 δ^+의 부분 전하를 띤다. H_2O에서는 산소 원자 쪽이 δ^-의 부분 전하를 띠고, 수소 원자 쪽이 δ^+의 부분 전하를 띤다.

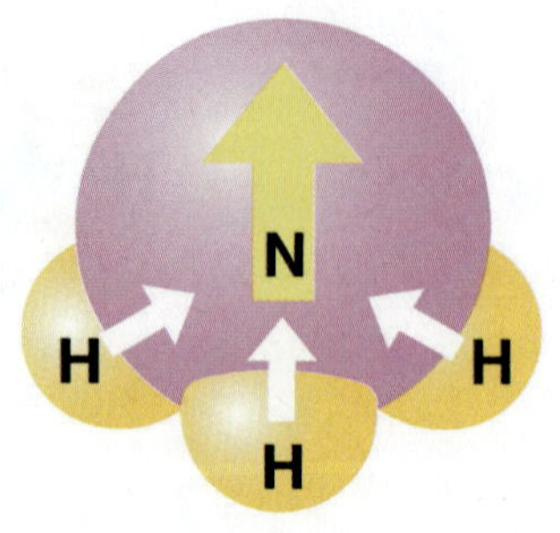

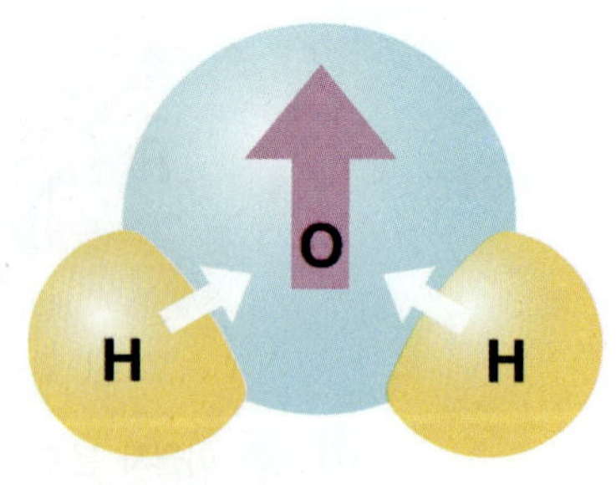

그림 2.30 결합의 극성이 상쇄되지 않아 분자를 극성을 가지는 예

그림 2.31에 분자의 극성을 판단할 수 있는 흐름도를 제시하였다.

극성 결합이 존재하는가? — 아니오 ➡ 무극성 분자 (H_2, NCl_3)

예 ⬇

분자 모양이 대칭이고, 전하 분포가 균일한가? — 예 ➡ 무극성 분자 (CH_4, CO_2)

아니오 ⬇

극성 분자 (H_2O, NH_3)

그림 2.31 분자의 극성을 판단하는 흐름도

예제

아래 분자의 모양을 설명하고, 분자의 극성을 예상해 보자.

(1) $BeCl_2$, (2) H_2S, (3) NO_3^-

정답 및 해설

세 분자의 루이스 구조는 각각 다음과 같다.

:C̤̈l : Be : C̤̈l :　　: H : S̤̈ : H :　　[:Ö: 위, O :: N :: O]$^-$

따라서 중심 원자 주위의 전자쌍이 2쌍인 $BeCl_2$는 직선형이고, 결합의 극성이 상쇄되므로 무극성 분자이다. H_2S는 중심 원자인 S 주위로 4쌍의 전자쌍을 가지므로 전자쌍의 기하학적 구조기 사면체이므로 분자는 굽은 모양이고, 결합의 극성이 상쇄되지 않으므로 극성 분자이다. 중심 원자인 N 주위로 3쌍의 전자쌍(이중 결합은 1쌍으로 생각함)을 가지는 NO_3^-는 결합각이 120°인 삼각 평면 구조로 무극성 분자이다.

연습문제

2.9
다음 표의 빈칸에 적당한 내용을 채우고, 분자의 모양과 극성을 예측해 보자.

분 자	중심 원자 주위의 전자쌍의 개수			분자의 모양	분자의 극성
	공 유	비공유	전 체		
HOCl				직선형	
NCl_3					무극성
BeFCl	2	0			
$CHCl_3$			4		
XeF_4		4	6	사각평면	
XeF_2		3	5		
H_3O^+		1		피라미드	
NH_4^+		0			무극성

02-3 분자간의 힘

헬륨, 질소, 이산화탄소, 암모니아 등의 기체에 높은 압력을 가하거나 냉각시키면 액체나 고체가 된다. 이것은 분자 사이에 서로 끌어당기는 힘이 작용하여 뭉치기 때문이다. 이와 같은 분자성 물질 사이에 작용하는 힘에 대하여 자세히 알아보자.

2-3-1 분산력

분자에서 전자는 평균적으로는 균일하게 분포하지만, 어느 한 순간에는 전자의 분포가 균일하지 않을 수 있다. 예를 들어, 헬륨의 두 개의 전자는 그림 2.32(a)와 같이 평균적으로는 핵을 중심으로 구형의 공간에 균일하게 분포하지만, 어느 순간 핵에 대한 두 개의 전자의 상대적인 위치가 달라 그림 2.32(b)처럼 일시적으로 헬륨 분자가 극성을 띠게 된다. 이와 같이 순간적으로 생긴 극성은 그림 2.32(c)와 같이 이웃하고 있는 헬륨 분자의 전하 분포를 일그러지게 한다. 이와 같은 현상을 **편극화**(polarization)라고 하며, 편극화에 의해 생긴 이중극자를 **유발 이중극자**(induced dipole)라고 한다.

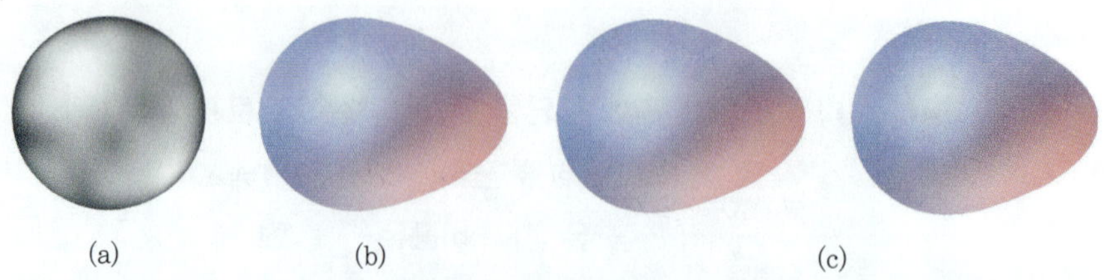

그림 2.32 전자 분포의 편극화에 따른 유발 이중극자의 생성 : (a) 편극되지 않은 분자, (b) 편극으로 형성된 이중극자, (c) 유발 이중극자

유발 이중 극자는 헬륨처럼 전자 분포의 불균일에 의하여 순간적으로 생긴 이중극자에 의하여 생길 수도 있지만, 이온이나 다른 극성 분자의 이중극자에 의해서도 생길 수 있다. 그리고 이중극자를 유발한 요인이 사라지면 유발 이중극자도 없어진다.

여러 가지 요인에 의하여 생기는 유발 이중극자로 인해 분자 사이에 약한 정전기적 힘이 작용하게 되는 데, 이러한 힘을 **분산력**(dispersion force) 또는 **반 데르 발스 힘**(van der Waals force)이라고 한다. 분산력은 모든 분자 사이에 존재하는 힘이지만, 특히, 무극성 분자 사이에 작용하는 중요한 힘이다.

분산력은 이온 사이에 작용하는 힘이나 공유 결합에서 원자 사이에 작용하는 힘보다 훨씬 약하다. 따라서 이온 결정이나 원자 결정에 비하여 분자 결정의 녹는점, 끓는점은 매우 낮고, 몰 증발열도 작으며, 쉽게 승화하는 성질을 가진다.

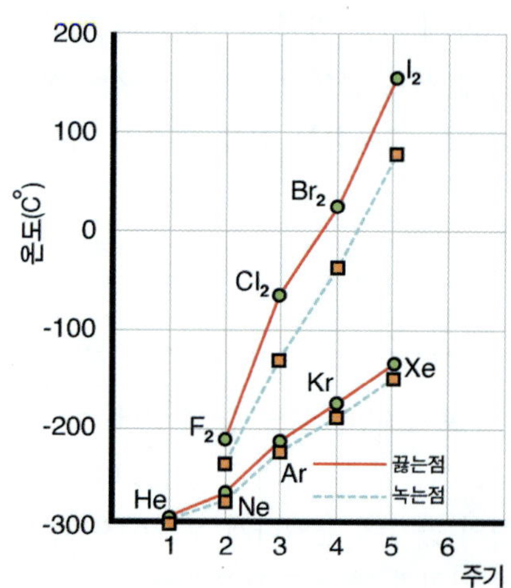

그림 2.33 무극성 분자의 끓는점과 녹는점

분산력의 세기는 분자가 편극화되는 정도와 밀접한 관계가 있다. 크기가 작은 원자에 비하여 큰 원자는 전자의 개수도 많지만, 바깥 껍질의 전자와 핵의 인력이 더 약하기 때문에 전자가 쉽게 한 쪽으로 쏠릴 수 있다. 따라서 크기가 큰 원자나 분자는 작은 원자나 분자에 비하여 편극이 더 잘 일어나며, 상대적으로 분산력도 더 크게 작용한다. 일반적으로 분자의 크기는 분자량과 밀접한 관계가 있으므로, 분자의 모양이 비슷한 무극성 분자에서는 분자량이 클수록 분산력이 증가한다. 그림 2.33은 무극성 분자의 끓는점과 녹는점을 나타낸 것이다. 그림에서 볼 수 있듯이 무극성 분자의 끓는점, 녹는점은 모두 분자량이 클수록 증가한다.

그러나 분자량이 비슷한 경우에는, 이웃하는 분자와 많이 접촉할 수 있는 분자구조를 가지면 분산력이 더 크다. 예를 들면, 그림 2.34에서 밀집된 구조를 하고 있는 이소옥탄에 비하여 길게 늘어진 구조를 하고 있는 노말옥탄의 끓는점과 녹는점이 높은 것을 알 수 있다.

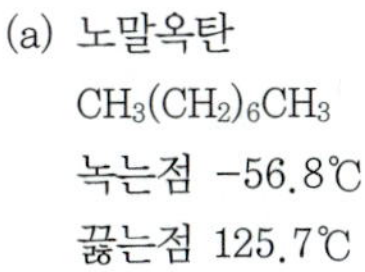

(a) 노말옥탄
$CH_3(CH_2)_6CH_3$
녹는점 −56.8℃
끓는점 125.7℃

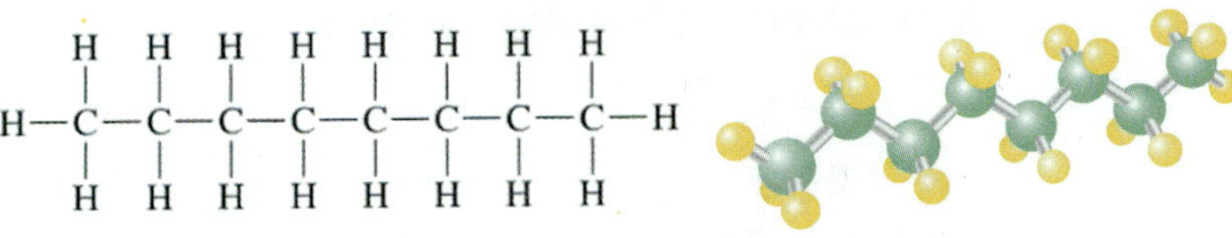

(b) 이소옥탄
2,2,4-Trimethylpentane
녹는점 −104.7℃
끓는점 99.2℃

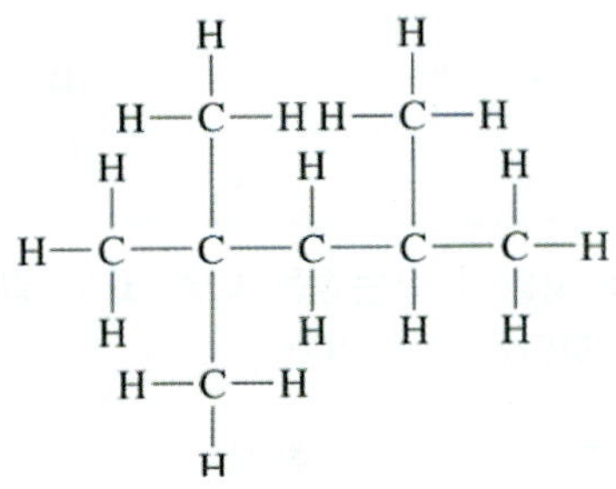

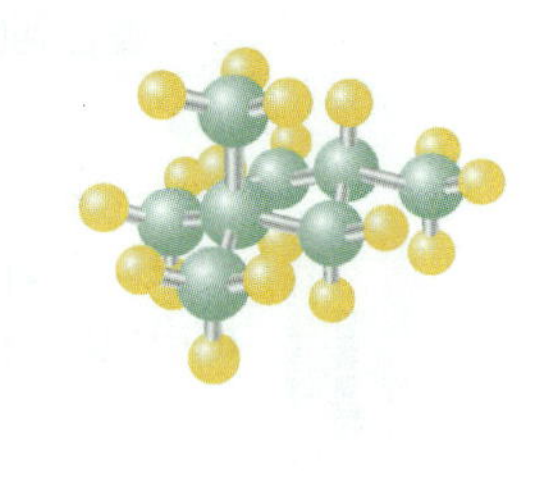

그림 2.34 분자의 모양과 분산력

2-3-2 이중극자 사이의 힘

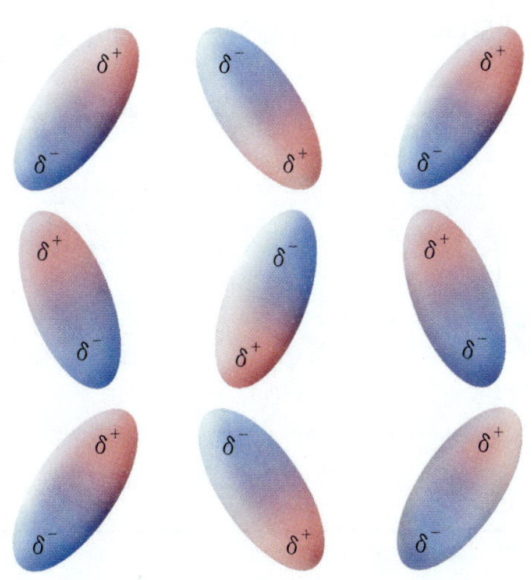

그림 2.35 이중극자 사이의 상호 작용
분자의 열운동에 의하여 극성 분자가 완벽하게 규칙적인 배열을 하기는 어렵지만, 두 분자 사이의 δ^+와 δ^- 사이에 정전기적 인력이 작용한다.

극성 분자도 유발 이중극자가 생길 수 있기 때문에 분산력이 작용한다. 그러나 극성 분자는 이웃하는 분자의 이중극자와 관계없이 분자 그 자체가 이중극자를 가지고 있다. 따라서 그림 2.35와 같인 극성 분자 사이에는 분산력과 달리 극성 분자 자체의 이중극자 사이에 상호 작용이 존재한다. 이와 같이 극성 분자의 이중극자 사이에 작용하는 힘을 **이중극자-이중극자 사이의 힘**(dipole-dipole force)이라고 한다. 일반적으로 분자의 극성이 클수록 이중극자 사이에 작용하는 힘이 증가한다.

이중극자 사이의 힘은 극성 분자 사이에만 존재하는 힘이지만, 분산력은 모든 분자에 존재하는 힘이다. 따라서 분자량이 비슷한 경우, 분자 사이에 작용하는 힘의 합은 무극성 물질에 비하여 극성 물질이 더 크다. 표 2.6에 질소, 일산화질소, 산소의 끓는점을 비교하였다. 무극성 물질인 질소와 산소는 분산력만 존재하므로 분자량이 큰 산소의 끓는점이 더 높다. 그러나 일산화질소는 산소보다 분자량이 더 작지만 끓는점은 훨씬 높다. 즉, 일산화탄소는 분산력과 함께 이중극자 사이의 힘이 작용하므로 분자 사이의 인력이 산소보다 더 크다.

표 2.6 분자량이 비슷한 세 물질의 끓는점 비교

물 질	N_2	NO	O_2
분자량	28.0	30.0	32.0
분자의 극성	무극성	극성	무극성
끓는점(K)	77	121	90

예제

암모니아와 메탄의 분자량과 끓는점은 아래 표와 같다. 암모니아의 끓는점이 메탄보다 훨씬 높은 까닭은 무엇인가?

물 질	분자량	끓는점
NH_3	17.0	−33
CH_4	16.0	−161

정답 및 해설

암모니아와 메탄의 분자량이 비슷하므로 이들 분자 사이에 작용하는 분산력의 세기는 비슷하다고 할 수 있다. 그러나 암모니아는 극성 분자이므로 분산력 외에 이중극자 사이의 힘이 더 작용하므로, 메탄에 비하여 암모니아 분자 사이에 작용하는 힘이 훨씬 크기 때문이다.

연습문제

2.10

다음 짝은 두 물질의 끓는점을 비교해 보자.

(1) H_2S와 O_2　　(2) CH_4와 CCl_4

2-3-3 수소 결합

그림 2.36은 14, 16, 17족 원소의 수소 화합물의 끓는점을 나타낸 것이다. 이 그림에서 보면 14족 원소의 수소 화합물은 무극성 분자이므로 분자량이 증가하면서 끓는점이 높아지는 것이 알 수 있다. 그러나 16족과 17족 원소의 수소 화합물 중 H_2O와 HF는 이들이 속한 다른 수소 화합물에 비하여 분자량이 가장 작은데도 끓는점은 가장 높다. 이와 같은 성질을 어떻게 설명할 수 있을까?

물질의 끓는점, 녹는점은 그 물질을 구성하는 입자 사이에 작용하는 힘에 크게 영향을 받는다. 16족과 17족 원소의 수소 화합물은 극성 분자이므로 분자 사이에는 분산력과 이중극자 사이의 힘이 모두 작용한다. 16족 수소 화합물의 분자량과 분자의 극성의 크기는 다음과 같다.

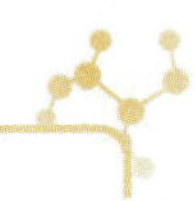

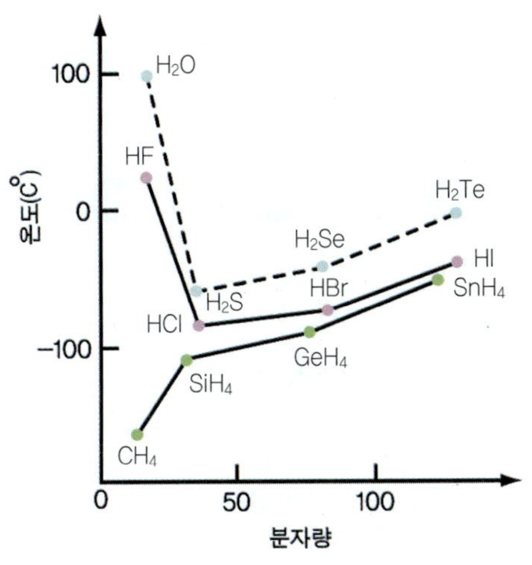

그림 2.36 14, 16, 17족 원소의 수소 화합물의 끓는점 비교

- 분자량 : $H_2O < H_2S < H_2Se < H_2Te$
- 분자의 극성 : $H_2O > H_2S > H_2Se > H_2Te$

분산력은 분자량과 이중극자 사이의 힘은 분자의 극성의 세기와 밀접한 관계가 있기 때문에 H_2O를 제외한 나머지 수소 화합물의 끓는점이 $H_2S < H_2Se < H_2Te$의 순으로 높아지는 것은 분산력이 우세하게 작용하기 때문이라고 할 수 있다. 그러나 H_2O의 끓는점이 매우 높은 것은 물 분자 사이에 작용하는 이중극자 사이의 힘이 다른 수소 화합물에 비하여 매우 크다는 것을 의미한다.

17족 원소의 수소 화합물의 끓는점도 16족 원소의 수소 화합물의 끓는점과 같은 원리로 설명할 수 있다. 다른 수소 화합물에 비하여 HF나 H_2O 분자 사이에 특히 강한 이중극자 사이의 힘이 작용하는 까닭은 무엇일까? HF와 HCl을 예로 들어 설명해 보자. 그림 2.37에서 볼 수 있듯이 H와 F, H와 Cl의 전기 음성도의 차이는 각각 1.9, 0.9로 매우 크게 차이가 나므로, 부분 전하 δ^+와 δ^-는 HF가 HCl보다 훨씬 크다. 따라서 HCl에 비하여 HF 분자 사이에는 매우 강한 정전기적 인력이 작용하므로 끓는점이 높다.

N, O, F와 같은 원자의 크기는 작지만 전기 음성도가 큰 원소들이 수소 원자와 공유 결합을 이루면 결합의 극성이 매우 큰 분자가 된다. 이들 분자들은 분자 산의 강한 힘으로 인해 여러 개의 분자가 결합하여 마치 큰 분자처럼 행동한다. 즉, 수소와 결합하면서 생긴 N, O, F의 음전하 부분(δ^-)과 이웃하는 다른 분자의 양전하(δ^+)를 띤 수소 원자 사이에 강한 인력이 작용하여 결합하게 되는 데, 이와 같은 분자 사이의 힘을 **수소 결합**(hydrogen bond)이라고 한다. 그림 2.38은 물 분자 사이의 수소 결합을 나타낸 것이다. 하나의 H_2O는 이웃하고 있는 다른 네 개의 H_2O와 수소 결합을 할 수 있다.

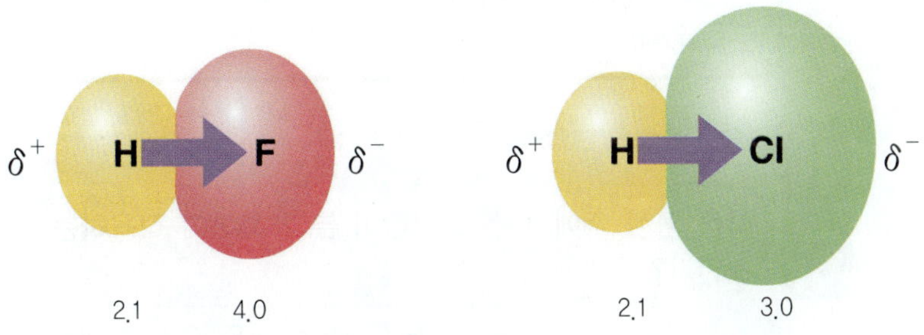

그림 2.37 HF와 HCl의 이중극자 사이의 힘 비교

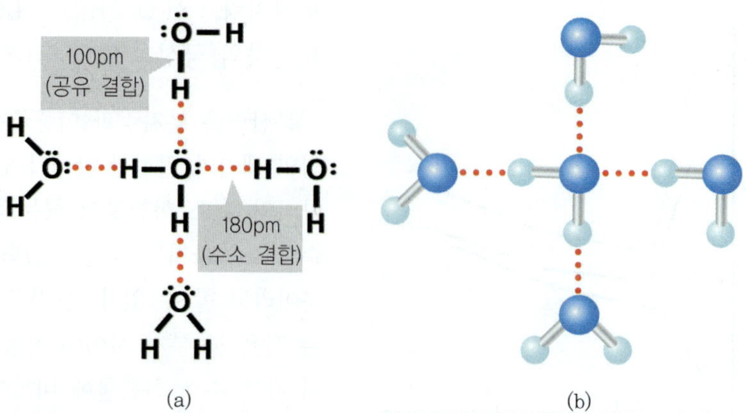

그림 2.38 물에서의 수소 결합 　한 개의 물 분자는 다른 4개의 물 분자와 수소 결합으로 연결 되어 있다. 수소 결합 길이는 O–H 공유 결합 길이인 0.10 nm보다 긴 0.18 nm이다.

예제

다음 물질 중에서 수소 결합이 분자 사이에 작용하는 중요한 힘인 것은 어느 것인가?

N_2, HI, HF, CH_3OH, $CHCl_3$

정답 및 해설

원자의 크기가 작고, 전기 음성도가 큰 N, O, F와 H의 공유 결합을 포함하고 있는 분자가 수소 결합을 할 수 있다.

- N_2 : 질소 원자는 작고, 전기 음성도는 크지만, 수소 원자가 없기 때문에 수소 결합을 할 수 없다. N_2는 무극성 분자로 분산력이 분자 사이의 중요한 힘이다.
- HI : 수소 원자는 존재하지만, I가 크고, 전기 음성도가 작아 수소 결합을 할 수 없다.
- HF : 수소 원자가 작고, 전기 음성도가 큰 원자인 F와 결합하고 있으므로 분자 사이에 수소 결합이 중요하게 작용한다.
- CH_3OH : 수소 원자가 오른쪽 구조식처럼 작고, 전기 음성도가 큰 산소 원자와 결합하고 있으므로 수소 결합을 할 수 있다.
- $CHCl_3$: 수소 원자가 탄소 원자와 결합하고 있고, 탄소와 수소 사이에 전기음성도의 차이가 작아 수소 결합을 할 수 없다.

```
      H
      |
H — C — O — H
      |
      H
```

2.11

다음 물질 중에서 수소 결합이 분자 사이에 작용하는 중요한 힘인 것은 어느 것인가?

NH_3, HBr, H_2S, CH_3COOH

2-3-4 물의 특성과 수소 결합

그림 2.39는 얼음의 결정 구조와 구조 모형을 나타낸 것으로, 얼음에서 H_2O 분자의 수소 결합과 그 결과 생긴 빈 공간을 잘 보여 주고 있다. 얼음이 녹아 액체가 되는 과정에서 수소 결합의 일부가 끊어지면서 생긴 물분자가 얼음 구조의 빈 공간 사이로 속으로 들어가게 된다. 그 결과 얼음이 녹아 물이 되면 부피가 약 10 % 줄어, 고체인 얼음에 비하여 액체인 물의 밀도가 높다. 이러한 성질은 대부분의 물질이 액체보다 고체의 밀도가 높은 것에 비하면 매우 특이한 현상이다.

녹는점에서 물을 계속 가열하면 물분자 사이의 수소 결합이 좀더 끊어지면서 부피가 줄어들면서 4.0 ℃에서 최대 밀도가 되며, 계속 가열하여 온도가 높아지면 밀도는 다시 낮아진다. 이와 같이 4 ℃에서 물이 밀도가 최대가 되는 현상은 강이나 호수의 표면에서부터 물이 어는 현상과 관련이 깊다. 즉, 기온이 떨어져 물의 온도가 4 ℃ 이하로 낮아지면, 강이나 호수의 바닥에 있는 물에 비하여 표면에 있는 물의 온도가 더 낮다. 따라서 물은 위에서부터 얼기 시작하며, 얼음의

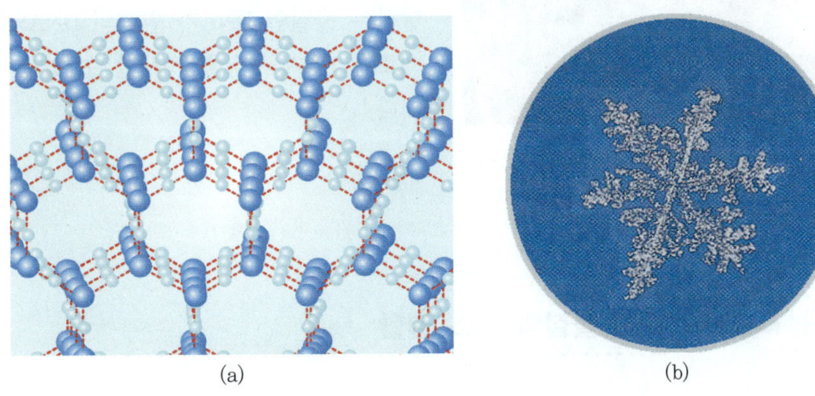

그림 2.39 얼음의 결정 구조와 구조 모형

밀도가 물보다 낮기 때문에 물이 얼면 표면이 곧바로 얼음 층으로 덮힌다. 이와 같은 현상은 얼음의 단열 작용에 의해 얼음 아래에 있는 물은 영하의 추운 날씨에도 불구하고 얼지 않기 때문에 강이나 호수에 사는 생명체를 추운 날씨로부터 보호해주는 역할을 한다.

물의 끓는점이 100 ℃로 분자량이 비슷한 다른 물질에 비하여 매우 높은 것도 물의 특이성 중의 하나이다. 표 2.7에서 보듯이 물보다 분자량이 훨씬 큰 CO_2나 SO_3도 분자 사이에 작용하는 힘이 약한 분산력 밖에 없기 때문에 끓는점이 낮아 실온에서 기체로 존재한다. 심지어 극성 분자이면서 물보다 분자량이 큰 SO_2같은 물질도 실온에서 기체로 존재한다. 그러나 물처럼 분자량은 작지만 수소 결합을 할 수 있는 메탄올(CH_3OH)은 실온에서 액체로 존재한다.

표 2.7 몇 가지 물질의 분자량과 물질의 상태

물질	H_2O	CO_2	SO_3	SO_2	CH_3OH
분자량 (g/몰)	18	44	80	64	32
분자의 극성	극성	무극성	무극성	극성	극성
상태 (25℃)	액체	기체	기체	기체	액체

2-3-5 생명 현상과 수소 결합

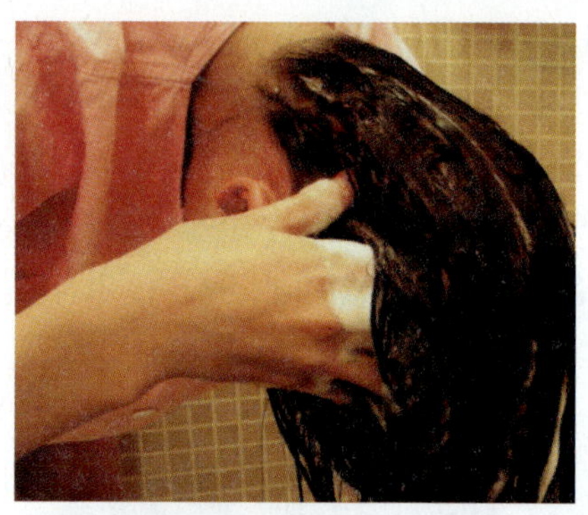
물로 머리를 감을 때, 머리카락이 부드러워지는 것은 머리카락을 구성하고 있는 단백질의 수소 결합이 끊어지기 때문이다.

수소 결합은 화학적으로 대단히 흥미있는 분자 사이의 힘으로 생명체의 생명 현상과도 관련이 깊다. 단백질의 구조도 부분적으로 수소 결합에 의하여 결정되며, 생체 반응의 촉매로 작용하는 효소의 작용도 수소 결합의 형성되고 끊어지는 것에 따라 크게 달라진다. 또한 유전 정보를 전달하는 물질인 DNA가 원래의 DNA와 염기 배열이 똑같은 새로운 DNA 사슬을 복제할 수 있는 것도 수소 결합 때문이다.

2-3-6 유기 물질의 수소 결합

프로판, 부탄과 같은 탄화수소는 수소 결합을 하지 않지만, 질소나 산소를 포함하고 있는 유기 화합물에서는 분자 사이에 수소 결합이 형성되는 경우가 많다. 식초의 독특한 냄새는 주성분인 아세트산이 휘발하면서 후각을 자극하기 때문인데, 증기 상태의 아세트산은 2개의 아세트산이 수소 결합하여 마치 한 분자인 것처럼 행동한다.

(공유 결합) 100pm
(수소 결합) 160pm

아세트산에서의 수소 결합

생활속의 화학

✻ 수돗물은 안전한가?

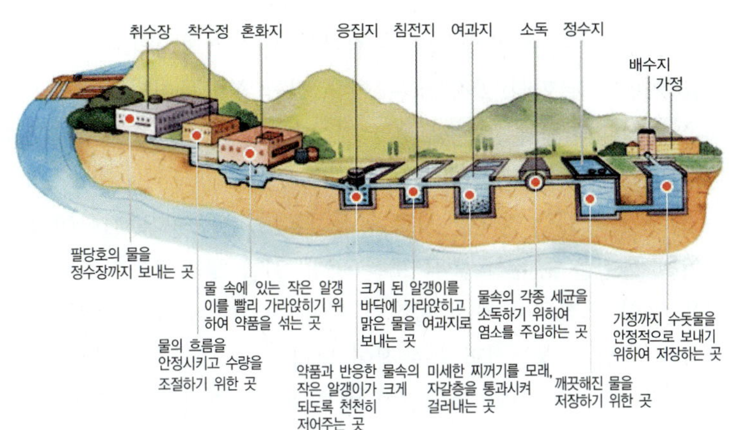

일반적으로 수돗물은 취수원수라 부르는 강이나 하천의 물을 취수장에서 끌어올린 뒤, 착수정, 혼화지, 응집지, 침전지, 여과지를 거친 다음 소독을 하고 정수지를 거쳐 우리가 살고 있는 지역 부근에 있는 배수지로 보내진 다음 수도관을 통해 각 가정으로 공급된다. 강이나 하천의 물은 바로 먹을 수 있을 정도로 안전하고 깨끗하지 않기 때문에 정수장이라 부르는 곳에서 식수로 적합하도록 정수하게 된다. 그렇다면 식수로 적합한 기준에 따른 취수원수, 정수한 수돗물, 각 가정의 수도꼭지에서 나오는 수돗물은 어떻게 다를까? 아래 표에서 볼 수 있듯이 취수원수에서 기준치를 초과한 총대장균군의 수가 정수 과정을 거치면서 식수로 적합하게 처리되는 것을 알 수 있다. 또한 정수장의 수돗물과 가정의 수도꼭지에서 나오는 수돗물도 수도관을 통해 공급되는 과정에서 약간 변하는 것을 알 수 있다. 특히, 정수 과정에서 원수를 소독하는 과정에서 사용되었던 염소의 양이 수도꼭지를 통해 나올 때는 많이 줄어든 것을 볼 수 있다.

앞에서 언급한 탁도, pH, 잔류염소, 일반세균, 대장균 등의 검사 항목 이외에도 건강상유해영향 무기물질, 건강상유해영향 유기물질, 소독제 및 소독부산물, 심미적 영향 물질 등에 해당하는 수질 기준에서 적합한 판정을 받아야 하므로 정수장에서 공급하는 수돗물 자체는 식수로 적합하게 생산되고 있다고 하겠다. 구체적인 검사항목과 먹는 물로서의 수질기준에 대한 자세한 정보는 서울특별시 상수도사업본부와 같은 기관의 홈페이지를 방문하여 구할 수 있다.

항목과 기준* / 물의 종류	탁도	pH	잔류염소	일반세균	총대장균군	대장균	비고
	0.5NTU 이하	5.8~8.5	4mg/L 이하	100CFU/mL 이하	불검출/100mL	불검출/100mL	
취수원수	-	8.1	-	-	4,800	-	암사 정수장
정수장의 물	0.045	7.0	0.57	불검출	불검출	불검출	암사 정수장
수도꼭지의 물**	0.105	6.9	0.31	불검출	불검출	불검출	

* 위 자료는 2010년 1월의 서울 상수도사업본부에서 제공한 자료를 기준으로 작성되었음

** 같은 시기의 암사정수장에서 공급하는 가정의 수도꼭지 수돗물의 검사 결과임

핵심정리

화학 결합의 종류

- 양이온과 음이온 사이에 생기는 결합을 이온 결합이라고 하며, 이온 결합에 의하여 만들어진 물질을 이온성 결합성 물질 또는 이온 결합 화합물이라고 한다.
- 이온 결합 화합물은 녹는점, 끓는점이 높고, 수용액이나 액체 상태에서는 전기를 잘 통한다. 또한 단단하나 쉽게 부스러진다.
- 두 원자가 최외각 전자를 서로 공유하는 결합을 공유 결합이라고 하며, 공유 결합에 의하여 만들어진 물질을 공유성 물질 또는 공유 결합 물질이라고 한다.
- 공유 결합 물질은 분자성 물질과 원자 결정이 있다.
- 분자성 물질은 끓는점과 녹는점이 낮다.
- 원자 결정은 끓는점과 녹는점이 매우 높고, 단단하며 대부분 전기전도성이 없다.

분자의 모양과 극성

- 공유 전자쌍이 균등하게 분포하는 결합을 무극성 공유 결합, 공유 전자쌍이 한 쪽 원자로 더 많이 끌려 불균등하게 분포하는 결합을 극성 결합이라고 한다.
- 전기음성도는 공유 결합에서 각 원자가 공유 전자쌍을 끌어당기는 상대적 힘의 크기를 수치로 나타낸 것이다.
- 공유 결합 분자 중에서 분자내 전자의 분포가 균일하지 않아 대전체와 같은 전기장에 영향을 받는 분자를 극성 분자, 분자내 전자의 분포가 균일하여 전기장의 영향을 받지 않는 분자를 무극성 분자라고 한다.
- 공유 결합 분자에서 중심 원자 주위의 전자쌍은 그들 사이의 정전기적 반발 때문에 가능한 멀리 떨어지려고 하는 원리를 전자쌍 반발 이론이라고 한다.
- 중심 원자 주위의 전자쌍이 2쌍인 경우 직선형, 3쌍인 경우 삼각 평면형, 4쌍인 경우 사면체 구조로 전자쌍이 배열한다.

분자간의 힘

- 유발 이중극자를 가지는 분자 사이에 작용하는 약한 정전기적 힘을 분산력 또는 반 데르 발스 힘(van der Waals force)이라고 한다.
- 분산력은 모든 분자 사이에 존재하는 힘이지만, 특히, 무극성 분자 사이에 작용하는 중요한 힘이다.
- 극성 분자의 이중극자 사이에 작용하는 힘을 이중극자 간의 힘이라고 한다.
- 수소와 공유 결합하면서 생긴 N, O, F의 음전하 부분(δ^-)과 이웃하는 다른 분자의 양전하(δ^+)를 띤 수소 원자 사이에 강한 인력이 작용하여 결합하게 되는 데, 이와 같은 분자 사이의 힘을 수소 결합(hydrogen bond)이라고 한다.

평가문제

01 다음 화합물을 이온 결합성 물질과 공유 결합성 물질로 구분하라.

(a) NaF

(b) CH_3OH

(c) NF_3

(d) MgO

02 다음이 세 물질에 대하여 끓는점과 녹는점, 단단함. 액체와 수용액에서의 전기 전도성을 비교하라.

CO_2, SiO_2, $MgCl_2$

03 다음 화합물에서 결합각 1과 2의 크기를 비교하라.

```
 1 ╭H
   /  |    2
H — C — ⌒C ≡ N:
      |
      H
```

04 다음 물질에 대하여 물음에 답하라.

```
    H   H   H
    |   |   |
H — C = C — C = Ö
                ..
```

(a) 어느 결합이 극성이고, 어느 결합이 비극성인가?

(b) 어느 결합의 극성이 가장 큰가?

(c) 어느 원자가 가장 큰 음전하를 가지는가?

05 다음은 아세톤의 분자 모형이다.

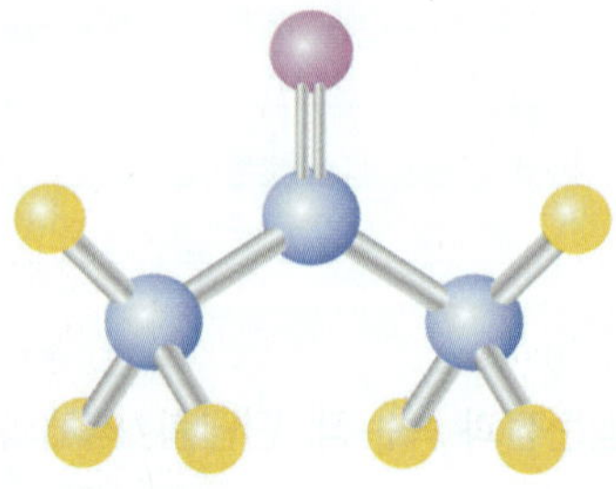

(a) 아세톤의 분자식과 시성식을 써라. ------------------------------

(b) 아세톤에서 결합각이 가장 큰 결합은 어느 것인가? ------------------------------

(c) 아세톤이 극성 분자라는 것을 설명하라. ------------------------------

06 다음 분자들에 대하여 물음에 답하라.

CCl_4, CO_2, NH_3, HF, H_2O, Cl_2

(a) 극성 분자를 모두 골라라. ------------------------------

(b) 수소 결합을 하는 물질은? ------------------------------

(c) 극성 결합을 가지지만 무극성인 분자는? ------------------------------

07 다음의 두 이성질체의 분자의 극성을 비교하라.

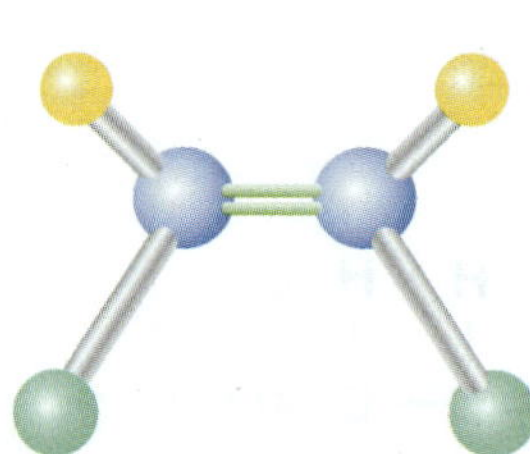

시스-1, 2-디클로로에틸렌

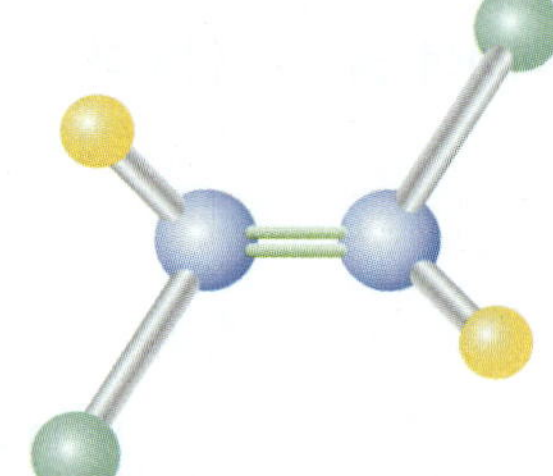

트랜스-1, 2-디클로로에틸렌

----

08 주기율표에서 전기음성도의 경향성에 대하여 설명하라.

09 다음과 같은 분자식과 중심 원자 주위의 공유 전자쌍과 비공유 전자쌍을 가지는 분자의 모양과 극성을 예측하라.

분자식	공유 전자쌍	비공유 전자쌍
XA_4	4	0
XB_2	4	0
YA_3	3	0
YB_3	3	1

10 다음은 몇 가지 간단한 수소 화합물의 끓는점을 나타낸 것이다.

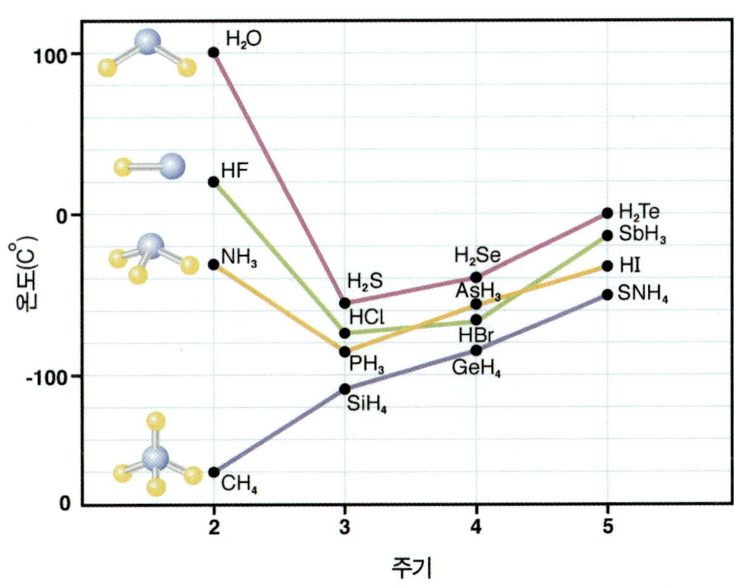

(a) 탄소족 수소 화합물의 끓는점이 주기가 높아질수록 증가하는 까닭을 설명하라.
(b) H_2O, HF, NH_3의 끓는점이 비정상적으로 높은 까닭을 설명하라.
(c) H_2O의 끓는점이 HF보다 높은 까닭을 설명하라.

Chapter 03

화학반응

화학은 물질의 성질과 물질의 변화에 대하여 연구하는 학문이다. 물질의 상태가 고체, 액체, 기체일 때의 성질을 조사하고, 물질이 이온 화합물이냐 공유 화합물이냐에 따라 물질들 간에 성질이 어떻게 다른가를 연구하기도 하지만, 두 가지 이상의 물질이 서로 반응하여 새로운 물질을 만드는 과정도 화학은 매우 흥미를 가지고 있다. 특히, 이렇게 새로운 물질이 만들어질 때, 반응하는 물질의 양에 따라 생성되는 물질의 양이 어떠한지? 얼마나 빨리 반응이 일어나는지? 반응할 때 출입하는 열은 어떠한지? 등에 많은 관심이 있다. 이 장에서는 화학 반응에서의 물질의 양적 관계를 나타내는 화학반응식, 화학반응과 에너지 관계, 반응 속도, 화학 평형 등에 대하여 공부할 것이다.

03-1 화학반응식

영국의 과학자인 프리스틀리는 처음으로 고체 산화수은(HgO)을 가열하여 산소와 수은으로 분해함으로써 산소를 발견하였다. 그러나 프리스틀리는 그의 발견에 대한 현상을 즉시 이해하지 못해 산소 발견의 공은 프랑스 과학자인 라부아지에에게 돌아갔다. 라부아지에의 과학에 대한 기여 중의 하나는 정확한 과학적 방법과 주의 깊게 계획된 실험의 중요성에 대한 인식이었다. 라부아지에는 정량적으로 화학을 연구하는 토대를 마련한 뛰어난 과학자라고 하겠다.

3-1-1 화학반응식

염소 기체(Cl_2)를 고체인 백인(P_4)에 직접 흘려주었을 때 혼합물은 불꽃을 내면서 폭발하고 액체인 삼산화인(PCl_3)을 생성한다(그림 3.1). 이 반응을 다음과 같이 표현할 수 있다.

$$P_4(s) + 6Cl_2(g) \rightarrow 4PCl_3(\ell)$$

이 화학반응식에서 화살표의 왼쪽 물질은 **반응물**(reactant), 오른쪽의 물질은 **생성물**(product)이라고 한다. 반응물과 생성물의 물리적 상태도 표시될 수 있다. 기호 (s)는 고체, (g)는 기체, (ℓ)은 액체를 나타낸다. 물에 녹아 있는 물질은 (aq)로 나타낸다. 그리고 반응하고 생성되는 물질의 양은 물질의 화학식 앞에 숫자로 표시된다.

그림 3.1 고체 백인과 기체 염소의 반응

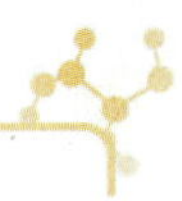

3-1-2 완결된 화학반응식

18세기 프랑스의 화학자인 라부아지에는 **물질 보존의 법칙**(law of conservation of mass)을 발표하였는데, 이것은 물질은 생성될 수도 없고 파괴될 수도 없다는 것이다. 이는 반응한 물질의 총량과 생성된 물질의 총량이 같다는 것을 의미한다. 또한 100개의 원자가 반응에 참여하였다면, 생성물에도 이 원자가 반드시 100개 있어야 한다는 것을 의미한다. 따라서 화학반응식을 완결시킨다는 것은 화학반응식의 양쪽에 나타나는 각 원소의 종류와 개수를 같게 하는 것이다. 가정용 LPG의 연료로 사용되는 프로판이 완전 연소할 때의 완결된 화학반응식을 완성하는 과정을 통하여 일반적으로 화학반응식을 완결시키는 방법을 알아보자.

단계 1. 반응물과 생성물의 정확한 화학식을 쓰고, 반응물은 화살표의 왼쪽에 생성물은 화살표의 오른쪽에 둔다.

$$C_3H_8(g) + O_2(g) \rightarrow CO_2(g) + H_2O(g)$$

단계 2. C 원자의 개수를 맞춘다.

$$C_3H_8(g) + O_2(g) \rightarrow 3CO_2(g) + H_2O(g)$$

여기서 반응물의 $C_3H_8(g)$에 3개의 C 원자가 있으므로 $CO_2(g)$앞에 계수 3을 적는다. 여기서 프로판의 계수는 1이다. '1'은 생략되어 있다고 생각하면 된다.

단계 3. H 원자의 개수를 맞춘다.

$$C_3H_8(g) + O_2(g) \rightarrow 3CO_2(g) + 4H_2O(g)$$

여기서 반응물인 $C_3H_8(g)$에 8개의 H 원자가 있으므로 $H_2O(g)$앞에 계수 4을 적는다.

단계 4. O 원자의 개수를 맞춘다.

$$C_3H_8(g) + 5O_2(g) \rightarrow 3CO_2(g) + 4H_2O(g)$$

여기서 아직 계수가 결정되지 않은 것은 반응물인 $O_2(g)$이다. 생성물인 $3CO_2(g)$와 $4H_2O(g)$에 들어 있는 산소의 개수가 총 10개 이므로 반응물인 $O_2(g)$의 계수는 5가 된다.

단계 5. 화살표 좌우(반응물과 생성물)의 원자들의 종류와 개수가 맞는지 확인한다.

연습문제

3.1

(1) 알코올램프의 연료로 사용되는 메탄올(CH_3OH)이 완전 연소하여 이산화탄소와 수증기를 생성할 때의 화학반응식을 완결하라.

(2) 암모니아가 산소와 반응하여 산화일질소와 수증기를 생성하는 반응의 화학반응식을 완결하라.

3-1-3 한계 반응물

실험실에서 실험할 때 종종 화학양론에서 요구되는 것보다 반응물 중의 하나가 과량으로 존재하는 경우가 많다. 이것은 반응에서 한 반응물이 완전히 소모되더라도 다른 반응물이 다 사용되지 않고 남아 있다는 것이다.

우리가 양초를 공기 중에서 연소할 때에도 양초와 반응하는 산소는 공기 중에 과량으로 존재한다. 따라서 양초가 다 연소하더라도 공기 중에는 산소가 남아 있게 된다. 이때 양초와 같이 다 소모되는 반응물을 **한계 반응물**(limiting reactant)라고 하는데, 이것은 이 물질이 생성되는 생성물의 양을 결정하기 때문이다.

일산화탄소가 산소와 반응하여 이산화탄소를 만드는 반응에서 완결된 화학반응식은 다음과 같다.

$$2CO(g) + O_2(g) \rightarrow 2CO_2(g)$$

만약 아래 그림과 같이 CO 분자 4개와 O_2 분자 3개가 반응했다고 하자.

4개의 CO 분자와 반응하는데 필요한 O_2 분자는 오직 2개이다. 따라서 반응이 완전히 진해되고 난 후 한 개의 O_2 분자는 반응하지 않고 그대로 남아 있다. 따라서 생성되는 CO_2의 분자수는 CO 분자의 수에 의하여 결정된다. 따라서 CO가 이 반응에서는 한계 물질이다.

03-2 화학 반응과 에너지

모든 물질은 고유한 에너지를 가지고 있다. 이 에너지를 화학 에너지라고도 한다. 우리가 아파트의 1층에 있을 때와 꼭대기 층에 있을 때에도 에너지가 달라지듯이 물질도 존재하는 위치, 온도, 상태 등에 따라 에너지가 변하며, 다른 물질과 반응하여 새로운 물질이 만들어지면 생성된 새로운 물질의 에너지와 반응물의 에너지가 같지 않기 때문에 그 차이에 해당하는 에너지만큼 외부로부터 에너지를 흡수하거나 방출하게 된다. 새로운 물질을 생성하는 화학적 변화 뿐 아니라 물질의 상태가 고체에서 액체, 액체에서 기체로 변하거나 온도가 달라지는 등의 물리적인 변화에서도 항상 에너지의 출입이 수반된다.

3-2-1 온도와 열

물체의 **온도**는 열에너지의 함량과 열전달 능력으로 그 물질을 구성하고 있는 입자의 열운동의 정도라고 할 수 있다. 뜨거운 물의 온도를 측정하기 위하여 수은 온도계를 물에 담그면, 따뜻한 물의 열에너지가 온도계로 전달된다. 증가된 에너지는 온도계에 들어 있는 수은 원자들의 더 빠르게 움직이게 하여 원자 사이의 공간을 약간 증가시킨다. 그 결과 수은의 부피가 늘어나게 되면 온도계의 수은 기둥이 위로 올라가는 것을 관찰할 수 있다.

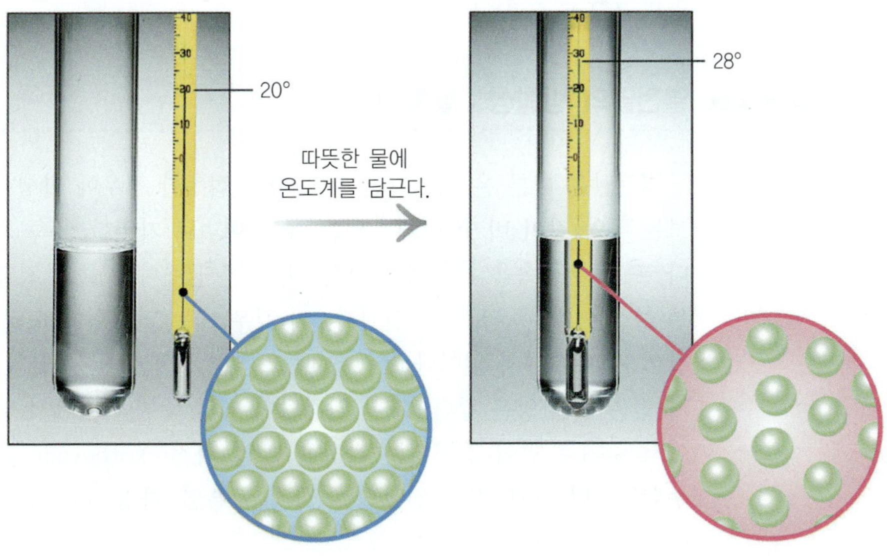

그림 3.2 온도 측정의 원리

온도와 열에너지에 대한 다음의 몇 가지 중요한 관점을 이해해야 한다.

- 열과 온도는 다르다.
- 물질의 온도가 높을수록 그 물질을 구성하는 입자(원자, 분자 등)의 운동이 활발해진다.
- **열에너지**는 물체를 구성하는 입자가 활발하게 운동을 하도록 하는 에너지의 일종이다.
- 물질의 열에너지의 총량은 그 물질을 구성하는 모든 원자, 분자 그리고 이온들의 개별 에너지의 합니다.
- 물질의 온도는 물질의 양과 관계없는 세기 성질이다.

3-2-2 계와 주위

그림 3.3 계와 주위

열화학에서 '계'와 '주위'라는 용어는 정확하고 중요한 과학적 의미를 갖는다. **계**(system)는 물체 또는 관심 대상의 물체의 집단으로 정의된다. **주위**(surrounding)는 계를 제외한 모든 것을 의미하며 일반적으로 계와 에너지를 교환할 수 있다. 예를 들어, 화학반응에서 발생하는 열에 대해 관심이 있다면, 계를 반응 용기와 용기 내의 내용물(때로는 반응용기도 주위로 간주할 수 있다)로 정의할 수 있다. 지구라고 하는 계를 생각한다면 지구를 제외한 모든 우주는 주위가 된다.

3-2-3 열전달의 방향성 : 열평형

열전달은 다른 온도를 가진 두 물체가 접촉한 경우에 발생한다. 그림 3.4에서 보는 바와 같이 비커에 들어 있는 물과 버너로 가열한 금속 조각의 온도는 다르다. 뜨거운 금속을 찬물에 넣었을 때, 열은 금속에서 물로 전달된다. 궁극적으로 두 물질은 같은 온도에 도달한다. 이 경우 계는 **열평형**에 도달했다고 한다. 열전달이 계 내부에서 일어나고 있을 때 뜨거운 물체가 잃은 열의 양과 차가운 물체가 얻은 영의 양은 같다. 또한 열전달이 계와 주위 사이에서 일어나는 경우에 계에서 주위로 열이 전달되는 과정을 **발열 과정**(exothermic process)라고 하고, 주위로부터 계로 열이 전달되는 과정은 **흡열 과정**(endothermic process)라고 한다(그림 3.5).

그림 3.4 열전달의 방향성과 열평형: 뜨거운 금속구에서 찬 물로 열이 전달되며, 금속구와 물의 온도가 같아지면 열평형에 도달한다.

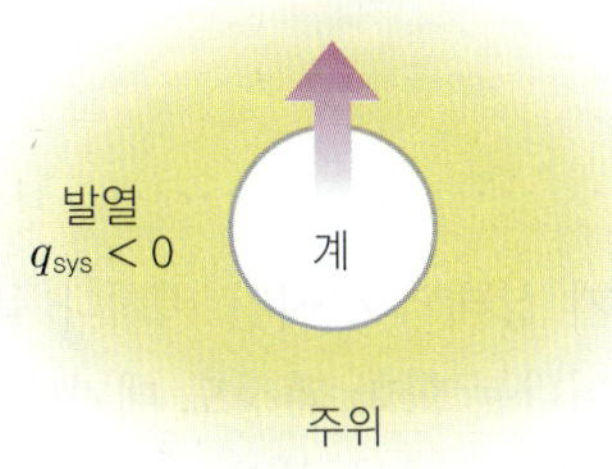

주위에서 계로 열이 전달

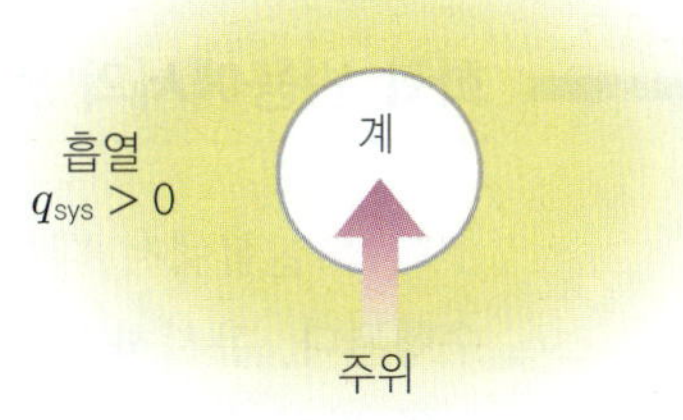

계에서 주위로 열이 전달

그림 3.5 발열 반응과 흡열 반응

3-2-4 상태 변화와 에너지

고체가 녹아서 액체가 되기 위해서는 고체를 이루고 있는 입자(원자, 분자, 또는 이온)들은 고체 내에서 그들을 묶고 있는 힘(인력)들을 극복할 수 있는 충분한 에너지를 얻어야 한다. 마찬가지로 액체가 기체가 되기 위해서도 충분한 에너지를 외부로부터 공급받아야 한다. 고체에서 액체로 변하는데 필요한 열을 **용융열**, 액체에서 기체로 변하는데 필요한 열을 **기화열**이라고 한다. 반대로 기체가 액체로 변하고, 액체가 고체로 변할 때에는 열에너지를 외부로 방출하게 된다. 기체가 액체가 될 때 방출하는 열을 **액화열**, 액체가 고체가 될 때 방출하는 열을 **응고열**이라고 한다.

물의 경우 0 ℃에서 용융열은 333 J/g이고, 100 ℃에서 기화열은 2256 J/g이다. 그림 3.6은 물 500g이 −50 ℃에서 200 ℃로 온도가 증가함에 따라 흡수한 열의 양을 나타내었다. 처음에 얼음의 온도는 열을 가함에 따라 증가한다. 하지만, 얼음이 액체 물로 녹는데 필요한 충분한 열(167 kJ)을 흡수할 때까지는 온도가 변하지 않는다. 얼음이 모두 녹으면 액체는 열을 흡수하고 물의 끓는점인 100 ℃

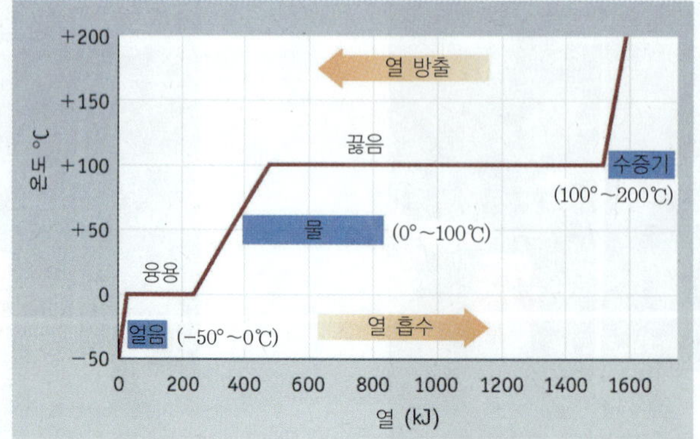

그림 3.6 열전달과 물의 온도 변화

까지 온도가 증가한다. 온도는 다시 액체가 완전히 기체로 되는 데 필요한 열(1130 kJ)을 흡수하기 전까지는 증가하지 않는다. 열이 계속 공급되면 수증기의 온도를 증가시킨다.

3-2-5 화학 반응에서의 엔탈피 변화

화학 실험에서 대부분의 실험은 대기 상태의 열려진 비커나 플라스크 내에서 수행된다. 유사하게 생명체 내에서 일어나는 화학 과정도 대기에 노출되어 있다. 이와 같이 압력이 일정하게 유지되는 조건에서의 열의 이동은 화학과 생물학에서 주요한 관점이 된다. 따라서 이런 조건하에서의 열전이의 특별한 측정 방법을 갖는다는 것은 유용한다. 일정 압력 하에서 물질의 열량을 **엔탈피**(enthalpy)라 부르며, 기호 H로 나타낸다.

반응물과 생성물의 엔탈피가 다르기 때문에 모든 화학 반응에서는 엔탈피 변화를 수반한다. 반응계 전체의 엔탈피가 증가하면, 즉 반응물의 엔탈피의 총합

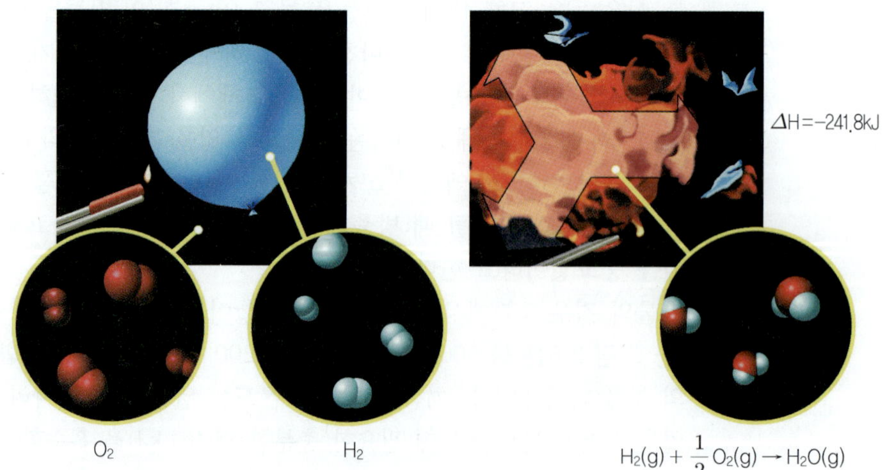

수소의 연소 과정에서 발생하는 열과 빛은 주위로 전달된다.

그림 3.7 공기 중에서 수소의 발열 연소 반응

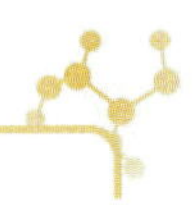

보다 생성물의 엔탈피의 총합이 크면 이 반응계는 주위로부터 열에너지를 흡수하는 흡열 반응이 일어난다. 반대로 반응계 전체의 엔탈피가 감소하면, 즉 반응물의 엔탈피의 총합보다 생성물의 엔탈피의 총합이 작으면 이 반응계는 계에서 주위로 열에너지를 방출하는 발열 반응이 일어난다(그림 3.7).

03-3 반응 속도

화학 반응을 다룰 때 화학자들은 반응이 진행되는 속도와 원하는 생성물을 얻을 수 있는 반응의 진행 정도에 관심을 갖는다. 두 번째 개념은 앞에서 논의된 화학 반응에서의 열의 출입, 다음에 논의할 화학 반응에서 얻을 수 있는 생성되는 생성물의 양과 관련된 것이며, 첫 번째 개념은 여기서 다룰 화학 반응 속도론, 즉 화학 반응의 속도에 관한 내용이다.

반응 속도론 연구는 크게 두 부분으로 나눌 수 있다. 첫 번째는 거시적 수준에서의 반응 속도에 관한 것으로, 반응 속도란 무엇인가? 반응 속도를 실험적으로 어떻게 결정하는가? 온도나 반응물의 농도가 반응 속도에 어떤 영향을 미치는가? 등에 대한 관심이다. 두 번째는 분자 수준에서의 화학 반응을 생각하는 것이다. 즉, 반응이 진행될 때 원자나 분자들의 반응 경로인 반응 메커니즘에 대한 관심이다. 여기서는 첫 번째 관심인 거시적인 수준에서의 반응 속도를 중심으로 다룰 것이다.

3-3-1 화학 반응의 속도

속도의 개념은 화학 뿐 아니라 일상생활에서도 자주 만날 수 있다. 흔한 예로, 자동차의 시속이 얼마냐는 것은 단위 시간인 시간당 이동한 자동차의 주행거리를 말한다. 일반적으로 속도라는 것은 단위 시간당 어떤 물리량의 변화를 의미한다. 화학 반응의 속도도 단위 시간당 물질의 농도 변화를 의미한다.

$$\text{반응 속도} = \frac{\text{농도 변화}}{\text{시간 변화}}$$

화학 반응 동안 반응물의 양은 시간에 따라 감소하고 생성물의 양은 시간에 따라 증가한다. 따라서 반응 속도는 단위 시간당 반응물의 농도 감소 또는 생성물의 농도 증가로 나타낼 수 있다. 용매에서 오산화이질소(N_2O_5)의 분해 반응을 생각해보자. 이 반응의 화학 반응식은 다음과 같다.

그림 3.8 반응 속도를 측정하는 실험

푸른색 식용색소가 표백제와 반응하는 실험에서 색소의 색깔 변화를 관찰하여 반응 속도를 측정할 수도 있다.

$$2N_2O_5 \rightarrow 4NO_2 + O_2$$

이 반응의 진행 정도는 다양한 방법으로 추적할 수 있을 것이다. 시간에 따른 오산화이질소의 농도를 측정하거나 생성된 이산화질소의 농도를 측정할 수 있을 것이다. 또한 생성되는 산소의 농도를 측정할 수도 있다. 어떤 물질의 농도 변화를 측정하더라고 이 반응은 화학양론적으로 반응하기 때문에 반응물이나 생성물의 농도 변화를 계산할 수 있다. 따라서 실제 실험에서는 반응물과 생성물 중 측정하기 편리한 것을 선택하여 실험하면 된다. 그림 3.8과 같이 색소가 표백제와 반응하는 경우 시간에 따라 색소의 색깔이 사라지는 것을 이용하여 색소와 표백제의 반응 속도를 측정할 수도 있다.

오산화이질소(N_2O_5)의 분해반응에 대하여 시간에 따른 반응물의 농도를 그림 3.9에 나타내었다. 그림을 살펴보면 시간이 지날수록 단위 시간당 오산화이질소의

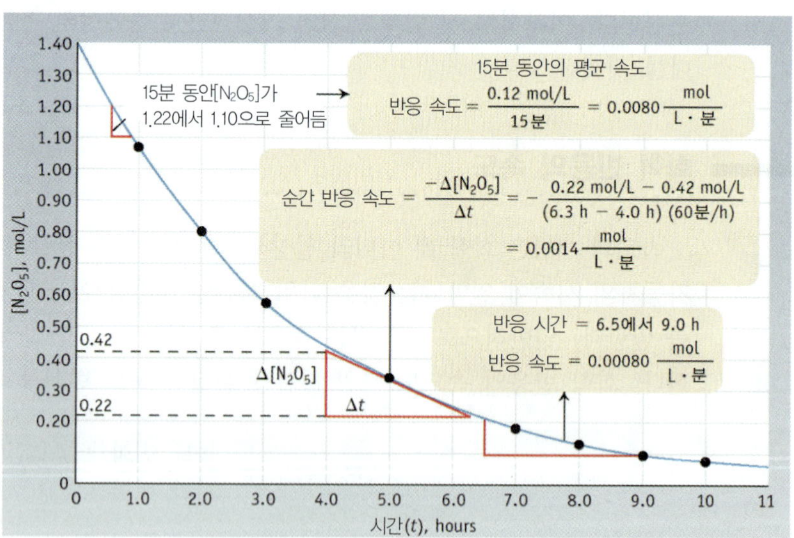

그림 3.9 오산화이질소(N_2O_5)의 분해반응에 대하여 시간에 따른 반응물의 농도

농도 변화량이 줄어드는 것을 볼 수 있다. 따라서 초기에 비하여 반응이 진행될 수록 반응 속도가 느려지는 것을 알 수 있다. 어떤 시간 구간에서의 농도 변화량은 그 시간 간격 동안의 평균 반응 속도이다. 어느 시점에서의 순간 반응 속도는 그 시간에서의 기울기를 구함으로써 결정할 수 있다.

3-3-2 반응 조건과 반응 속도

화학 반응이 일어나기 위해서는 반응물 속의 원자들이 교환되거나 재배치될 수 있어야 한다. 따라서 반응물 입자들이 충분한 에너지를 가지고 가깝게 접근(충돌)해야 한다. 원자나 분자들은 기체 상태나 용액에서는 이동성이 좋으므로 화학 반응은 종종 반응물들의 혼합 기체나 용액을 사용하여 진행한다. 이와 같은 환경에서는 반응물의 농도, 온도, 촉매와 같은 여러 요인들이 반응 속도에 영향을 미칠 수 있나. 만일 반응물이 고체라면 반응에 이용될 수 있는 표면적이 반응 속도에 영향을 미칠 것이다.

그림 3.10의 '요오드 시계반응'은 농도와 온도의 효과를 보여주고 있다. 초기 실험에서 녹말-요오드 착물의 청색이 56.38초 안에 나타났으나, 반응물인 요오드화 이온(I^-)의 농도가 묽은 실험 B에서는 시간이 2분 17.63초가 걸려 농도가 묽으면 반응 속도가 느려지는 것을 알 수 있다. 실험 B와 같은 농도 조건에서 온도를 높였을 때는 23.72초가 걸려 온도가 높을수록 반응 속도가 빨리진다는 사실을 확인할 수 있다.

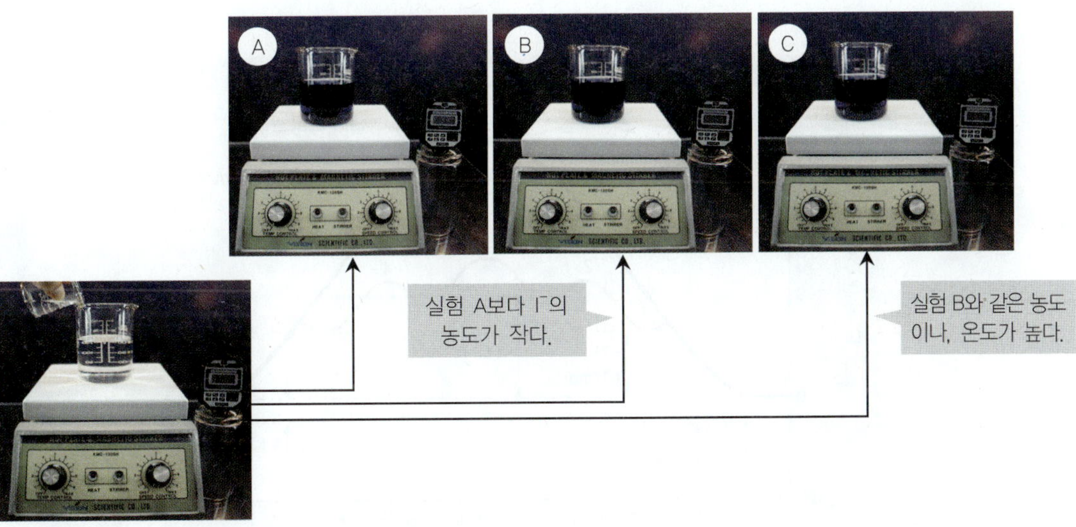

그림 3.10 요오드 시계 반응

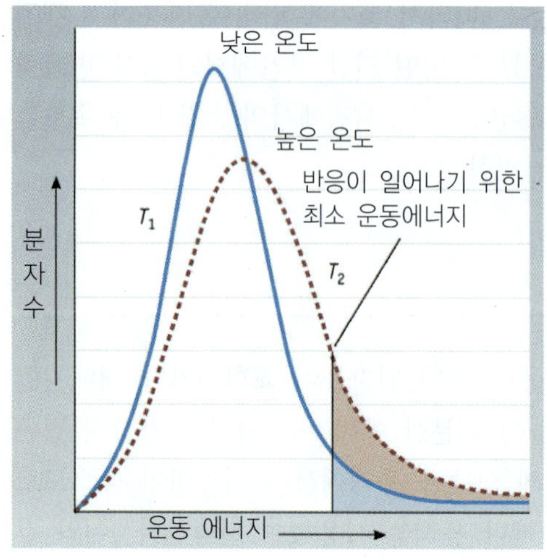

그림 3.11 운동에너지 분포 곡선

일반적으로 어떤 온도에서 반응물인 모든 입자의 운동에너지는 일정하지 않다. 반응물 중에서도 운동에너지가 큰 입자가 있고, 작은 입자도 있다. 반응계의 온도를 높이면 전반적으로 반응물 입자들의 운동에너지가 증가한다. 즉, 운동에너지가 낮은 입자의 수는 줄어들고, 운동 에너자가 높은 입자의 수는 증가한다. 따라서 반응을 일으키기에 충분한 에너지를 가지는 입자수가 증가하기 때문에 반응계의 온도가 높아지면 반응 속도가 증가한다(그림 3.11).

촉매는 화학반응을 빠르게 하거나 또는 느리게 하지만 자신은 변하지 않는 물질이다. 자신이 변하지 않는다는 것은 반응의 방관자로 존재한다는 의미가 아니라, 반응 전과 후에 변화가 없다는 것이다. 실제로 촉매는 반응에 관여하여 다른 물질로 변화되었다가 최종적으로는 원래의 물질로 되돌아오는 경우도 많다. 그림 3.12는 시스-2-부텐이 트랜스-2-부텐으로 되는 반응에서 촉매로 작용하는 요오드(I_2)가 있을 때와 없을 때의 반응 경로를 나타낸 것이다. 요오드가 없을 때는 활성화 에너지가 높아 반응 속도가 느리지만, 촉매인 요오드를 첨가하면 반응경로가 바뀌면서 **활성화 에너지**가 낮아지는 것을 알 수 있다. 이렇게 촉매에 의하여 활성화 에너지가 낮아지면 반응 속도가 증가한다. 그림 3.12에서 촉매인 요오드는 반응 후에 여전히 요오드 상태로 존재하고 있음을 볼 수 있다.

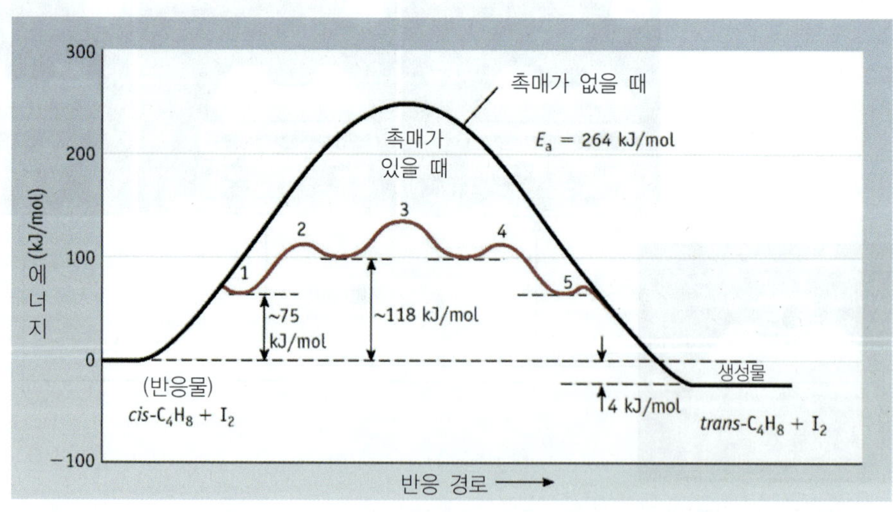

그림 3.12 촉매에 의한 반응 경로와 활성화 에너지의 변화

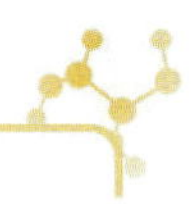

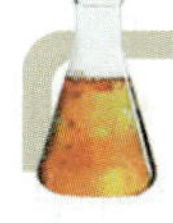

03-4 화학 평형

이 장에서는 화학반응이 가역적이라는 사실, 고립계에서 평형은 결과적으로 반응물과 생성물 사이에서 이루어진다는 사실, 그리고 외부의 조건 변화에 의하여 화학 평형에 영향을 줄 수 있다는 사실에 대하여 살펴볼 것이다.

3-4-1 가역 반응

석회암 동굴을 방문해 본 적이 있다면, 아름다운 석회암 종유석과 석순에 감탄을 한 경험이 있을 것이다. 이들은 주로 탄산칼슘으로 만들어 진다. 어떻게 이런 구조가 생거나게 되었을까? 종유석과 석순의 형성은 화학반응의 가역성에 의존한다. 탄산칼슘은 고대 해양으로부터 남겨진 땅속 퇴적물 중에서 석회암의 형태로 발견된다. CO_2가 다량 용해된 물이 석회암으로 스며들면 석회암의 주성분인 탄산칼슘과 반응하여 Ca^{2+}와 HCO_3^-이온의 수용액을 만드는 반응이 일어난다. 이 과정에서 석회암 지대에서 탄산칼슘이 녹아 나와 석회 동굴이 형성된다.

$$CaCO_3(s) + CO_2(aq) + H_2O(\ell) \rightarrow Ca^{2+}(aq) + HCO_3^-(aq)$$

동굴의 천장이나 바닥에서 Ca^{2+}와 HCO_3^- 이 녹아 있는 수용액에서 CO_2가 방출되면 역반응이 일어나 다시 탄산칼슘이 생기면서 퇴적된다.

$$Ca^{2+}(aq) + HCO_3^-(aq) \rightarrow CaCO_3(s) + CO_2(aq) + H_2O(\ell)$$

대부분의 화학반응은 가역적이다. 그러나 실질적으로는 역반응이 일어나기 어려운 반응이 있다. 예를 들어, 산에 금속의 넣었을 때 수소 기체가 발생하는 반응과 같이 고체나 액체의 반응으로 기체가 형성되는 경우 그 역반응은 일어나기 어렵다. 또한 후라이한 달걀을 다시 원래의 달걀로 되돌리기도 어렵다. 따라서 달걀을 후라이하는 것도 실질적인 표현으로는 가역반응이 아니다.

3-4-2 평형상수

반응이 진행됨에 따라 점차 반응물의 농도가 감소하면서 반응물이 생성물이 되는 반응 속도는 느려진다. 반면에 생성물의 농도가 증가함으로 생성물이 다시 반응물로 되돌아가는 역반응의 반응 속도는 증가하게 된다. 따라서 어느 정도 반응이 진행되면 반응물이 생성물이 되는 정반응 속도와 생성물이 다시 반응물

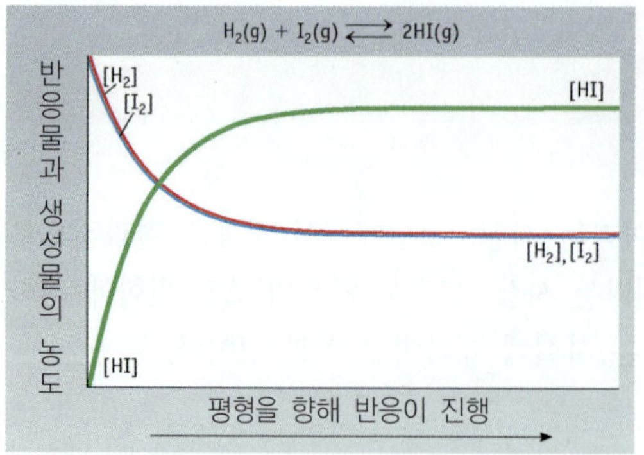

그림 3.13 시간에 따른 반응물과 생성물의 농도 변화

로 되돌아가는 역반응 속도가 같아지게 된다. 이 상태가 되면 실제적으로는 반응물이 생성물이 되는 반응과 생성물이 다시 반응물이 되는 반응이 활발하게 진행되고 있어도 겉보기에는 반응물과 생성물의 농도가 변하지 않게 된다(그림 3.13). 이와 같은 상태를 **화학 평형**(chemical equilibrium)이라고 한다.

일반적으로 다음과 같은 화학 반응이 평형 상태에 있을 때는 반응물과 생성물의 농도비 사이에 다음과 같은 일정한 관계를 유지한다.

$$aA + bB \rightarrow cC + dD$$

$$\text{평형상수}(K) = \frac{[A]^a\ [B]^b}{[C]^c\ [D]^d}$$

이 식을 **평형상수**(equilibrium constant, K) 표현식이라고 부른다. 평형상수 표현식에서

- 모든 농도는 평형 상태에서의 농도값이다.
- 생성물의 농도는 분자에, 반응물의 농도는 분모에 나타낸다.
- 완결된 반응식에서의 화학량론 계수를 각각의 농도의 지수로 쓴다.
- 평형상수(K) 값은 반응의 종류와 온도에 따라 다르다.
- 평형상수(K)는 단위가 없다.
- 평형상수 표현식에는 고체의 농도, 용매와 같은 반응물이나 생성물의 농도는 나타내지 않는다.

3-4-3 평형상수의 의미

표 3.1에 몇 가지 화학 반응에 대한 평형상수 값을 나타내었다. 큰 K값은 평형상태에서 반응물의 농도보다 생성물의 농도가 크다는 것을 의미한다. 즉, 평형상태에서 생성물이 반응물보다 우세하다. 반대로 K값이 아주 작다는 것은 평형상태에서 매우 적은 양의 생성물이 존재한다는 것을 의미한다(그림 3.14).

표 3.1 몇 가지 화학 반응의 평형상수

반응	평형상수 K (25℃)	반응물 또는 생성물 우세
비금속의 반응		
$S(s) + O_2 \rightleftarrows SO_2(g)$	4.2×10^{52}	$K > 1$; 생성물 우세
$2H_2(g) + O_2(g) \rightleftarrows 2H_2O(g)$	3.2×10^{51}	$K > 1$; 생성물 우세
$N_2(g) + 3H_2(g) \rightleftarrows 2NH_3(g)$	3.5×10^{8}	$K > 1$; 생성물 우세
$N_2(g) + O_2(g) \rightleftarrows 2NO(g)$	1.7×10^{-3}(2300K)	$K < 1$; 반응물 우세
약한 산과 염기의 이온화		
$HCO_2H(aq) + H_2O(\ell) \rightleftarrows HCO_2^-(aq) + H_3O^+(aq)$	1.8×10^{-4}	$K < 1$; 반응물 우세
포름산		
$CH_3CO_2(aq) + H_2O(\ell) \rightleftarrows CH_3CO_2^-(aq) + H_3O^+(aq)$	1.8×10^{-5}	$K < 1$; 반응물 우세
아세트산		
$H_2CO_3(aq) + H_2O(\ell) \rightleftarrows HCO_3^-(aq) + H_3O^+(aq)$	4.2×10^{-7}	$K < 1$; 반응물 우세
탄산		
$NH_3(aq) + H_2O(\ell) \rightleftarrows NH_4^+(aq) + OH^-(aq)$	1.8×10^{-5}	$K < 1$; 반응물 우세
암모니아		
불용성 고체의 용해		
$CaCO_3(s) \rightleftarrows Ca^{2+}(aq) + CO_3^{2-}(aq)$	3.8×10^{-9}	$K < 1$; 반응물 우세
$AgCl(s) \rightleftarrows Ag^+(aq) + Cl^-(aq)$	1.8×10^{-10}	$K < 1$; 반응물 우세

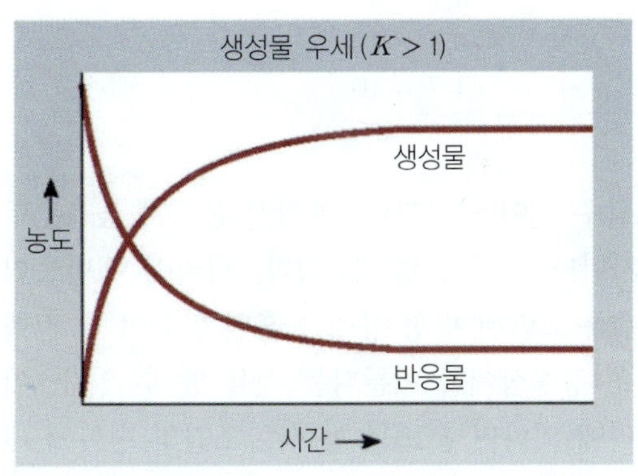

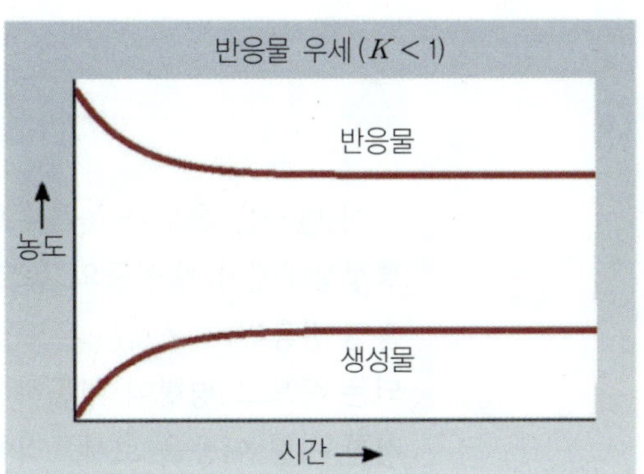

그림 3.14 평형상수 값에 따른 반응물과 생성물의 농도비

3-4-4 화학 평형의 교란 : 평형이동

반응물과 생성물이 서로 평형을 이루고 있는 평형 상태는 외부 조건의 변화로 교란될 수 있다. 평형을 교란시킬 수 있는 외부 조건으로는 온도 변화, 반응물이나 생성물의 농도 변화, 그리고 (기체를 포함하는 경우) 압력 또는 부피 변화가 있다. 반응계의 평형 조건을 결정하는 어떠한 요인이 변화하면 그 변화의 효과를 줄이는 방향으로 평형계는 변화한다. 이러한 평형계의 변화를 **평형 이동**이라고 한다. 이러한 평형 이동에 대한 방향을 '**르샤틀리에의 원리**'라고 한다. 외부 조건의 변화에 의하여 평형계가 변하여 새로운 평형을 이루더라도 온도가 일정하면 평형상수는 일정하다.

온도 영향

반응이 발열인지 흡열인지 알고 있을 경우에 화학 반응의 평형 조성에 대한 온도 변화의 효과를 정성적으로 예측할 수 있다. 예를 들어, 질소와 산소가 반응하여 NO를 생성하는 흡열 반응을 생각해보자.

$$N_2(g) + O_2(g) \rightarrow 2NO(g) \quad \Delta H = +180.6\ \text{kJ}$$

$$K = \frac{[NO]^2}{[N_2][O_2]}$$

온도(K)	평형상수(K)
298	4.5×10^{-31}
900	6.7×10^{-10}
2300	1.7×10^{-3}

이 반응은 온도가 높을수록 평형상수 값이 증가한다. 따라서 온도가 높을수록 평형상태에서 생성물의 농도가 증가한다는 것을 알 수 있다. 따라서 정반응이 흡열 반응인 경우에는 온도를 높일수록 교란된 평형 상태가 흡열 반응이 더 진행되는 쪽으로 평형이 이동하여 새로운 평형상태를 이룬다는 것을 알 수 있다. 이러한 평형 이동을 르샤틀리에의 원리에 의하면 온도를 높여준 조건의 변화에 대하여 온도를 낮추기 위하여 흡열 반응이 진행된 것을 알 수 있다.

일반적으로 평형을 이루고 있는 상태의 온도를 외부에서 가열하여 온도를 높이면 흡열 반응이 진행되는 쪽으로 평형이 이동하여 새로운 평형을 이루고, 냉각하여 평형계의 온도를 낮추면 발열 반응이 진행되는 쪽으로 평형이 이동하여 새로운 평형을 이룬다.

농도의 영향

주어진 온도에서 반응물이나 생성물의 농도를 변화시키면 평형계는 변화된 농도 변화량을 줄이는 쪽으로 평형이 이동하여 새로운 평형을 이룬다. 새로운 평형에서도 온도가 일정한 조건에서는 평형상수값이 변하지 않는다.

부피 또는 압력 변화의 영향

기체를 포함하는 화학 반응에서 용기의 크기가 변화하면 평형 농도나 압력에 어떤 변화가 일어나는가? 기체의 부피가 변화하면 압력도 변하고 농도도 따라서 변화하고 평형 조성도 변한다. 일반적으로 부피 또는 압력이 변할 때의 평형은 다음과 같이 평형계가 이동한다.

- 기체를 포함하는 반응에서, 부피 감소에 의한 조건 변화(압력 증가)는 기체 분자수가 감소하는 평형 조성으로 변화하면서 해소된다. 이때, 고체나 액체의 분자수는 고려하지 않는다.
- 부피가 증가하는 경우(압력 감소)에는 평형 조성은 더 많은 수의 기체 분자가 존재하는 쪽으로 평형 상태가 이동한다.
- 정반응과 역반응 중 어느 쪽으로 반응이 진행되더라도 기체의 분자수에 변화가 없는 경우에는 부피 변화에 따른 평형 상태의 이동은 없다.

※ 우리 몸을 움직이는 에너지원?

우리 몸이 에너지를 소비하는 방법은 크게 운동, 기초대사 등이다. 운동은 달리기, 수영, 테니스 등과 같은 물리적인 일을 포함한다. 기초대사는 우리가 살아가기 위해 인체 내부에서 행해지는 모든 일로서 심장박동이나 허파의 팽창과 수축, 간, 신장 등의 다른 중요한 기관들이 삶을 유지하기 위해 하는 일이 포함된다. 그렇다면 우리 몸이 소비하는 에너지는 어디서 얻는 것일까? 이 에너지는 주로 우리가 섭취하는 음식의 영양소인 지방, 탄수화물, 단백질에서 얻는다. 각 영양소가 제공하는 에너지의 양은 지방은 1그램당 9kcal, 탄수화물과 단백질은 그램당 약 4Kcal를 제공한다. 만약 어떤 식품에 포함된 성분표에 지방의 함량이 10%이고 탄수화물과 단백질과 같은 다른 영향소가 90%라고 했을 때, 이 식품을 섭취했을 때 제공되는 전체 에너지에서 지방이 차지하는 비율은 20%가 된다. 이와 같이 단위 질량당 에너지원의 함량이 지방의 단백질이나 탄수화물에 비하여 약 2.25배가 되므로 우리가 섭취한 음식물의 에너지보다 소비한 에너지가 적을 때 우리 몸은 남은 에너지원을 효과적으로 저장하기 위하여 섭취한 영양소를 지방으로 바꾸게 된다.

핵심정리

화학반응식

- 화학반응식에서 반응물과 생성물의 원자의 종류와 개수는 변하지 않는다.
- 화학반응에서 생성물의 양을 결정하는 반응물을 한계 반응물이라고 한다.

화학반응과 에너지

- 계(system)는 물체 또는 관심 대상의 물체의 집단, 주위(surrounding)는 계를 제외한 모든 것을 의미하며 일반적으로 계와 에너지를 교환할 수 있다.
- 반응계 전체의 에너지가 증가하면 흡열 반응, 반응계 전체의 에너지가 감소하면 발열 반응이다.
- 일정 압력하에서 물질의 엔탈피(enthalpy)와 부르며, 기호 H로 나타낸다. $\Delta H > 0$이면 흡열 반응, $\Delta H < 0$이면 발열 반응이다.

반응 속도

- 반응 속도는 단위 시간당 반응물 또는 생성물의 농도 변화이다.
- 화학 반응이 일어나기 위해서는 반응물이 충분한 에너지를 가지고 충돌하여야 하며, 반응물의 온도가 높을수록 충분한 에너지를 가지는 분자수가 증가하여 반응 속도가 빨라진다.
- 촉매는 화학 반응을 빠르게 하거나 또는 느리게 하지만 자신은 변하지 않는 물질이다.
- 반응 속도에 영향을 미치는 요인은 반응물의 농도, 온도, 표면적, 촉매 유무 등이다.

화학평형

- 가역 반응은 정반응과 역반응이 모두 가능한 반응이다.
- 실제적으로는 반응물이 생성물이 되고, 생성물이 다시 반응물이 되는 반응이 활발하게 진해되고 있어도 겉보기에는 반응물과 생성물의 농도가 변하지 않는 상태를 화학 평형이라고 한다.
- 평형상수(K)는 평형에서의 반응물과 생성물의 농도비이다.
- $K \gg 1$이면 평형 상태에서 반응물의 농도가 우세하고, $K \ll 1$이면 평형 상태에서 생성물의 농도가 우세하다.
- 농도, 온도, 부피 또는 압력이 변하면 평형 상태에 영향을 준다.
- 평형 이동은 평형계의 평형 조건을 결정하는 외부 요인의 효과를 줄이는 방향으로 변하여 새로운 평형 상태를 이룬다. 이러한 평형이도의 법칙을 '르샤틀리에의 원리'라고 부른다.

평가문제

01 옥텐(C_8H_{16})의 연소 반응에 대한 완결된 화학 반응식을 써라.

02 다음 반응을 완성하라.

(a) $Mg + O_2 \rightarrow MgO$

(b) $HCl + Mg(OH)_2 \rightarrow MgCl_2 + H_2O$

(c) $AlCl_3 + NaOH \rightarrow Al(OH)_3 + NaCl$

(d) $CaCO_3 + HCl \rightarrow CaCl_2 + CO_2 + H_2O$

03 알루미늄은 공기 중에서 산소와 반응하여 알루미나라고 불리는 산화알루미늄 피막을 표면에 형성하여 내부의 알루미늄이 산화되는 것을 방지한다.

$$4Al(s) + 3O_2(g) \rightarrow 2AlO_3(s)$$

Al 덩어리에서 0.001 몰의 Al이 산소와 반응하여 산화알루미늄을 형성하였다. 반응한 O_2의 몰수는 얼마인가? 그리고 생성된 AlO_3의 질량은 몇 그램인가?

04 가죽의 털을 제거하기 위하여 피혁산업에 사용되는 황화나트륨 Na_2S은 다음 반응에 의하여 만들어진다.

$$Na_2SO_4(s) + 4C(s) \rightarrow Na_2S(s) + 4CO(g)$$

Na_2SO_4 15g과 C 7.5 g을 혼합하였을 때, 한계 반응물은 무엇인가? 또, 생성되는 Na_2S은 몇 그램인가?

05 다음의 각각에 대하여 계와 주위를 정의하고, 계와 주위 사이의 열전달의 방향을 설명하라.

(a) 도시가스의 연료인 메탄이 가스레인지에서 연소하고 있다.

(b) 수영을 하고 나왔을 때 몸에 묻어 있는 물이 증발한다.

(c) 양초에 불을 붙이면 빛과 열을 내면서 연소한다.

06 일상생활에서 발열 반응이 일어나는 예와 흡열 반응이 일어나는 예를 각각 2가지 들어라.

07 반응 $2O_3(g) \rightarrow 2O_2(g)$에서 O_2의 생성 속도는 1.5×10^{-3} mol/L · s이다. O_3의 분해 속도는 얼마인가?

08 다음과 같은 반응에서 시간에 따른 각 물질의 농도 변화가 그래프와 같았다.

$$A \xrightarrow{k_1} B \xrightarrow{k_2} C$$

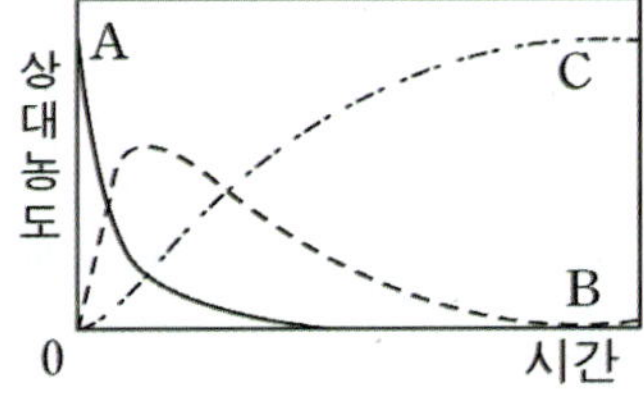

반응 속도 상수 k_1과 k_2의 크기를 비교하라.

09 표는 다음 반응의 초기 분압에 따른 반응 속도를 나타낸 것이다.

$$A(g) + 2B(g) \rightarrow C(g)$$

실험	초기 P_A (atm)	초기 P_B (atm)	C의 초기 생성 속도 (atm/s)
1	0.500	0.500	5.00×10^{-3}
2	0.500	1.00	1.00×10^{-2}
3	1.00	1.00	4.00×10^{-2}

A의 압력과 B의 압력에 따른 C의 초기 생성 속도는 각각 어떤 관계인가?

10 다음에 주어진 반응 경로에 따른 에너지 관계에 대한 물음에 답하라.

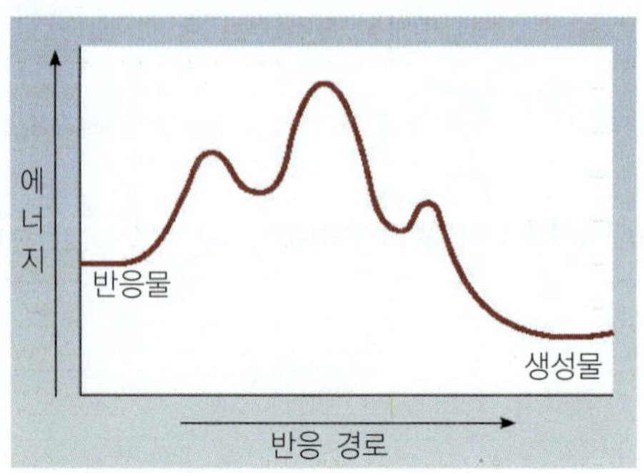

(a) 이 반응에서 반응 메커니즘은 몇 단계인가? ______________________

(b) 전체 반응은 발열 반응인가? 흡열 반응인가? ______________________

11 다음의 평형 상수에 대한 설명이 참인지 거짓인지 결정하라.

(a) 평형 상수는 온도와 무관하다. ______________________

(b) 평형 상수 K는 단위가 없다. ______________________

(c) 평형 상태에서 반응물보다 생성물의 농도가 크게 우세하면 K 값은 매우 작다.

____

12 다음과 같은 반응이 평형을 이루고 있을 때, 외부 조건이 변화에 대하여 평형 상태가 어떻게 변하는지 설명하라.

$$C(s) + CO_2(g) \rightleftarrows 2CO(g), \ \Delta H > 0$$

(a) 평형계에 $C(s)$를 첨가한다.

____

(b) 평형계의 온도를 높인다.

____

(c) 평형계의 부피를 줄인다.

____

II 맞춤 화학

Chapter 04

물체와 물질

4-1 물체와 물질의 정의

4-2 물질의 종류

4-3 물질의 세 가지 상태

4-4 상태 변화와 에너지

우리 주위의 물체는 여러 가지 물질로 이루어져 있다. 자연의 물질들은 고체, 액체, 기체의 세 가지 상태로 존재하게 되는 데, 이들 상태의 특징과 변화 과정을 과학적으로 이해하는 것은 우리 주위의 물질 세계를 이해하는 데에 크게 도움이 된다.

이 장에서는 물체와 물질을 어떻게 정의할 수 있으며, 우리 주위의 물질에는 어떠한 것들이 있는지, 이들의 상태는 어떻게 구분할 수 있는지, 물질의 상태가 변화하는 데에 수반되는 에너지에 대해 공부할 것이다.

04-1 물체와 물질의 정의

우리 주위의 물체는 물질로 이루어져 있다. **물체(objects)**란 특정한 형태와 용도를 지닌 것을 말하는 것으로, 우리 주위의 책상, 의자, 나무젓가락 등을 말한다. **물질(matter)**은 질량(mass)을 갖고 있고 공간(space)을 차지하는 것을 말한다. 좁은 의미로는 '재료'를 의미한다.

예를 들어, 플라스틱으로 만들어진 자(ruler)는 물체라고 하며 그 재료가 되는 플라스틱은 물질이 된다. 물질이란 사전적 의미로 일정한 공간을 점유하고 질량을 갖는 것을 의미하지만 화학에서는 화합물과 혼합물을 합한 것을 말한다.

모든 물질은 원자로 구성된다. 알루미늄과 같은 물질들은 원자들이 독립적인 입자로 존재한다. 알코올과 같은 물질들은 몇몇 원자들이 서로 결합하여 분자라고 부르는 구조를 형성한다.

물체와 물질이라는 용어는 3학년 1학기 1단원 '우리 주위의 물질'에서 나온다. 3학년 수준에서는 물체는 어떤 용도로 쓰기 위해 만든 책상, 의자, 나무젓가락 등을 말하고, 물질이란 물체를 이루는 재료인 나무, 금 등을 물질이라고 제시한다.

그림 4.1 우리 주변에서 볼 수 있는 물체, 물질

(1) 유리는 물체일까 물질일까?

유리는 가공되었을 때와 가공되지 않은 상태일 때 모두 '유리'로 불린다. 예를 들어 유리창문과 같이 가공된 유리도 유리라 불리고 가공되기 전의 흐물흐물한 상태의 것도 유리라고 불린다. 전자는 물체라고 확정할 수 있지만 후자의 경우에는 정의상 물질에 더 가깝다. 마찬가지로 얼음조각상과 물을 생각해 봤을 때 각 각의 구성 성분은 동일하지만 전자는 물체로 분류되고 후자는 물질로 분류된다. 이처럼 한 가지 대상이라도 상태에 따라 물체에 가까울 때가 있고 물질에 가까울 때가 있다. 이 때 억지로 한 가지 범주 안에 넣으려고 하기 보다는 상태에 따라 다르게 분류될 수 있음을 인정할 필요가 있다.

(2) 생물체는 물체?

앞서 특정한 형태와 용도를 가지고 있는 것을 물체라고 정의한 바 있다. 그렇다면 생명활동을 하는 것들을 물체라고 할 수 있을까? 용도는 인간이 어떤 목적을 갖고 쓴다는 뜻으로 인간에 의해 만들어지거나 가공되었다는 의미를 내포한다. 생명은 용도를 가질 수 없기 때문에 물체라고 할 수 없으며 별개의 것으로 분류하는 것이 합당하다.

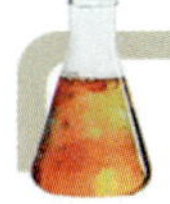

04-2 물질의 종류

물질을 조성에 따라 분류하면 하나의 원자나 분자로 구성된 순물질일 수도 있고, 2개 이상의 다른 원자나 분자들이 다양한 비율로 조합된 혼합물일 수도 있다. 순물질은 다시 원소와 화합물로 구성된다.

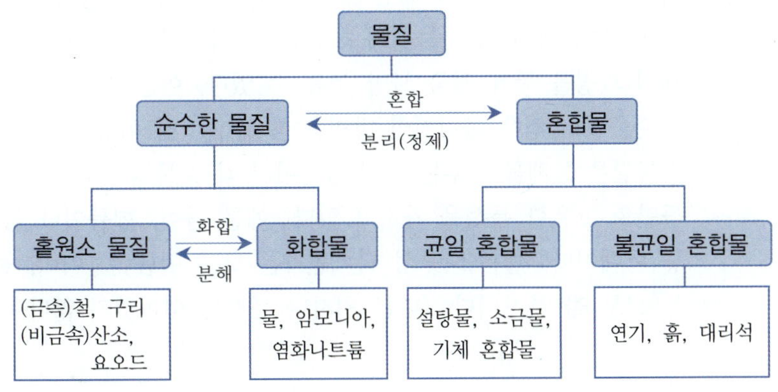

그림 4.2 물질의 분류

이러한 물질을 분류하는 단계는 다음과 같다.

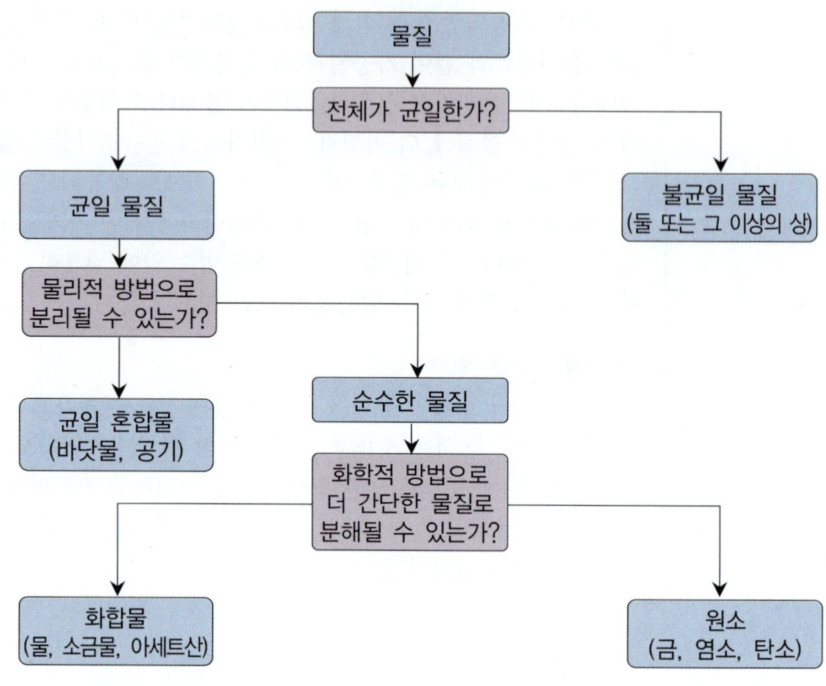

그림 4.3 물질의 분류 단계

4-2-1 순물질(pure substance)

순물질(pure substance)이란 모든 물리적 방법으로 한 물질을 더 이상 다른 성질을 가진 성분들로 분리할 수 없는 물질을 말한다. 즉 혼합물을 더 이상 물리적 방법으로 분류할 수 없는 상태를 말한다. 흙탕물의 경우 흙을 걸러내어 순수한 물을 얻게 되며 순물질에 해당한다. 이것이 흙탕물이든 바닷물이든 간에 정제의 과정을 통해 결국 물만 얻을 수 있다. 이를 순물질이라고 한다.

순물질의 경우 물리적인 방법을 통해서는 더 이상 쪼개거나 정제할 수 없다. 순물질은 물체를 이루는 특정 성분이며 각 순물질은 다른 순물질과 구별되는 그들만의 고유한 특성을 가지고 있다. 예를 들어, 헬륨이나 물은 둘 다 순물질의 좋은 예이다. 헬륨을 구성하는 원자는 모두 헬륨원자이며, 물을 구성하는 분자는 모두 물 분자이다. (다른 원자나 분자는 섞여있지 않다.)

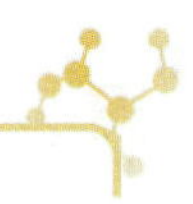

그림 4.4 헬륨

순물질은 원소와 화합물의 두 종류로 나눌 수 있다. 헬륨은 더 단순한 물질로 쪼개지지 않는 물질인 원소의 좋은 예이다. 따라서 헬륨은 오직 헬륨 원자들로만 이루어진 순물질이다. 연필의 흑연 또한 원소이다. 어떤 화학적 변형도 흑연을 더 단순한 물질로 분해할 수 없다. 이것은 순수한 탄소이다. 알려진 모든 원소는 주기율표에 나열되어 있다.

순물질은 2개 이상의 원소가 고정된 일정한 비율로 구성된 화합물일 수도 있다. 화합물은 순수한 원소보다 더 흔한데 그 이유는 대부분의 원소는 화학적으로 반응하기 쉬워서 다른 원소들과 결합하여 다양한 화합물들을 형성하기 때문이다. 물, 소금, 설탕이 화합물의 좋은 예이다. 이들은 모두 더 단순한 물질로 분해될 수 있다. 예를 들어 냄비위의 설탕을 가열하면 탄소(원소)와 기체(새로운 화합물)로 분해할 수 있다. 타고난 후 냄비에 남은 검은 물질이 탄소이다. 물은 수증기로 날아간다.

순물질은 화합물과 원소로 구별된다.

화합물(compound)

두 가지 이상의 원소로 구성되어 있는 물질을 말하며, 2개 이상의 원자를 포함한다. 화학적으로 결합된 상태. 물리적 방법으로는 원소를 분리해 낼 수 없다. 따라서, 화합물은 순물질에 속한다.

화합물은 화학적 방법[1]에 의해 항상 동일한 질량비로 더 간단한 물질로 분리될 수 있는 물질을 일컫는다. 순수한 물의 경우 더 이상 물리적인 방법으로는 분리할 수가 없다. 물(H_2O)은 전기분해를 통해 수소와 산소로 나눌 수 있다. 수소와 산소가 물을 구성할 때 수소는 11.1 %, 산소는 89.9 %의 비율을 가진다(일정성분비의 법칙).[2] 이를 통해 우리는 물이 화합물이라는 것을 확인할 수 있다.

화합물은 화학식으로써 표현 가능하다. 대표적으로 H_2O를 들 수 있는데 이는 물의 화학식이다(이미 알고 있듯). 화학식은 각 원소에 대한 원소 기호를 포함하고, 원소기호에 아래첨자를 포함하여 구성원자 개수를 표시하며 구성 원자가 1개인 경우 1은 생략된다. H_2O를 보면 우리는 두 개의 수소 원자와 한 개의 산소 원자로 구성된 것을 알 수 있다.

원소(element)

모든 물질을 구성하는 기본적인 요소. 현재 원소는 116개로 알려져 있다. 물질세계를 구성하고 있는 물질은 이들 원소로 되어 있다. 원소란 혼합물에서부터

1) 물질의 특성, 물질의 변화 그 자체를 이용한 것을 의미한다. 물의 전기분해가 좋은 예이다.
2) 물을 구성하는 수소와 산소의 질량비에 따라 구성하는 비율의 차이가 나타난다. 다른 화합물도 마찬가지로 질량비에 따라 구성하는 원소의 비율이 달라진다.

시작하여 계속 분해하여 어떠한 화학적 방법으로도 더 이상 새로운 간단한 물질로 분해할 수 없는 물질을 뜻한다. 질소, 은, 알루미늄, 산소 등이 바로 원소의 예이다. 원소를 표기할때는 좀 더 쉽게 표현하기 위해서 기호를 사용한다. 글자의 앞부분만 따서 대문자로 쓰기도 하고(Carbon : C), 글자의 일부분을 따서 대문자와 소문자로(Calcium : Ca) 표시하기도 한다.

예제

어떤 물질을 연소시켰더니 이산화탄소와 수증기가 발행하였다. 이 물질을 이루는 구성 원소는 무엇일까?

정답 C, H로 구성되었거나, C, H, O로 구성되었을 것이다.

해설 이산화탄소에서 C, 수증기에서 H가 있다. 산소는 공기 중의 산소와 물질에 있는 산소를 생각할 수 있다.

4-2-2 혼합물(mixture)

혼합물이란 두 가지 또는 그 이상의 물질이 각 물질 자체의 조성 및 성질의 변화 없이 섞인 물질을 의미한다. 혼합물에는 불균일 혼합물과 균일 혼합물이 있다. 이 혼합물들은 각 성분들이 그들의 자체 특성을 그대로 가지고 혼합되어 있으므로, 물리적 방법[3]을 사용하여 혼합되기 전의 성분 그대로 서로 분리할 수 있다. 예를 들어 소금과 물의 혼합물은 물을 증발시켜 소금만 남기는 방법을 쓰면 분리할 수 있다.

혼합물의 중요한 특징은 혼합물을 이루는 각 성분들이 다양한 조성의 비를 갖는다는 것이다. 예를 들어, 우리가 소금과 설탕을 혼합하여 혼합물을 만들 때 각각을 서로 다른 여러 비율로 혼합함으로써 수많은 다른 조성비를 갖는 혼합물을 만들 수 있다. 두 종류 이상의 순물질이 섞이면 혼합물이 되고, 그 조성비는 농도에 따라 달라진다.

균일 혼합물(homogeneous mixture)

균일 혼합물이란 시료 전체가 균일하게 동일한 성질을 가지는 것을 의미한다. 예를 들면, 소금물의 경우 어떤 부분을 맛보든지 짜듯, 시료 전체가 같은 성질을 가진다. 균일 혼합물의 예로는 소금물, 공기 등이 있다. 일정한 농도의 설탕물처럼 어느 부분을 취해도 설탕과 물의 조성비가 균일한 물질을 용액이라고 한다.

예 공기(질소+산소), 청동(구리+주석), 사이다(물+이산화탄소+설탕 등)

3) 예를 들면, 모래와 철가루가 섞인 혼합물이 있을 때 자석으로 철을 걷어내는 방법을 말한다.

불균일 혼합물(heterogeneous mixture)

우유처럼 취하는 부분에 따라 그 조성비가 다른 물질로, 연기, 흙, 대리석 등이 이에 해당된다.

화합물과 혼합물의 비교

구별	화합물	혼합물
조성비	일정	농도에 따라 변화
끓는점, 녹는점	일정	농도에 따라 변화
합성 및 분해	화학 변화(화합, 분해)	물리 변화(혼합, 분리)

화합물의 예에는 물(H_2O), 소금물($NaCl$), 아세트산(CH_3COOH) 등이 있으며, 혼합물은 균일 혼합물에 공기, 바닷물, 가정용 암모니아 등이, 불균일 혼합물에는 피, 흙탕물, 우유, 나무 등이 있다.

일상에서 접하게 되는 대부분의 물질은 혼합물의 형태이다. 사과주스, 불꽃, 흙 등은 모두 혼합물의 예이다. 이들은 여러 물질을 포함하고 있는데 각각의 샘플마다 그 조성 비율이 변화한다. 다른 일반적인 혼합물로 공기, 해수, 놋쇠 등이 있다. 공기는 질소와 산소 기체가 주로 이루어진 혼합물이다. 해수는 소금과 물이 주로 이루어진 혼합물이며 놋쇠는 구리와 아연으로 이루어진 혼합물이다. 이들 각각의 혼합물들은 다른 성분비를 가질 수 있다. 예를 들어 놋쇠에서 구리와 아연의 상대적인 양을 변화시킴으로써 금속의 속성을 의도하는 용도에 맞게 바꿀 수 있다(아연 함유량이 구리에 비해 많을수록 놋쇠는 더 부서지기 쉬워진다).

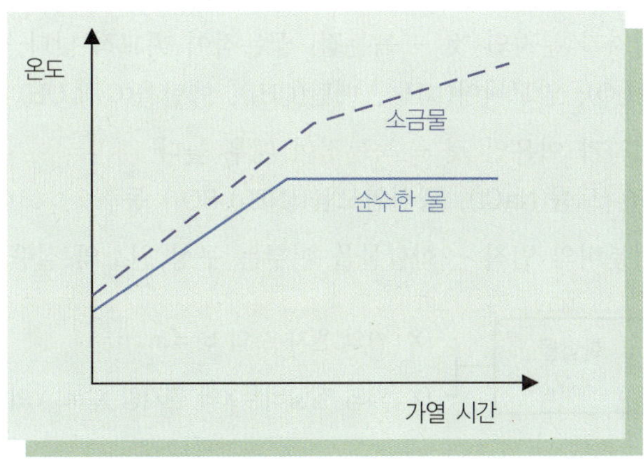

그림 4.5 혼합물의 끓는점 비교

4-2-3 화합물

대부분의 원소들은 다른 원소와 화합물을 생성하려고 상호작용한다. 예를 들어 수소기체는 산소기체와 연소하여 물을 생성한다. 그와 반대로 물에 전류를 통하여 물을 성분원소로 분해할 수 있다.

물($2H_2O$) 화합물	전기 분해 → / ← 화합	수소($2H_2$) 홑원소 물질	+	산소(O_2) 홑원소 물질

아래 표처럼 물의 성질은 성분원소의 성질과 다르다. 더구나 물의 성분은 변하지 않는다. 순수한 물은 그것의 근원에 관계없이 질량으로 11 % 수소와 89 % 산소로 구성된다. 이러한 물의 거시적 성분은 분자 성분에 상당하고 그것은 1개 산소원자와 결합한 2개 수소로 구성된다.

	물	수소	산소
상태	액체	수소	기체
정상 끓는점	100 ℃	−253 ℃	−183 ℃
밀도	1.00 g/ml	0.084 g/L	1.33 g/L
인화성	×	○	×

순수한 화합물의 근본 성분이 항상 같다는 결과는 **일정성분비의 법칙**(law of constant composition 혹은 law of definite proportions)에 의해 설명된다. 그것은 약 1800년대에 프랑스 화학자 Joseph Louis Proust(1754~1826)에 의해 처음으로 발표되었다.

- 기본 입자가 분자인 것 – 녹는점, 끓는점이 비교적 낮다.
  예 물(H_2O), 암모니아(NH_3), 메탄(CH_4), 에탄올(C_2H_5OH) 등
- 기본 입자가 이온인 것 – 녹는점이 매우 높다.
  예 염화나트륨(NaCl), 황산암모늄($(NH_4)_2SO_4$) 등
- 일정 성분비의 법칙 – 화합물을 이루는 구성 원소의 질량비는 일정하다.

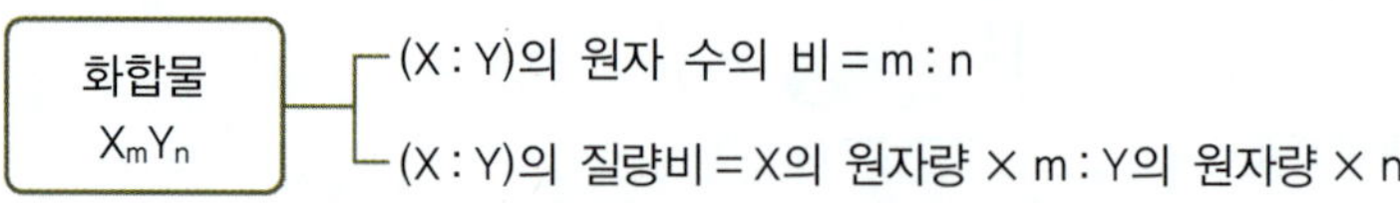

- 화합물의 연소 생성물 – 완전 연소하면 두 가지 이상의 화합물(산화물)이 생긴다.
  예 CH_4의 연소 생성물 : H_2O와 CO_2
  H_2S의 연소 생성물 : H_2O와 SO_2

홑원소 물질과 화합물의 구별 – 화학 반응인 화합이나 분해에 의해 구별한다. – 원소는 연소 생성물이 한 종류이고, 화합물은 연소 생성물이 두 종류 이상이다.

구분	홑원소 물질		화합물	
물질의 종류	수소(H_2)	활성탄(C)	황화수소(H_2S)	탄산칼슘($CaCO_3$)
연소 생성물	H_2O	CO_2	H_2, SO_2	–
분해 생성물	–	–	H_2, S	CaO, CO_2
녹는점, 끓는점	있음	있음	있음	있음

4-2-4 콜로이드

우리가 생활 속에서 흔하게 접하는 물질의 상태는 순수하게 고체나 액체나 기체 한가지 상태만이 아니다. 주위에서 자주 접하는 물질들, 우유, 안개, 연기와 같은 것들은 **콜로이드**로 되어있다.

콜로이드 상	분산매	분산질	콜로이드 종류	예
기체	기체	기체	–	없다
기체	기체	액체	에어로졸	안개
기체	기체	고체	에어로졸	연기
액체	액체	기체	거품	생크림
액체	액체	액체	에멀젼	우유
액체	액체	고체	졸	페인트
고체	고체	기체	고체거품	마시멜로
고체	고체	액체	고체 에멀젼	버터
고체	고체	고체	고체 졸	루비 유리

물질이 분자 또는 이온상태로 액체 중에 고르게 분산해 있는 것을 용액이라고 한다. 특히 이것에 대해서 보통의 분자나 이온보다 크고 지름이 1 nm~100 nm 정도의 미립자가 기체 또는 액체 중에 응집하거나 침전하지 않고 분산된 상태를 콜로이드 상태라고 하며, 콜로이드 상태로 되어 있는 것 전체를 콜로이드라고 한다.

그렇다면 콜로이드는 두 가지 이상의 물질이 들어간 혼합물이다. 우리는 우유를 혼합물이라고 배웠다. 그런데 우유는 불균일 혼합물일까, 균일 혼합물일까? 성분이 여러 가지가 섞여있지만 조성은 같으므로 균일일까? 아니면 일부를 취해서 현미경으로 보면 다른 부분과 조성이 다르니까 불균일일까? 정답은 불균일 혼합물이다.

콜로이드를 균일 혼합물이라고 하는 경우가 많지만 사실 그렇지 않다. 콜로이드도 종류에 따라 균일이라고 말할 수 있는 경우가 있고 불균일이라고 말할 수 있는 경우가 있다. 우유 같은 경우 보기에는 균일한 것처럼 보이지만 충분히 오랫동안 놓아두면 지방과 물이라는 2가지의 상으로 분리된다. 그렇기 때문에 우유는 불균일 혼합물이다.

그러나 대부분의 경우 콜로이드는 균일 혼합물이다. 왜냐하면 오랜 시간동안 놓아두어도 콜로이드 상태가 무한정 지속되기 때문이다. 대표적인 예로 1857년에 패러데이(Michael Faraday)가 만든 금 입자의 현탁액은 현재까지 아무런 침전 조짐을 보이지 않고 있다.

소주와 에탄올은 다른 물질!

소주와 에탄올은 냄새도 비슷하고 색깔도 비슷합니다. 게다가 소주의 원료는 에탄올이라고 하네요! 그런데 왜 다를까요? 소주의 원료는 '주정'으로 순도 99 % 이상의 에탄올입니다. 하지만, 소주에는 주정뿐만 아니라 물, 첨가제 같은 맛을 위한 물질이 여러 가지 들어가 있습니다. 그에 비해 실험실의 에탄올 병 속의 액체는 순수하게 에탄올만 들어가 있죠! 그러므로 소주는 혼합물, 에탄올은 화합물입니다. 물론 소주에서 물이나 기타 첨가 물질을 물리적 방법으로 분리해서 에탄올만 빼낸다면 그 에탄올은 화합물이라고 할 수 있습니다.

예제

다음을 순물질과 혼합물로 분류하라. 순수한 물질은 원소와 화합물로 분류하고, 혼합물은 균일 혼합물과 불균일 혼합물로 분류하라.

a. 이산화탄소　　b. 알루미늄　　c. 야채수프　　d. 땀

정답 a : 순물질, 화합물　　b : 순물질, 원소
c : 혼합물, 불균일 혼합물　　d : 혼합물, 균일 혼합물

04-3 물질의 세 가지 상태

고체, 액체, 기체가 움직일 때 그 움직임의 이유를 설명하기 위해 우리는 먼저 기체분자의 입자(분자) 수준의 움직임을 살펴보아야 한다. 모든 기체들이 매우 비슷한 성질을 갖는다는 사실은 분자운동론으로 해석할 수 있는데 이 이론은 기체에서와 마찬가지로 액체와 고체의 성질에도 응용할 수 있다. 기체에서와 마찬가지로 액체와 고체의 성질도 분자 수준에서 이해할 수 있다.

원자, 분자 또는 이온들 간에 상호작용 하는 비공유성 힘은 이러한 입자들로 이루어진 물질의 액체 또는 고체상태의 성질을 결정한다. 물질의 응축된 상태에서는 원자, 분자, 이온들이 서로 아주 가깝게 근접하여 상호간에 강한 힘이 작용한다. 이렇게 작용하는 힘에 의해 액체나 고체의 성질이 설명된다.

예를 들면, 액체나 고체 속의 원자, 분자, 이온들이 서로 가까이 접촉하고 있기 때문에 그 반발력이 커져서 압축이 거의 불가능하다는 것이 기체와 다른 점이다. 액체는 기체처럼 원자, 분자, 이온(용융된 이온화합물)들이 개별적으로 자유롭게 움직일 수 있다. 따라서 액체는 흐를 수 있고 용기의 주어진 부피까지 용기를 채울 수 있다. 반면, 고체는 비교적 주어진 위치에 고정되어 있는 입자들로 구성되어 있다. 고체 속의 원자, 분자, 이온들은 어느 정도의 거리도 이동할 수 없고 다만 주어진 위치에서 진동만 할 뿐이기 때문에 고체는 정해진 모양을 갖고 있다. 고체를 구성하고 있는 입자들이 고정된 위치에 존재하게 하는 입자간 끄는 힘 보다 더 큰 에너지를 가하면 고체는 녹는다. 분자성 액체나 고체에서 충분한 에너지를 가진 분자들은 표면으로부터 이탈하여 기체 상태로 된다. 반대의 과정에서 에너지를 제거하면 기체는 액체나 고체로 되고, 액체는 고체로 응고한다.

고체, 액체, 기체의 특징을 정리하여 제시하면 다음과 같다.

고체의 특징

① 일정한 부피와 모양을 가진다.

② 온도나 압력에 의해 그 모양이나 부피가 거의 변하지 않는다.

③ 단단하다.

④ 원자, 이온 또는 분자의 입자 배열이 규칙적인 결정성 고체와 입자 배열이 불규칙적인 비결정성 고체가 있다.

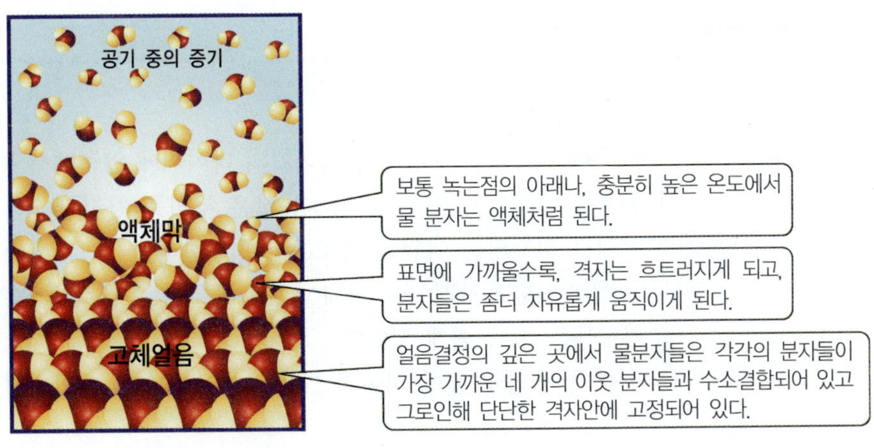

그림 4.6 물의 상태 변화 과정

액체의 특징

① 부피는 일정하나 담긴 그릇의 모양에 따라 그 모양이 달라진다.
② 온도가 변하면 부피가 변하지만, 압력에 의해서는 부피가 거의 변하지 않는다.
③ 입자들은 밀집한 상태에서 운동하며 흐르는 성질이 있다.

기체의 특징

① 모양이 일정하지 않고, 열려 있는 그릇에서 달아나는 성질이 있어서 밀폐된 용기에만 담아 둘 수 있고, 기체가 담긴 용기의 부피가 곧 기체의 부피가 된다.
② 온도나 압력의 변화에 따라 부피가 크게 변한다.
③ 입자들이 빠른 속도로 직선 운동을 하며, 흐르는 성질이 있다

기 체
분자들의 힘이 거의 작용하지 않으므로 분자들이 자유롭게 움직인다.

액 체
분자간의 힘이 약해져서 분자들이 느슨하게 늘어선 채 조금씩 움직인다.

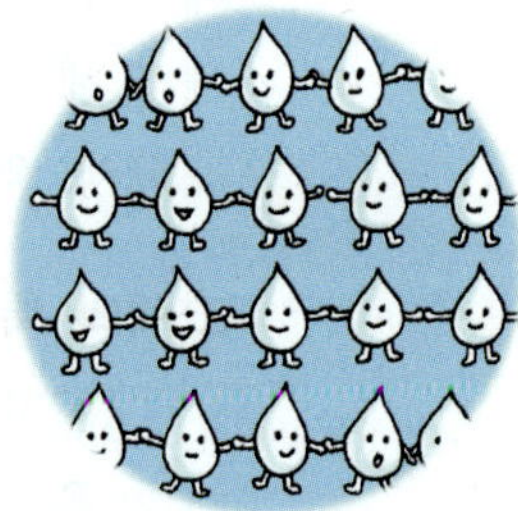

고 체
분자간의 힘이 매우 강해서 움직이지 못하고 규칙적으로 늘어서 있다.

그림 4.7 물의 상태 비교

4-3-1 기체의 성질

① 기체들은 압축된다.

– 우리는 공기를 자동차나 자전거의 타이어에 압축해서 넣을 수 있으며 압축된 공기는 압축되지 않은 공기보다 작은 부피를 차지한다.

② 기체는 허용되는 어떤 부피로든지 팽창한다.

– 에어로졸 스프레이의 기체상 내용물은 방출된 후 계속해서 팽창한다.

③ 기체들은 서로 쉽게 섞인다.

– 대기 중의 기체가 섞이면 그들은 자발적으로 분리되지 않는다.

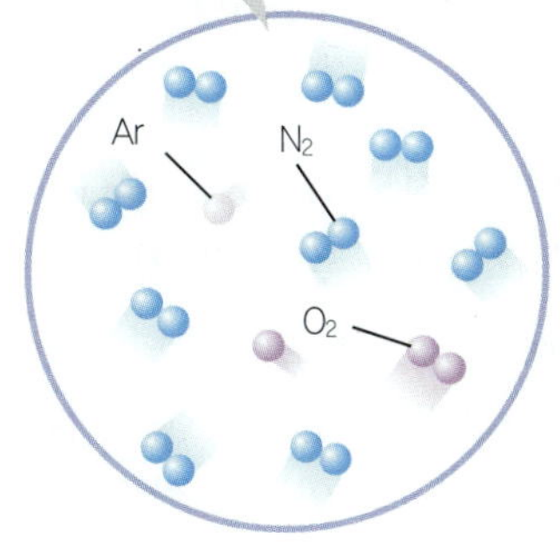

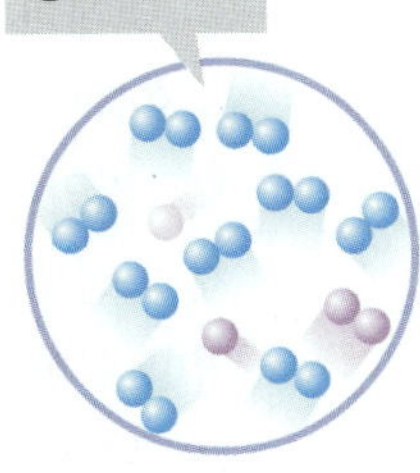

그림 4.8 기체의 미시적 모습

그림 4.9 대기 중 기체와 섞이고 있는 공장의 굴뚝연기

④ 기체들은 그 온도, 압력, 차지하고 있는 부피 그리고 존재하는 기체의 양(분자의 수 또는 몰수)으로 기술된다.

– 예를 들면 더운 기체는 찬 기체보다 큰 부피를 차지하며, 큰 압력을 나타낸다.

⑤ 기체들은 기체를 둘러싸고 있는 것이 무엇이든 압력을 나타낸다.

– 풍선이나 저장 실린더에 들어 있는 기체 시료는 그 주위에 대해 압력을 나타낸다. 만약 용기가 압력을 유지할 수 없다면 약간의 기체가 날아갈 것이다.

4-3-2 액체의 성질

그림 4.10 비행기의 날개면

① 액체의 분자간의 거리와 운동

기체에서보다 액체는 분자들이 서로 더 근접해 있다. 하지만 액체가 흐를 정도로 충분한 이동성은 남아 있다. 나노크기 영역으로 들어가면 아주 좁은 영역에서는 액체 분자는 규칙적으로 배열되어 있으며, 대부분의 분자들은 계속적으로 불규칙하게 움직이고 있다. 압축하는 것이 어렵고 분자들이 모든 방향으로 움직이고 있기 때문에 한정

된 공간에 존재하는 액체에 가하는 압력은 모든 방향으로 균일하게 전달된다. 이와 같은 성질은 자동차의 제동장치, 비행기의 날개면, 꼬리날개 방향타 등을 움직이는 데 사용되는 유압장치에 이용된다.

② 액체의 점도

흐름에 대한 액체의 저항을 **점도**(viscosity)라고 한다. 물은 부드럽고 빠르게 흐르지만(저점도), 자동차 오일이나 꿀 같은 것은 더 느리게 흐른다(고점도). 액체의 점도는 분자 상호간에 작용하는 힘과 관련 있는 데, 이 힘은 분자들이 서로 얼마나 빠르게 흐를 수 있는 정도를 결정해 준다. 분자들은 더 높은 온도에서 더 큰 운동에너지를 가지므로 분자간의 인력을 쉽게 극복할 수 있기 때문에 이로 인해 온도가 높을수록 점도는 감소한다.

③ 액체의 표면 장력

기체와는 달리, 액체 표면 아래에 있는 분자들은 다른 분자들로 둘러 싸여 있어 모든 방향으로 분자 간 인력을 받게 된다. 반면에 표면에 있는 분자들은 옆이나 아래에 있는 분자들에 의해서 끌리게 된다. 이와 같은 액체 표면에서의 분자 간 인력의 불균형 때문에 액체의 표면이 줄어들려는 경향이 있다. 이처럼 표면을 넓히는 데 필요한 에너지를 **표면장력**(surface tension)이라고 부르며 분자 간 인력이 클수록 높은 값을 갖게 된다.

④ 액체의 모세관 작용

지름이 작은 유리관을 물에 꽂으면 **모세관 작용**(capillary action) 때문에 유리관을 타고 물이 올라간다. 유리관의 벽은 주로 이산화규소이므로 물 분자와 유리벽의 산소와의 수소결합이 생긴다. 이 수소결합의 인력이 물 분자끼리의 수소결합 인력보다 더 강하다. 그 결과 물이 유리관 벽을 타고 올라가는 것이다. 물과 유리관 벽 사이의 수소 결합력과 중력이 균형이 될 때까지 물이 올라간다. 이 모세관 작용은 식물이 생명을 유지하는데 결정적 역할을 한다. 이 때문에 영양분이 녹은 물이 중력의 저항을 극복하고 세포에까지 올라간다.

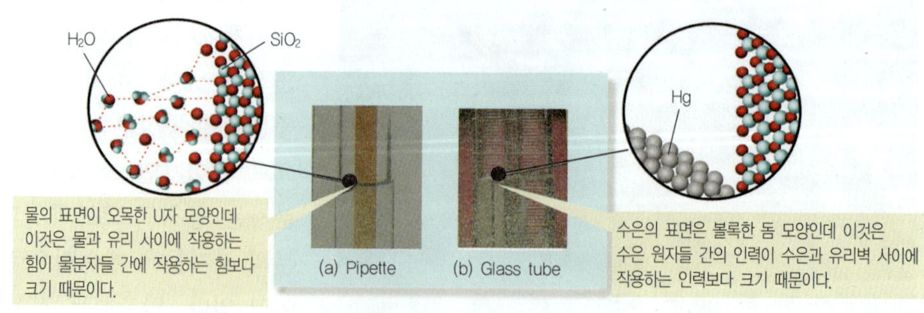

그림 4.11 모세관 현상

4-3-3 고체의 성질

① 고체의 분자 구성

액체와는 달리 고체는 딱딱하여 압력을 모든 방향으로 전달하지 못한다. 고체는 구성입자들 간의 결합방법에 따라 다양한 경도를 가진다.

② 고체 배열의 규칙성

고체 상태에서 구성 원자, 분자, 혹은 이온들은 상대적인 위치가 고정되어 있어 쉽게 이동할 수 없지만 어떤 것들은 배열이 아주 규칙적인 경우가 있다. 즉 **결정성 고체**(crystalline solid)에서는 이들 배열의 규칙성이 커, 고체의 면과 면이 만나는 각도가 예리하다. **비결정 고체**(amorphous solid)는 단단하고 일정한 형상을 유지하는 고체이지만 구조의 규칙성과 반복성이 작다는 점에서 액체와 비슷하다. 주변에서 쉽게 볼 수 있는 유리와 유기고분자인 폴리에틸렌, 폴리스티렌 등이 비결정성 고체이다.

퀴즈

물질가 고체인지, 액체인지, 기체인지 결정하는 것은 무엇인가?

정답 원자, 분자, 이온들 간에 상호작용하는 비공유성 힘(e.g. intermolecular forces)은 입자로 이루어진 물질의 상태를 결정한다.

(1) 풍선 속의 기체의 압력

공기로 채워진 탄탄한 풍선은 안의 공기가 압력을 나타낸다는 것을 가리킨다. 너무 많은 기체를 풍선에 넣으면 압력은 풍선을 파열시키고 기체는 빨리 달아난다. 풍선의 탄탄함은 기체 분자들이 풍선 안을 때려 주는 것에 기인한다. 각 기체분자의 풍선 표면과의 충돌은 표면에 힘을 가해준다. 단위 면적당의 힘은 기체의 압력(pressure)이다. 기체는 그것이 접촉하고 있는 모든 표면에 접촉한 방향에 관계없이 압력을 나타낸다.

(2) 물의 표면 장력

예를 들면 물은 물 분자를 서로 잡아끄는 넓은 범위의 수소결합 때문에 다른 액체보다 높은 표면장력을 갖고 있다. 수생곤충이나 작은 금속조각은 물보다도 밀도가 크지만 물위를 걷거나 물위에 떠 있다. 표면장력이 그것들의 표면을 깨고 가라앉지 않도록 한다. 왁스를 칠한 표면 위에서는 물방울이 거의 구의 형태를 하고 있는 것이나 빗방울이 둥글게

떨어지는 것 등도 표면장력이 원인이다. 주어진 부피에서 구의 형태가 다른 모양보다 작은 표면적을 갖고 있으므로 물방울이 구형인 것이 물의 표면적을 가장 적게 할 것이며 이로 인해 표면장력이 최소가 되는 것이다.

(3) 경도가 다른 활석과 다이아몬드

윤활제나 화장분으로 사용되는 활석은 아주 연한 고체 중 하나이며, 다이아몬드는 가장 단단한 고체 중 하나이다. 활석의 원자수준의 구조를 관찰하면 규소, 마그네슘, 산소 원자들로 구성된 판의 적층 구조이다. 이 층들 사이의 인력은 아주 약하기 때문에 각 층은 다른 층들로부터 쉽게 미끄러져 분리될 수 있다. 다이아몬드에서 탄소원자들은 이웃하는 네 개의 탄소원자들과 강하게 결합하고, 이 결합된 이웃원자들은 다시 또 다른 네 개의 이웃하는 탄소원자들과 결합하며, 전 고체를 통해 계속 이어진다. 이와 같은 다이아몬드를 구성하는 각 탄소원자들이 이웃하는 여러 탄소원자들과 강하게 결합되어 있기 때문에 다이아몬드는 아주 딱딱하여 다른 고체를 긁거나 절단하는 데 사용할 수 있다. 그래서 다이아몬드는 보석으로도 가치가 있지만 공업적으로는 절삭 혹은 연마 재료로 더 중요하게 이용된다.

활 석

다이아몬드(금강석)

04-4 상태 변화와 에너지

4-4-1 열에너지

열에너지는 물질의 온도를 변화시키거나 상태 변화를 일으키는 에너지를 말한다. 분자운동론에 따라 끊임없이 움직이는 입자들은 운동에너지를 갖게 된다. 그것은 얼마나 빠르게 원자가 움직이는가에 달려있다. 시료의 열에너지는 모든 원자들의 운동에너지의 총 합이다. 원자들은 온도가 높을수록 분자의 평균 속력이 빨라지고 열에너지도 커진다. 열에너지는 온도가 높은 물질에서 온도가 낮은 물질로 이동한다. 더운물이 담긴 컵을 만지면, 더운물의 열에너지가 손으로 이동하여 손이 따뜻해진다.

4-4-2 상태 변화와 열에너지

상태 변화란 온도의 변화가 없이 물질의 상태(고체-액체, 액체-기체, 고체-기체, 기체-액체, 액체-고체, 기체-고체)가 변하는 물리적 과정이다. 상변화라고도 한다. 물질이 열에너지를 흡수하거나 방출하면 상태가 변한다. 단, 온도는 변하지 않는다.

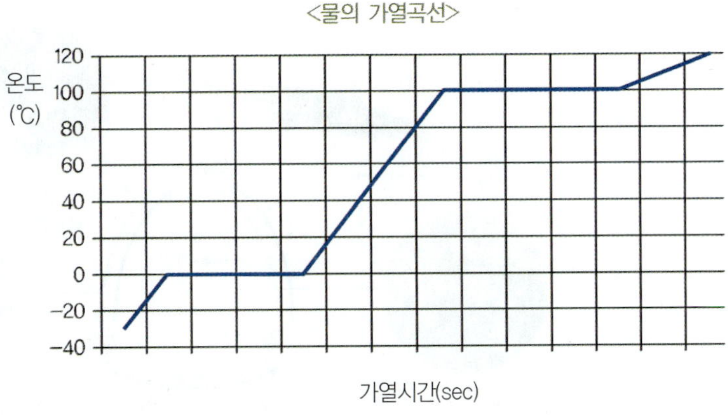

표 4.1 상태 변화와 온도 변화

위의 그래프에서 볼 수 있듯이 열을 계속 가하지만 온도가 올라가지 않고 정체 구간이 나타나는 부분에서 상태 변화가 일어난다.

4-4-3 상태 변화와 열의 출입

물질은 고체, 액체, 기체 세 가지 상(phase)으로 존재하며 서로 변화한다. 한 가지 상에서 다른 상으로의 전이를 의미하는 상변화(phase change)는 일반적으로 열의 형태인 에너지가 가해지거나 제거될 때 일어난다. 상변화는 분자 질서의 변화로 특정 지어지는 물리적 변화이다. 고체상에서의 분자는 가장 큰 질서를 가지고 있으며, 기체상에서의 분자는 가장 큰 무질서를 가지고 있다.

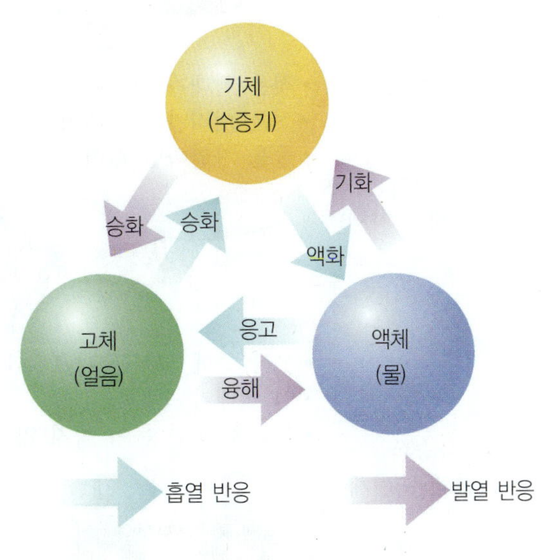

그림 4.12 물의 상태 변화와 에너지

그림 4.13 상태 변화의 예

에너지를 흡수하는 상태 변화의 예

상태 변화	예	흡수열
융해 (고체 → 액체)	• 처마 밑의 고드름이 녹아서 물이 된다. • 고체 버터를 가열하면 녹아서 액체 버터가 된다. • 더운 여름날 손에 들고 있던 아이스크림이 녹는다.	융해열
기화 (액체 → 기체)	• 젖은 빨래가 마른다. • 젖은 머리카락을 헤어드라이기로 말린다. • 물을 가열하면 끓어서 수증기가 된다.	기화열
승화 (고체 → 기체)	• 옷장 속에 넣어둔 나프탈렌의 크기가 점점 작아진다. • 언 빨래가 녹는다. • 응달에 쌓인 눈이 녹지 않고 크기가 줄었다. 나프탈렌 → 나프탈렌	승화열

에너지를 방출하는 상태 변화의 예

상태 변화	예	방출열
응고 (액체 → 고체)	• 이글루에 물을 뿌리면 집에 더 단단히 언다. • 고깃국의 표면에 하얀 기름 덩어리가 생긴다. • 불을 켜 놓은 양초에서 촛농이 흘러내려 굳는다.	응고열
액화 (기체 → 액체)	• 차가운 컵 표면에 물방울이 맺힌다. • 맑은 날 이른 아침, 풀잎에 이슬이 맺힌다. • 추운 곳에 있다가 따뜻한 실내로 들어오면 안경 표면에 하얗게 김이 서린다.	액화열
승화 (기체 → 고체)	• 늦가을 새벽, 들판에 서리가 생긴다. • 추운 겨울날 창문에 성에가 생긴다.	승화열

4-4-4 상변화에 동반하는 에너지 변화

각 상변화는 계의 에너지 변화를 동반한다. 예를 들어 고체격자에서 분자나 이온은 서로에 대하여 일정한 위치를 차지하고 있고 계의 에너지를 최소화하도록 배열되어 있다.

고체의 온도가 증가함에 따라 고체 단위는 점점 역동적인 운동으로 진동한다. 고체가 녹을 때 고체를 구성하는 단위는 자유롭게 움직이는데 이는 보통 그들의 평균거리가 증가하는 것을 의미한다. 고체가 녹는 과정(melting process)을 용융(fusion)이라고 한다. 분자나 이온의 증가된 운동의 자유도는 **용융열**(heat of fusion)또는 용융 엔탈피라 한다.

액체상의 온도가 증가함에 따라 액체분자가 증가된 에너지로 움직인다. 이러한 증가된 에너지의 척도는 액체 위에서 기체상 분자의 농도가 온도에 따라 증가한다. 이 분자들은 증기압(vapor pressure)이라 불리는 압력을 나타낸다. 증기압은 액체 밖의 외부 압력인 대기압과 동일할 때가지 온도증가에 따라 증가한다. 이 점에서 물이 끓는다. 즉 액체분자가 매우 큰 간격으로 분리된 기체 상태로 움직인다. 이 변화에 필요한 에너지를 **증발열**(heat of vaporization) 또는 증발 엔탈피라 한다.

액체-증기 평형

액체 상태에 있는 분자는 견고한 격자 속에 고정되어 있는 상태가 아니다. 이 분자들은 기체 분자처럼 완전히 자유롭지는 않지만 일정하게 운동하고 있다. 액체는 기체보다 조밀하기 때문에 분자들 간의 충돌률이 기체상보다 액체상에서 훨씬 높다. 액체 상태의 분자가 액체 표면으로부터 벗어나기에 충분한 에너지를 가지게 되면 상변화가 일어난다. **증발**(evaporation) 또는 **기화**(vaporization)는 액체가 기체로 전이되는 과정을 말한다.

- **증기압** – 액체가 기화할 때, 기화되는 기체 분자는 증기압을 나타낸다. 밀폐된 용기 안에서 액체가 증발하면 기체상태 분자 중 액체 표면과 충돌하여 다시 액체 상태로 응축된다. 응축속도는 증발속도와 같아질 때까지 증가한다. 응축속도가 증발속도와 같아지면, 액체 윗부분의 공간은 증기로 포화되고 액체와 기체사이에 평형상태 또는 정류상태가 이루어진다. 액체와 평형에 있는 기체가 만드는 압력을 증기압이라 한다. 액체의 증기압은 액체나 고체의 양과는 무관하고 온도가 올라가는 것에 따라 증가한다. 쉽게 증가하는 물질은 휘발성 물질로 상온에서 증기압이 높다. 포화증기압은 액체의 종류나 온도에 따라 다르다. 액체의 증기압은 일정하다. 혼합용액의 증기압은 순 용매의 증기압보다 낮다.

일정한 온도에서 기화 속도는 일정하며, 증기상의 분자 농도가 증가함에 따라 응축 속도도 증가한다. **응결**(condensation)은 기체상에서 액체상으로의 변화를 말하는데, 기체 분자가 액체 표면에 충돌할 때 액체의 분자간 힘에 의해 일어나는 현상이다. 응결과 기화의 속도가 같아지게 되면 정반응 속도가 역반응 속도와 정확히 균형을 이루고 있는 상태인 동적 평형(dynamic equilibrium) 상태에 도달하게 된다. 평형 증기압(equilibrium vapor pressure)은 응결과 기화 사이에 동적 평형이 존재할 때 측정된 증기압을 말한다. 액체의 평형 증기압을 좀 더 간단하게 "증기압"이라고도 한다.

어떤 주어진 한 온도에서 그 액체의 최대 증기압을 평형 증기압이라 하며, 온도가 일정하면 그 값도 일정하다(평형 증기압은 아주 소량의 액체만 존재하더라도, 즉 액체가 존재하기만 하면 그 양에는 상관없이 일정하다). 액체의 증기압은 온도와 함께 증가한다.

- **임계 온도와 압력** – 증발의 반대는 응결이다. 기체를 액화시키는 방법에는 두 가지 방법이 있다. 하나는 기체 시료를 냉각시킴으로써 기체 분자의 운동에너지를 감소시켜 분자가 뭉쳐져서 작은 액체 방울을 만드는 것이다. 또 하나는 압력을 가하는 방법이다. 압축은 분자들 사이의 평균 거리를 줄여 분자들이 상호 인력에 의해 서로 붙들려 있게 한다. 공업적인 액화 과정은 이 두 방법을 함께 사용하고 있다.

  모든 물질은 **임계 온도**(critical temperature, T_c)를 갖는데, 임계 온도란 이 온도 이상에서는 아무리 높은 압력을 가하더라도 기체가 액화될 수 없는 온도를 말한다. 이것은 어떤 물질이 액체로 존재할 수 있는 가장 높은 온도이기도 하다. 임계 온도 이상에서는 액체와 기체 사이에 근본적인 구분이 없다. 단지 유체를 가질 뿐이다. **임계 압력**(critical pressure, P_c)은 임계 온도에서 액화시키기 위해 가해 주는 최소 압력을 말한다.

  한 물질의 임계 온도는 그 물질의 분자간 힘의 세기를 반영한다. 강한 분자간 힘을 갖는 벤젠, 에탄올, 수은, 물은 상대적으로 높은 임계 온도를 보인다.

- **끓는점과 압력** – 모든 액체는 액체가 끓기 시작하는 온도가 있다. 액체의 증기압이 외부 압력과 같아지는 온도를 **끓는점**(boiling point)이라 한다. 모든 액체의 정상 끓는점은 외부 압력이 1기압일 때, 그 액체가 끓는 온도를 말한다. 끓는점에서 액체 내부에 기포가 생긴다. 기포가 생길 때 원래 그 공간을 차지하고 있던 액체는 바깥으로 밀려나가고 따라서 용기 속의 액체의 높이가 높아지게 된다. 기포에 작용하는 압력은 주로 대기압이며, 여기에 더해서 약간의 유압(hydrostatic pressure 즉, 액체의 존재로 인해 생기는 압력)이 있다. 기포 내부의 압력은 전적으로 액체의 증기압이다. 증기압이 외부 압력과

같아지면 기포는 액체의 표면으로 떠올라서 터지게 된다. 만약 기포 내의 증기압이 외부 압력보다 낮으면 기포는 떠오르기 전에 없어질 것이다. 따라서 액체의 끓는점은 외부 압력에 의해 결정됨을 알 수 있다. 예컨대, 1기압에서는 물이 100 ℃에서 끓지만, 압력이 0.5기압으로 낮아지면 82 ℃에서 끓는다.

액체-고체 평형

액체가 고체로 변하는 것을 **응고(freezing)**이라 하고, 그 역 과정을 **융해(melting)**, 또는 **용융(fusion)**이라 한다. 고체의 **녹는점**(melting point), 또는 액체의 **어는점**(freezing point)은 평형 상태에서 액체와 고체상이 공존하는 온도를 말한다. 어떤 물질의 **정상(normal) 녹는점**(또는 어는점)은 1기압에서 그 물질이 녹는 온도(또는 어는 온도)를 말한다. 일반적으로 압력이 1기압일 때 "정상"이란 말을 생략하고 사용한다. 고체상에서의 분자들이 액체상에서보다 서로 강하게 붙들려 있기 때문에, 고체-액체 상전이를 일으키기 위해서는 열이 필요하다.

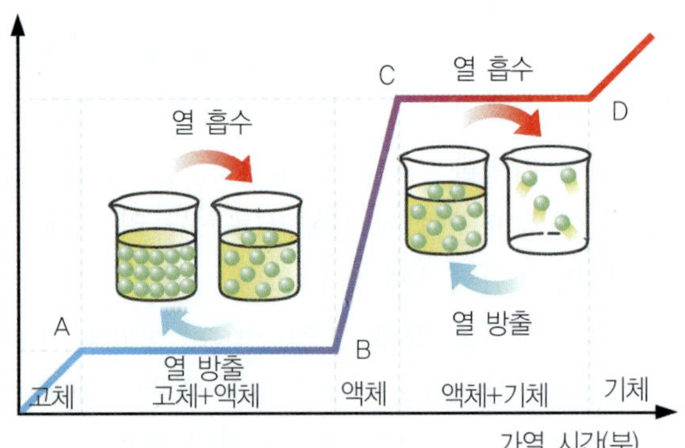

그림 4.14 물의 상태 변화와 평형 단계

그림의 가열곡선을 보면, 고체가 가열되면 A점에 도달할 때가지 온도가 서서히 증가함을 나타낸다. 따라서 이 A점에서 고체가 녹기 시작한다. 첫 번째 평평한 부분(A → B)인 녹는 기간 동안에도 열이 계에 의해서 흡수되나 여전히 온도는 일정하게 유지된다. 그 열로 인해 분자는 고체에서의 인력을 극복하게 된다. 시료가 완전히 녹으면(B점) 흡수된 열은 액체 분자의 평균 운동 에너지를 증가시켜서 액체의 온도가 올라간다(B → C). 기화과정(C → D)도 비슷하게 설명된다. 증가된 운동 에너지가 액체에서의 응집력을 극복하는데 사용되는 동안의 온도는 일정하게 유지되고, 모든 분자가 기체상으로 되면 온도가 다시 상승하게 된다.

몰용융열(molar heat of fusion)은 고체 1몰을 녹이는데 필요한 에너지를 말한다. 각 물질에 대한 몰용융열이 몰기화열보다 작다. 이러한 사실은 액체 상태의 분자가 여전히 서로 꽤 가깝게 밀집되어 있어서 고체에서 액체로 재배열이 일어나기 위해서 약간의 에너지가 필요하다는 사실과 일치한다. 반면 액체가 증발할 때는 분자는 서로 완전히 떨어져야하므로 이 인력을 극복하기 위해서는 상당히

많은 양의 에너지가 필요하게 된다. 고체, 액체, 기체 가열 곡선의 기울기는 물질 각 상태의 비열에 의해 결정된다. 물질의 냉각은 가열과 정반대의 효과로 설명할 수 있다. 만약 일정한 속도로 기체 시료에서 열을 제거하면 온도가 내려간다. 액체가 형성되면 계의 퍼텐셜 에너지가 감소하기 때문에 계로부터 열이 방출된다. 이런 이유로 인해 응축 과정(D→C)동안 계의 온도는 일정하게 유지된다. 증기가 전부 응축되고 나면 액체의 온도가 떨어지기 시작하고, 계속해서 냉각하면 마침내 물질은 얼게 된다(B→A). 액체가 일시적으로 어는점 이하의 온도까지 액체 상태로 냉각될 수 있는 현상을 **과냉각**(super cooling)이라 하는데, 이러한 과냉각은 열이 너무나 빨리 액체에서 제거되어 분자가 말 그대로 고체의 규칙적인 구조를 형성하지 못했을 때 일어나게 된다. 과냉각된 액체는 불안정하므로 용액에 먼지 입자가 들어가거나 약하게 저어주기만 해도 순식간에 고체화 된다.

고체-증기 평형

다음과 같은 동적 평형을 살펴보자.

고체 ⇄ 증기

승화(sublimation)는 분자가 고체상에서 증기상으로 직접 상전이하는 과정을 말하고, 그 역 과정은 증기상에서 고체상으로 직접 전이하는 과정으로 석출(deposition)이라 한다. 좀약으로 쓰이는 물질인 나프탈렌은 고체치고는 상당히 높은 평형 증기압(53 ℃에서 1 mmHg)을 가진다. 따라서 코를 찌르는 냄새가 밀폐된 공간에 빠르게 퍼지게 된다. 고체 상태의 분자는 아주 강하게 서로 붙들려 있기 때문에 일반적으로 액체에 비해 고체는 그 증기압이 훨씬 낮다. 어떤 물질의 **몰승화열**(molar heat of sublimation, ΔH_{sub})은 고체 1몰을 승화시키는데 필요한 에너지를 말한다.

물질의 상변화는 우리의 일상생활에서 중요한 방법으로 나타난다. 액체 음료를 식히기 위해서 얼음을 사용하는데 얼음의 용융열이 얼음이 담긴 액체를 식힌다. 수영장이나 따뜻한 샤워장에서 밖으로 나올 때 시원하다고 느낀다. 이는 몸으로부터 물이 증발할 때 증발열이 몸으로부터 열을 제거하기 때문이다. 땀을 흘림으로써 수분증발은 무더운 날이나 심한 운동 중에도 몸을 차갑게 유지하게 된다. 우리의 몸은 특히 더운 날씨에 격렬한 운동을 할 경우 피부로부터 물의 증발을 통해 체온을 조절한다. 냉장고 역시 증발에 따른 냉각효과와 관련이 있다. 이것의 메커니즘은 어떤 압력하에서 액화할 수 있는 밀폐 기체와 관련이 있다. 이 기체는 증발하면서 열을 흡수하여 냉장고의 내부를 냉각한다. 증기는 압축기로 다시 냉각하여 재사용한다.

몰기화열을 보여 줄 수 있는 실제 방법은 에탄올(C_2H_5OH)이나 아이소프로판올(C_3H_7OH)과 같은 알코올을 손에 문지르는 것이다. 이러한 알코올은 물보다 작은 기화열을 가지고 있으므로, 손에서 발생하는 열은 알코올 분자의 운동 에너지를 증가시켜서 기화시키기에 충분하다. 열손실의 결과로 손은 차갑게 느껴진다. 이러한 과정은 인체가 일정한 온도를 유지하는 수단의 한 가지인 발한 작용과 유사하다. 물에 존재하는 강한 분자간 수소 결합으로 인하여 인체 표면에서 땀 속의 물을 기화시키기 위해서는 상당한 양의 에너지가 필요하다. 이 에너지가 여러 가지 신진 대사 과정에서 발생되는 열에 의해 공급된다.

※ 산 정상에서의 계란 삶기

콜로라도에 있는 파익스 정상(해발 4300 m)에 막 올라왔다고 상상해 보자. 힘들여 올라온 후 기운을 차리기 위해 계란을 삶아 먹으려고 한다. 놀랍게도 물이 보통 때보다 훨씬 빨리 끓는 것 같다. 그러나 물이 끓고 10분이 지난 후에도 계란이 아직 삶아지지 않았다. 파익스 정상은 해발 4300 m인데, 이 정도 고도에서 대기압은 겨우 0.6 atm 밖에 되지 않는다. 압력이 낮아지면 물의 끓는점도 내려가서, 이 정도 낮은 압력에서는 약 86 ℃에서 끓게 된다. 그러나 사실 요리를 위해 중요한 것은 끓는 현상이 아니라 음식물에 전달되는 열의 양이고, 이러한 열의 양은 물의 온도에 비례한다. 이런 이유로 인해 이 경우 계란을 삶기 위해서는 적어도 30분 정도의 훨씬 더 긴 시간이 필요할 것이다.

※ 압력솥

왜 압력솥을 쓰면 부엌에서 시간을 절약할 수 있을까? 끓는점에 미치는 압력의 효과가 이를 설명할 수 있다. 압력솥은 일정 압력을 초과할 때에만 수증기가 빠져나가도록 만들어진 밀폐 용기이다. 솥 안에 있는 물 위의 압력은 대기압과 수증기압의 합이므로 커지게 된다. 결국 압력솥 안의 물은 100 ℃를 훨씬 넘는 고온에서 끓게 되고 그 속의 음식물은 더 뜨거워져서 더 빨리 요리된다.

핵심정리

물체와 물질의 정의

- 물체(objects) : 특정한 형태와 용도를 지닌 것을 말함. 우리 주위의 책상, 의자, 나무젓가락 등
- 물질(matter) : 질량(mass)을 갖고 있고 공간(space)을 차지하는 것을 말함. 좁은 의미로는 '재료'를 의미함. 책상을 구성하는 나무, 플라스틱, 고무 등.

물질의 종류

- 순물질 : 한 가지 물질을 의미함. 물질의 특성이 일정하고 홑원소 물질과 화합물로 분류할 수 있음.
- 홑원소 물질 : 한 가지 원소만으로 구성된 물질로, 화학적 방법으로 분류되지 않음.
- 화합물 : 두 종류 이상의 원소가 화합하여 일정한 성분비를 이루는 물질을 말하며, 분해하면 두 종류 이상의 순물질이 된다.
- 혼합물 : 두 종류 이상의 순물질이 섞이면 혼합물이 되고, 조성비는 농도에 따라 달라짐. 조성에 따라 균일 혼합물과 불균일 혼합물로 구분함.

물질의 세 가지 상태

	고체	액체	기체
원자/분자 운동	고정된 점에 대해 진동	서로 상대적인 움직임이 자유로움	서로 상대적인 움직임이 자유로움
원자/분자 간격	서로 가까움	서로 가까움	멀리 떨어져 있음
모양	일정함	일정하지 않음	일정하지 않음
부피	일정함	일정함	일정하지 않음
분자간 힘의 세기	강함	중간	약함

상태 변화와 에너지

- 상태 변화 : 온도의 변화가 없이 물질의 상태(고체-액체, 액체-기체, 고체-기체, 기체-액체, 액체-고체, 기체-고체)가 변하는 물리적 과정을 말함. 물질이 열에너지를 흡수하거나 방출하면 상태가 변함.
- 열에너지 : 물질의 온도를 변화시키거나 상태 변화를 일으키는 에너지. 분자운동론에 따라 끊임없이 움직이는 입자들은 운동에너지를 갖게 되면, 얼마나 빠르게 원자가 움직이는가에 달려있음.
- 상태 변화와 열의 출입 : 물질은 고체, 액체, 기체 세 가지 상(phase)으로 존재하며 서로 변화함. 한 가지 상에서 다른 상으로의 전이를 의미하는 상변화(phase change)는 일반적으로 열의 형태인 에너지가 가해지거나 제거될 때 일어남. 상변화는 분자 질서의 변화로 특정 지어지는 물리적 변화이며, 고체상에서의 분자는 가장 큰 질서를 가지고 있으며, 기체상에서의 분자는 가장 큰 무질서를 가지고 있음.

평가문제

01 다음을 순물질과 혼합물로 분류하라. 순물질이면 원소와 화합물로 분류하고, 혼합물이면 균일 또는 불균일로 분류하라.

(a) 증류수 ________________________ (b) 설탕 ________________________

(c) 공기 ________________________ (d) 납 ________________________

(e) 우유 ________________________ (f) 알루미늄 ________________________

(g) 커피 ________________________ (h) 아세톤 ________________________

(i) 황 ________________________ (j) 베이킹소다(탄산수소나트륨) ____________

02 물질에 대한 정의를 내리고, 몇 개의 예를 들라.

____

____

____

03 물질의 세 가지 상태를 제시하고, 각 상태가 지니는 특징을 비교하여 설명하라.

____

____

____

04 다음을 상태 변화에 따른 에너지 출입으로 설명하라.

(a) 물이 든 컵에 얼음을 몇 조각 넣으면 얼음이 녹으면서 컵 속의 물은 차가워진다.

____

____

(b) 무더운 여름철 사람들은 더위를 피해 시원한 바닷가를 찾는다.

____

____

Chapter

05 혼합물의 분리

우리 주위에는 여러 가지 물질이 섞여있는 혼합물이 많이 있다. 특히 우리가 먹는 음식은 다양한 맛과 색깔을 내는 식재료가 섞여있다.

이 장에서는 우리 주위의 다양한 혼합물을 분리하는 원리와 방법에 대해 공부하도록 한다. 고체와 액체, 고체와 고체, 액체와 액체를 분리하는 과학적 원리를 이해하고, 이를 분리할 수 있는 다양한 방법에 대해서도 공부한다.

05-1 고체와 액체 혼합물의 분리

고체와 액체 혼합물을 분리할 수 있는 과학적 원리는 다음과 같다.

고체와 액체의 혼합물은 고체가 액체에 녹는 경우와 녹지 않는 두 경우로 나눌 수 있다. 고체가 액체에 녹지 않는 경우에는 여과(거르기)의 방법을 사용하고, 고체가 액체에 녹는 경우에는 물을 증발시키는 방법을 사용한다.

(1) 여과

기체 속의 현탁고체와 액체입자를 분리시키는 조작도 포함되지만, 단순히 여과라 할 때는 고체-액체 분리조작만을 가리킨다. 여과는 화학실험 등에서 침전 분리 등에 널리 응용되는 외에, 화학공업을 비롯하여 기타 공업에서 가장 일반적인 중요한 단위조작의 하나이며, 분리시키는 고체입자도 0.1 이하에서 수백 μm에 이르고, 고체 농도도 모래여과기 등에서와 같은 극히 묽은 것에서 50% 이상의 슬러리(slurry)까지 광범위하다.

여과재로는 실험실에서는 여과기·유리여과기·유리섬유·석면 등이 흔히 사용되며, 공업적으로는 면·나일론·다공성 금속·금속섬유 등이 사용된다. 일반적으로 조작을 촉진시키기 위해서 여과재의 양쪽에 압력차를 두어 액체의 투과를 촉진시키는데, 흡인여과나 가압여과가 그 예이다. 이 밖에 가열하거나 원심분리의 원리를 응용한 것도 있다. 또한 분리하고자하는 고체 입자가 0.1~수 μ m정도의 콜로이드 입자나 분자를 여과시키는 데는 조제조건에 따라 여러 가지 지름의 구멍을 가진 콜로디온막이나 셀로판막을 사용하기도 한다.

예를 들어, 고체가 액체에 녹지 않는 물질일때 거름종이를 이용하여 분자가 거름종이를 통과할 수 있는 작은 액체 물질만 걸러져 나오게 하고, 상대적으로 분자가 큰 고체는 거름종이를 통과하지 못하는 원리를 이용하여 물질을 분리하는 방법이다. 대표적인 예로 흙탕물에서 흙과 물을 분리하는 예를 들 수 있다. 한약을 달인 후 손수건을 이용하여 액체부분과 고체부분을 분리하는 것도 이와 비슷한 예이다.

(2) 증발

고체가 액체에 녹아 있을 때 섞여 있는 물질의 끓는점 차이를 이용하는 것이다. 상온에서 고체인 물질보다 액체인 물질의 끓는점이 낮기 때문에 일정 온도로 가열했을 때 액체만 증발되는 순간이 있다. 이를 이용하여 액체를 증발시키고 남은 고체를 얻을 수 있다. 이 때 액체를 공기 중으로 증발시키지 않고 따로 모으기 위해서는 분별증류 장치를 하여 기체를 다시 냉각시켜야 한다. 대표적인 예로 소금물에서 소금을 분리해내는 방법을 들 수 있다.

05-2 고체와 고체 혼합물의 분리

고체 혼합물을 분리하는 방법에는 여러 가지가 있다. 각각의 과학적 원리에 대하여 살펴보면 다음과 같다.

(1) 추출

액체의 용매를 사용해서 고체 또는 액체 속에서 어떤 특정한 물질을 용해·분리하는 조작으로, 공업적으로 분리·정제의 중요한 수단이다. 혼합물 속에서 산·알칼리에 의한 반응과 같은 화학반응에 의해서 추출하거나 용매만 이용하여 추출한다. 실험실에서는 각종 분리·정제·분석 등에 이용되고 있는데, 고체에서 추출하는 데는 속슬렛(Soxhlet) 추출기, 액체에서 추출하는 데는 분액깔때기 등을 사용하며, 용매로는 물·알코올·에테르·석유에테르·벤젠·아세트산에틸·클로로포름 등이 사용된다. 추출은 공업적으로도 분리·정제의 중요한 수단으로, 페놀·니트로벤젠·프로판과 같은 용제추출에 의한 윤활유의 정제, 적당한 유기용제를 사용한 콩으로부터의 콩기름의 추출 등이 그 예이다.

(2) 재결정(Recrystallization)

재결정은 특정 용매, 혹은 특정 온도 조건 하에서 서로 다른 용해도를 갖고 있는 물질들이 혼합물을 이루고 있을 경우, 그 용해도 차이를 이용하여 불순물을 제거하고 목적하는 물질의 순수한 결정을 얻어내기 위한 방법이다.

용질이 석출될 때에는 온도를 빨리 낮추느냐 천천히 낮추느냐에 따라 결정의 크기나 모양이 달라지기도 한다. 온도를 급격하게 낮추면 결정이 제대로 배열될 충분한 시간이 없고 결정을 만들 시간도 부족해 크기도 작고 고르지 못한 결정이 만들어질 가능성이 크다. 그렇지만 온도를 천천히 낮추면 고르고 큰 결정을 얻을 수 있다. 그래서 재결정방법은 결정의 모양을 더 고르게 한다거나 결정의 크기를 조절하고자 할 때 자주 사용되는 방법이다.

또한 재결정을 하면 용질의 순도를 높일 수 있다. 만약 불순물이 조금 섞여 있는 질산나트륨($NaNO_3$)을 보다 순수하게 얻어내고 싶다면, 재결정방법을 이용할 수 있다. 먼저 물을 100 g 준비하고 온도를 100 ℃ 근처로 높인 후 질산나트륨($NaNO_3$)을 녹인다. 만약 불순물이 물에 녹지 않는 물질이라면 여과지를 이용해 걸러낼 수 있지만 그렇지 않다면 용해도 차이를 이용해 분리해야 한다. 100 ℃에서 질산나트륨($NaNO_3$)의 용해도는 170이다. 즉 물 100 g에 최대 170 g의 질산나트륨($NaNO_3$)이 녹을 수 있는 것이다. 질산나트륨($NaNO_3$)을 150 g 녹였다고 하자. 이제 이 용액의 온도를 10 ℃가 되게 천천히 내린다. 10 ℃에서 질산나트륨($NaNO_3$)의 용해도는 80이다. 따라서 '150 g − 80 g = 70 g'이므로 70 g 만큼의 질산나트륨($NaNO_3$)이 더 이상 용액 속에 녹아 있지 못하고 다시 결정으로 석출된다. 이때, 처음에 5 g의 불순물이 질산나트륨($NaNO_3$)에 함께 포함되어 있었다고 하자. 그리고 이 불순물의 용해도는 100 ℃에서 90, 10 ℃에서 30이라고 가정하자. 그렇다면 불순물은 100 ℃에서도 모두 녹았을 것이고, 10 ℃에서도 모두 녹아 있게 된다. 즉, 불순물은 애초에 그리 많은 양이 아니기 때문에 낮은 온도에서도 물에 충분히 녹을 수 있는 것이다. 따라서 재결정을 하게 되면 불순물을 제거하고 좀 더 순수한 용질을 결정으로 얻어낼 수 있다.

05-3 액체와 액체 혼합물의 분리

액체와 액체 혼합물을 분리하는 방법에는 여러 가지가 있다. 밀도차를 이용하거나 끓는점의 차이를 이용하여 분리하는 방법은 다음과 같다.

(1) 분별 증류

서로 잘 섞여 있는 액체혼합물을 끓는점 차이에 의해 분리하는 방법으로 물질 a와 b의 혼합물을 가열하여 끓는점이 낮은 a가 먼저 증발되고 b는 여전히 액체로 남는 구간이 있는 특성을 이용하는 것이다. 대표적으로 물과 에탄올의 뷰리, 원유의 분리를 들 수 있다.

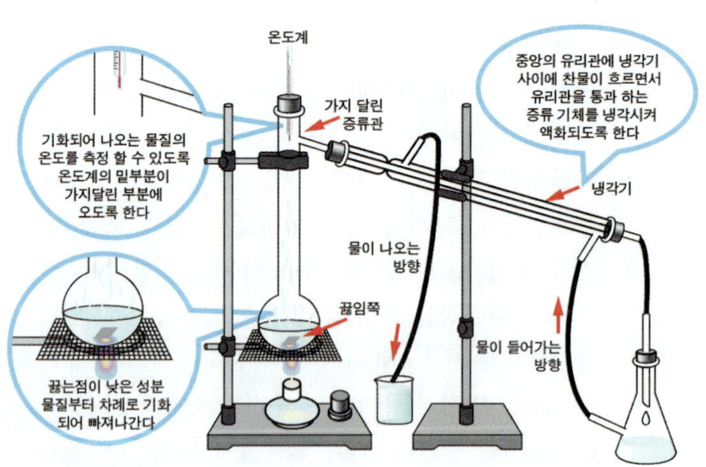

그림 5.1 분별증류 장치의 구성

이상용액에서 순수한 성분들의 증기압은 보통 서로 다르기 때문에 이런 용액이 증기상과 평형을 이루고 있을 때 각 성분 화합물의 용액에서의 조성비와 증기상에서의 조성비는 일치하지 않는다. 즉 서로 평형을 이루고 있는 액체와 증기는 서로 다른 조성을 가지며 증기에는 휘발성 성분이 더 많이 존재한다. 이 증기의 일부를 뽑아내어 액체로 응축 시킨 후 이 액체와 이로부터 발생한 증기상이 새롭게 평형을 이룬다고 하자. 이 응축된 새 용액과 평형을 이루는 증기에는 먼저보다 더 많은 휘발성 성분이 존재하고 이 같은 과정을 계속 진행할 수 있을 것이다. 이 과정이 혼합물로부터 순수성분을 분리해내는 **분별증류**(fractional distillation) 방법의 기초가 된다. 액체는 여러 가지 방법으로 기화시킬 수 있다. 한 방법은 액체 전체가 기화될 때까지 단순하게 끓이는 것으로 이 경우 증기의 최종조성은 처음 액체의 조성과 같다. 이러한 혼합물은 순수한 액체에서와 같이 단일한 온도(끓는점)에서 끓지 않고, 어떤 온도 범위에서 끓게 된다. 다른 방법은 중간에 끓음을 정지시켜 끓어 나온 증기를 모은 후 다시 응축 시키는 것이다. 이 결과로 얻어진 액체에는 원래 용액보다 성분이 더 많이 있게 된다. 이 과정을 되풀이하면 성분이 점점 많아지는 혼합물이 얻어진다. 이것이 증류관의 배경이 되는 원리이다. 관의 길이 전체를 통해 이러한 증발과 재응축이 일어나서 혼합물이 각각의 성분물질로 분리된다. 이런 과정이 공기 중의 질소와 산소를 분리하는데 이용된다. 즉 공기를 액화시킨 후 증류해서 더 낮은 온도에서 끓는 질소를 산소보다 먼저 기화시킨다.

예를 들어, 물과 메탄올을 분별증류를 이용해 분리하는 경우를 생각해 보자. 순수한 물은 100 ℃에서 끓고 메탄올은 64.1 ℃에서 끓는다. 물과 메탄올을 증류장치에 넣고 가열하면 메탄올이 먼저 끓어 나오고, 물은 더 가열한 후 온도가 100 ℃가 되었을 때 끓어 나오기 시작한다.

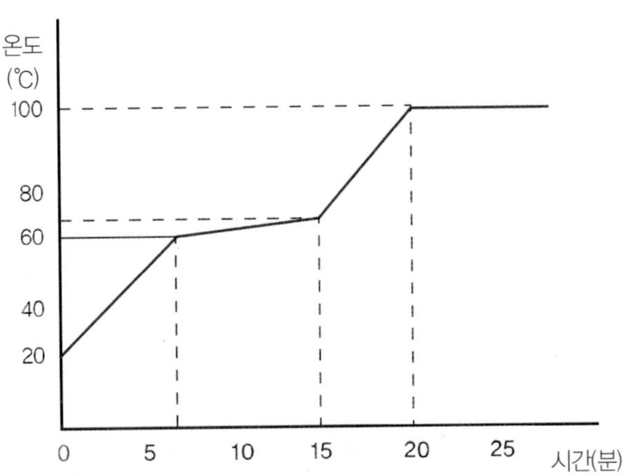

그림 5.2 **분별증류 그래프**

용액을 가열하면서 온도의 변화를 살펴보면 그림과 같은 그래프를 얻을 수 있다. 처음에는 온도가 점점 올라가다 64.1 ℃ 이상의 온도에서 기울기가 급격하게 작아지는 것을 볼 수 있다. 이때가 메탄올이 끓어 기화하는 상태를 나타내는 구간이다. 이때 나오는 기체를 다시 액화시키고 이를 모으면 메탄올을 얻을 수 있다. 순수한 물질의 상전이그래프에서는 상이 바뀌는 구간에서는 온도 변화가 없지만 물과 메탄올이 함께 존재하는 용액에서는 약간의 온도 변화가 있다. 따라서 기울기는 작지만 0은 아닌 상태로 진행된다. 다시 온도가 급격하게 올라가는 부분은 메탄올이 모두 기화한 후 물의 온도가 올라가는 상황이다. 100 ℃가 되면 물이 기화하기 시작하고 이때는 메탄올은 거의 없는 순수한 물의 증발이기 때문에 온도 변화가 없다. 이때 나오는 기체를 액화시키면 물을 얻을 수 있다. 이렇게 끓는점에 어느 정도 차이가 있는 액체물질들은 분별증류를 이용해 분리할 수 있다. 분별증류의 원리는 원유의 분리에도 사용된다.

예제

액체 공기로부터 산소와 질소를 분리하고자 한다. 이는 물질의 어느 성질을 이용한 것인가?

정답 산소와 질소의 끓는 점 온도가 다른 점을 이용

해설 끓는점 차이

(2) 크로마토그래피

혼합물을 분리하는 크로마토그래피는 희랍어인 chroma(color 색)와 graphein (write 기록)의 복합어로 색을 기록한다는 의미로 1906년 러시아 식물학자 Tswett의 논문에서 처음 사용되어 유래가 되었다. 오늘날에 와서 이 이름은 색을 기록한다는 점에서는 모순이 있으나 이미 세계적으로 알려지고 채택된 이름이어서 그대로 사용되고 있다.

종이 크로마토그래피의 경우 종이 끝을 물에 담가 놓으면 물이 그 종이의 틈을 타고 올라간다. 그러면서 잉크와 만나면 그 잉크를 녹여서 같이 끌고 올라가게 되는데, 이때 색깔 성분은 각기 끌려 올라가는 길이가 다르다. 종이에 세게 달라붙는 정도, 전개시킬 때 사용할 액체에 녹는 정도, 녹아있는 물질의 분자량에 따라 움직이는 거리가 달라진다. 그래서 처음에는 한 점에 모여 있었던 각각의 성분들이 띠처럼 갈라지게 되는데 이렇게 어떤 용매를 사용해서 색깔을 분리하는 방법을 크로마토그래피라고 한다.

컬럼 크로마토그래피는 시료가 컬럼을 지나가는 동안 각 성분의 이동도 차이를 이용해 혼합물의 각 성분을 분리하는 방법으로 이러한 분리과정은 각 성분의 이동상과 정지상 사이의 분배, 흡착, 이온교환, 시료의 크기 차에 의존한다. 용질의 이동상, 정지상과의 상호작용 정도는 용질의 물리적, 화학적 성질에 의존하며 극성이 가장 큰 영향을 준다고 할 수 있다.

즉 크로마토그래피란 시료의 성분들을 정지상과 이동상에 분포시켜 분리시키는 방법이다. 정지상은 고체일 수도 있고, 고체 위에 묻어있는 액체일 수도 또는 겔일 수도 있으며, 아니면 관 속에 충전되거나 층 위에 덮여있거나, 필름같이 덮

여있을 수도 있다. 크로마토그래피 상은 정지상으로 사용되는 여러 가지 형태의 정지상의 총괄적인 용어이다. 한편 이동상은 기체 혹은 액체일 수도 있다.

크로마토그래피는 주로 이동상과 정지상에 따라 분류하고, 이동상을 보통 먼저 표시한다. 하지만 이동상만으로 표시하는 경우도 있고, 특히 기체인 경우에는 기체 크로마토그래피라고 한다.

[이동상과 정지상에 따른 크로마토그래피 분류 및 호칭]

이동상	고정상	호칭
액체	고체	액체-고체 크로마토그래피
액체	액체	액체-액체 크로마토그래피=액체 크로마토그래피
기체	고체	기체-고체 크로마토그래피
기체	액체	기체-액체 크로마토그래피=기체 크로마토그래피

이동상의 상태에 따라 기체 크로마토그래피(Gas Chromatography : GC)와 액체 크로마토그래피(Liquid Chromatography : LC)로 나눈다. 또 고정상의 상태와 종류에 따라 고정상을 컬럼에 넣고 용리시키는 컬럼법과 고정상을 얇은 판 위에 입히거나 거름종이를 사용하는 판법으로 세분된다.

① 컬럼 크로마토그래피(Column Chromatography)

컬럼 크로마토그래피는 흡착제를 채운 관 윗 부분에 시료를 흡착시켜 전개 용매를 흘려서 분리시키는 크로마토그래피이다. 관에 알루미나(alumina), 실리카겔 혹은 용도에 따라 이온 교환 수지 및 분자의 크기에 따라 분리할 수 있는 겔 등을 채운다. "머무른 시간(retention time)"이나 "머무른 부피(retention volume)"를 비교하여 분석한다. GC나 LC등은 컬럼 크로마토그래피를 개선한 방법이다.

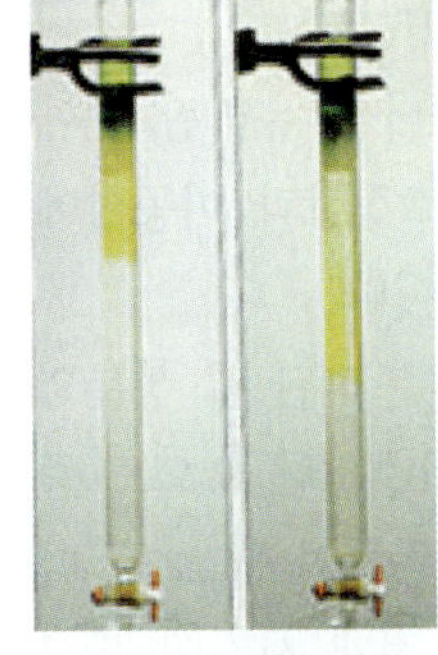

그림 5.3 컬럼 크로마토그래피

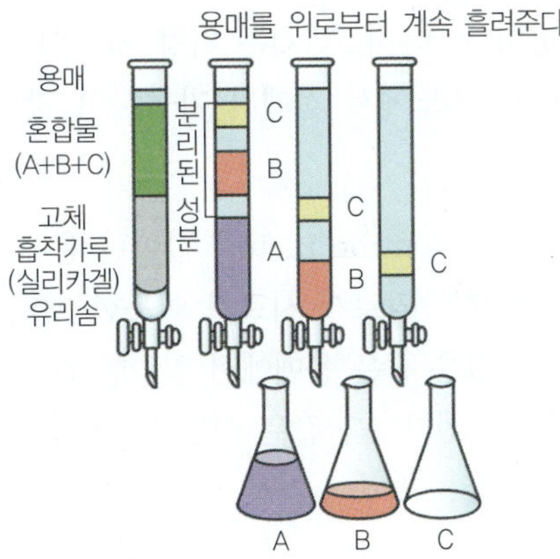

관크로마토그래피

그림 5.4 분별증류 장치의 구성

예제

물과 에테르가 섞여 있는 혼합물이 있다. 이 혼합물을 어떠한 방법으로 분리하는 것이 좋을지 쓰고, 이는 물질의 어느 성질을 이용한 것인가?

정답 분별깔때기

해설 에테르의 비중이 물보다 작고, 서로 섞이지 않기 때문에 분별깔때기법을 사용

그림 5.5 종이 크로마토그래피

② 종이 크로마토그래피(Paper Chromatography : PC)

종이 크로마토그래피는 엄밀히 말하면 PC는 흡착과 분배 크로마토그래피가 혼합된 것이다. PC에서 용질은 셀룰로오스의 수화된 물과 유기상 사이에서 분배되므로 극성이 크거나 여러 작용기를 가진 화합물을 분리할 때 이용한다.

PC는 주로 Whatman No.1 여과지를 적당한 크기로 잘라서 한 끝을 시료액에 담가 전개시킨다. 분리된 성분의 이동 거리와 용매의 이동 거리의 비인 이동율(R_f)로 성분을 분석한다. PC는 저렴하지만, 분리된 성분의 위치를 확인하려면 발색시켜야 하고 혼합물의 회수가 불가능하며, 분리된 성분도 회수가 불가능하다.

③ 얇은 막 크로마토그래피(Thin-layer chromatography)

얇은 막 크로마토그래피는 흡착제인 실리카겔 혹은 알루미나를 유리판 위에 얇게 입힌 고정상 판에 용매를 이동상으로 하여 전개할 때, 고정상과 이동상에 대한 시료 성분의 분배 정도 차이를 이용하여 분리하는 방법이다.

TLC는 종이 크로마토그래피(PC)의 단점을 보완하였다. 즉, 분리된 각 성분의 회수가 비교적 용이하며, 분리된 성분의 위치도 UV lamp로 비추거나 요오드 증기를 흡착시켜 확인할 수 있다. 또 분리할 수 있는 화합물의 종류가 PC보다 다양하다. 특히, TLC는 미량 시료의 분석이 가능할 뿐 아니라, 전개 시간이 짧고 여러 온도에서 전개가 가능하여 광범위하게 이용된다.

④ Rf값

R_f(Retention factor) 값이란 용매가 이동한 거리와 시료가 이동한 거리의 비를 나타내는 말로서 시료가 이동한 거리를 용매가 이동한 거리로 나누어 준 값이다.

R_f값은 같은 용매에서 일정한 값을 갖기 때문에 어떠한 물질의 확인용으로 사용할 수 있다. 즉 같은 실험조건에서 R_f값이 같다면 그 시료들은 동일한 물질이다.

⑤ 크로마토그래피의 장점

① 적은 양의 혼합물도 분리할 수 있다.
② 성질이 비슷한 성질의 물질이 섞여 있어도 효과적으로 분리할 수 있다.
③ 많은 종류의 성분이 혼합되어 있어도 한 번에 분리가 가능하다.
④ 분리의 조작이 비교적 간단하며, 소요시간이 짧다.

(3) 분별깔때기법

밀도 차이가 많이 나 서로 섞이지 않는 두 종류의 액체를 분리하는 데 쓰일 수 있다. 서로 섞이지 않는 액체 혼합물의 예로는 물과 사염화탄소, 물과 에테르, 물과 벤젠, 물과 수은, 물과 식용유 등을 들 수 있다. 분별깔때기를 스탠드에 설치하고 마개를 열어 비커에 담긴 두 액체를 넣고 일정 시간 기다리면 두 액체가 서로 층을 이룬다. 밀도가 큰 물이 아래층에 위치하고 기름이 위층을 차지할 것이다. 분별깔때기 아래에는 빈 비커를 놓고, 서서히 분별깔때기의 콕을 열면 아래층에 있던 물이 분별깔때기의 관을 따라 내려와 비커에 담긴다. 콕의 구멍 위치가 분별깔때기의 관과 정확히 일치하면 매우 빠른 속도로 물이 내려오게 되므로 콕의 위치를 바꿔가며 속도를 조절한다. 물이 거의 다 내려왔을 즈음에는 콕을 조금만 열어 물이 천천히 내려오게 한다. 이 방법은 경계면에 있는 부분은 완벽히 분리할 수 없는 단점이 있다.

그림 5.6 분별깔대기

✲ 바다에 유출된 기름 제거 방법 – 오일펜스와 흡착포

기름은 바닷물에 뜨면서 기름끼리 모여서 해류를 타고 아주 기다란 기름띠를 형성하게 되며, 이 기름을 더 이상 번지지 않게 하기 위해서 오일펜스를 설치한다. 오일펜스를 천천히 이동시켜서 유출된 기름을 동그랗게 한곳으로 모은 뒤에 흡착포를 기름띠에 던져서 기름이 흡착포에 붙게 한다. 조금 늦으면 기름을 먹은 흡착포가 바다 속으로 잠기게 되기 때문에 아주 빨리 흡착포를 건진다. 이 방법이 지금까지 계속 사용되고 있는 일반적인 방법이다. 이유는 다른 방법, 화학물질이나 확산에 의한 제거, 등의 방법보다 좀 더 효과적이고 짧은 시간 내에 기름띠를 제거 할 수 있기 때문이다.

※ 흡착포 : 유(기름)흡착포는 소수성 원료인 폴리필프로렌을 MB공법으로 제작한 것이다. 유흡착포는 물을 배척하고 기름을 흡유 및 흡착하는 역할을 하며 부양성 있는 물질로 만들어진다. 유흡착포가 기름만 흡수하기 위해서는 강한 소수성의 성질을 지녀야 한다. 보통 자체 중량의 10~20배를 흡착할 수 있는 뛰어난 흡유 능력이 있다고 한다.

※ 소수성(疏水性) : 물과의 친화력이 적은 성질. 소수성 물질은 물과 친화력이 적어 물에 녹았더라도 쉽게 가라앉는다. 극성인 물과 무극성인 기름이 섞이지 않는 성질이다.

※ 친수성(親水性) : 물과 친화성이 있는 성질. 대부분 극성을 가진 가지들이 친수성을 지닌다.

※ 증기증류 : 물을 끓일 때 발생하는 수증기를 꽃잎에 통과시킨다. 그러면 향기를 내는 물질이 수증기와 함께 증류되어 얻어진다. 이와 같은 방법을 증기증류라 한다.

※ 향수 : 향을 내는 원료(향료)를 알코올에 용해시켜서 자연 증발이 잘 되도록 한 것이 향수이며, 여기에 방부제나 산화 방지제 등이 첨가되기도 한다.

✲ 원유의 분리

정유 공장에서는 원유를 분별증류하여 끓는점에 따라 여러 부분으로 나누고, 필요에 따라서 각 부분은 다시 분별증류하거나 다른 약품으로 처리하여 더욱 순수한 성분으로 나눈다. 이와 같이 얻어진 석유의 성분 물질들은 우리 일상생활이나 공업 제품의 원료로 널리 쓰이고 있다. 원유를 가열로에서 약 370도로 가열하여 증기로 만들어 증류탑으로 보내면 각 층에 나 있는 여러 개의 통로를 지나 위층으로 올라가는데 이 때 끓는점이 낮은 물질은 기체로 되어 위로 계속 올라가지만 끓는점이 높은 물질은 액체로 되어 떨어지기 때문에 분리가 된다

피치(400℃) – 아스팔트, 파라핀지, 바셀린, 화력발전용
중유(350℃) – 실린더용 기름, 디젤 엔진용, 양초, 자동차 엔진 기름, 도로 포장
경유(250℃) – 발동기용, 석유 유제
등유(180℃) – 제트 엔진용, 석유스토브용, 내연 기관용
가솔린(40℃) – 세탁용, 벤젠, 항공기용, 플라스틱, 석탄산, 향료, 자동차용, 공업용
가스 – 약화 석유 가스, 정유 공장용 연료

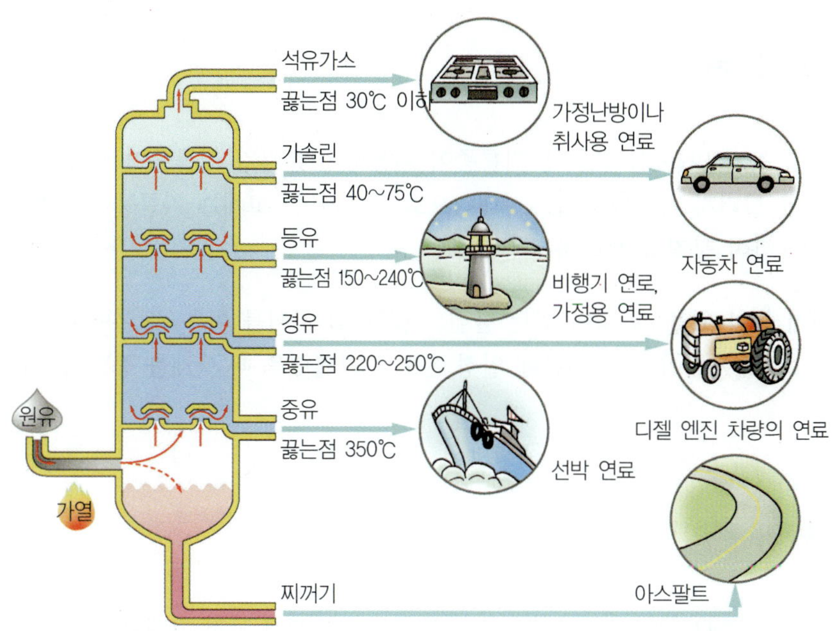

그림 5.7 원유의 분리

✲ 생활 속의 크로마토그래피

크로마토그래피의 적용방법은 다양하게 개발되어 현재 연구소 및 산업현장에 널리 활용되고 있으며 이를 이용하여 노벨상을 탄 과학자의 수는 1937년에서 1972년 사이에 12명이나 된다.

크로마토그래피는 꽃잎의 색소 분리, 혈액이나 소변의 성분, 도핑테스트, 여러 종류의 아미노산 분리, 금속 이온의 검출, 환경오염 물질 분석 등 각 성분을 확인하거나 분리하는데 매우 유용하게 쓰다.

■ 도핑

운동경기에서 체력을 극도로 발휘시켜 좋은 성적을 올리게 할 목적으로 선수에게 심장 흥분제, 근육 증강제 등의 약물을 먹이거나 주사 또는 특수한 이학적 처치를 하는 것을 도핑 이라하며 오늘날 경기에서 도핑은 금지되어있다. 각종 경기에서 특정 약물을 검출하는 검사가 실시되는데, 이것을 도프테스트라 하며 체내에 남아 있는 미량의 금지 약물을 확인하는 방법으로 크로마토그래피의 분리방법을 이용한다.

핵심정리

고체와 액체 혼합물의 분리

※ **여과** – 고체가 액체에 녹지 않는 물질일 때 거름종이 이용하여 분자가 거름종이를 통과할 수 있는 작은 액체 물질만 걸러져 나오게 하고, 상대적으로 분자가 큰 고체는 거름종이를 통과하지 못하는 원리를 이용하여 물질을 분리하는 방법

※ **증발** – 고체가 액체에 녹아 있을 때 섞여 있는 물질의 끓는 점 차이를 이용. 상온에서 고체인 물질보다 액체인 물질의 끓는점이 낮기 때문에 일정 온도로 가열했을 때 액체를 증발시키고 남은 고체를 얻음.

고체와 고체 혼합물의 분리

※ **추출** – 액체의 용매를 사용해서 액체에 녹는 성질의 차이를 이용해서 특정 고체를 용해시킨 후 분리하는 방법

※ **재결정** – 특정 용매가 특정 온도에서 서로 다른 용해도를 갖고 있을 경우, 그 용해도 차이를 이용하여 불순물을 제거하고 순수한 결정을 얻는 방법

액체와 액체 혼합물의 분리

＊ 분별 증류

서로 잘 섞여 있는 액체혼합물을 끓는점 차이에 의해 분리하는 방법으로 물질 a와 b의 혼합물을 가열하여 끓는점이 낮은 a가 먼저 증발되고 b는 여전히 액체로 남는 구간이 있는 특성을 이용

＊ 크로마토그래피

적절한 정지상과 이동상을 사용하면서 혼합된 시료들을 이동 속도 차이를 이용해 분리하는 방법. 정지상은 고체일 수도 있고, 고체 위에 묻어있는 액체일 수도 또는 겔일 수도 있으며, 아니면 관 속에 충전되거나 층 위에 덮여있거나, 필름같이 덮여있을 수도 있음. 크로마토그래피 상은 정지상으로 사용되는 여러 가지 형태의 정지상의 총괄적인 용어. 한편 이동상은 기체 혹은 액체일 수도 있음. 컬럼 크로마토그래피와 종이 크로마토그래피가 있음.

＊ 분별깔때기법

밀도 차이가 많이 나 서로 섞이지 않는 두 종류의 액체를 분리

평가문제

01 다음의 혼합물을 분리하거나 정제하는 데에 사용되는 과학적 원리와 방법을 설명하라.

(a) 질산나트륨과 소금

(b) 소금과 요오드

(c) 콩 속의 유지

(d) 물과 에탄올

02 액체 공기를 기화하여 산소와 질소를 분리하는 방법을 제안하고, 이때 질소가 산소보다 먼저 나오는 이유를 설명하라.

Chapter 06

용해와 용액

6-1 용해

6-2 용해의 원리

6-3 포화, 불포화, 과포화

6-4 용해도

6-5 증기압

6-6 끓는점 오름과 어는점 내림

우리 주위의 물질들은 서로 섞여 있는 상태로 존재하는 경우가 많다. 용해 상태는 액체끼리 섞여 있는 것뿐 아니라, 고체, 액체, 기체 상태의 다양한 물질들이 혼합되어 있는 것까지 포함한다.

이 장에서는 용해를 어떻게 정의하며, 용해되는 과학적 원리를 이해하고, 용해도의 개념을 바탕으로 용액의 다양한 성질을 공부하게 된다.

06-1 용해

6-1-1 용해의 개념

용해(dissolution)는 둘 이상의 물질들이 원자, 분자, 이온의 형태로 분산, 즉 퍼져나가는 현상이다. 이렇게 됨으로써 이전에는 구별되었던 상이 새로운 하나의 상으로 된다. 이와 같이 용해로 만들어진 균일한 상을 용액(solution)이라 부른다. 용액이란 두 가지 또는 그 이상의 물질로 구성된 균일 혼합물을 뜻한다. 여기서 '균일'이라 함은 용액의 어느 부분에서 취해진 시료이거나, 또는 시료가 매우 작을 경우에라도 전체 용액과 똑같은 조성을 가지고 있음을 의미한다. 우리는 용액을 용해된 물질을 함유하는 액체로 생각하기 쉽다. 그러나 용액은 고체, 액체 혹은 기체일 수도 있다. 우리가 호흡하는 대기는 기체 용액이며, 놋쇠, 청동, 주화와 같은 합금은 금속의 고체 용액이다.

6-1-2 용액(Solution)

두 가지 이상의 물질로 이루어진 균일 혼합물. 대부분의 사람들이 용액이라 하면 고체가 용해되어 있는 물을 생각하나, 용액은 기체와 액체, 액체와 액체, 고체와 기체 혹은 또 다른 방법으로도 구성될 수 있다.

표 6.1 흔히 볼 수 있는 용액의 종류

용액의 상	용질의 상	용매의 상	예
기체 상태의 용액	기체	기체	공기(대부분이 질소와 산소)
액체 상태의 용액	기체	액체	소다수(이산화탄소와 물)
	액체	액체	보드카(에탄올과 물)
	고체	액체	바닷물(염과 물)
고체 상태의 용액	고체	고체	황동(구리와 아연)과 다른 합금들

하지만 가장 일반적인 용액은 고체, 액체, 기체 중 하나가 물과 혼합되어 있는 것으로 이러한 것을 **수용액**(aqueous solution)이라고 한다.

① 용매(solvent)

용액의 주요성분으로 고체 + 액체 용액에서 액체는 성분들 사이의 상대적인 양에 관계없이 보통 용매로 간주된다. 무극성 용매는 무극성 용질을 용해시키며,

극성 용매는 극성 또는 이온성 용질을 용해시킨다. 이러한 경향성은 비슷한 성질의 물질을 용해시킨다는(like dissolves like)규칙으로 설명할 수 있다.

표 6.2 실험실에서 쉽게 볼 수 있는 용매

극성용매	무극성 용매
물(H_2O)	헥세인(C_6H_{12})
아세톤(CH_3COCH_3)	에틸에테르($CH_3CH_2OCH_2CH_3$)
메틸알콜(CH_3OH)	톨루엔(C_7H_8)

② 용질(solute)

용질이란 용액의 소수 성분으로 용매에 용해되는 성분을 말한다. 일반적으로 용액에서는 어느 한 성분이 다른 성분보다 그 양이 많다. 이때 양이 많은 것을 용매(solvent)라 하고, 양이 적은 것을 용질(solute)이라 한다. 묽은 용액에서는 용질의 양이 적고 진한 용액에서는 용질의 양이 많다. 용액의 물리적, 화학적 성질은 순수한 용매나 용질과는 다르다. 또한 섞여 있는 양이 변한다면 그 성질도 변화한다.

용해 현상은 물리적 변화와 화학적 변화의 중간이다. 용해하는 동안 처음 상의 입자들 사이의 상호작용(용매−용매, 용질−용질 상호작용)은 깨어지고, 새로운 용매−용질 상호작용이 생긴다. 이런 측면에서 용해는 분명히 화학적 반응이다. 그러나 화합물과는 달리 용액은 그 성분들이 무한비로 존재할 수 있으므로 일반적인 종류의 화학식으로는 나타낼 수 없다. 이러한 점에서 용해는 마치 소금과 모래를 섞은 것과 같은 물리적 변화이다. 용해반응에 대한 식은 반응물로서의 용매를 생략함으로써 간단하게 표시할 수 있다. 즉 고체(solid, s)인 설탕이 물에 녹아 설탕 수용액(aqueous, aq)이 된다.

$$C_{12}H_{22}O_{11}(s) \rightarrow C_{12}H_{22}O_{11}(aq)$$

6-1-3 용해의 화학적 과정

한 물질이 다른 물질에 녹을 때는 용질 알갱이들(분자나 이온)이 용매 속으로 고르게 퍼져야 하며 어떤 의미에서는 용액에 있는 용질 알갱이들이 용매 분자의 원래 자리를 대신 차지한다고 볼 수 있다.

일반적으로 용질 알갱이가 용매 분자로 둘러 싸였을 때 용질이 용매화 되었다고 하며 수화는 일반적인 용매화 현상의 한 예이다. 수용액 속에서 이온들은 비교적 자유롭게 돌아다닐 수 있고 이 이온들은 전하를 띠고 있기 때문에 용액으로 하여금 전기를 운반할 수 있게 한다. 소금과 같이 그 용액이 전기를 전도할 수 있게 하는 물질을 전해질이라고 한다.

6-1-4 용해의 물리적 과정

자연계의 변화는 최소 에너지로 되려는 경향과 무질서한 정도(entropy)를 증가시키려는 두 가지 경향을 갖는다.

용해 과정에서도 이러한 원리가 그대로 적용된다. 액체에 고체나 액체가 녹을 때는 두 가지 경우가 있는데, 하나는 용매 분자와 용질 분자 사이의 인력이 용질 분자들 사이의 인력보다 클 때로서 이때에는 용해에 의해 에너지가 낮아져서 용해가 일어난다. 또한 용매 분자와 용질 분자 사이의 인력과 용질 분자들 사이의 인력이 비슷한 때에는 무질서해지려는 경향에 의해서 용해가 일어난다.

이러한 용해의 원리를 이해하려면 용질과 용매를 섞을 때 분자들의 운동을 이해할 수 있는 능력이 요구되는데, 분자에 대한 개념이 6차 교육과정에서는 6학년 1학기에서 다루었으나 학생들의 이해에 많은 어려움이 따라 7차 교육과정에서는 중학교에서 다루도록 구성되었다.

용해 과정을 가시화 해보자. 용질 결정을 용액에 넣었을 때, 결정은 용해되기 시작한다. 이것은 물 분자가 결정의 가장자리를 공격하여 끌어당기기 때문이다.

예를 들어, 물에 글루코오스 결정을 넣었다고 가정하자. 물 분자는 극성을 띠는 글루코오스($C_6H_{12}O_6$)를 공격하여 글루코오스 분자를 용액으로 끌어당길 것이다. 여러 개의 물 분자가 용액 내에서 각각의 글루코오스분자를 포위할 것이다. 물 분자 그룹 내에 잡혀 있는 글루코오스분자는 용매우리(solvent cage) 내에 존재한다고 한다. 물 분자 무리의 수는 용질의 농도에 의존한다(그림 6.1).

다른 예로, 물에 소금 결정이 용해되었을 때 어떤 일이 일어나는지를 생각해보라. 서로 비슷한 것끼리 녹인다는 규칙에 의해서, 극성 물 분자는 이온 결정 소금을 끌어당길 것이다. 다시 한 번, 물 분자는 결정의 가장자리를 공격할 것이고, 소금의 가장자리를 끌어당기기 시작한다. 소금(NaCl)과 같은 이온화합물에 대해서, 물 분자는 용해 과정이 일어나는 동안 양이온과 음이온으로 분리시킨다. 물 분자 내에서 음으로 하전된 산소원자는 양으로 하전된 나트륨이온(Na^+)을 공격할 것이다. 음으로 하전된 염소이온(Cl^-)은 물 분자 내에서 양으로 더 하전된 수소 원자에 의해 용액 내로 용해될 것이다. 그림 6.2는 이러한 과정을 나타낸 것이다.

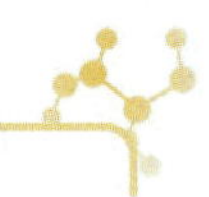

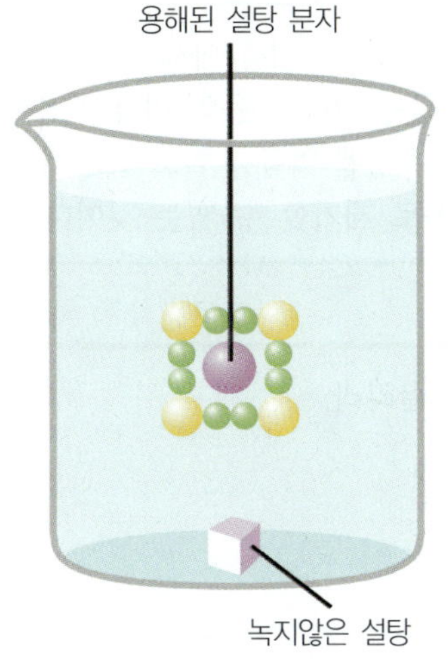

그림 6.1 물에 용해되는 성질

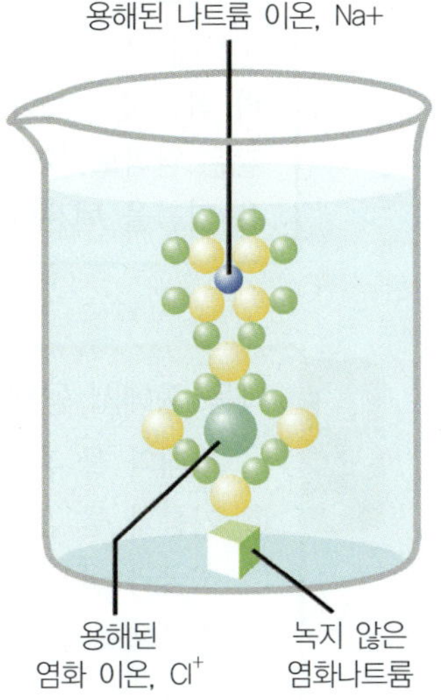

그림 6.2 물에 용해되는 소금

용해 속도

소금과 같은 고체화합물이 용액 속에서 용해하는 속도는 세 가지 요인에 의존한다. 다음 중에서 어느 하나의 요인에 의해서 용해 속도를 증가시킬 수 있다.

1. 용액의 가열
2. 용액의 교반[1)]
3. 고체용질의 분쇄

용액의 가열이나 교반 그리고 용질의 분쇄에 의하여 용매분자가 용질을 공격하는 속도가 증가한다. 용액을 가열하면 용액의 운동에너지가 증가하고, 용매분자가 더 빠르게 이동한다, 수용액에서는 물 분자가 용질을 더 자주 공격하고, 용질분자들은 용액으로 더 빨리 끌어당겨진다. 따라서 용해속도가 증가한다. 용액의 교반은 물 분자와 용질 사이의 상호작용을 증가시킨다. 보통의 경우, 용질과 용매가 상호작용을 하면 분해 속도는 더 빨라진다.

그림 6.3 각설탕의 용해 속도

용액을 분쇄하면 더 작은 결정으로 되어 용질 표면의 면적이 넓어진다. 때문에 용질의 결정이 좀 더 작아지면, 전체 표면적은 증가한다. 용매분자는 결정의 가장자리를 따라 결정의 표면을 공격한다. 좀 더 작아진 결정과 더 넓어진 표면적의 생성으로 인하여 더 많은 용질이 물 분자에 노출된다. 물 분자는 용질을 더 자주 공격하고 따라서 용해 속도가 증가한다.

1) 교반 : 고체와 액체, 액체와 기체 등 물리적·화학적 성질이 다른 2가지 이상의 물질을 혼합하는 일

손톱에 묻은 매니큐어나 옷에 붙은 껌을 아세톤으로 제거할 수 있다. 매니큐어나 껌은 친유성이 있기 때문에 아세톤 등의 비극성 용매로 녹일 수 있다. 이런 같은 원리로 화이트보드의 유성펜 얼룩을 알코올로 제거할 수 있다. 또 옷에 묻은 기름을 벤젠이나 알코올로 제거할 수 있는 것이다.

예제

다음 중에서 용액을 모두 골라라.

① 모래와 물 혼합물
② 기름과 물 혼합물
③ 소금과 물 혼합물
④ 순은으로 만든 컵

정답 ③, ④

해설 용액이란 두 가지 또는 그 이상의 물질로 구성된 균일한 혼합물을 뜻한다. 따라서 균일 혼합물인 ③, ④가 용액이다.

06-2 용해의 원리

흙탕물, 커피, 소금물의 공통점은 다양한 물질이 한데 혼합되어 있다는 것이다. 이러한 물질들을 우리는 혼합물(mixture)이라고 한다. 지구상에는 매우 다양한 혼합물들이 존재하며, 그것들을 구분하는 하나의 기준은 바로 혼합물안의 물질들이 균일하게 분포되어 있는가 하는 것이다. 이에 따라 모든 혼합물들은 균일 혼합물, 그리고 불균일 혼합물로 분류된다. 이중 균일 혼합물을 다른 말로 '용액(solution)'이라고 한다. 용액이라는 단어가 주는 가장 큰 혼란은 용액은 '액'이라는 글자가 가져오는 액체와의 단어적 유사성이다. 이에 따라, 많은 사람들은 용액은 단순히 균일한 액체 혼합물이라고 생각하기도 한다. 하지만 용액의 과학적인 의미는 단지 액체 상태의 균일 혼합물이 아닌, 고체와 기체상태의 균일 혼합물을 포함한다. 스테인리스강과 같은 금속 혹은 공기들도 각각 고체상태의 용액 그리고 액체 상태의 용액이라고 지칭할 수 있다.

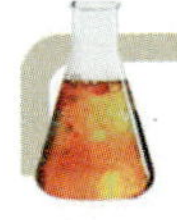

06-3 포화, 불포화, 과포화

포화 용액(saturated solution)은 주어진 조건하에서 용해된 용질과 용해되지 않은 용질의 농도가 평형에 있게 될 때의 용액이다. **불포화 용액**(unsaturated solution)은 주어진 조건하에서 포화 용액보다도 작은 양의 용질을 포함하는 용액이다. 한편, 많은 용질들은 낮은 온도에서 보다 높은 온도에서 용해도가 더 높다. 높은 온도에서 포화되어 있는 용액을 낮은 온도로 냉각시키면, 대개는 과량의 용질이 용액에서 침전된다. 그러나 어떤 경우에는 용질이 침전되지 않고 그대로 남아 있는 경우도 흔히 관찰된다. 이러한 용액은 녹아 있는 용질의 양이 주어진 온도에서의 정상적인 포화 용액보다 많으므로 **과포화 용액**(supersaturated solution)이라고 한다. 과포화 용액은 과냉각 상태와 마찬가지로 준안정상태(metastable)이며, 용액을 흔들거나, 용질의 결정과 유사한 결정을 용액에 떨어뜨리면, 용질은 빠르게 용액으로부터 결정화되어 분리되어 결국은 포화 용액이 된다. 아세트산 나트륨과 티오황산 나트륨은 쉽게 과포화 용액을 형성하는 화합물이다. 꿀은 원래 물에 여러 가지 당이 녹아 있는 과포화 용액으로서 쉽게 포화 상태로 되돌아가지 않으나, 오래 방치해 두면 포화상태로 될 수 있고, 적어도 부분적으로 결정이 석출된다.

06-4 용해도

6-4-1 고체의 용해도

가루는 물에서 왜 녹는가? 우선 입자 사이의 힘의 관계를 알아볼 필요가 있다. 용질이 용매에 녹기 위해서는 용매-용매의 상호작용, 용매-용질의 상호작용, 용질-용질 상호 작용을 알아야 한다. 이 세 종류의 상호 작용이 비슷한 종류이고, 비슷한 크기일 때 용액이 형성된다.

모든 화학 및 물리적 과정처럼 용매 속으로 용질이 녹는 과정은 자유에너지 변화와 관련이 있다. 고체 NaCl을 물에 녹일 때 덜 단단하게 결합된 이온들은 (결정의 모퉁이나 모서리에 위치하기 때문에) 물 분자에 노출되어 이온이 분리되어 자유롭게 될 때까지 물과 충돌한다. 그러면 더 많은 물 분자들이 이온 주위에 달라붙고, 이온-이중극자 인력에 의해 서로 안정화된다. 이온이 빠져나온 결정은 새로운 모서리 또는 모퉁이를 노출하고 이 과정은 전체 결정이 녹을 때까지 계속된다. 즉 고체를 액체에 녹일 때 무질서도는 규칙적 결정으로부터 용매화 이온 또는 분자들이 용액에서 자유롭게 이동할 수 있는 규칙성이 적은 상태로 가면서 증가한다.

앞에서 소금과 같은 이온화합물이 물에 녹는 원리를 알아보았으므로 이제 설탕과 같은 분자들이 물에 녹는 원리를 알아보자.

설탕의 분자 모양은 그림에서 보다시피 설탕에는 끝에 하이드록실기(-OH기)들이 많이 붙어 있다.

따라서 -OH기들은 극성을 띄는 물 분자와 더구나 수소 결합을 할 수 있기 때문에 물과 섞일 수 있는 것이다(수소결합: 전기음성도가 매우 큰 원자 (O, N, F)에 결합한 수소 원자와 또 다른 전기 음성 원자의 비 공유 전자쌍 사이의 상화작용으로 형성되는 결합을 말한다).

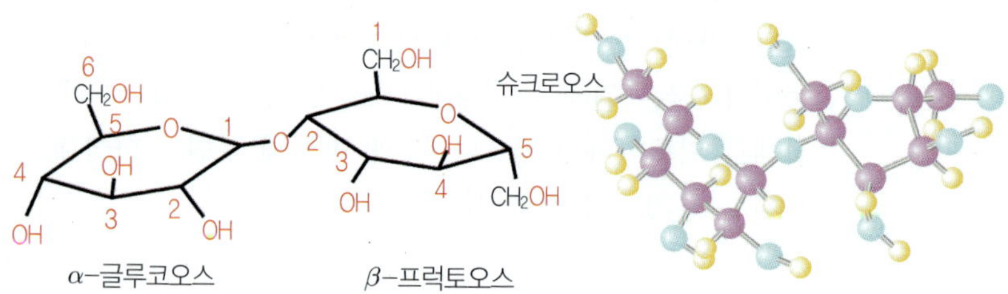

그림 6.4
고체의 용해 과정

② 포화 용액

왜 물질을 계속 녹이면 끝까지 녹지 않고 포화 용액이 될까?

물질이 녹는 과정은 화학 반응이므로 화학 평형에서 다루는 정반응과 역반응이 존재한다. 예를 들어 소금이 물에 녹을 때, 처음에는 빠르게 녹지만 소금을 더 가할수록 느리게 녹고 결국에는 용해되지 않는다(반응속도가 점점 느려진다). 왜냐하면 반응물이 점점 줄어들어 물질들 간의 유효한 충돌의 횟수가 줄어들기 때문이다. 이런 식으로 반응이 계속 진행되다보면 결정을 떠나서 용액으로 가는 Na^+와 Cl^-의 수와 이 용액으로부터 결정으로 되돌아가는 이온 수가 같은'동적 평형'에 도달한다. 이 시점에서 용액은 그 용질로 포화 용액이 되었다고 말한다.

용매 100 g중에 녹아 있는 용질의 최대 g수를 그 온도에서의 용매에 대한 그 용질의 **용해도**라고 한다.

③ 반응 속도에 영향을 미치는 요인

우선 젓는 빠르기와 용해 속도 관계를 알아보자. 가루를 물에 그냥 붓기만 하면 가루는 바닥으로 가라앉는다. 이때 유리 막대 등을 이용해 저어주면 가루가 전체적으로 (물 전체로) 퍼진다.

화학 반응 중에서 이분자반응(bimolecular reaction)은 두 반응물 사이에 효과적 충돌로부터 생긴다. 따라서 충돌을 많이 시킬수록 반응속도는 빨라진다. 가루를 물에 녹일 때 유리 막대로 저어주면 가루가 퍼지게 되어 효과적 충돌을 더 많이 유발하므로 (비커 전체에 퍼져있는 물 분자와의 충돌 빈도를 늘어나게 하므로) 반응속도를 빠르게 한다.

또한 온도와 반응속도와의 관계를 이해하기 위해 우선 반응이 어떻게 일어나는지 이해해 보도록 하자. 간단한 반응으로 예를 들면, A + B C → AB + C의 반응을 살펴보자. 이 반응이 단일 단계로 일어나려면 세 핵 주위의 전자 분포가 새로운 A–B 결합이 생기는 동시에 기존에 B–C 결합이 분해 되도록 변해야 한다. 즉 반응물과 생성물 단계 사이에서 세 원자들이 모두 약하게 함께 연결된 위치 배열을 거쳐야 한다. 그런데 이러기 위해서는 에너지를 외부에서 얻어서 A–B–C상태(전이 상태)의 퍼텐셜 에너지를 얻어야 한다. 여기서 반응물과 전이 상태의 위치에너지 차이를 활성화 에너지라고 한다. 이 에너지는 보통의 경우 충돌 입자의 운동에너지에서 나온다. 그런데 기체 입자의 운동에너지는 온도에 비례 한다 (기체의 분자 운동론) 따라서 온도가 높다는 것은 전이 상태로 변화할 수 있는 조건을 많은 분자에 제공해 주는 것이므로 생성물이 빨리 얻어진다.

다음 그림을 보자.

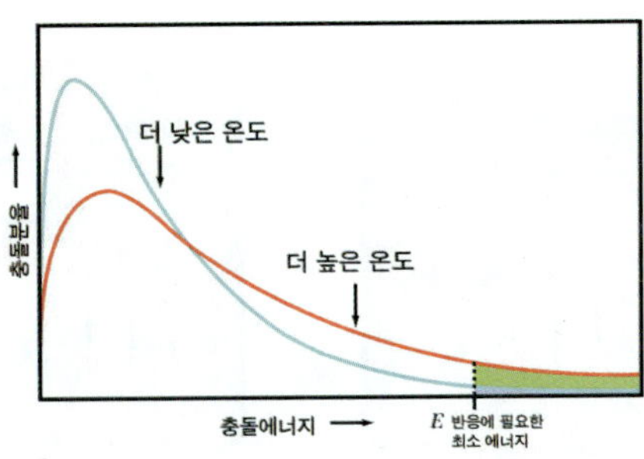

그림 6.5 충돌에너지 분포

이 그림을 잘 보면 온도가 높아지면 충돌에너지 분포는 넓어지고 더 큰 에너지로 이동하여 생성물을 만드는 충돌분율은 증가한다.

그런데 소금은 온도에 따른 용해도 차이가 별로 크지 않다. 왜 그럴까?

소금의 경우 물에 들어가면 거의 100 % 이온화하기 때문에 온도에 따른 변화에 그리 크게 반응하지 않는다.

같은 개수의 분자들이 하나로 뭉쳐있을 때와 각각 따로 떨어져 있을 경우를 생각해보자. 뭉쳐있을 때 보다 분자가 흩어져 있을 경우에 물 분자와 충돌할 확률이 증가하는 것을 그림을 보고 이해 할 수 있다. 따라서 표면적이 커지면 (덩어리에서 가루가 되면) 분자간의 충돌이 더 많이 일어나고, 생성물이 빨리 만들어진다.

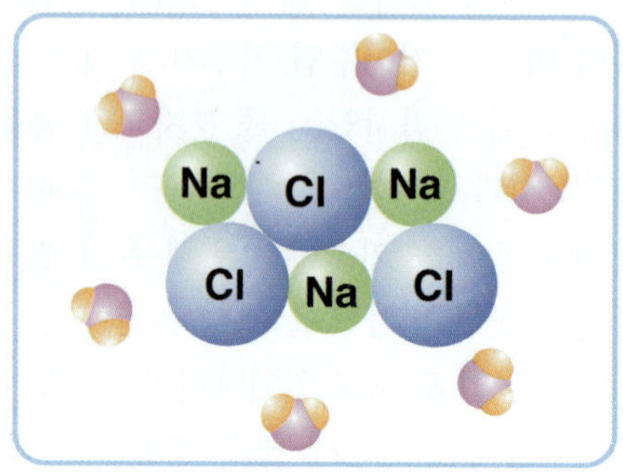

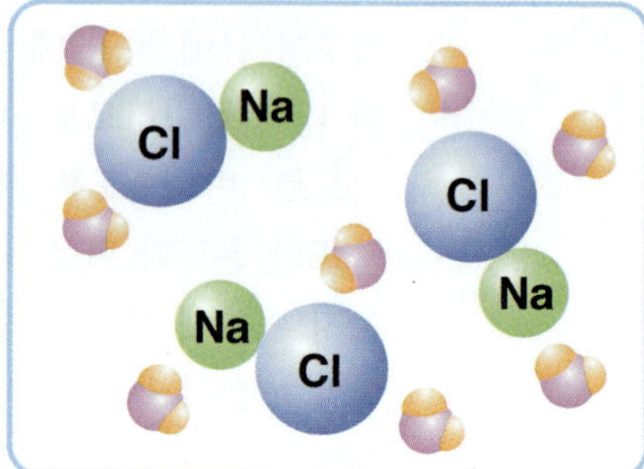

그림 6.6 표면적과 반응 속도의 관계

6-4-2 기체의 용해도

고체의 용해도는 압력의 영향을 거의 받지 않는다. 그런데 왜 유난히 기체의 용해도는 압력과 관계가 있는 것일까?

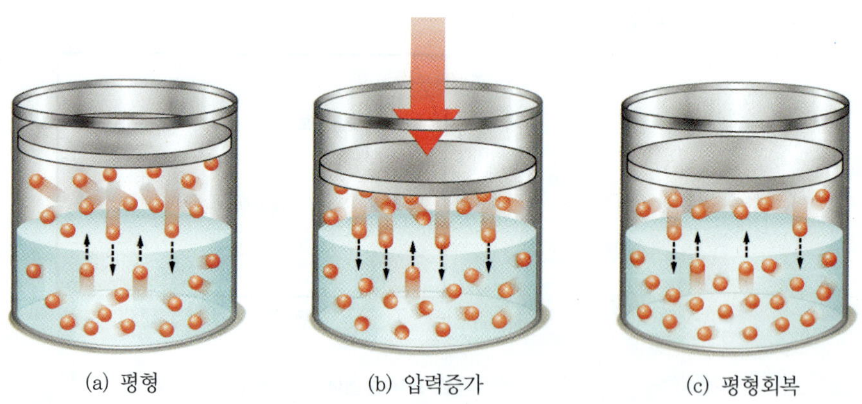

(a) 평형 (b) 압력증가 (c) 평형회복

그림 6.7 압력 변화에 따른 기체의 평형

기체의 경우 고체와는 달리 1몰이 차지하는 부피가 22.4 L나 된다. (소금 1몰이 차지하는 부피를 생각해서 비교해보자) 이산화탄소 겨우 44 g이 22.4 L속에 고루 퍼져 자유 운동을 하고 있는 것이다. 따라서 압력에 대해 고체보다 더 많이 영향을 받을 수밖에 없다. 또한 기체의 용해도는 압력에 '정비례' 한다. 왜 그럴까?

이에 대한 설명을 하자면, a 상태에서 동일한 입자 수들이 용액에서 증발하고 용해되는 과정이 평형을 이루고 있다. 이 때 b 상태가 되어서 억지로 압력을 가해 주면 용액을 떠나는 입자보다 강제로 용액 속에 들어가는 입자가 더 많게 된다. 새로운 평형 c상태에 도달할 때까지 용해도는 증가한다.

기체의 용해도와 온도에 관한 관계를 생각해 보면, 온도가 높으면 기체 분자들이 열에너지를 얻게 된다. 열을 얻은 기체 분자들은 물 속에 용해되어 있으려고 하지 않고 공기 중으로 나와 자유운동을 하려고 한다. 왜냐하면 액체는 기체보다 분자운동이 덜 활발한 상태이기 때문에 기체가 액체에 녹아 있다는 것은 분자운동이 덜 활발한 상태라는 의미이다. 이때 온도가 높아지면 기체분자의 운동이 활발해져서 더 이상 액체 속에 머무를 수 없이 밖으로 나가는 것이다. 결과적으로 (용매의) 온도가 높아지면 기체의 용해도는 낮아진다.

6-4-3 용해도 평형

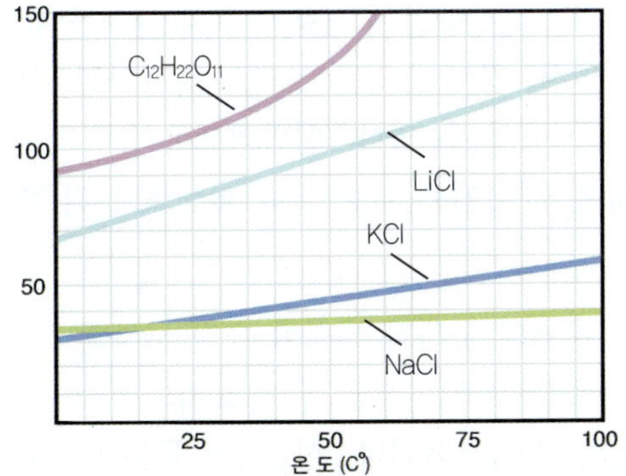

그림 6.8
용해도 평형

일정한 온도에서 충분히 많은 양의 용질을 용매에 가하면 용질은 어느 정도 용해되다가 더 이상 녹지 않는 상태에 도달한다. 이것은 용해의 역과정이 점점 중요해지기 때문인데, 용해된 화학종들이 용해되지 않은 상태로 되돌아가는 과정을 침전(precipitation)이라고 부른다. 용해속도와 침전 속도가 같을 때 용매에 존재하는 용질의 양은 일정하게 유지된다. 이 과정도 동적 평형의 한 예이며 이 용액을 포화(saturated)되었다고 한다. 포화 용액의 농도를 주어진 용매에서의 용질의 용해도(solubility)라 한다. 용해도는 일반적으로 용질과 용매의 성질, 온도, 어떤 경우에는 압력 그리고 다른 용질의 존재 등에 의존한다. 일정한 양의 물에 녹을 수 있는 알코올의 양은 아무런 제한이 없다. 서로 완전히 녹을 수 있는 액체를 무한히 섞인다(infinitely miscible)라고 말하고, 상호간에 불용이거나 거의 불용인 액체는 섞이지 않는다(immiscible)고 말한다. 용해도의 한계를 가지는 경우를 부분적으로 섞인다(partially miscible)고 한다.

6-4-4 농도 단위

용액의 농도를 나타내는 데 여러 가지 방법이 있으나 기본적으로 주어진 양의 용매(또는 용액)에 존재하는 용질의 상대적인 양으로 표시한다.

(1) 퍼센트 농도

용액의 농도를 퍼센트로 표시하는 방법이며, 사용자의 편의에 따라 세 가지 경우가 있다. 100.0 g의 수용액에 5.00 g의 NaCl이 녹아 있는 용액은 NaCl 5.00 g을 95.0 g의 물에 녹여서 만든 용액이다. 이 용액은 질량으로 5.00 % NaCl 용액이라고 말한다. 이처럼 용질과 용액의 양이 모두 질량으로 측정된 농도 단위를 질량/질량 퍼센트(% (w/w)) 라고 한다.

용질이 액체인 경우에는 부피를 측정하여 용액을 제조하는 것이 편리하다. 예를 들면 ethanol 5.00 ml를 물에 녹여 용액 100.00 ml를 얻었다면 이 물 용액은 부피로 5 % 이라고 말한다. 이때는 용질과 용액의 양을 둘 다 부피 단위로 측정하였기 때문에 부피/부피(% (v/v))퍼센트라고 한다.

또 다른 방법은 질량과 부피 단위를 함께 사용하는 것이다. 예로서 용질은 질량으로, 용액의 양은 부피로 측정하였다면 질량/부피 퍼센트(% (w/v))라는 용어를 사용할 수 있다. 일반적으로 용액의 농도가 퍼센트로 주어지고 다른 언급이 없는 경우에는 질량/질량 퍼센트로 간주한다.

(2) 몰분율

용액의 물리적 특성이 용질 분자의 상대적인 수에 연관될 때 모든 용액 성분들을 몰수에 기본을 두어 표시되는 농도를 사용하는 것이 유리하다. 이 농도의 단위가 몰분율이다. 성분 1의 몰분율 x_l는 성분 1의 몰수를 용액의 모든 성분에 대한 전체 몰수로 나눈 것이다. 따라서 성분 1의 몰수가 n_l이면 그 몰분율 x_l는 다음과 같은 식으로 표시된다.

$$\text{성분 1의 몰분율}(\chi_1) = \frac{n_1}{n_1 + n_2 + \cdots + n_n}, \quad \text{성분 2의 몰분율}(\chi_2) = \frac{n_2}{n_1 + n_2 + \cdots + n_n}$$

여기서 n_1, n_2는 용액에서 성분 1과 2의 몰수이다. 일반적으로 몰분율의 부호는 χ_1로 나타내며, 모든 몰분율의 합은 언제나 1이다.

$$\chi_1 + \chi_2 + \cdots\cdots + \chi_n = 1$$

(3) 몰랄농도(m)

용액의 몰랄 농도는 용매 1000 g당 용질의 몰수로 정의한다. 1m NaCl 수용액은 1000 g의 물속에 Na^+ 1몰과 Cl^- 1몰을 포함한다. 몰랄 농도는 용액의 끓는점

이나 어는점 등을 다루는 계산을 처리하는 데에 유용한 단위이다. 그러나 액체 용매의 질량을 측정하는데 어려움이 있어 다루기에 불편하지만 용매와 용질의 두 가지 양을 모두 질량으로 나타냄으로 온도에 무관한 농도단위이다.

$$\text{몰랄 농도}(m) = \frac{\text{용질의 몰수}}{\text{용매의 질량(kg)}}$$

(4) 몰농도(M)

화학양론은 반응하는 원자, 이온 또는 분자들의 상대적인 수에 바탕을 두고 있고, 많은 화학반응이 용액에서 수행되기 때문에 용질 입자의 수에 기분을 둔 농도 단위가 가장 많이 사용된다. 그 중에 몰농도는 1 L 용액 속에 녹아 있는 용질의 몰수로 정의한다. 글루코오스 0.50 M 수용액을 만들려면, 글루코오스 0.50 몰 (90 g)을 달아서 여기에 물을 가하되 용액의 최종 부피가 1 L가 되도록 해야 한다(이 용액 250 ml를 만들 때에는 0.125 mol의 글루코오스에다 불을 부어 용액의 부피가 250 ml가 되도록 해야 한다). 이 경우 어떤 몰농도의 용액을 만들 때 얼마의 용매가 필요한가를 정확히 예측하기란 불가능하다. 따라서 몰농도로 용액을 만들 때에는 메스 플라스크(Volumetric flask)에 필요한 양의 용질을 먼저 넣고, 다음에 용매를 가하여 용질을 녹인 다음 용액의 높이가 미리 검량된 표선에 올 때까지 가해 주면 된다. 몰농도는 실험에서 매우 편리한 단위이다. 그러나, 용액의 부피가 온도에 의존하기 때문에 몰농도 단위로 표시된 농도는 온도에 따라 변화한다. 이것이 몰분율이나 몰랄 농도 단위에서 볼 수 없는 단점이다.

$$\text{몰농도}(M) = \frac{\text{용질의 몰수}}{\text{용액의 부피}(L)}$$

예제

0.455L의 용액에 0.22mol의 KCl을 포함하는 KCl 용액의 물농도를 계산하라.

정답 0.48M

해설 물농도(M) = 용질의 몰수 / 용액의 부피(L)이므로, 0.22/0.455 = 0.48M

6-4-5 용해도에 영향을 미치는 요인

용질의 용매에 대한 용해도는 수많은 요소에 의존한다. 예를 들면 어떤 물질의 용해도라도 용매의 선택에 의존하고, 기체의 용해도는 그 분압에 의존하며, 기체를 포함한 모든 물질의 용해도는 온도에 따라 변한다.

① 이온화합물의 용해도

전하를 더 많이 띄는 이온은 다른 이온보다 강하게 이온에 끌리어 물이 그들을 고체로부터 끄집어내기 훨씬 더 어렵다.

② 같은 종류끼리 잘 녹인다는 규칙

용해도는 용매의 선택뿐만 아니라 용질 자체의 성질에도 관계한다. 예를 들면 소금은 물에는 매우 잘 녹지만 벤젠에는 불용성이다. 역으로 그리이스(긴 사슬 탄화수소 혼합물)는 벤젠에는 잘 녹지만 물에는 잘 녹지 않는다. 물과 같은 극성 용매는 일반적으로 이온 화합물과 극성 화합물의 좋은 용매이다. 역으로, 드라이클리닝에 쓰이는 벤젠이나 테트라클로로에텐($Cl_2C = CCl_2$) 등 비극성 액체는 London 힘으로 뭉쳐 있는 왁스같은 비극성 화합물을 잘 녹인다. 같은 종류끼리 녹인다는 규칙은 용액이 형성될 때 용질분자 사이의 인력과 용매분자 사이의 인력이 용질-용매 사이의 인력으로 대치되어야 한다는 사실을 반영하는 것이다. 만약 새 인력이 대치되기 전의 인력과 비슷하다면 용액을 형성하는 데 아주 작은 에너지만 필요할 것이다. 예를 들면 용질의 주된 응집력이 수소결합에 의한 것이라면, 이 용질은 다른 용매보다 수소결합이 용질-용매 간 수소결합으로 대치될 수 있어야만 용질 분자가 용액으로 풀어져 들어갈 수 있을 것이다. 예컨대 포도당은 수소결합을 할 수 있는 -OH기를 가지고 있어서 물에는 잘 녹지만 벤젠에는 녹지 않는다.

용질간 주된 응집력이 London 힘이라면 가장 좋은 용매는 같은 종류의 힘으로 뭉친 용매일 것이다. 예를 들면 비극성 물질에 좋은 용매는 비극성 이황화탄소이다. 고체 황은 London 힘으로 뭉쳐 있는 S8 분자로 된 분자고체이므로 이황화탄소는 황을 녹이는 데 있어서 물보다 훨씬 더 좋은 용매이다. 황 분자는 비극성인 이황화탄소 분자 사이로 쉽게 미끄러져 들어간다. 이황화탄소 분자는 물의 강한 수소결합을 비슷한 강도로 대치할 수 없기 때문에 그 수소결합 구조에 파고들 수 없다.

비누와 세제는 같은 종류끼리 녹인다는 규칙을 실용적으로 응용한 예이다. 비누는 스테아린산나트륨(1)과 같은 긴 사슬을 가진 지방산의 나트륨염이다.

이들 산의 음이온은 비극성의 탄화수소 사슬 끝에, 머리 부분이라고 하는 극성의 카르복시($-CO_2$) 기를 가지고 있다. 머리부분은 친수성(물을 끌어당김)이고 비극성 탄화수소 꼬리는 소수성(물을 밀쳐냄)이다. 같은 종류끼리 녹인다는 규칙에 따르면 친수성의 음이온 머리 부분은 물에 녹아야 하고 소수성 탄화수소 꼬리 부분은 그리이스에 녹아야 한다. 이러한 이중성이 비누의 그리이스 세척 능력을 만든다. 소수성 꼬리로 그리이스 방울에 머리 부분만 남겨 놓고 잠긴다. 친수성 부분은 방울 위에 남아서 이 구조 전체가 물에 녹도록 한다. 그리이스는 미셀이라 하는 비누 분자의 덩어리에 갇혀서 운반된다. 각 비누 분자의 소수성 꼬리는

그리이스 방울 내부에 침투학도 친수성 머리는 주위의 물 분자로 향하여 접하고 있다.

(1) 압력과 용해도 : Henry의 법칙

기체 분자의 충격으로부터 온다.

기체가 액체와 접촉할 때 기체 분자는 운석이 대양에 떨어지듯 액체 속으로 파고 들 수 있다. 압력이 증가할수록 충돌수도 많아질 것이므로 압력의 증가에 따라 용해도의 증가가 기대된다. 액체 위의 기체가 혼합물(공기 같은)이라면, 각 기체 성분의 용해도는 그 분압에 비례한다.

그림에 있는 직선은 기체의 용해도가 그 기체의 분압(P)에 직접 비례한다는 것을 의미한다. 이 법칙은 1801년 영국의 화학자 William Henry가 처음으로 관찰하였고, 지금은 **Henry의 법칙**이라고 한다. 물 용해도를 S라 할 때 Henry의 법칙은 다음과 같다.

$$S = k_H \times P$$

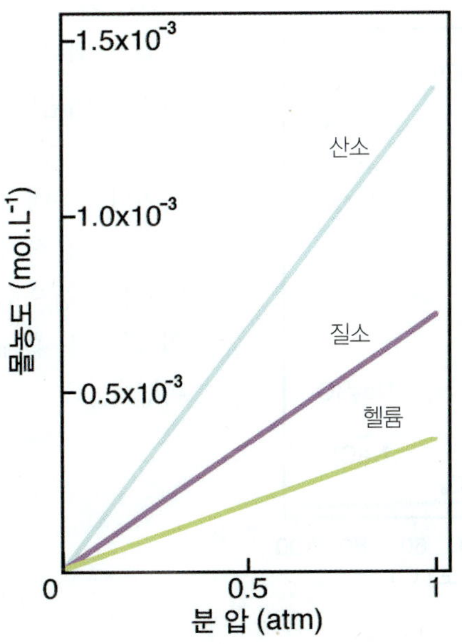

그림 6.9 압력과 용해도 사이의 관계

이 식에서 k_H는 Henry의 상수라 하며, 기체, 용매, 그리고 온도에 의존한다. 이 법칙은 기체의 분압을 두 배로 크게 하면 용해도도 두 배로 된다는 것을 의미한다.

기체의 용해도는 기체의 분압에 비례하는데 그것은 압력이 클수록 용매 표면을 때리는 기체 분자의 회수가 증가하기 때문이다.

(2) 온도와 용해도

많은 물질들은 높은 온도에서 더 빨리 녹는다. 그러나 이것이 반드시 높은 온도에서 용해도가 크다는 것을 의미하는 것은 아니다. 많은 경우에 높은 온도에서 용해도가 감소하기도 한다. 어떤 과정의 진행속도에 미치는 온도효과는 최종 결과에 미치는 온도효과와 명백히 구분해야 한다.

온도가 오르면 대부분의 기체는 요해도가 감소한다. 더운 물에서는 기체의 용해도가 감소하기 때문에 수도꼭지에서 받은 차가운 물을 따뜻한 방에 놓으면 작은 기포가 생기는 현상이 일어난다. 이 기포는 물이 찰 때 녹은 공기이며 온도가 오를 때 다시 용액 밖으로 나오는 것이다.

대부분의 이온고체와 분자고체는 찬 물에서보다 뜨거운 물에서 더 잘 녹는다. 우리는 이 성질을 이용하여 실험실에서 한 물질의 포화 용액을 만들고 그것을 천천히 냉각하여 결정을 성장시킨다. 그러나 황산리튬같은 몇몇 고체는 낮은 온도보다 높은 온도에서 용해도가 낮아진다. 더 적은 수의 화합물은 복합적인 성질도 보인다. 예를 들면, 황산나트륨은 온도가 오름에 따라 32 ℃ 가지는 용해도가 증가하고 그 이상의 온도에서는 감소한다.

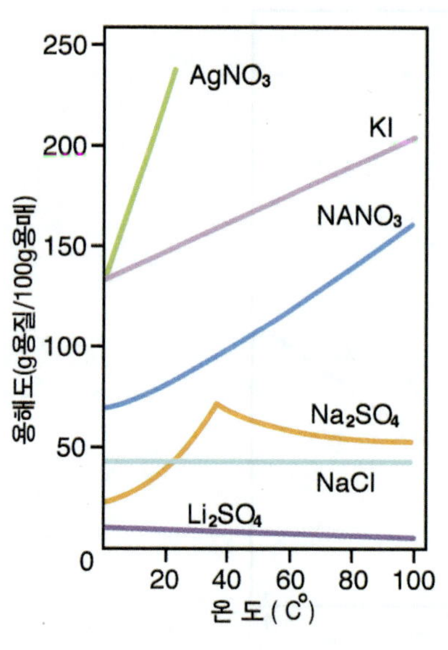

그림 6.10 용해도와 온도 사이의 관계

온도가 오르면 거의 모든 경우에 용해도가 감소하는 기체를 제외하고는 온도에 따른 용해도의 변화를 예측하기는 어렵다.

극성 용매의 부분 전하가 이온 전하의 역할을 대신하거나, 용매의 수소결합이 용질의 수소결합을 대신하거나, 용질 분자간 London 힘을 용매분자에 의한 London 힘으로 대신하는 등 좋은 용매는 용질 분자의 환경을 흉내내어 대신하기 때문에 비슷한 것끼리 녹인다.

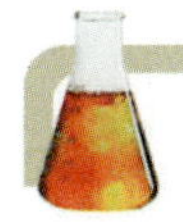

06-5 증기압

어느 액체든지 액체 안의 어떤 분자들은 다른 분자들보다도 더 많은 에너지를 갖고 있다. 어떤 분자들은 끌어당기는 분자간 힘을 이길 만한 충분한 에너지를 갖고 있기 때문에 증발하며 기체상으로 변한다. 액체의 온도가 증가함에 따라, 액체 안의 분자 에너지 또한 증가한다. 몇 개의 분자들은 여전히 다른 분자들보다 에너지가 더 많아서 이 분자들은 증발하기에 충분한 에너지를 갖고 있다.

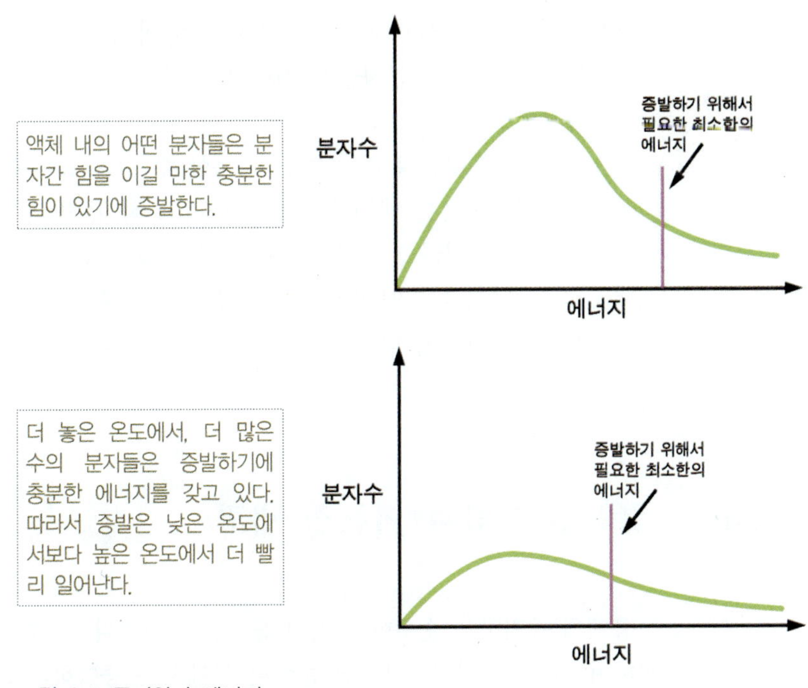

그림 6.11 증기압과 에너지

기체와 마찬가지로 액체에서 증발된 기체 분자들은 압력을 나타낸다. 이런 기체 분자들에 의해 나타나는 압력을 그 액체의 증기압(vapor pressure)이라고 한다. 어떤 상태에서의 물질이나 화합물의 증기압은 어느 상태이든지 유일하게 온도에 의존한다.

액체의 온도가 증가함에 따라, 분자의 증발로 인하여 증기압은 증가한다. 결국 액체의 증기압이 주변 기체의 증기압과 동일해지면, 그 액체는 끓기 시작한다. 한 액체의 **정상 끓는점**(normal boiling point)은 그것의 증기압이 1기압(atm)과 동일한 온도이다.

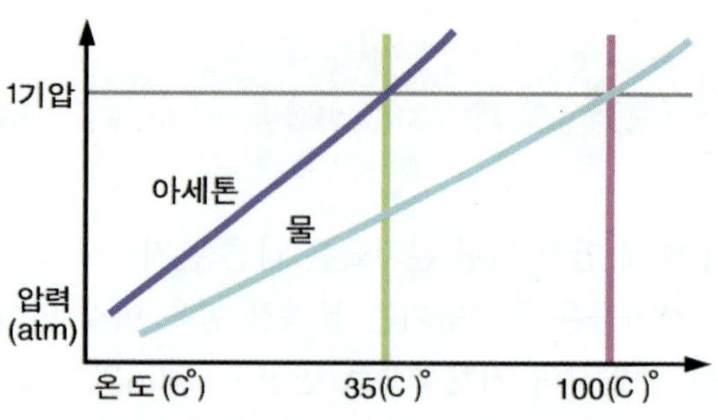

그림 6.12 끓는점과 증기압

물과 아세톤의 증기압이 온도에 의존함을 보여준다.

위의 그래프에서 2개의 액체의 증기압이 온도에 의존하고 있음을 볼 수 있다. 아세톤의 증기압은 물보다 높다. 그 이유는 아세톤 분자들을 결합하고 있는 쌍극자–쌍극자 힘은 물 분자들을 결합하고 있는 수소결합보다 더 약하기 때문이다. 결과적으로 어느 특정한 온도에서 물 분자들보다 더 많은 아세톤 분자들이 그들 사이에 존재하는 분자간 힘들 극복할 수 있는 충분한 에너지를 갖고 있다.

높은 증기압을 갖는 액체를 '휘발성'이라고 하며, 반대로 낮은 증기압을 가진 액체를 '비휘발성'이라고 한다. 일반적으로 가솔린과 같은 휘발성 액체는 옥수수 시럽과 같은 비휘발성 액체에 비하여 강한 냄새를 갖고 있다. 왜냐하면 액체의 분자들은 기체 상태에 더 많이 존재하기 때문이다.

06-6 끓는점 오름과 어는점 내림

용액의 증기압은 순수한 용매의 증기압과 다르다. 순수한 액체와 소금물을 비교하여 이 점을 설명해보자면 순수한 물에서는 증발하기에 충분한 에너지를 갖고 있는 액체 표면의 어느 분자라도 증발할 수 있다. 그러나 소금물에서는 Na^+ 이온과 Cl^- 이온은 부분적으로 액체의 표면을 차지하고 있기 때문에 물 분자들이 증발할 수 있는 표면이 줄어들게 된다. 따라서 주어진 온도에서 소금물의 증기압은 순수한 물보다 더 작다.

소금물은 순수한 물보다 더 낮은 증기압을 갖고 있기 때문에 소금물의 끓는점은 순수한 물보다 더 높다. 다음의 그래프는 순수한 물과 소금물의 증기압이 온도에 의존하고 있음을 보여준다. 이 그래프에서 순수한 물을 끓이기 위하여 요구되는 온도보다 소금물을 끓이기 위하여 요구되는 온도가 높은 것을 알 수 있다.

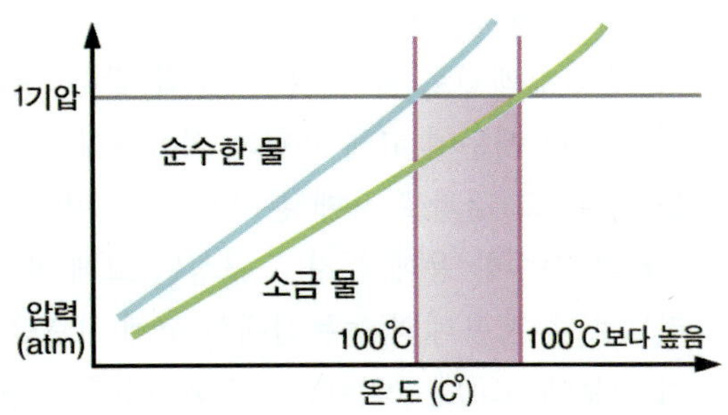

그림 6.13 증기압과 온도

이 온도는 용액의 농도와 다음의 식을 사용하여 계산할 수 있다.

$$\Delta T = K_b m_{solute}$$

ΔT는 순수한 용매로부터 끓는점의 변화이며, K_b는 끓는점 오름상수이다. 그리고 m_{solute}는 용액의 몰랄농도이다.(몰랄농도는 용매 1kg당 용질의 몰수이다.) 끓는점 오름상수는 각 액체마다 다르다.

비휘발성 용질을 포함하는 용액의 끓는점은 순수한 용매의 끓는점보다 높다. 용질의 분자가 용매 분자의 기화를 방해하기 때문이다. 예를 들어, 자동차에서 부동액은 추운 날씨에 엔진 부위의 냉각수가 어는 것을 막아줄 뿐만 아니라 더운 날씨에서 엔진의 냉각수가 끓는 것도 막아준다.

소금물 용액을 얼리려고 할 때, 물 분자는 얼음을 형성하고 소금은 그대로 남는다. 물에 소듐이온과 염소이온이 있을 때 물을 얼리기는 더 힘들기 때문에 얼기 시작하기 전에 소금물을 더 낮은 온도로 냉각시켜야 한다. 이런 용액의 새로운 어는점을 찾기 위하여 다음의 식을 이용한다.

$$\Delta T = K_f m_{solute}$$

ΔT는 어는점 내림에 해당되며, K_f는 어는점 내림상수(각 물질에 따라 다르다), 그리고 m_{solute}는 용액의 몰랄농도이다.

예를 들면 Na^+과 Cl^- 이온이 많은 수용액인 바닷물은 순수한 물보다 어는점이 1℃ 낮다. 추운 겨울이 있는 지방에서는 물의 어는점을 낮추어 얼음이 생성되는 것을 지연시키기 위하여 고속도로에 염을 뿌린다. 화학자들은 어는점 내림을 이용하여 고체의 순도를 조사한다. 고체에 불순물이 포함되면 순수 고체보다 녹는점이 낮다.

순수한 용매의 어는점에서는 용매 분자가 서로 뭉쳐서 고체가 되는 속도가 풀어 헤쳐져 액체로 돌아가는 속도와 같다. 용질이 존재하게 되면 용질 입자가 방해를 하기 때문에 고체 표면과 접촉하게 되는 용액의 용매 분자가 감소하는 효과를 준다. 그 결과로 용매 분자는 더 느린 속도록 고체 표면에 붙게 되는 셈이다. 그러나 순수한 용매 분자로 구성된 고체 표면을 떠나는 속도는 변함이 없다. 그러므로 순수 용매의 녹는점에서 고체 표면을 떠나 액체로 돌아가는 순흐름이 남기 때문에 고체는 녹는다. 온도가 더 내려가야만 이 흐름은 멈추고 평형을 이루게 된다.

끓는점 오름과 어는점 내림을 총괄성(colligative property)이라고 한다. 총괄성은 용액의 농도에 의존하는 용액의 성질이다. 녹는점과 끓는점의 변화는 존재하는 용액의 몰랄농도에 의존하기 때문에 두 개 다 총괄성이다.

한제를 이용한 어는점 내림

얼음과 소금을 섞으면 온도가 약 -21 ℃까지 내려간다. 온도가 내려가는 원인은 얼음이 녹는 것과 소금이 녹는 반응이 모두 흡열 반응이기 때문이다. 따라서 얼음의 어는점이 내려가 얼음이 더 쉽게 녹는다. 이런 현상을 '어는점 내림'이라 한다.

이렇게 두 가지 물질을 섞어서 온도가 내려가는 혼합물을 '**한제**'라 부른다. 한제에는 얼음과 질산암모늄(-16 ℃), 얼음과 소금(-21.2 ℃), 얼음과 염화칼슘(-54.9 ℃), 얼음과 염화아연(-62 ℃), 드라이아이스와 에탄올(-80 ℃) 등이 있다. 아래의 표는 여러 가지 한제의 혼합비와 그것을 이용해서 얻을 수 있는 최저 온도를 나타낸 것이다.

혼합 물질	혼합 질량비	최저온도(℃)
얼음 + 질산암모늄	100 : 77	-16
얼음 + 소금	100 : 33	-21.2
눈 + 에탄올	100 : 105	-30
얼음 + 염화칼슘	100 : 70	-54.9
얼음 + 염화나트륨 + 질산나트륨	100 : 38 : 26	-25.5

한제가 실제로 이용되는 것이 제설제다. 겨울철에 눈을 녹이기 위해 뿌리는 제설제로는 염화칼슘(어는점 -54.9 ℃)이 쓰인다. 사실 소금을 뿌려도 비슷한 효과를 얻을 수 있다. 소금을 뿌리면 어는점이 -20 ℃까지 내려가므로 그 물이 다시 얼려면 -20 ℃가 돼야 가능하기 때문이다.

과냉각

용융체 또는 액체가 평형상태에서의 상(相) 변화 온도 이하까지 냉각되어도 변화를 일으키지 않는 현상을 **과냉각**이라고 한다.

물질에는 각각 그 때의 온도에 따른 안정 상태가 있어서, 온도를 서서히 변화시켜 가면 이에 따라 그 물질의 구성 원자가 각 온도에서 안정 상태를 유지하면서 온도의 변화를 따라갈 수가 있다. 그러나 온도가 갑자기 변하면 구성 원자가 각 온도에 따른 안정 상태로 변화할 만한 여유가 없기 때문에, 출발점 온도에서의 안정 상태를 그대로 지니거나, 또는 일부분이 종점 온도에서의 상태로 변화하다가 마는 현상이 일어난다.

즉, 어떤 온도 T를 경계로 하여 그 이상에서는 다른 결정형의 고체가 되거나 또는 녹아서 액체가 되는 변화가 있는 경우, 그 물질을 T 이상의 온도에서 어느 정도 이하로 급랭시키면 그 변화가 일어나지 못하고, 응고점 이하인데도 여전히 액체인 채로 있거나, T 이하인데도 그 이상의 온도에서 가진 안정한 결정형인 채로 있는 현상이 일어난다. 이것을 지나치게 빨리 냉각했다는 뜻에서 과냉각이라 한다.

예제

1.7m 에틸렌 글리콜 용액의 끓는점을 계산하라(단, 끓는점 오름 상수(Kb)는 0.512이다).

정답 100.87℃

해설 끓는점 오름 식에 대입하여 계산한다. ΔT = Kb × m 이므로, 1.7m(mol용질/kg용매) × 0.512(kg용매/mol용질) = 0.87℃
용액의 실제 끓는점은 순수한 물의 끓는점 더하기 ΔT이다.

생활속의 화학

✻ 삼투압[滲透壓, osmotic pressure]과 관련된 화학

용매는 통과시키나 용질은 통과시키지 않는 반투막을 고정시키고, 그 양쪽에 용액과 순용매를 따로 넣으면, 용매의 일정량이 용액 속으로 침투하여 평형에 이르는데, 이 때 반투막의 양쪽에서 온도가 같지만, 압력에 차이가 생기는 압력차를 말한다. 삼투압 현상은 1867년 독일의 화학자 M. 트라우베가 발견하였고, 1877년 페퍼가 처음으로 측정하였다.

페퍼는 페로시안화구리의 침전막을 가진 질그릇 통(筒)을 써서 설탕 수용액의 삼투압을 측정하고, 삼투압이 온도에 비례한다는 것을 발견하였다. 그 후 1886년 J.H.반트호프(1852~1911)는 삼투압의 원인은 용액 속에 녹아 있는 물질의 분자가 기체분자와 같은 법칙으로 운동하여 반투막에 압력을 미치기 때문이라 생각하고, 이 현상을 이론적으로 설명하였다. 즉, 삼투압을 P기압, 용질 n mol을 용해하는 용액의 부피를 $V\ell$, 용액의 절대온도를 T, 기체상수를 R라 하면, 용액의 농도가 그다지 크지 않은 범위에서 $PV=nRT$라는 식이 성립된다. 이 식은 이상기체의 상태방정식과 같은 형이며, 이 유사성으로부터 반트호프가 이끌어낸 것이다. 이 식은 전해질인 수용액의 경우는 보정값 i가 필요하며, $PV=inRT$라는 식이 적용된다. i는 1보다 큰 상수이며, 그 값은 물질의 종류와 농도에 따라 변한다.

삼투압을 측정함으로써 용질의 분자량을 정하거나, 분자량을 아는 물질의 용액 속에서의 해리도를 구할 수가 있다. 특히 고분자 물질의 분자량을 결정하는 데는 삼투압을 이용하는 일이 많다. 생물의 원형질막은 일종의 반투막이며, 삼투압은 생물현상에서도 중요한 의의를 지니고 있다.

김장 김치를 담글 때 소금물에 절이는 것이나, 라면을 먹거나 울었을 때 얼굴이 붓는 주원인은 얼굴에 퍼져있는 모세혈관에서 혈장이 배어 나오기 때문입니다. 혈액은 적혈구, 백혈구 혈소판과 같은 혈구와 액체성분인 혈장으로 구성되는데, 이 중 혈장이 얼굴 붓기에 영향을 미치는 것과 관련이 있다. 보통 혈장은 모세혈관을 지나면서 장기나 피부 같은 조직 속으로 들어가는 특성이 있습니다. 라면을 먹으면 면발뿐 아니라 다량의 염분과 수분을 함께 섭취하게 됩니다. 염분에 포함된 나트륨은 수분을 체내에 유지하려는 특성이 있는데 라면에 들어 있는 나트륨이 바로 얼굴 부기에 영향을 미칩니다. 나트륨 때문에 모세혈관과 조직사이에 삼투압 현상이 발생하면서 세포로 수분이 다량 유입되고 조직 세포들이 팽창하면서 얼굴이 부어오르는 것입니다. 특히 취침 중에는 소변 배출이 줄어들기 때문에 더 많은 혈장이 신체 조직에 스며들면서 얼굴이 더 붓게 됩니다. 한편 울었을 때 얼굴이 붓는 까닭은 울면서 손으로 비빈 부위 모세혈관에서 혈장이 다량으로 배어나오기 때문입니다. 빠져나온 혈장이 주위 피부조직을 부종 상태로 바꿔 얼굴이 붓게 만드는 것입니다.

✲ 농도차를 이용한 실생활 속의 약물이용

산야초 발효액은 봄부터 산과 들에서 나는 초목들 가운데 뿌리. 껍질. 열매. 꽃 등을 채취. 발효시켜 숙성시킨 것이다. 건강 효과는 크게 세 가지. 첫째는 항산화 효과다. 강력한 항산화력을 가진 피크노제놀(프랑스산 소나무 껍질에서 추출)과 맞먹을 정도. 원래 식물에는 인체 노화의 원인이 되는 활성산소 방지 기능이 있다. 이를 차단하는 것이 식물의 폴리페놀이라는 것. 그런데 식물이 발효되면서 폴리페놀 구조가 변해 원래보다 기능이 향상된다는 것. 일본의 한 연구팀은 쥐에 체중 1 kg당 100~200 mg의 식물 발효액을 투여한 뒤 알코올을 주입했다. 그리고 위점막 손상을 조사한 결과, 발효액 농도가 높을수록 손상 부위가 줄어든 것으로 나타났다.

발효액의 두 번째 효과는 대사증진. 산야초 발효액에는 발효균이 분해해 만든 펩티드와 아미노산, 구연산 등 초산이 풍부하다. 펩티드는 혈액순환을 좋게 하고, 유기산도 체내 피로물질 분해를 돕는 효과가 높다. 세포 에너지 대사가 증진되므로 쉬 피로하지 않는다는 것이다.

마지막으로 면역력 증진 효과다. 담관 면역을 사극해 병원균을 공격하는 림프구의 활동을 활성화한다. 암 예방에 작용하는 NK(자연살해)세포를 증식시키는 효과도 있다. 알레르기 모델 쥐에 배양액을 0 %, 0.2 %, 1 % 농도로 8주간 투여한 결과, 알레르기 증상을 일으키는 igE 농도가 용액 농도가 높을수록 저하됐다.

핵심정리

용해의 정의

- 용해(dissolution) : 둘 이상의 물질들이 원자, 분자, 이온의 형태로 분산, 즉 퍼져나가는 현상. 이렇게 됨으로써 이전에는 구별되었던 상이 새로운 하나의 상으로 됨.
- 용액(solution) : 이와 같이 용해로 만들어진 균일한 상을 용액이라 부르며, 두 가지 또는 그 이상의 물질로 구성된 균일 혼합물을 뜻함. 용액은 기체와 액체, 액체와 액체, 고체와 기체 혹은 또 다른 방법으로도 구성됨. 용액의 성분 중에서 다량으로 존재하는 물질을 용매(溶媒, solvent)라고 하며 상대적으로 미량으로 존재하는 물질을 용질(溶質, solute)이라고 함.

용해의 원리

- 용해는 용매에 해당하는 물질의 분자와 용질에 해당하는 물질의 분자가 서로 접촉하여 일어남. 예를 들어, 설탕분자가 물 분자와 접촉하면서 두 분자사이에는 수소결합이 발생하며, 표면의 설탕분자가 외부의 물 분자와 그리고 내부의 다른 설탕 분자와 수소결합을 하는 동시에 다수를 차지하는 물 분자는 설탕분자 사이사이로 '침투'하게 되고, 설탕분자는 물 분자와의 수소 결합 고리로 둘러싸이게 되며 용액 내에 균일하게 분포하게 되어, 용해 현상이 일어남.
- 용해의 결정 요인 : 용매와 용질 각각의 특성, 온도와 압력, 휘젓는 활동, 같은 분자 간 충돌을 활성화 시키는 요인, 무질서도, 수화 등

용해도

- 용해도(Solubility) : 일정한 온도에서 일정량의 용매에 녹을 수 있는 용질의 최대량을 그 용질의 용해도라고 함. 포화 용액에서 일정량의 용매에 녹아 있는 용질의 양이며, 보통 용매 100g에 녹을 수 있는 용질의 최대량(g)으로 나타냄.
- 고체의 용해도 : 용액에 열을 가한다면 용질과 용매 사이의 상호작용이 증가한다. 일반적으로 용질의 용해도는 온도에 의하여 증가한다(용해 과정이 흡열 반응을 수반하는 경우). 몇 가지 화합물은 예외가 있으며 온도의 증가로 덜 용해된다(용해 과정이 발열 반응을 수반하는 경우).
- 기체의 용해도 : 용해 과정이 항상 발열 과정이므로, 온도가 증가하면 용해도는 감소한다.

용액의 성질

(1) 증기압 내림 : 무질서도 : 기체 > 용액 > 순수한 용매

화학적 과정에서 무질서도가 증가할수록 그 과정은 더욱 유리해짐. 기체 용액 간의 무질서도의 차이는 기체와 순수한 용매사이의 무질서도 차 보다 작기 때문에 용매 분자들이 용액에서 분리되어 나오기가 상대적으로 어려움. 따라서 용액의 증기압은 용매의 증기압 보다 작게 됨.

(2) 끓는점 오름

어떠한 온도에서 비휘발성 용질이 존재하는 용액의 증기압은 순수한 용매보다 낮기 때문에 용액의 액체-증기 곡선은 순수한 용매의 곡선보다 아래에 놓여있게 되어, 끓는 점 오름 현상이 나타남.

(3) 어는점 내림

용액의 증기압을 내리면 고체-액체 곡선이 왼쪽으로 이동하여 물의 어는점보다 낮은 온도에서 수평선과 교차함. 어는 것은 무질서한 상태로부터 정돈된 상태로의 전이로, 용액이 용매보다 더 무질서하기 때문에 순수한 용매보다 더 정돈된 상태로 만들기 위하여 더 많은 에너지가 제거되어야 함. 따라서 용액은 용매보다 더 낮은 어는점을 갖게 됨.

(4) 삼투압

용매 분자들이 반투막을 통해서 순수한 용매나 묽은 용액으로부터 농도가 진한 용액 쪽으로 이동하는 알짜 이동을 삼투(osmosis)라 하고 삼투 현상이 정지되기 위해서 필요한 압력을 용액의 삼투압(osmotic pressure, π)이라 함.

(5) 증기압

어느 액체든지 액체 안의 어떤 분자들은 다른 분자들보다도 더 많은 에너지를 갖고 있음. 어떤 분자들은 끌어당기는 분자간 힘을 이길 만한 충분한 에너지를 갖고 있기 때문에 증발하며 기체상으로 변함. 액체의 온도가 증가함에 따라, 액체 안의 분자 에너지 또한 증가하며, 몇 개의 분자들은 여전히 다른 분자들보다 에너지가 더 많아서 이 분자들은 증발하기에 충분한 에너지를 갖고 있음.

평가문제

01 용매 분자를 A, 용질 분자를 B라고 할 때, 용해가 가장 잘 일어날 수 있는 경우를 설명하라.

02 다음의 용액에 용질을 더하면 어떤 일이 일어나는지 설명하라.

(a) 포화 용액

(b) 불포화 용액

(c) 과포화 용액

03 다음 물음에 답하여라.

(a) 어떤 물질의 물에 대한 용해도는 60℃에서 80이고, 20℃에서 30이다. 이 물질 60℃의 포화 용액 360g을 20℃로 냉각시킬 때 석출되는 용질의 양을 구하여라.

(b) 황산(분자량 98.0) 4.9g이 녹아있는 500mL 수용액의 몰 농도를 구하여라.

(c) 1.0M NaCl 용액 300mL와 2.0M NaCl 용액 200mL를 혼합한 용액의 몰 농도를 구하여라.

04 다음 농도의 종류를 각 정의하라.

(a) 퍼센트 농도

(b) 몰 농도

(c) 몰랄 농도

05 "비슷한 물질이 비슷한 물질을 녹인다"는 말이 무엇을 뜻하는지 설명하라.

06 고체와 기체의 용해도는 온도와 압력에 따라 어떻게 변하는지를 설명하라.

Chapter 07

산과 염기

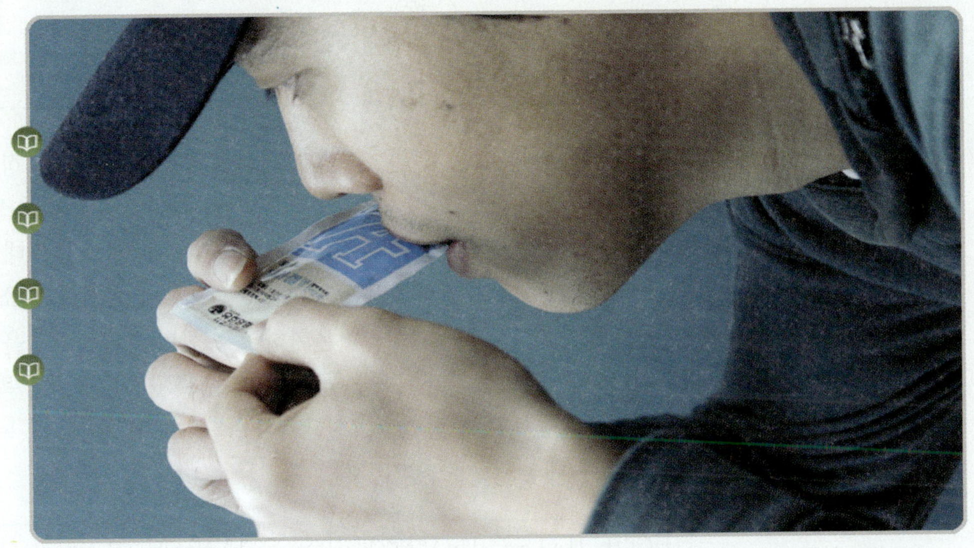

사람들은 산과 염기가 지니고 있는 다양한 성질들을 유용하게 활용하여 우리 생활을 보다 유익하고 편리하게 하고 있다. 예를 들어, 우리 주변에는 식초, 탄산음료, 과일 등과 같이 산이 포함된 물질들과 비누, 제산제, 석회, 치약, 세척제 등과 같이 염기가 포함된 물질들이 매우 많다.

이 장에서는 산과 염기의 정의가 무엇이고, 각각 어떤 성질을 지니고 있는지, 이 성질들과 관련된 현상에는 어떤 것이 있고, 왜 그런 현상들이 발생하는지에 대해 공부할 것이다. 또한, 산과 염기의 세기는 어떻게 나타내고, 산과 염기의 중화 반응과 관련된 현상에는 어떤 것이 있는지와 산과 염기의 중화 적정에 대해서도 공부할 것이다.

07-1 산과 염기의 정의

7-1-1 아레니우스의 산과 염기

그림 7.1 아레니우스

산과 염기란 용어는 수백 년 전부터 사용되어 왔으며, 그 정의도 계속 변화하여 현재까지 이르렀다. 1887년 스웨덴의 과학자 아레니우스(Arrhenius, 1859~1927)는 산과 염기의 수용액에서의 이온화 현상을 토대로 산과 염기의 정의를 최초로 제안하였다. 즉, 물에 녹아 이온화하여 수소 이온(H^+)을 내놓는 물질을 산, 물에 녹아 이온화하여 수산화 이온(OH^-)을 내놓는 물질을 염기라고 정의하였다. 예를 들어, 염화수소(HCl)는 물에 녹아 이온화하여 H^+를 내놓으므로 산이고, 수산화나트륨(NaOH)은 물에 녹아 이온화하여 OH^-를 내놓으므로 염기이다.

$$HCl + H_2O \rightleftarrows H_3O^+ + Cl^-$$

$$NaOH \rightleftarrows Na^+ + OH^-$$

- 수소 이온(H^+)은 물속에서 단독으로 존재하는 것이 아니라 물 분자와 배위 결합하여 옥소늄 이온(H_3O^+)의 형태로 존재한다. 따라서 H^+와 H_3O^+는 동일하게 취급한다.
- 알칼리(Alkali)는 리튬(Li), 나트륨(Na), 칼륨(K), 루비듐(Rb), 세슘(Cs) 등과 같은 알칼리 금속의 수용성 수산화물이다. 즉, 염기 중에서 특히 물에 잘 녹는 수산화물을 가리킨다. 이 용어는 원래 나트륨이나 칼륨을 포함한 식물을 태우고 남은 재를 일컫는 아라비아어에서 유래되었는데, 알(al)은 물질, 칼리(kali)는 재라는 뜻이다.

7-1-2 브뢴스테드와 로우리의 산과 염기

아레니우스의 산-염기 정의는 수용액의 경우에만 설명이 가능하므로, 분자 자체에서 H^+, OH^-를 생성하지 못하거나, 수용액이 아닌 경우에 일어나는 산과 염기의 반응을 설명할 수 없었다. 예를 들어, 암모니아(NH_3)는 수용액에서 염기성을 띠지만 분자 자체에서는 OH^-를 생성하지 못한다. 또한, 염화수소(HCl)와 암모니아(NH_3)의 반응처럼 H^+, OH^-를 포함하지 않고 기체 상태에서 일어나는 산과 염기의 반응은 아레니우스의 정의로 설명할 수 없었다.

$$HCl + NH_3 \rightleftarrows NH_4^+ + Cl^-$$

그림 7.2 브뢴스테드

그림 7.3 로우리

이에 1923년 브뢴스테드(Brønsted, 1879~1947)와 로우리(Lowry, 1874~1936)는 서로 독립적으로 산-염기의 개념을 양성자(H^+)의 이동에 기초한 개념으로 확장하였다. 즉, 그들은 H^+를 내놓는 분자나 이온을 산, H^+를 받아들이는 분자나 이온을 염기라고 정의하였다. HCl과 NH_3의 반응에서 정반응의 경우 HCl은 H^+를 내놓으므로 산이고, NH_3는 H^+를 받아들이므로 염기이다. 역반응에서는 H^+를 내놓는 NH_4^+가 산이고, H^+를 받아들이는 Cl^-가 염기이다. 이 정의에서는 분자들뿐만 아니라 이온들도 포함됨을 명심해야 한다.

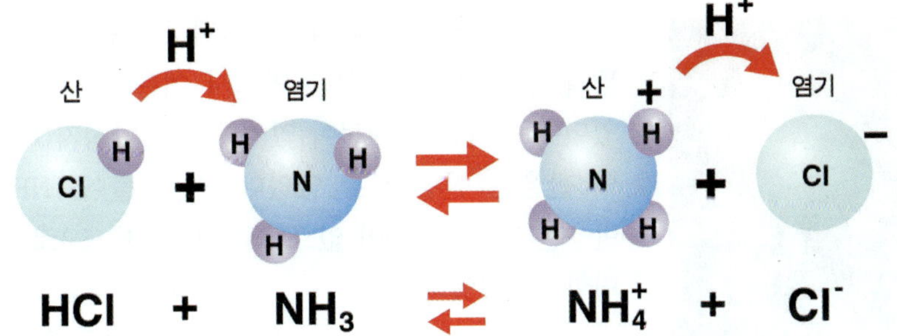

그림 7.4 브렌스테드-로우리의 산과 염기 정의에 대한 분자 모형

이 반응에서 HCl이나 NH_4^+가 산으로 작용하여 H^+를 내놓고 남은 Cl^-, NH_3는 다시 H^+를 받아들일 수 있으므로 염기이다. 반대로, Cl^-, NH_3가 염기로 작용하여 H^+를 받아 생성된 HCl, NH_4^+는 다시 H^+를 내놓을 수 있으므로 산이다. 이처럼 HCl과 Cl^-, NH_3와 NH_4^+는 H^+의 이동에 의하여 산과 염기로 되는 한 쌍의 물질이 되는데, 이런 물질을 **짝산-짝염기**라고 한다. 즉, 산 HCl의 짝염기는 Cl^-이고, 염기 NH_3의 짝산은 NH_4^+이다. 일반적으로 짝산과 짝염기는 다음과 같은 관계가 있다.

$$\text{산} \rightleftarrows \text{짝염기} + H^+$$

$$\text{염기} + H^+ \rightleftarrows \text{짝산}$$

짝산-짝염기 (산 ↔ 염기)

$$\text{산} + \text{염기} \rightleftarrows \text{염기} + \text{산}$$

짝산-짝염기 (염기 ↔ 산)

한편, H_2O, HS^-, HCO_3^-, HSO_4^- 등과 같은 물질은 반응에 따라 H^+를 내놓기도 하고 받아들이기도 하여 산 또는 염기로 모두 작용하기도 하는데, 이를 양쪽성 물질이라고 한다. 예를 들어, H_2O는 아래의 첫 번째 반응에서는 H^+를 받아들이므로 염기이지만, 두 번째 반응에서는 H^+를 내놓으므로 산이다.

$$HCl + H_2O \rightleftarrows H_3O^+ + Cl^-$$: H_2O는 염기로 작용

$$NH_3 + H_2O \rightleftarrows NH_4^+ + OH^-$$: H_2O는 산으로 작용

7-1-3 루이스의 산과 염기

그림 7.5 루이스

브렌스테드-로우리의 산-염기 정의는 대부분의 산과 염기의 반응을 설명할 수 있었지만, 산은 반드시 이온화될 수 있는 수소 원자를 포함하고 있어야 한다는 한계점이 있었다. 즉, 양성자(H^+)의 이동이 없는 산과 염기의 반응은 설명할 수 없었다. 예를 들어, $NH_3(g)+BF_3(g) \rightarrow F_3B-NH_3(s)$ 반응은 H^+의 이동이 없으므로 브뢴스테드-로우리의 산-염기 정의로는 설명할 수 없었다.

이에 루이스(Lewis, 1985~1946)는 **비공유 전자쌍**을 이용하여 산-염기에 대한 보다 일반적인 정의를 제안하였는데, 이 정의는 1923년에 처음 발표되어 1938년까지 발전하였다. 즉, 그는 비공유 전자쌍을 받는 물질(전자쌍 받게)을 산, 비공유 전자쌍을 주는 물질(전자쌍 주게)을 염기로 정의하였다.

```
   F       H              F   H
   |       |              |   |
F—B  +  :N—H   ⟶   F—B—N—H
   |       |              |   |
   F       H              F   H
  산      염기
```

그림 7.6 루이스의 산과 염기 정의

$NH_3(g)+BF_3(g) \rightarrow F_3B-NH_3(s)$ 반응으로 설명하면 전자가 풍부한 NH_3는 전자가 부족한 BF_3에 비공유 전자쌍을 제공하므로, NH_3는 염기이고 BF_3는 산이다. H^+를 받을 수 있으려면 비공유 전자쌍을 가지고 있어야 하므로 브뢴스테드-로우리의 염기는 역시 루이스의 염기에 해당한다. 반면, 루이스의 산은 H^+를 내놓지 않아도 되므로 브뢴스테드-로우리의 산의 정의를 더욱 확장한 것이다. 즉, H^+를 내놓는 물질인 브뢴스테드-로우리의 산은 루이스 산의 한 예에 불과하다.

다음은 황산(H_2SO_4) 수용액에서 일어나는 반응이다.

(가) $H_2SO_4 + H_2O \rightleftarrows HSO_4^- + H_3O^+$ (나) $HSO_4^- + H_2O \rightleftarrows SO_4^{2-} + H_3O^+$

(1) 각 반응에서 브뢴스테드-로우리의 산과 염기를 각각 쓰시오.
(2) HSO_4^-의 짝산과 짝염기를 각각 쓰시오.
(3) 위 반응에서 양쪽성 물질로 작용한 것을 쓰시오.

정답 (1) (가) 산 : H_2SO_4, H_3O^+, 염기 : H_2O, HSO_4^-
(나) 산 : HSO_4^-, H_3O^+, 염기 : H_2O, $SO4_2^-$
(2) 짝산 : H_2SO_4, 짝염기 : SO_4^{2-}
(3) HSO_4^-

해설 (1) (가)의 경우, 정반응과 역반응에서 각각 H^+를 내놓는 H_2SO_4, H_3O^+는 산, H^+를 받아들이는 H_2O, HSO_4^-는 염기이다. (나)의 경우, 정반응과 역반응에서 각각 H^+를 내놓는 HSO_4^-, H_3O^+는 산, H^+를 받아들이는 H_2O, SO_4^{2-}는 염기이다.
(2) HSO_4^-의 짝산은 (가) 반응에서 산으로 작용하는 H_2SO_4이고, 짝염기는 (나) 반응에서 염기로 작용하는 SO_4^{2-}이다.
(3) HSO_4^-는 (가)의 역반응에서는 염기로 작용하고 (나)의 정반응에서는 산으로 작용하므로 양쪽성 물질이다.

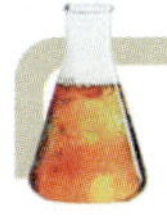

07-2 산과 염기의 성질

7-2-1 산의 성질

'산(acid)'이라는 말은 라틴어의 '시다'라는 뜻을 지닌 'acidus' 에서 유래하였다. 그래서 대부분의 산의 수용액은 신맛이 난다. 예를 들어, 사과, 오렌지, 귤, 사과 등과 같은 과일에는 다양한 종류의 산이 들어 있어 먹으면 신맛이 난다. 또한, 식초나 오래된 김치도 신맛을 내는데, 이는 각각 식초에 들어 있는 아세트산과 김치가 발효할 때 생성되는 젖산 및 김치에 들어 있는 비타민 C 때문이다. 토할 때 음식물과 함께 넘어오는 위액 속에는 염산이 포함되어 있으므로, 토할 때 약간 신맛을 느낄 수도 있다. 그러나 모든 산이 신맛을 내는 것은 아니다. 한 예로, 사이다나 콜라 속에 들어있는 탄산(H_2CO_3)은 신맛이 나지 않는다.

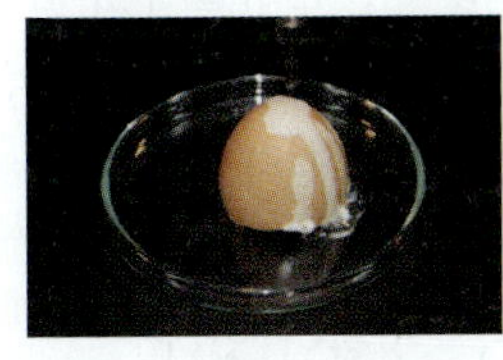

그림 7.7 달걀 껍질과 묽은 염산의 반응

산은 탄산칼슘($CaCO_3$)과 반응하여 이산화탄소를 발생시키기도 한다. 탄산칼슘이 주성분인 석회석이나 대리석, 달걀 껍질에 묽은 염산을 떨어뜨리면 이산화탄소 기체가 발생하는 것을 쉽게 관찰할 수 있으며, 이를 반응식으로 나타내면 다음과 같다.

$$\underset{\text{탄산칼슘}}{CaCO_3} + \underset{\text{염산}}{2HCl} \rightarrow \underset{\text{염화칼슘}}{CaCl_2} + \underset{\text{물}}{H_2O} + \underset{\text{이산화탄소}}{CO_2}\uparrow$$

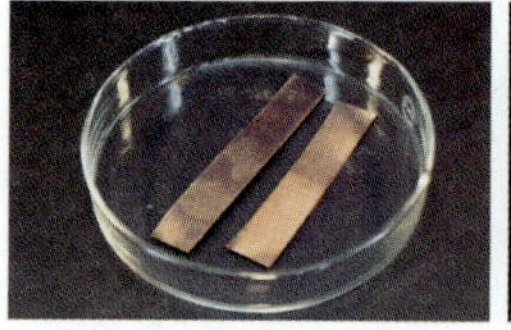

반응 전

반응 후

그림 7.8 금속과 산의 반응

이외에도 산의 대표적인 성질 중 하나는 칼륨(K), 나트륨(Na), 마그네슘(Mg), 알루미늄(Al), 철(Fe) 등과 같이 수소보다 반응성이 큰 금속과 반응하여 수소 기체를 발생시킨다는 것이다. 그러나 산은 금, 은, 구리 등과 같이 수소보다 반응성이 작은 금속과는 반응하지 않는다.

$$2M + 2HA \rightarrow 2MA + H_2\uparrow \quad (M : \text{금속},\ HA : \text{산})$$

$$M + 2HA \rightarrow MA_2 + H_2\uparrow \quad (M : \text{금속},\ HA : \text{산})$$

그림 7.9 과일 전지

산의 수용액에는 이온들이 존재하므로 산은 전류를 흐르게 하는 성질도 있다. 산이 전류를 흐르게 한다는 사실로부터 산이 물속에서 이온 상태로 존재함을 알 수 있다고 할 수도 있다. 이런 성질을 이용하여 과일 전지를 만들 수 있다. 즉, 아연과 구리 조각을 오렌지와 같은 과일에 꽂으면 과일이 전해질로 작용하여 전류가 흐른다.

7-2-2 염기의 성질

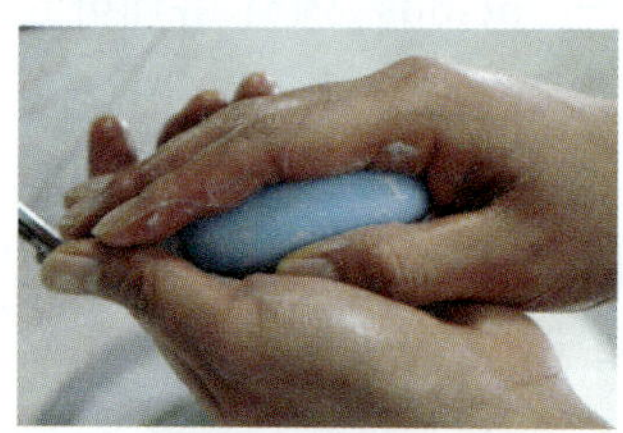

그림 7.10 비누와 하수구 세척제

염기는 산과 달리 쓴맛이 난다. 또한, 염기를 만지면 피부에 존재하는 지방산이 염기와 반응하여 비누와 같은 물질을 생성하므로 미끈미끈하다. 비누를 만질 때 미끈미끈한 것도 비누가 염기성 물질, 즉 대표적인 염기인 수산화나트륨을 원료로 만들어졌기 때문이다. 그러나 수산화나트륨과 같은 염기는 피부를 손상시키므로 이를 함부로 만지거나 피부와 접촉하지 않도록 주의해야 한다.

또한, 수산화나트륨은 대체로 기름 성분이나 단백질 등을 녹이는 성질이 있어 하수구 세척제의 원료로 사용된다. 즉, 단백질이 주성분인 머리카락으로 인해 하수구가 막혔을 때, 수산화나트륨을 주원료로 하는 세척제를 넣으면 세척제가 머리카락을 녹여 막힌 하수구를 뚫을 수 있다. 이외에도 산과 마찬가지로 염기의 수용액에도 이온들이 존재하므로 염기는 전류를 흐르게 하는 성질이 있다.

다음 중 산의 성질이 <u>아닌 것</u>을 모두 고르시오.

① 단백질을 녹인다.
② 만지면 미끈거린다.
③ 수용액은 전기를 흐르게 한다.
④ 수용액은 대체로 신맛이 난다.
⑤ 금속과 반응하여 수소 기체를 발생시킨다.
⑥ 대리석과 반응하여 이산화탄소를 발생시킨다.

정답 ①, ②
해설 ①, ②는 염기의 성질이다.

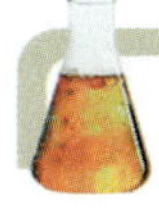

07-3 산과 염기의 세기

산과 염기의 세기는 수용액 속에 존재하는 H^+, OH^-의 양과 양성자(H^+)를 주고받는 경향에 의존한다. 즉, 아레니우스의 정의에 의하면 산 또는 염기가 수용액 속에서 많이 이온화되어 H^+, OH^-가 많을수록 산이나 염기의 세기가 강하다. 브뢴스테드-로우리의 정의에 의하면 H^+를 주고받는 경향이 강할수록 산과 염기의 세기가 강하다. 산과 염기의 세기를 정량적으로 나타내는 방법으로는 이온화도와 이온화 상수를 사용하는데, 일반적으로 그 값이 클수록 산과 염기의 세기가 강하다.

7-3-1 이온화도와 산과 염기의 세기

수용액에서 전기를 통하는 물질인 전해질이 물에 녹아 양이온과 음이온으로 나누어지는 현상을 이온화라고 한다. 그리고 전해질이 이온화하는 속도와 이온들이 전해질로 되돌아가는 속도가 같은 동적 평형 상태를 이온화 평형이라고 하는데, 이온화 평형 상태에서는 이온화되지 않는 전해질의 농도 및 양이온과 음이온의 농도가 각각 일정하게 유지된다. 이와 같은 이온화 평형 상태에서 용해된 전해질의 전체 몰 수에 대한 이온화된 전해질의 몰 수비를 **이온화도**라고 한다.

$$\text{이온화도}(a) = \frac{\text{이온화된 전해질의 몰 수}}{\text{용해된 전해질의 몰 수}} \quad (0 < a < 1)$$

예를 들어, 어떤 산 HA의 이온화도가 0.8이라는 것은 HA가 수용액에서 $HA(aq) \rightleftarrows H^+(aq) + A^-(aq)$와 같은 평형 상태를 이룰 때 용해된 분자 전체의 80 %만이 이온화되고 20 %는 이온화되지 않는다는 것을 의미한다. 따라서 산과 염기의 이온화도가 클수록 H^+, OH^-를 많이 내놓아 이온화 평형 상태에서 H^+, OH^-의 농도가 크므로, 산과 염기의 세기가 강하다.

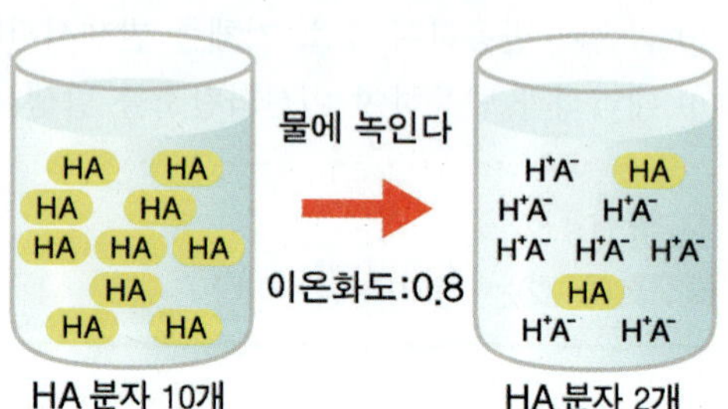

그림 7.11 산의 이온화에 대한 분자 모형

염산(HCl)과 질산(HNO_3) 등의 산이나 수산화나트륨(NaOH)과 수산화칼륨(KOH) 등의 염기는 이온화도가 1에 가까우므로 강산 또는 강염기로 분류된다. 반면, 아세트산(CH_3COOH)과 탄산(H_2CO_3) 등의 산이나 암모니아(NH_3) 등의 염기는 이온화도가 매우 작으므로 약산 또는 약염기로 분류된다.

일반적으로 같은 전해질의 경우에는 같은 온도와 농도에서 이온화도가 일정하다. 그러나 온도가 높고 농도가 묽을수록 이온화도가 커지는데, 이를 오스트발트의 희석률이라고 한다. 몇 가지 산과 염기의 이온화도를 표 7.1에 제시하였다.

표 7.1 몇 가지 산과 염기의 이온화도(20 ℃, 0.1 M)

산의 종류	이온화도	염기의 종류	이온화도
HCl	0.94	NaOH	0.91
HNO_3	0.92	KOH	0.91
H_2SO_4	0.62	$Ca(OH)_2$	0.90
CH_3COOH	0.013	$Ba(OH)_2$	0.77
H_2CO_3	0.0017	NH_3	0.013

확인

어떤 온도에서 0.1 M 산 HA의 이온화도가 0.2라면 이 산 수용액에서 H^+의 농도는 얼마인가?

정답 0.02 M

해설 이온화된 전해질의 몰 수 = 이온화도 × 전해질의 총 몰 수 = 0.1 × 0.2 = 0.02

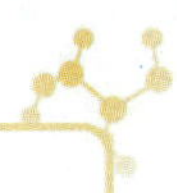

7-3-2 이온화 상수와 산과 염기의 세기

이온화도는 산과 염기의 세기를 비교하는데 간편하게 사용될 수 있지만 온도와 농도에 따라 값이 달라진다는 단점이 있다. 따라서 온도에 의해서만 값이 변하는 평형 상수를 활용하여 산과 염기의 세기를 비교하는 것이 더 유용하고 적당하다. 이온화 평형 상태에서의 평형 상수를 **이온화 상수**라고 하며, 어떤 산 HA와 어떤 염기 B가 물에 녹았을 때의 이온화 평형과 평형 상수는 다음과 같이 나타낼 수 있다.

$$HA(aq) + H_2O(\ell) \rightleftarrows H_3O^+(aq) + A^-(aq),\quad K = \frac{[H_3O^+][A^-]}{[HA][H_2O]}$$

$$B(aq) + H_2O(\ell) \rightleftarrows BH^+(aq) + OH^-(aq),\quad K = \frac{[BH^+][OH^-]}{[B][H_2O]}$$

이 때, 물은 용매로 사용되었으므로 농도가 거의 변하지 않는다. 따라서 물의 농도는 상수로 취급하여 이온화 상수식에 포함시키지 않는다. 결과적으로 산과 염기의 이온화 상수는 다음과 같이 나타낼 수 있으며, K_a를 **산의 이온화 상수**, K_b를 **염기의 이온화 상수**라 한다.

$$K_a = K[H_2O] = \frac{[H_3O^+][A^-]}{[HA]}$$

$$K_b = K[H_2O] = \frac{[BH^+][OH^-]}{[B]}$$

K_a의 값이 클수록 정반응이 우세하여 H_3O^+, 즉 H^+를 많이 내놓으므로 강한 산이고 그 값이 작을수록 역반응이 우세하여 H^+를 적게 내놓으므로 약한 산이다. 마찬가지로 K_b 값이 클수록 OH^-를 많이 내놓으므로 강한 염기이다.

한편, 한 분자 내에 수소를 2개 이상 포함하고 있는 산의 경우에는 H^+를 한 개씩 단계적으로 내놓으므로 각 단계별 이온화 상수가 존재한다. 일반적으로 반응의 단계가 높아질수록 이온화 상수값은 작아지므로($K_{a1} > K_{a2} > K_{a3}$ ⋯), 산의 세기는 주로 첫 번째 단계의 이온화 상수(K_{a1})의 크기로 결정된다. 예를 들어, 탄산(H_2CO_3)은 다음과 같이 두 단계로 이온화하며, 25 ℃에서 각 단계별 이온화 상수는 각각 4.3×10^{-7}, 4.8×10^{-11}이다.

$$[1단계]\ H_2CO_3 + H_2O \rightleftarrows HCO_3^- + H_3O^+,\quad K_{a1} = \frac{[H_3O^+][HCO_3^-]}{[H_2CO_3]} = 4.3 \times 10^{-7} (25\ ℃)$$

$$[2단계]\ HCO_3^- + H_2O \rightleftarrows CO_3^{2-} + H_3O^+,\quad K_{a2} = \frac{[H_3O^+][CO_3^{2-}]}{[HCO_3^-]} = 4.8 \times 10^{-11} (25\ ℃)$$

25 ℃에서 몇 가지 산과 염기의 이온화 상수를 표 7.2와 표 7.3에 제시하였다.

표 7.2 산의 이온화 반응과 이온화 상수 K_a(25 ℃)

산	이온화 반응	K_a(25 ℃)
염산	$HCl(aq) \rightleftarrows H^+(aq) + Cl^-(aq)$	매우 크다
황산	$H_2SO_4(aq) \rightleftarrows H^+(aq) + HSO_4^-(aq)$	크다
옥살산	$H_2C_2O_4(aq) \rightleftarrows H^+(aq) + HC_2O_4^-(aq)$	5.6×10^{-3}
	$HC_2O_4^-(aq) \rightleftarrows H^+(aq) + C_2O_4^{2-}(aq)$	5.1×10^{-5}
인산	$H_3PO_4(aq) \rightleftarrows H^+(aq) + H_2PO_4^-(aq)$	7.5×10^{-3}
	$H_2PO_4^-(aq) \rightleftarrows H^+(aq) + HPO_4^{2-}(aq)$	6.2×10^{-8}
	$HPO_4^{2-}(aq) \rightleftarrows H^+(aq) + PO_4^{3-}(aq)$	4.8×10^{-13}
포름산	$HCOOH(aq) \rightleftarrows H^+(aq) + HCOO^-(aq)$	1.8×10^{-4}
아세트산	$CH_3COOH(aq) \rightleftarrows H^+(aq) + CH_3COO^-(aq)$	1.8×10^{-5}
탄산	$H_2CO_3(aq) \rightleftarrows H^+(aq) + HCO_3^-(aq)$	4.4×10^{-7}
	$HCO_3^-(aq) \rightleftarrows H^+(aq) + CO_3^{2-}(aq)$	4.8×10^{-11}

표 7.3 약한 염기의 이온화 반응과 이온화 상수 K_b(25 ℃)

약한염기	이온화 반응	K_b(25 ℃)
메틸아민	$CH_3NH_2 + H_2O \rightleftarrows CH_3NH_3^+ + OH^-$	3.7×10^{-4}
암모니아	$NH_3 + H_2O \rightleftarrows NH_4^+ + OH^-$	1.8×10^{-5}
하이드라진	$N_2H_4 + H_2O \rightleftarrows N_2H_5^+ + OH^-$	1.7×10^{-6}
하이드록실아민	$NH_2OH + H_2O \rightleftarrows NH_3OH^+ + OH^-$	1.1×10^{-8}
아닐린	$C_6H_5NH_2 + H_2O \rightleftarrows C_6H_5NH_3^+ + OH^-$	3.8×10^{-10}

7-3-3 이온화도와 이온화 상수의 관계

이온화도와 이온화 상수는 모두 산과 염기의 세기를 나타내기 위한 방법이므로 관련이 있다. 그러면 두 값 사이에는 어떤 관계가 있을까? 농도가 C인 어떤 산 HA의 이온화도가 α라고 하면 다음과 같은 식이 성립한다.

	$HA(aq) + H_2O(\ell) \rightleftarrows$	$H_3O^+(aq) +$	$A^-(aq)$
처음 농도	C	0	0
이온화 농도	$-C\alpha$	$+C\alpha$	$+C\alpha$
평형 농도	$C(1-\alpha)$	$C\alpha$	$C\alpha$

$$K_a = \frac{[H_3O^+][A^-]}{[HA]} = \frac{Ca \times Ca}{C(1-a)} = \frac{Ca^2}{1-a}$$

약한 산에서는 1-a가 거의 1에 가까우므로 $K_a \fallingdotseq C\alpha^2$, $\alpha = \sqrt{\frac{K_a}{C}}$ 가 된다.

예제

어떤 온도에서 0.1 M 산 HA의 이온화도가 0.2라고 할 때, 이 온도에서 HA 수용액의 K_a는 얼마인가?

정답 5.0×10^{-3}

해설 $K_a = \frac{Ca^2}{1-a} = \frac{0.1 \times 0.2^2}{1-0.2} = 5.0 \times 10^{-3}$

7-3-4 산과 염기의 상대적 세기

이온화 상수는 일종의 평형 상수이므로 정반응의 평형 상수와 역반응의 평형 상수는 역수의 관계가 성립한다. 따라서 어떤 산 HA의 K_a가 매우 크면 HA는 대부분 이온화하여 수용액에는 HA의 양이 적고 H_3O^+와 A^-의 양이 많아진다. HA의 K_a가 작은 경우에는 그 반대이다. 따라서 HA의 짝염기인 A^-는 H^+를 잘 받아들이지 못하므로 약한 염기이다. 즉, 강한 산의 짝염기는 약한 염기가 되고 약한 산의 짝염기는 강한 염기가 되며, 반응의 평형은 약한 산과 약한 염기가 생성되는 쪽으로 치우친다.

예를 들어, 강산인 HCl은 이온화 상수가 매우 크므로 이온화 평형은 정반응 쪽으로 치우친다. 따라서 HCl은 H_3O^+보다 H^+를 더 잘 내놓으므로 더 강한 산이고, H_2O는 Cl^-보다 H^+를 더 잘 받아들이므로 더 강한 염기이다. 약산인 CH_3COOH의 경우에는 이온화 상수가 매우 작으므로 이온화 반응은 역반응 쪽으로 치우친다. 따라서 약산인 CH_3COOH의 짝염기인 CH_3COO^-는 강염기이고 약염기인 H_2O의 짝산인 H_3O^+는 강산이다.

$$\underset{\text{강산}}{HCl} + \underset{\text{강염기}}{H_2O} \rightleftarrows \underset{\text{약염기}}{Cl^-} + \underset{\text{약산}}{H_3O^+}$$

$$\underset{\text{약산}}{CH_3COOH} + \underset{\text{약염기}}{H_2O} \rightleftarrows \underset{\text{강염기}}{CH_3COO^-} + \underset{\text{강산}}{H_3O^+}$$

여기서 주의할 점은 산과 염기의 세기는 상대적이라는 것이다. 예를 들어, H_3O^+는 첫 번째 반응에서는 약산이지만 두 번째 반응에서는 강산이다. 또한, H_2O는 첫 번째 반응에서는 강염기이지만 두 번째 반응에서는 약염기이다.

07-4 수소 이온 농도

7-4-1 물의 자동 이온화

순수한 물은 모두 H_2O 분자로만 이루어진 것이 아니라 매우 적은 양의 H_2O 분자들끼리 H^+를 주고받아 H_3O^+와 OH^-로 스스로 이온화하여 평형을 이룬다.

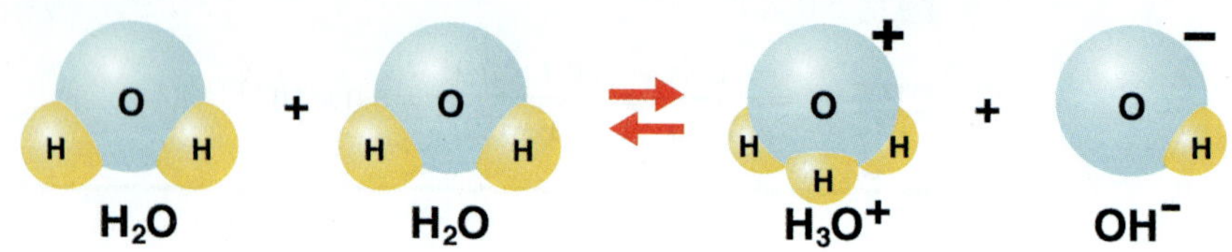

그림 7.12 물의 자동 이온화에 대한 분자 모형

$$H_2O(\ell) + H_2O(\ell) \rightleftarrows H_3O^+(aq) + OH^-(aq)$$

이 반응에서의 평형 상수식은 $K = \dfrac{[H_3O^+][OH^-]}{[H_2O]^2}$이다. 이 때, 물의 농도는 변하지 않으므로 분모를 상수로 볼 수 있다. 따라서 이 평형 상수식은 다음과 같이 나타낼 수 있다.

$$K[H_2O]^2 = [H_3O^+][OH^-] = K_w$$

여기서 K_w를 **물의 이온곱 상수**라고 한다. K_w는 일종의 평형 상수이므로 그 값은 온도에 의해서만 변하는데, 일반적으로 온도가 높을수록 커진다.

표 7.4 온도에 따른 물의 이온곱 상수(K_w)

온도(℃)	K_w (M^2)
0	0.114×10^{-14}
10	0.292×10^{-14}
20	0.681×10^{-14}
25	1.01×10^{-14}
30	1.47×10^{-14}
40	2.92×10^{-14}
50	5.47×10^{-14}
60	9.61×10^{-14}

이를 이용하면 중성인 순수한 물에서는 $[H_3O^+]$와 $[OH^-]$가 같으므로 25 ℃에서 이들의 농도는 각각 1.0×10^{-7} M로 일정하다.

$$K_w = [H_3O^+][OH^-] = [H_3O^+]^2 \fallingdotseq 1.0 \times 10^{-14} \ (25 ℃)$$
$$\therefore \ [H_3O^+] = [OH^-] = 1.0 \times 10^{-7} \text{ M} \ (25 ℃)$$

물의 이온곱 상수는 순수한 물에서 뿐만 아니라 모든 수용액에서 성립한다. 따라서 순수한 물에 산을 넣으면 $[H_3O^+]$가 증가하고 이에 따라 $[OH^-]$가 감소하여 $[H_3O^+]$가 $[OH^-]$보다 크므로 산성 용액이 된다. 반대로 순수한 물에 염기를 넣으면 $[OH^-]$가 증가하고 이에 따라 $[H_3O^+]$가 감소하여 $[OH^-]$가 $[H_3O^+]$보다 크므로 염기성 용액이 된다.

예제

0.01 M HCl 수용액이 있다. HCl의 이온화도가 1이라고 할 때, 이 수용액에서 $[H_3O^+]$, $[OH^-]$는 각각 얼마인가?

정답 $[H_3O^+] = 1.0 \times 10^{-2}$ M, $[OH^-] = 1.0 \times 10^{-12}$ M

해설 HCl의 이온화도가 1이므로, HCl는 모두 이온화한다. 따라서 0.01 M HCl 수용액에서 $[H_3O^+] = 1.0 \times 10^{-2}$ M이다.

$$[OH^-] = \frac{K_w}{[H_3O^+]} = \frac{1.0 \times 10^{-14}}{1.0 \times 10^{-2}} = 1.0 \times 10^{-12} \text{ M}$$

7-4-2 수소 이온 지수(pH, potential of hydrogen)

그림 7.13 수소 이온 지수

수용액에서 $[H_3O^+]$와 $[OH^-]$의 값은 너무 작아서 사용하기에 불편하다. 이에 1909년 덴마크의 생화학자 쇠렌센은 수소 이온 농도를 기준으로 하는 pH 표시법을 고안하였다. **pH, 즉 수소 이온 지수**는 수소 이온 농도의 역수에 대한 상용로그 값이다. 따라서 pH 6.0인 용액은 pH 7.0인 용액보다 10배 더 진하며, pH 5.0인 용액은 pH 7.0인 용액보다 100배 더 진하다.

$$\text{pH} = -\log[H_3O^+] = -\log[H^+]$$

같은 방법으로 pOH(수산화이온 지수)$= -\log[OH^-]$로 나타낼 수 있다. 예를 들어, 25 ℃에서 중성 용액의 $[H_3O^+]$와 $[OH^-]$는 모두 1.0×10^{-7} M이므로, pH와 pOH는 모두 7이 된다($-\log[10^{-7}] = 7$). 또한, 25 ℃에서 $K_w = [H_3O^+][OH^-]$

$=1.0 \times 10^{-14}$이므로 양변에 $-\log$를 취하면 이 온도의 모든 수용액에서 pH+pOH = 14임을 알 수 있다. 따라서 중성 용액보다 $[H_3O^+]$가 클수록, 즉 산성이 강할수록 pH는 7보다 작아지고, 중성 용액보다 $[H_3O^+]$가 작을수록 또는 $[OH^-]$가 클수록, 즉 염기성이 강할수록 pH는 7보다 커진다.

수용액의 액성에 따른 $[H_3O^+]$, $[OH^-]$와 pH, pOH의 관계를 표 7.5에 정리하였다.

표 7.5 수용액의 액성에 따른 $[H_3O^+]$, $[OH^-]$ 와 pH, pOH

	농도	pH, pOH
산성	$[H_3O^+] > 1.0 \times 10^{-7} > [OH^-]$	$pH < 7 < pOH$
중성	$[H_3O^+] = 1.0 \times 10^{-7} = [OH^-]$	$pH = 7 = pOH$
염기성	$[H_3O^+] < 1.0 \times 10^{-7} < [OH^-]$	$pH > 7 > pOH$

우리 주변에 있는 여러 가지 물질들의 pH는 그림 7.14, 표 7.6과 같다.

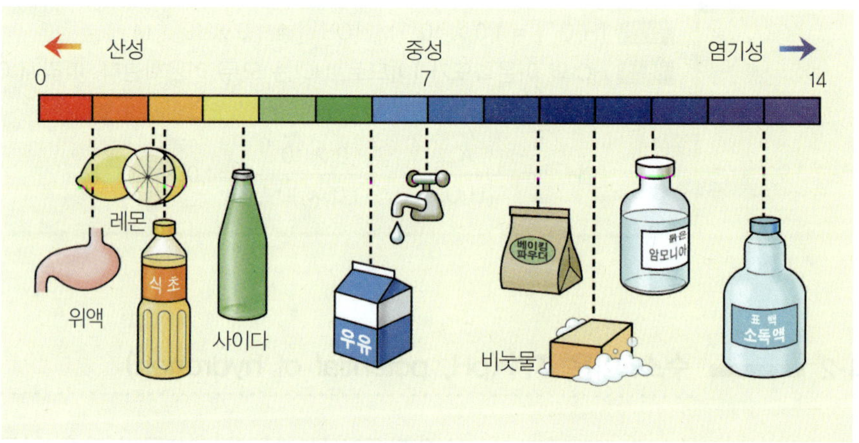

그림 7.14 우리 주변에 있는 여러 물질들의 pH

표 7.6 우리 주변에 있는 여러 물질들의 pH

물질	비누				콜라		과일 쥬스	
	도브	알뜨랑	허브(CJ)	오이(동산)	펩시	코카콜라	오렌지	포도
pH	7.3	9.9	10.1	10.5	2.4	2.4	3.4	3.0

물질	바닷물	바나나	사과즙	당근즙	가정용 암모니아	식초
pH	8.4	4.5	3.0	5.0	11.4	3.0

예제

pH = 2인 용액을 100배로 희석시킨 용액의 pH는 얼마인가?

정답 4

해설 pH = 2인 용액에서 $[H_3O^+] = 1.0 \times 10^{-2}$ M, 이것을 100배 희석시키면 $[H_3O^+] = 1.0 \times 10^{-4}$ M, $pH = -\log[[H_3O^+] = -\log 10^{-4} = 4$

7-4-3 지시약

지시약은 수용액의 pH에 따라 색이 달라지는 물질을 의미하며, 지시약을 이용하여 수용액의 액성(산성, 중성, 염기성)을 알아내거나 pH를 대략적으로 측정할 수 있다. 그러나 지시약마다 색이 변하는 pH의 범위가 다양한데, 이를 **변색 범위**라고 한다. 변색 범위는 보통 pH 2 정도의 범위를 차지한다. 또한, 변색 범위의 색은 산성 쪽과 염기성 쪽 색의 중간 색이며, 변색 범위를 지나면 용액의 pH가 더 커지거나 작아져도 일정한 색을 나타낸다. 그리고 지시약은 극히 소량을 첨가해도 적정 용액의 변색을 민감하게 감지할 수 있어야 한다. 그림 7.15와 표 7.7은 몇 가지 지시약의 변색 범위와 액성에 따른 색을 나타낸 것이다.

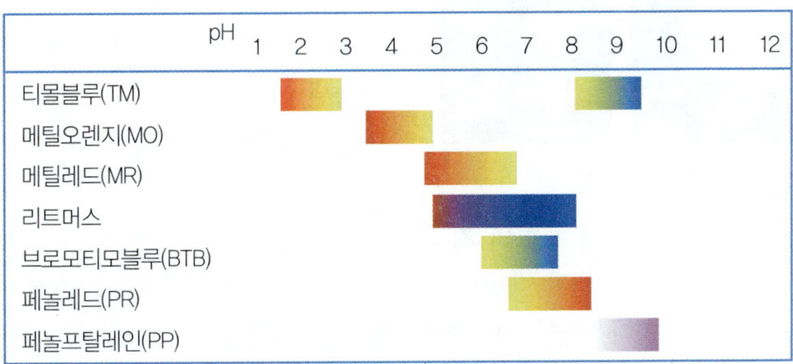

그림 7.15 몇 가지 지시약의 변색 범위와 액성에 따른 색

표 7.7 몇 가지 지시약의 변색 범위와 액성에 따른 색

지시약	산성쪽 색	변색범위(pH)	염기성쪽 색
티몰블루(Thymol blue)	붉은색 노란색	1.2 ~ 2.8, 8.6 ~ 9.6	노란색 푸른색
메틸오렌지(Methyl orange)	붉은색	3.2 ~4.4	노란색
메틸레드(Methyl red)	붉은색	4.8 ~ 6.0	노란색
리트머스(Litmus)	붉은색	5.0 ~ 8.0	푸른색
BTB(Bromothymol blue)	노란색	6.2 ~ 7.6	푸른색
페놀레드(Phenol red)	노란색	6.8 ~ 8.4	붉은색
페놀프탈레인(Phenolphthalein)	무색	8.2 ~ 10.0	붉은색

어떤 수용액의 액성을 잘 판별하기 위해서는 물질의 pH가 변색 범위에 들어갈 수 있는 지시약을 사용해야 한다. 예를 들어, 푸른색 리트머스 종이는 pH 5.0 이하에서, 붉은색 리트머스 종이는 pH 8.0 이상에서 색이 변하므로, 우유처럼 pH가 6.0에서 7.0 사이에 있는 용액의 액성을 확인하는 데에는 사용할 수가 없다. 마찬가지로 페놀프탈레인 용액의 변색 변위는 pH 8.2~10.0이므로 중성 비누처럼 pH가 7.5~8.0 사이의 용액의 액성을 확인하는 데에는 사용할 수 없다. 따라서 지시약의 색이 변하면 그 용액의 액성이 산성인지 염기성인지를 알 수 있는 것이지, 지시약의 색이 변하지 않는다고 해서 그 용액의 액성이 산성 또는 염기성이 아니라고 단정할 수는 없다.

그러면 지시약이 액성에 따라 색이 변하는 이유는 무엇일까? 지시약(HIn)은 그 자체가 약한 산이거나 약한 염기로 수용액에서 다음과 같이 이온화 평형을 이룬다.

$$\mathrm{HIn}(aq) + \mathrm{H_2O}(\ell) \rightleftarrows \mathrm{H_3O^+}(aq) + \mathrm{In^-}(aq)$$

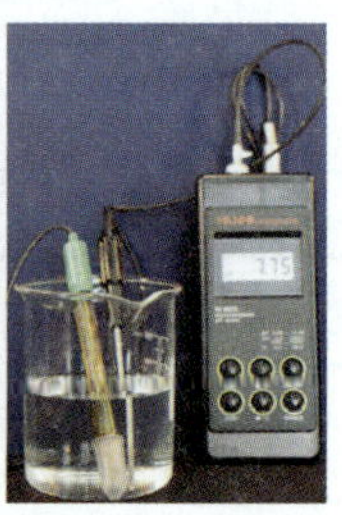

그림 7.16 pH 시험지와 pH 측정기

이 때, HIn과 In^-의 색은 서로 다르다. 따라서 지시약을 산성 용액에 넣으면 H_3O^+가 증가하여 역반응 쪽으로 평형이 이동하게 되고, 그 결과 HIn의 농도가 커져 용액은 HIn의 색을 띠게 된다. 염기성 용액에서는 염기로부터 생성된 OH^-가 H_3O^+를 중화시켜 정반응 쪽으로 평형이 이동하게 되고, 그 결과 In^-의 농도가 커져 용액은 In^-의 색을 띠게 된다.

여러 종류의 지시약을 혼합한 용액을 종이에 적셔서 만든 pH 시험지는 pH에 따라 색이 다양하게 나타나므로, 수용액의 pH를 측정하는데 유용하게 활용될 수 있다. 또한 pH 측정기를 사용하면 pH를 보다 쉽고 정확하게 측정할 수 있다.

07-5 중화 적정

7-5-1 중화 반응

산과 염기를 섞으면 산에서 나온 H^+와 염기에서 나온 OH^-가 일대일로 반응하여 본래의 성질과 전혀 다른 물과 염이 생성되는데, 이런 반응을 **중화 반응**이라고 하며 알짜 이온 반응식은 다음과 같다.

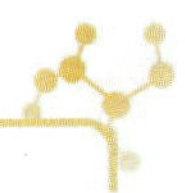

$$H^+(aq) + OH^-(aq) \rightarrow H_2O(\ell)$$

그 예로, HCl과 NaOH를 섞으면 물과 NaCl(염)이 생성된다. 이 때, Na^+와 Cl^-는 반응에 직접 참여하지 않는 구경꾼 이온이다.

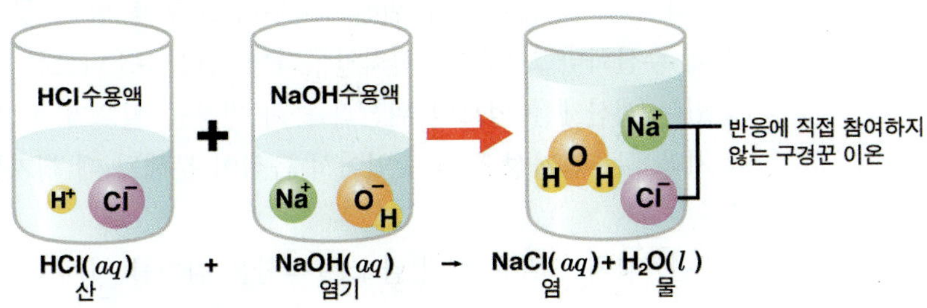

그림 7.17 중화 반응에 대한 분자 모형

황산(H_2SO_4), 탄산(H_2CO_3), 인산(H_3PO_4) 등의 산이나 수산화칼슘($Ca(OH)_2$), 수산화알루미늄($Al(OH)_3$) 등의 염기와 같이 산 또는 염기 1몰이 H^+나 OH^-를 2몰 이상 내놓는 물질의 경우에는 그 양적 관계를 고려해야 한다. 예를 들어, H_2SO_4 1몰이 완전히 이온화하면 H^+ 2몰이 나오므로, 이를 완전히 중화시키기 위해 NaOH는 2몰이 필요하고, $Ca(OH)_2$는 1몰이 필요하다. 산이나 염기 한 분자가 내 놓을 수 있는 H^+나 OH^-의 수를 산의 가수 또는 염기의 가수라고 할 때, 중화반응의 양적 관계를 나타내는 식은 다음과 같이 표현할 수 있다. 여기서 주의할 점은 산과 염기의 세기는 중화 반응의 양적 관계와 무관하다는 것이다.

> 농도가 M_1 몰/L인 n_1가의 산 V_1L속에 들어 있는 H^+의 몰 수 : $n_1M_1V_1$
> 농도가 M_2 몰/L인 n_2가의 염기 V_2L속에 들어 있는 OH^-의 몰 수 : $n_2M_2V_2$
> $$n_1M_1V_1 = n_2M_2V_2$$

예제

0.1 M $Al(OH)_3$ 100 mL를 완전히 중화시키는데 필요한 0.05 M H_2CO_3는 몇 mL인가?

정답 300 mL

해설 H^+의 몰 수 = OH^-의 몰 수

$n_1M_1V_1 = n_2M_2V_2$

$2 \times 0.05 \times V_1 = 3 \times 0.1 \times 0.1$ L

$\therefore V_1 = 0.3$ L = 300 mL

7-5-2 중화 반응과 관련된 주변 현상들

우리 주변에는 중화 반응과 현상들이 많이 있다. 예를 들어, 산성화된 토양을 중화시키기 위해 염기성 물질인 석회를 뿌려준다. 또한, 위산(염산)이 너무 많이 분비되거나 위벽이 헐어 위산으로부터 보호를 받지 못할 경우 속이 쓰린데, 이 때 수산화마그네슘, 수산화알루미늄, 탄산수소나트륨 등의 염기성 물질이 들어 있는 제산제를 먹으면 위산과 중화 반응을 일으켜 속 쓰림이 완화된다. 그리고 치약에는 염기성 물질이 있어서 음식이 분해될 때 생기는 산성 물질을 제거해 준다.

또한, 김치가 발효할 때 나오는 젖산은 김치를 시게 하는데, 염기성을 띤 조개껍질을 깨끗하게 씻어서 김치 용기에 함께 넣어 두면 젖산이 제거되어 김치의 신맛을 줄일 수도 있다. 같은 원리를 이용해서 우리 조상들은 김칫독이나 김치를 오래 보관한 그릇에 배인 냄새를 제거하였다. 신문지를 태우고 난 재는 염기성을 띠므로 이 재를 종이에 묻혀 김칫독을 닦아주거나, 조개껍질을 잘게 갈아서 그릇에 보관함으로써 김치 냄새를 제거하기도 하였다. 또한, 비누로 머리를 감으면 염기성 물질인 비누가 단백질로 구성된 머리카락에 영향을 주어 머릿결이 뻑뻑해지는데, 이 때 산성 용액인 식초를 물에 풀어 헹구면 중화 반응이 일어나면서 머리카락이 부드러워진다.

산성화된 토양에 석회 뿌리기

제산제

치약

잿물로 김칫독 닦기

식초로 머리 헹구기

그림 7.18 중화 반응과 관련된 주변 현상들

7-5-3 중화 적정

산에서 나온 H^+와 염기에서 나온 OH^-가 일대일로 반응하는 관계를 이용하면 농도를 알고 있는 산이나 염기의 수용액을 가지고 농도를 모르는 염기나 산의 수용액의 농도를 알아낼 수 있다. 이런 방법을 **중화 적정**이라고 하고, 이 때 농도를 아는 용액을 **표준 용액**이라고 한다. 만일 미지 염기 수용액의 농도를 알고 싶으면 이 염기의 수용액에 산 표준 용액을 조금씩 가하면서 미지 염기 수용액을 완전히 중화시키는데 필요한 산 표준 용액의 부피를 측정한 후 중화 반응의 양적 관계식($n_1M_1V_1 = n_2M_2V_2$)을 통해 그 농도를 계산하면 된다. 미지 산 수용액의 농도를 알고 싶을 경우에는 그 반대로 하면 된다.

그러면 산과 염기의 중화 반응이 완전히 끝나는 시점은 어떻게 알 수 있을까? 그것은 지시약의 색 변화를 통해 알 수 있다. H^+와 OH^-가 일대일로 반응하여 물 분자 하나가 만들어지므로, H^+ 양과 OH^- 양이 같으면 모두 물분자가 되어 혼합 용액의 액성은 중성이 된다. 그러나 만일 OH^- 양보다 H^+ 양이 많으면 여분의 H^+가 용액 중에 남아 있으므로 혼합 용액의 액성은 산성이 되며, 반대의 경우에는 혼합 용액의 액성이 염기성이 된다. 따라서 산성 또는 염기성일 때의 색과 중성일 때의 색이 다른 지시약을 미지 수용액에 넣고 표준 용액을 계속 떨어뜨리다 보면 어느 순간 지시약의 색이 변하게 된다. 이 시점이 바로 중화 반응이 완전히 끝나는 시점인데, 이를 **중화점** 또는 **종말점**이라고 한다.

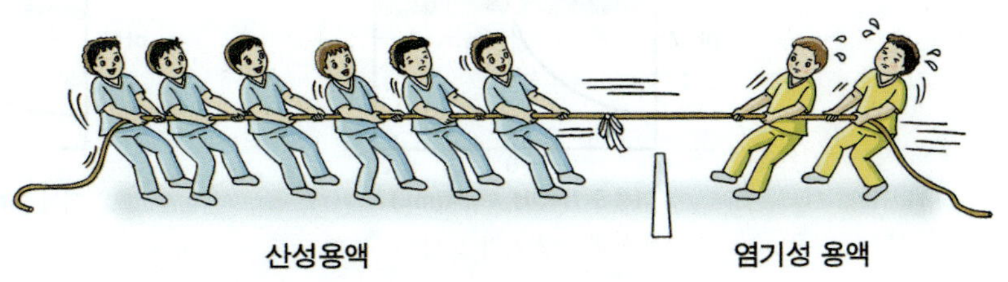

그림 7.19 중화 적정에 대한 줄다리기 비유

중화 적정 실험에서 가해준 표준 용액의 부피에 따른 혼합 용액의 pH 변화를 나타낸 곡선을 **중화 적정 곡선**이라고 한다. 만일 미지 산 수용액을 염기 표준 용액으로 적정할 경우에는 염기 표준 용액의 부피에 따라 혼합 용액의 액성이 산성 → 중성 → 염기성으로 변한다. 따라서 pH 값은 점점 증가하다가 중화점 근처에서 급격하게 변화하고 그 이후에는 서서히 증가한다. 미지 염기 수용액을 산 표준 용액으로 적정할 경우에는 그 반대이다.

중화 적정 곡선은 산과 염기의 세기와 농도에 따라 모양이 달라지므로, 정확한 중화점을 찾기 위해서는 혼합 용액의 pH가 급격하게 변하는 구간이 변색 범위에 포함된 지시약을 사용해야 한다. 예를 들어, 미지 산 수용액을 염기 표준 용액으로 적정하는 경우, 산과 염기의 세기에 따른 중화 적정 곡선과 이 때 사용 가능한 지시약은 그림 7.20과 같다. 즉, 강산을 강염기로 적정할 경우에는 pH가 4~10의 범위에서 급격히 변하므로 이 범위에서 변색하는 페놀프탈레인이나 메틸레드를 사용한다. 강산을 약염기로 적정할 경우에는 중화점이 약산성 쪽에 있으므로 이 범위에서 변색하는 메틸오렌지를 사용한다. 약산을 강염기로 적정할 경우에는 중화점이 약염기 쪽에 있으므로 이 범위에서 변색하는 페놀프탈레인을 사용한다. 약산을 약염기로 적정할 경우에는 급격한 pH 변화가 없어 지시약으로 중화점을 찾기 어려우므로 pH 측정기를 사용해야 한다.

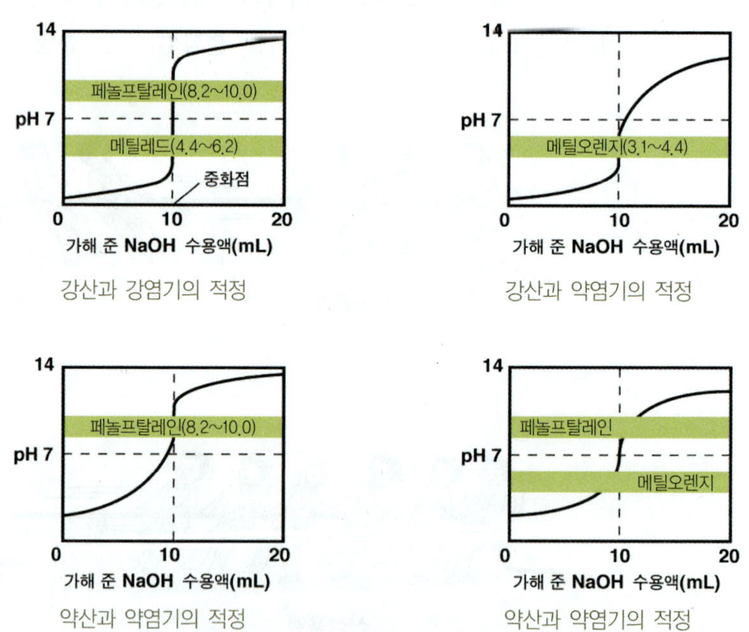

그림 7.20 산과 염기의 세기에 따른 중화 적정 곡선

예제

농도를 모르는 NaOH 수용액 30 mL를 0.1 M CH_3COOH 수용액으로 적정할 때, 예상되는 중화 곡선은 어떠한가? 또한, 중화점을 찾기 위해 사용할 수 있는 지시약은 무엇인가?

정답 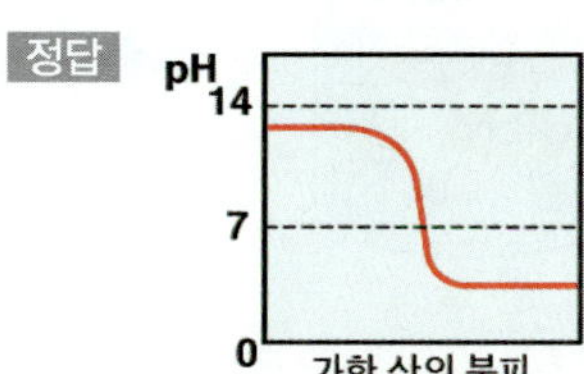

, 페놀프탈레인

해설 강염기를 약산으로 적정하는 경우이므로, 혼합 용액의 액성은 강염기성 → 약염기성 → 중화점 → 약산성으로 변한다. 그리고 중화점이 약염기 쪽에 있으므로 지시약은 이 범위에서 변색되는 페놀프탈레인을 사용해야 한다.

7-5-4 완충 용액

약산에 그 약산의 염(짝염기)을 넣은 용액이나, 약염기에 그 약염기의 염(짝산)을 넣은 용액은 강산이나 강염기를 넣어도 용액의 pH가 크게 변하지 않는데, 이런 용액을 **완충 용액**이라고 한다. 예를 들어, 약산인 CH_3COOH에 이것의 염인 CH_3COONa를 녹인 용액에서는 다음과 같은 이온화 반응이 일어난다. 즉, CH_3COOH는 약산이므로 일부만 이온화하여 평형을 이루지만 CH_3COONa는 완전히 이온화한다.

$$CH_3COOH + H_2O \rightleftarrows CH_3COO^- + H_3O^+$$
$$CH_3COONa \rightarrow CH_3COO^- + Na^+$$

이 완충 용액에 산을 넣으면 H_3O^+가 증가하여 역반응 쪽으로 평형이 이동하게 된다. 따라서 갑자기 늘어난 H_3O^+는 용액 속에 많이 있는 CH_3COO^-와 반응하여 CH_3COOH가 되므로, 용액의 pH는 크게 변하지 않는다.

반대로 이 완충 용액에 염기를 넣으면 염기로부터 생성된 OH^-가 용액 속의 H_3O^+와 중화 반응을 하므로 정반응 쪽으로 평형이 이동하게 된다. 이 때, 농도가 큰 CH_3COOH는 가해 준 OH^-와 반응하여 없어진 H_3O^+를 보충하기 위해 이온화하므로, 용액의 pH는 크게 변하지 않는다.

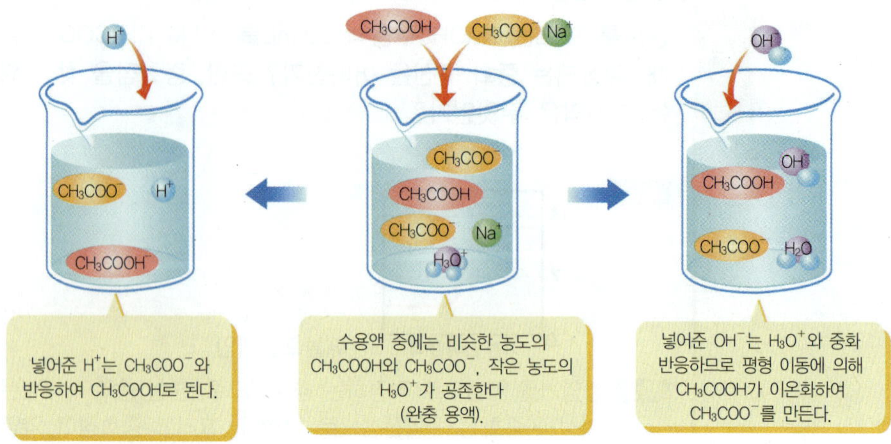

그림 7.21 완충 용액에 대한 분자 모형

[학생들의 흔히 범하는 오개념]

오개념		원인
산을 묽히면 산성의 성질이 없어진다.	⇢	용해 현상을 화학 변화로 생각했기 때문이다. 용해 현상은 물리 변화이므로 산이 물에 희석되어도 산의 성질은 없어지지 않고 단지 약해질 뿐이다.
농도가 진할수록 산의 세기가 커진다.	⇢	농도가 산의 세기 척도라고 생각했기 때문이다. 산의 세기는 농도와 무관하다. 예를 들어, 염산은 농도와 관계없이 강산이고, 아세트산은 농도와 관계없이 약산이다.
약산과 강산의 이온화도를 고려하지 않는다.	⇢	약산과 강산의 이온화식이 동일한 형태여서 두 산 모두 수용액에서 해리된 이온 형태로 존재한다고 생각했기 때문이다.
중화 반응에서 생성된 염은 분자 상태로 존재한다.	⇢	이온 반응식에서 염이 NaCl 등과 같은 형태로 제시되어 염이 이 상태로 존재한다고 생각했기 때문이다.
중화 반응은 농도와 관계없이 같은 부피비로 일어난다.	⇢	산과 염기가 일대일로 반응한다는 것을 단순히 같은 부피비로 반응한다고 생각했기 때문이다. 그러나 H_3O^+와 OH^-가 일대일로 반응하는 것이므로, 농도(M)와 부피(V)를 함께 고려(몰 수 = MV)해야 한다.

07-6 산과 염기와 과학-기술-사회

그림 7.22 보일에 의한 지시약 발견

1663년 영국의 과학자 보일은 산에 의해 여러 가지 식물의 색이 변하는 성질을 우연히 발견하였다. 즉, 그는 황산을 얻기 위해 황산염을 증류하는 과정에서 우연히 실험실에 있는 보라색 제비꽃에 연기가 나는 것을 발견하였다. 이것이 제비꽃에 황산 증기가 묻어서 그렇게 된 것이라고 생각하여 제비꽃에 묻은 황산을 제거하기 위해 꽃을 물 속에 담가 두었다. 그리고 나서 얼마간의 시간이 흐른 후 보일은 꽃의 색이 보라색에서 붉은 색으로 변해 있는 것을 관찰하였다. 혹시나 하는 생각에 다른 산 용액을 제비꽃에 떨어뜨렸는데, 그 때에도 역시 꽃의 색이 붉게 변하는 것을 관찰하였다. 그래서 그는 제비꽃잎을 알코올과 물로 추출하여 산성 용액에 떨어뜨렸고, 역시 같은 결과를 얻을 수 있었다. 이를 통해 그는 보라색의 제비꽃은 산과 반응하여 붉게 변한다는 결론을 내렸다. 그 후에도 보일은 튤립, 자스민, 배꽃, 리트머스 이끼 등의 추출액을 만들어 용액의 액성에 따라 색깔이 변하는 것을 확인한 후, 미지 수용액의 액성을 구별하는 용액으로 사용하였다. 이것이 바로 지시약의 시초이다. 우리가 흔히 사용하는 리트머스 종이는 바로 리트머스 이끼를 추출하여 얻은 용액을 소량의 염화수소나 암모니아 등으로 적신 후 건조해서 만든 시험지이다.

이외에도 용액에 따라 색이 변하는 천연 지시약으로 사용할 수 있는 식물에는 나팔꽃, 도라지꽃, 달개비꽃, 할미꽃, 봉숭아꽃, 보라색 양배추, 장미, 가지 등과 같이 여러 가지가 있다.

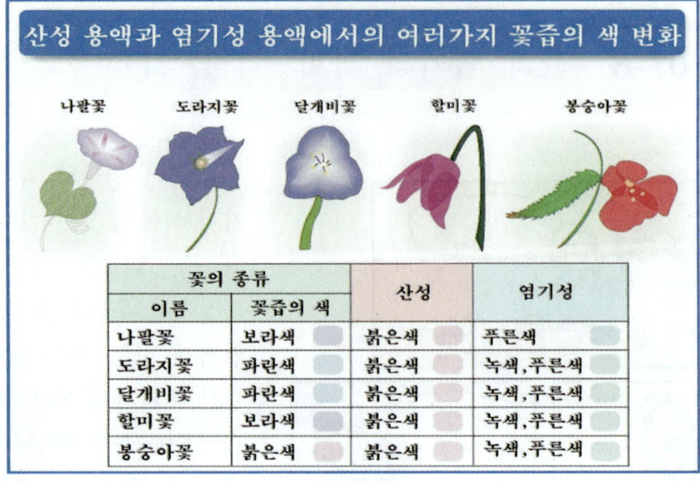

꽃의 종류		산성	염기성
이름	꽃즙의 색		
나팔꽃	보라색	붉은색	푸른색
도라지꽃	파란색	붉은색	녹색,푸른색
달개비꽃	파란색	붉은색	녹색,푸른색
할미꽃	보라색	붉은색	녹색,푸른색
봉숭아꽃	붉은색	붉은색	녹색,푸른색

pH 농도	자체	1	2	3	4	5	6	7	8	9	10	11	12	13
가지 껍질	5.74													

pH 농도	자체	1	2	3	4	5	6	7	8	9	10	11	12	13
자주색 양배추	6.56													

pH 농도	자체	1	2	3	4	5	6	7	8	9	10	11	12	13
장미 끓임	4.60													

그림 7.23 여러 가지 천연 지시약

또한, 6~7월에 피는 수국은 토양의 액성에 따라 각기 다른 색의 꽃을 피우는 것으로 알려져 있다. 즉, 수국은 산성 토양에서는 남보라색의 꽃이 피고, 염기성 토양에서는 분홍색의 꽃이 피므로, 토양의 액성을 파악하는데 사용할 수 있다.

생활속의 화학

※ 황사의 중화 작용

그림 7.24 황사

식물의 성장에 적합한 토양은 약한 염기성 또는 중성 토양으로 알려져 있으나 집중 호우로 인한 토양 양분의 감소, 과다한 화학 비료의 사용, 산성비 등의 이유로 우리나라 토양은 급격히 산성화되고 있다. 이로 인해 낙엽이 잘 썩지 않고, 토양 속에서 각종 유기물을 분해하는 미생물의 수가 감소할 뿐만 아니라 미생물들의 활동도 둔해져 식물이 영양분을 제대로 만들지 못하고 있다. 또한, 지력이 약해져서 이곳에서 자라는 농작물은 병충해에 잘 견디지 못해 그 피해가 커지고 있다.

봄철 중국으로부터 불어오는 황사는 대기 오염의 원인이 되기도 하지만, 황사에는 염기성을 띠는 석회나 산화마그네슘 등의 물질이 포함되어 있어 산성비를 중화시키거나 산성 토양을 중화시키는데 일정 부분 기여하기도 한다. 그러나 이는 토양에 쌓여가는 산성 물질을 감소시키는데 있어 근본적인 해결책은 되지 못하므로, 토양의 산성화 문제를 해결하기 위한 대책 마련이 시급하다.

핵심정리

산과 염기의 정의

- 아레니우스의 정의 : 물에 녹아 이온화하여 수소 이온(H^+)을 내놓는 물질을 산, 물에 녹아 이온화하여 수산화이온(OH^-)을 내놓는 물질을 염기라 한다.
  양성자(H^+)를 내놓는 분자나 이온을 산, 양성자(H^+)를 받아들이는 분자나 이온을 염기라 한다.
- 브뢴스테드-로우리 정의

  - 짝산-짝염기 : H^+의 이동에 의하여 산과 염기로 되는 한 쌍의 물질
  - 양쪽성 물질 : 반응에 따라 H^+를 내놓기도 하고 받아들이기도 하여 산 또는 염기로 모두 작용하는 물질

- 루이스 정의 : 비공유 전자쌍을 받는 물질(전자쌍 받게)을 산, 비공유 전자쌍을 주는 물질(전자쌍 주게)을 염기라 한다.

산과 염기의 성질

산	염기
• 산의 수용액은 신맛이 난다. • 탄산칼슘과 반응하여 이산화탄소를 발생시킨다. • 금속과 반응하여 수소 기체를 발생시킨다. • 전류를 흐르게 한다.	• 염기의 수용액은 쓴맛이 난다. • 만지면 미끈미끈하다. • 단백질을 녹인다. • 전류를 흐르게 한다.

산과 염기의 세기

이온화도	• 이온화 : 전해질이 물에 녹아 양이온과 음이온으로 나누어지는 현상 • 이온화 평형 : 전해질이 이온화하는 속도와 이온들이 전해질로 되돌아가는 속도가 같은 동적 평형 상태 • 이온화도$(a) = \dfrac{\text{이온화된 전해질의 몰 수}}{\text{용해된 전해질의 몰 수}}$ $(0 < a < 1)$ • 온도가 높고 농도가 묽을수록 커짐 • 이온화도가 클수록 강산, 강염기, 이온화도가 작을수록 약산, 약염기
이온화 상수	• 이온화 평형 상태에서의 평형 상수 • 단지 온도에 의해서만 값이 달라지고, 농도에 따라서는 변하지 않음 • K_a : 산의 이온화 상수(값이 클수록 강산) • K_b : 염기의 이온화 상수(값이 클수록 강염기) • 두 단계 이상으로 이온화할 경우 – 반응의 단계가 높아질수록 이온화 상수값은 작아짐 – 산과 염기의 세기는 주로 첫 번째 단계의 이온화 상수의 크기로 결정

수소 이온 농도

물의 자동 이온화	$H_2O(\ell) + H_2O(\ell) \rightleftarrows H_3O^+(aq) + OH^-(aq)$
물의 이온곱 상수(K_w)	• $K_w = [H_3O^+][OH^-]$ • 25 ℃에서 $K_w \fallingdotseq 1.0 \times 10^{-14}$ • 중성인 순수한 물 : $[H_3O^+]=[OH^-]$, $K_w = [H_3O^+][OH^-] = [H_3O^+]^2$
이온 지수	• 수소 이온 지수(pH) $= -\log[H_3O^+] = -\log[H^+]$ • 수산화이온 지수(pOH) $= -\log[OH^-]$ • 25 ℃에서 pH+pOH = 14
용액의 액성에 따른 농도와 이온 지수	(아래 표 참조)
지시약	• 수용액의 pH에 따라 색이 달라지는 물질 • 자체는 약산 또는 약염기 • 극히 소량을 첨가해도 적정 용액의 변색을 민감하게 감지할 수 있어야 함 • 이온화 평형 : $HIn(aq) + H_2O(\ell) \rightleftarrows H_3O^+(aq) + In^-(aq)$ • 변색 범위 : 지시약의 색이 변하는 pH의 범위

	농도	pH, pOH
산성	$[H_3O^+]>1.0 \times 10^{-7}>[OH^-]$	pH<7<pOH
중성	$[H_3O^+] = 1.0 \times 10^{-7} = [OH^-]$	pH = 7 = pOH
염기성	$[H_3O^+]<1.0 \times 10^{-7}<[OH^-]$	pH>7>pOH

중화 적정

중화 반응	• 산에서 나온 H^+와 염기에서 나온 OH^-가 일대일로 반응하여 물과 염을 생성하는 반응 • 알짜 이온 반응식 : $H^+(aq) + OH^-(aq) \rightarrow H_2O(\ell)$ • 중화 반응의 양적 관계 : $n_1M_1V_1 = n_2M_2V_2$
중화 반응과 관련된 현상들	• 산성화된 토양에 석회 뿌리기 • 속 쓰릴 때 제산제 먹기 • 음식이 분해될 때 생기는 산성 물질을 치약이 제거 • 조개껍질을 깨끗하게 씻어서 김치 용기에 함께 넣어 둠 • 신문지를 태우고 난 재를 종이에 묻혀 김칫독을 닦아 줌 • 비누로 머리를 감을 때 식초를 물에 풀어 헹굼 • 산성 토양을 중화시키는 황사
중화 적정	• 표준 용액 : 농도를 알고 있는 산이나 염기의 용액 • 중화 적정 : 표준 용액을 가지고 농도를 모르는 염기나 산의 수용액의 농도를 알아내는 방법 • 중화 적정 곡선 : 중화 적정 실험에서 가해준 표준 용액의 부피에 따른 혼합 용액의 pH 변화를 나타낸 곡선. 중화 적정 곡선에서 혼합 용액의 pH가 급격하게 변하는 구간이 변색 범위에 포함된 지시약을 사용 • 중화점 또는 종말점 : 산과 염기의 중화 반응이 완전히 끝나는 시점
완충 용액	• 강산이나 강염기를 넣어도 용액의 pH가 크게 변하지 않는 용액 • 약산에 그 약산의 염(짝염기)을 넣거나, 약염기에 그 약염기의 염(짝산)을 넣어 만듦

평가문제

01 다음은 탄산(H_2CO_3) 수용액에서 일어나는 반응이다.

(가) $H_2CO_3 + H_2O \rightleftarrows HCO_3^- + H_3O^+$	(나) $HCO_3^- + H_2O \rightleftarrows CO_3^{2-} + H_3O^+$

(1) 각 반응에서 브뢴스테드-로우리의 산과 염기를 각각 쓰시오.

(2) HCO_3^-의 짝산과 짝염기를 각각 쓰시오.

(3) 위 반응에서 양쪽성 물질로 작용한 것을 쓰시오.

02 산과 염기의 성질을 맛으로 정확하게 구분하기는 어렵다. 그 이유를 설명하라.

03 산과 염기의 세기에 대한 다음 설명 중 옳지 않은 것을 모두 골라라.

① 이온화도가 클수록 강한 산과 강한 염기이다.
② 약산의 짝염기는 강산의 짝염기보다 강염기이다.
③ 이온화도보다 이온화 상수를 사용하는 것이 더 적당하다.
④ 이온화 상수는 농도와 온도에 따라 변한다.
⑤ 약산과 약염기의 이온화도는 모두 0이다.
⑥ 강산인 진한 염산을 묽히면 약산이 된다.
⑦ 진한 아세트산 용액은 강산이다.

04 약산인 아세트산 수용액에서 아세트산(CH_3COOH)은 어떤 형태로 존재하는지 그림으로 그리고, 그 이유를 설명하라.

05 어떤 온도에서 0.02 M 산 HA의 이온화도가 0.5라면 이 산 수용액의 Ka, pH, pOH는 각각 얼마인가?

06 pH = 3인 용액을 1000배로 희석시킨 용액의 pOH는 얼마인가?

07 산과 염기와 관련된 다음 설명 중 옳지 않은 것을 모두 고르고, 그 이유를 설명하라.

① 알칼리와 염기는 같은 개념이다.

② 지시약 자체는 중성이다.

③ 리트머스 종이로 pH 6.5 용액의 액성을 알 수 있다.

④ $HCl + NH_3 \rightleftarrows NH_4^+ + Cl^-$ 에서 염기는 없다.

⑤ 지시약은 적정하려는 용액의 pH에 따라서 전혀 다른 색깔을 띠어야 한다.

08 0.2 M H_3PO_4 500 mL를 완전히 중화시키는데 필요한 0.1 M $Ca(OH)_2$는 몇 mL인가?

09 농도를 모르는 HCl 수용액 50 mL를 0.1 M NH_4OH 수용액으로 적정할 때, 예상되는 중화 곡선은 어떠한가? 또한, 중화점을 찾기 위해 사용할 수 있는 지시약은 무엇인가?

10 수산화나트륨 용액에 만능지시약을 넣은 후 드라이아이스를 넣으면 용액의 색깔이 보라색 → 파란색 → 녹색 → 노란색 → 주황색으로 변하게 된다. 그 이유를 설명하라.

pH	만능지시약 색
4	적색
5	오렌지색
6	황색
7	황녹색
8	초록색
9	청록색
10	청자색
11	적자색

Chapter

08 기체의 성질

우리 주변에는 질소, 산소, 수소, 이산화탄소, 일산화탄소, 헬륨, 메탄, 부탄, 염소 등과 같이 매우 다양한 기체들이 존재한다. 고체나 액체와 달리 기체 분자들은 매우 빠른 속도로 자유롭게 끊임없이 운동하며 기체 분자들 사이의 거리가 매우 멀어 다양한 성질을 가지고 있다. 이러한 기체의 성질로 인해 우리 주변에는 매우 다양한 현상들이 나타나고 있다. 그 예로는 수족관이나 바다 깊은 곳에서 잠수부가 숨 쉴 때 나오는 공기 방울이 물 위로 올라갈수록 커지거나, 축구공 또는 튜브를 깔고 앉으면 찌그러지거나, 찌그러진 탁구공을 뜨거운 물에 넣으면 원래 상태로 돌아오거나, 자동차가 고속도로를 한참 달리면 타이어가 단단해지는 현상 등이 있다. 또한, 열기구, 자동차의 에어백, 튜브, 축구공 등과 같이 기체의 성질을 이용한 제품들도 많이 개발되고 있다.

이 장에서는 여러 가지 기체들이 어떻게 발생되며, 이 기체들은 어떤 성질이 있는지, 이 성질들과 관련된 현상에는 어떤 것이 있고, 왜 그런 현상들이 발생하는지에 대해 공부할 것이다.

08-1 기체의 발생

기체는 열분해나 전기분해 반응, 산소와의 반응, 금속 또는 이온성 화합물과 산의 반응 등과 같은 다양한 화학 반응에 의해 생성될 수 있다.

8-1-1 분해 반응

어떤 고체 물질은 높은 온도로 가열하면 분해되어 기체가 생성된다. 예를 들어 대리석의 주성분인 탄산칼슘($CaCO_3$)을 가열하면 생석회(CaO, 생석회)와 이산화탄소(CO_2)로 분해된다. 또한, 산화수은(Ⅱ)(HgO)을 가열하면 수은(Hg)과 산소(O_2)로 분해된다. NH_4Cl과 같은 암모늄염은 가열에 의해 암모니아(NH_3)와 염화수소(HCl)로 분해된다.

$$CaCO_3(s) \xrightarrow[\triangle]{} CaO(s) + CO_2(g)$$

$$2HgO(s) \xrightarrow[\triangle]{} 2Hg(\ell) + O_2(g)$$

$$NH_4Cl(s) \xrightarrow[\triangle]{} NH_3(g) + HCl(g)$$

어떤 분해 반응은 폭발적으로 일어나 여러 기체를 생성하기도 하는데, 트리니트로톨루엔(TNT)의 폭발적 분해 반응과 충돌 시 자동차 에어백에 포함된 아자이드화 나트륨(NaN_3)의 폭발적 분해 반응이 대표적인 예이다. 과산화수소(H_2O_2)와 같이 상온에서 물(H_2O)과 산소(O_2)로 분해되는 경우도 있다.

$$2C_6H_2(NO_2)_3CH_3(s) \xrightarrow[\triangle]{} 3N_2(g) + 7CO(g) + 5H_2O(g) + 7C(s)$$

$$2NaN_3(s) \rightarrow 2Na(s) + 3N_2(g)$$

$$2H_2O_2(\ell) \rightarrow 2H_2O(\ell) + O_2(g)$$

전기를 통해 주어 화합물을 분해하는 전기분해 반응을 통해서도 기체가 생성될 수 있다. 예를 들어, 물(H_2O)을 전기분해하면 수소(H_2)와 산소(O_2)로 분해된다. 또한, 염화구리($CuCl_2$) 수용액을 전기분해하면 구리(Cu)와 염소(Cl_2)로 분해된다. 소금($NaCl$)물을 전기분해하면 수소(H_2)와 염소(Cl_2)가 생성되는 것과 같이 화합물에 포함된 원소 이외에 수용액에 포함된 원소의 기체가 생성되는 경우도 있다.

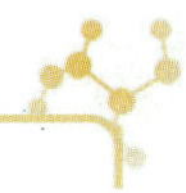

$$2H_2O(\ell) \rightarrow 2H_2(g) + O_2(g)$$
$$CuCl_2(aq) \rightarrow Cu(s) + Cl_2(g)$$
$$NaCl(aq) \rightarrow H_2(g) + Cl_2(g)$$
$$2NaCl(s) + 2H_2O(\ell) \rightarrow H_2(g) + Cl_2(g) + 2NaOH(aq)$$

(aq는 수용액 상태를 의미함)

8-1-2 산소와의 반응

어떤 물질들은 산소와 반응하여 기체를 생성할 수 있다. 예를 들어, 이산화탄소는 동물의 신진대사 과정에서 생성되기도 하나, 석탄이나 석유, 메탄(CH_4), 프로판(C_3H_8), 부탄(C_4H_{10}) 등과 같이 탄소와 수소, 산소로 이루어진 탄소 화합물의 연소과정에서 생성되기도 한다. 즉, 탄소 화합물을 완전 연소시키면 이산화탄소(CO_2)와 물(H_2O)이 생성된다.

$$CH_4(g) + 2O_2(g) \rightarrow CO_2(g) + 2H_2O(\ell)$$
$$C_3H_8(g) + 5O_2(g) \rightarrow 3CO_2(g) + 4H_2O(\ell)$$
$$2C_4H_{10}(g) + 13O_2(g) \rightarrow 8CO_2(g) + 10H_2O(\ell)$$

산소와 반응하여 산화물 형태의 기체가 생성되는 경우도 있다. 예를 들어, 황산화물(SO_x)은 황이 포함된 물질을 연소시키면 생성되고, 질소 산화물(NO_x)은 질소가 포함된 물질을 연소시키면 생성된다.

$$S(s) + O_2(g) \rightarrow SO_2(g)$$
$$2SO_2(g) + O_2(g) \rightarrow 2SO_3(g)$$
$$N_2(g) + 2O_2(g) \rightarrow 2NO_2(g)$$
$$2NO_2(g) + O_2(g) \rightarrow 2NO_3(g)$$

8-1-3 산과의 반응

산과 반응하여 기체를 생성하는 물질들도 있다. 예를 들어, 탄산칼슘($CaCO_3$), 소금($NaCl$), 탄산마그네슘($MgCO_3$) 등과 같은 이온성 고체 물질이 산과 반응하는 경우 다양한 기체들이 생성된다.

$$CaCO_3(s) + 2HCl(aq) \rightarrow CaCl_2(aq) + CO_2(g) + H_2O(\ell)$$
$$NaCl(s) + H_2SO_4(\ell) \rightarrow NaHSO_4(s) + HCl(g)$$
$$MgCO_3(s) + 2HBr(g) \rightarrow MgBr_2(s) + CO_2(g) + H_2O(\ell)$$

금속이 산과 반응할 경우에는 수소(H_2)가 생성되며, 아래에 몇 가지 반응의 예를 제시하였다.

$$2Na(s) + 2HCl(aq) \rightarrow 2NaCl(aq) + H_2(g)$$
$$Zn(s) + 2HCl(aq) \rightarrow ZnCl_2(aq) + H_2(g)$$
$$2Al(s) + 6HCl(aq) \rightarrow 2AlCl_3(aq) + 3H_2(g)$$

예제

다음 반응 중 수소가 생성되는 반응을 모두 고르시오.

① 탄산칼슘($CaCO_3$)의 열분해 반응
② 과산화수소(H_2O_2)의 분해 반응
③ 소금물(NaCl)의 전기분해 반응
④ 물(H_2O)의 전기분해 반응
⑤ 메탄(CH_4)의 연소 반응
⑥ 탄산칼슘($CaCO_3$)과 산의 반응
⑦ 금속과 산의 반응

정답 ③, ④, ⑦

해설 ①번 반응에서는 이산화탄소가 생성되고, ②번 반응에서는 산소가 생성되고, ③번 반응에서는 수소와 염소가 생성되고, ④번 반응에서는 수소와 산소가 생성되고, ⑤번 반응에서는 이산화탄소가 생성되고, ⑥번 반응에서는 이산화탄소가 생성되고, ⑦번 반응에서는 수소가 생성된다.

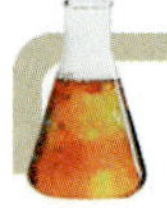

08-2 기체 분자 운동론

8-2-1 기체 분자 운동론

우리 주변에는 기체와 관련된 현상들이 매우 많으며, 이러한 현상들이 일어나는 원리를 이해하기 위해서는 기체의 성질에 대한 이해가 필수적이다. 이에 과학자들은 기체의 행동을 관찰하는 과정에서 발견한 여러 가지 법칙을 설명하기 위한 이론적 모형인 기체 분자 운동론을 제안하였다. 즉, 기체 분자들은 그 종류에 관계없이 넓은 공간을 빠른 속도로 자유롭게 운동하는데, 이러한 기체의 운동을 토대로 이미 발견된 기체의 성질을 설명하는 이론을 **기체 분자 운동론**이라고 한다.

8-2-2 기체 분자 운동론의 가정

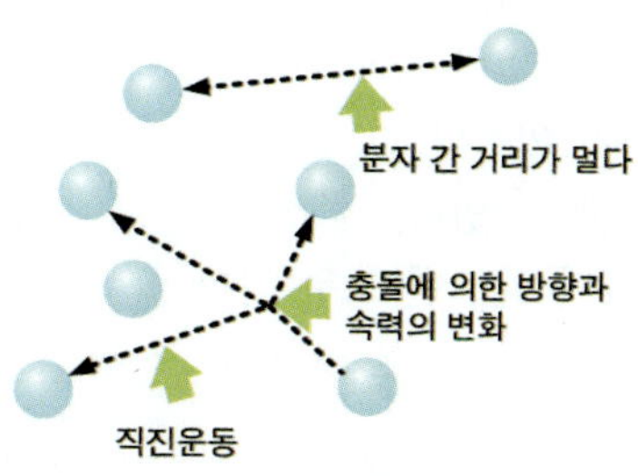

그림 8.1 기체 분자들의 불규칙한 직선 운동

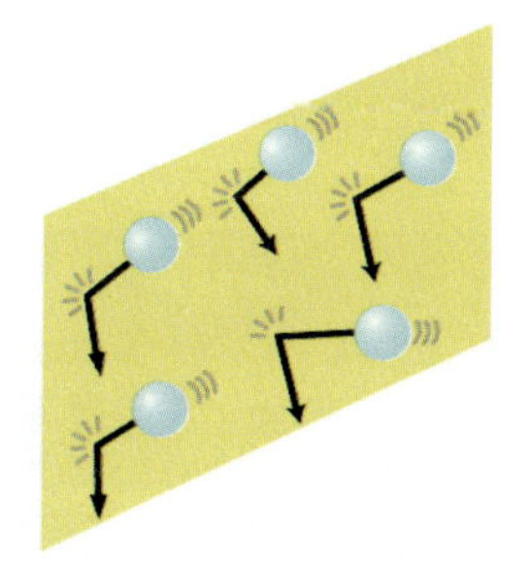
그림 8.2 기체 분자의 탄성 운동

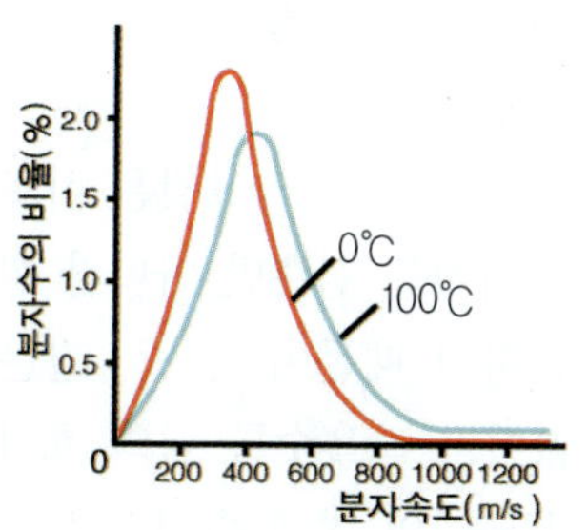

그림 8.3 기체 분자의 속도 분포

기체 분자 운동론의 기초가 되는 가정들은 다음과 같다.

① 기체는 다수의 동일 분자들로 구성되어 있으며, 이 분자들은 자신의 크기에 비하여 매우 멀리 떨어져 있다. 따라서 분자 자체의 부피는 기체가 차지하는 전체 부피에 비해 무시할 수 있을 정도로 작다.

② 기체 분자들은 무질서한 방향으로 끊임없이 불규칙적인 직선 운동을 하고 있다. 이 때, 기체 분자들의 속력은 모두 같지 않고 정상 분포에서 한쪽으로 치우친 분포를 나타낸다. 즉, 같은 온도에서도 어떤 기체 분자는 빠른 속도로 운동하지만 어떤 기체 분자는 느린 속도로 운동한다. 그러나 대부분의 분자들은 중간 정도의 속도로 운동한다. 따라서 기체 분자의 운동 속도는 평균 속도로 나타내며, 이 운동 에너지를 평균 운동 에너지라 한다.

③ 기체 분자들은 충돌하는 경우를 제외하고는 서로가 인력이나 반발력과 같은 힘을 미치지 않는다. 따라서 충돌하지 않을 경우에는 일정한 속도로 직선 운동을 한다.

④ 기체 분자들 사이의 충돌이나 기체 분자와 용기 벽과의 충돌은 모두 완전 탄성 충돌이다. 따라서 충돌이 일어나는 동안에는 에너지가 손실되지 않으므로, 충돌 전과 후의 운동 에너지는 같다.

⑤ 기체 분자의 평균 운동 에너지는 온도에만 영향을 받고 기체 분자의 크기, 모양 및 종류와는 관계없다. 즉, 기체의 크기, 모양, 종류와 관계없이, 온도가 올라가면 기체 분자들의 운동 속도가 빨라지므로 기체의 평균 운동 에너지가 증가한다.

예제

다음 중 기체 분자의 성질로 옳은 것을 모두 고르시오.

① 기체 분자의 전체 운동 에너지는 충돌에 의해 변한다.
② 기체 분자 자체가 차지하는 부피는 무시할 정도로 작다.
③ 기체 분자 사이에는 인력이나 반발력이 작용하지 않는다.
④ 기체 분자들은 운동하다 임의적으로 방향을 바꿀 수 있다.
⑤ 어떤 온도에서 기체 분자들의 운동 속도는 종류만 같으면 모두 같다.

정답 ②, ③

해설 기체 분자들의 충돌은 완전 탄성 충돌이므로 충돌 시 운동 에너지가 변하지 않는다. 또한, 기체 분자들은 다양한 속력 분포를 가지고 충돌하기 전까지 끊임없이 불규칙한 직선 운동을 하고 있다.

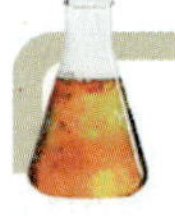

08-3 기체의 압력

8-3-1 압 력

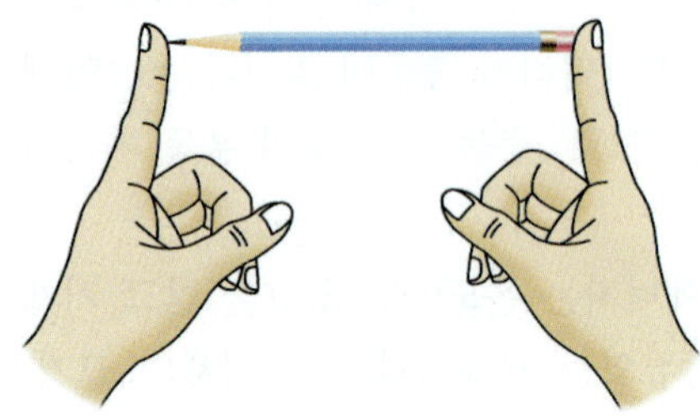
그림 8.4 손가락으로 연필 누르기

같은 힘을 주었는데도 연필의 뭉뚝한 쪽보다 뾰족한 부분으로 누른 손가락이 더 아프고 더 많이 눌리는 경험을 해보았을 것이다.

왜 이런 일이 일어나는 이유는 무엇일까? 그것은 바로 힘의 효과를 비교하기 위해서는 가하는 힘뿐만 아니라 힘을 받는 면의 넓이도 고려해야 하기 때문이다. 즉, 같은 힘을 주어도 힘을 받는 면의 넓이가 작을수록 힘의 효과가 커지는 것이다. 이처럼 단위 넓이의 면에 수직으로 작용하는 힘을 **압력**이라고 한다.

압력의 단위는 atm, psi, kgf/cm^2, Pa, bar, $dyne/cm^2$, pdl/ft^2, mmHg, inHg, mH_2O 등으로 매우 다양하지만 주로 국제단위인 Pa(파스칼)을 사용한다. 1 Pa은 1 N의 힘이 $1\ m^2$에 작용할 때의 압력을 의미한다.

$$\text{압력}(P) = \frac{\text{수직으로 작용하는 힘}(F)}{\text{힘을 받는 면의 넓이}(A)}$$

8-3-2 압력과 관련된 주변 현상들

우리는 생활 주변에서 압력과 관련된 현상을 많이 경험하거나 볼 수 있다. 예를 들어, 운동화를 신은 뚱뚱한 남자보다 하이힐을 신은 날씬한 여자한테 밟혔을 때가 더 아프다. 네모난 삽보다 뾰족한 삽으로 땅을 파는 것이 훨씬 쉽거나, 강원도와 같이 눈이 많이 내리는 지방에서 눈에 빠지지 않기 위해 바닥이 넓은 설피라는 신발을 신는 현상도 모두 압력과 관련된 현상이다.

그림 8.5 압력과 관련된 주변 현상들

압력과 관련된 다른 현상에는 어떤 것이 있는지 찾아 적어보자.

정답 및 해설

① 코끼리가 지나간 스티로폼에는 발자국만 남지만, 하이힐을 신은 여자가 지나간 스티로폼에는 깊은 구멍이 생긴다.
② 못의 뾰족한 부분을 물체에 올려놓고 못을 박는다.
③ 스케이트의 날을 날카롭게 만든다.

8-3-3 기체의 압력 존재 증거

고체나 액체뿐만 아니라 기체도 압력을 나타낼 수 있다. 이는 주사기 끝을 한쪽 검지손가락으로 막고 다른 손으로 눌렀을 때 피스톤이 직접 닿지 않았는데도 막은 손가락에 힘이 느껴지는 것으로 쉽게 확인할 수 있다.

이처럼 공기가 압력을 나타낸다는 사실은 이탈리아 과학자 토리첼리가 고안한 실험기구에 의해 설명되었다. 그는 긴 한쪽 끝이 막혀 있는 유리관에 수은을 가득 채운 후, 뚫려 있는 유리관의 한쪽 끝을 손가락으로 막고 수은이 가득 담긴 그릇에 거꾸로 세운 다음 손가락을 떼었다.

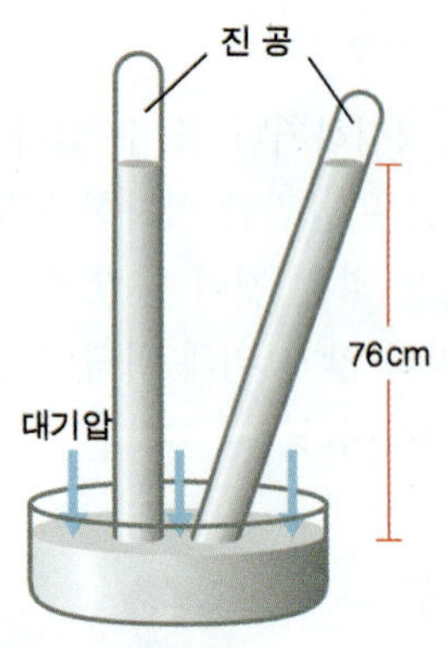

그림 8.6 토리첼리의 기체 압력 측정 실험

그랬더니 유리관 속에 있던 수은이 유리관에서 흘러나오다가 일정한 높이까지 내려온 후 더 이상 내려오지 않고 멈추었다. 이 높이는 76 cm 정도였으며, 수은이 가득 찼던 윗부분에는 빈 공간이 생겼다. 이 때 수은 기둥 위로는 공기가 들어갈 수 없으므로 수은 기둥 위는 거의 진공 상태가 된다. 토리첼리는 그릇에 들어 있는 수은 면을 누르는 공기의 무게가 수은이 관에서 흘러내려오는 것을 막는다고 결론지었으며, 이를 바탕으로 공기의 압력을 측정하는 방법도 밝혀냈다.

해면 근처의 전형적인 대기압에서 수은 기둥의 높이는 대략 760 mm이므로, 이를 1기압(atmosphere, 1 atm)이라고 한다. 1기압은 다른 압력 단위로 나타낼 수도 있다. 예를 들어, 1기압은 101,325 Pa과 같으며, 0 ℃에서 수은 기둥 760 mm 높이를 지탱하므로 760 mmHg으로 나타내기도 한다.

토리첼리가 수은 대신 물을 사용하였다면 물 기둥의 높이는 얼마나 될까? 단, 수은의 밀도는 물의 밀도의 13.6배이다.

정답 약 10.3 m

해설 물이 수은보다 단위 부피당 13.6배 가벼우므로 수은보다 13.6배 더 높이, 즉 13.6 × 0.76 m ≒ 10.3 m 올라갈 수 있다.

8-3-4 기체의 압력과 기체 분자 운동론

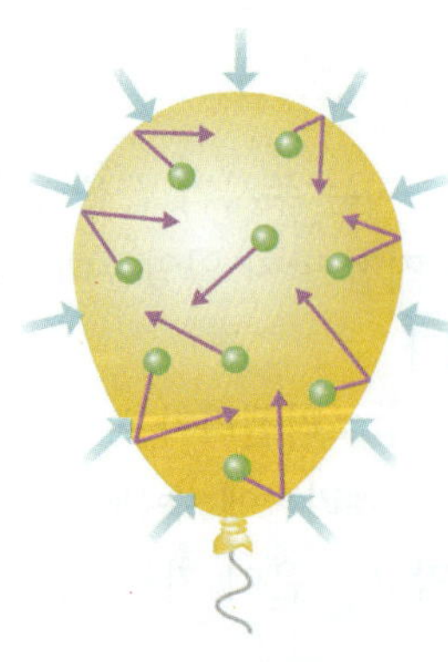
그림 8.7 기체의 압력

눈에 보이지 않는 기체가 어떻게 압력을 가할 수 있을까? 기체 분자들은 끊임없이 운동하면서 서로 충돌하기도 하고 모든 방향에서 용기의 벽에 충돌하기도 하는데, 용기의 벽에 충돌할 때 힘을 가한다. 이와 같이 분자의 충돌에 의하여 용기 벽의 단위 넓이에 작용하는 힘을 **기체의 압력**이라고 한다.

기체의 압력은 기체 분자들 수, 속력, 질량 등과 관련이 있다. 즉, 일정한 부피 속에 있는 기체 분자들의 수가 늘어나면 단위 면적에 충돌하는 기체 분자들의 수도 증가하므로 기체의 압력이 커진다. 또한, 기체 분자의 속력이 증가하면 일정한 시간 동안 단위 면적에 충돌하는 기체 분자들의 수가 증가할 뿐만 아니라 충돌 시 작용하는 힘도 증가하므로

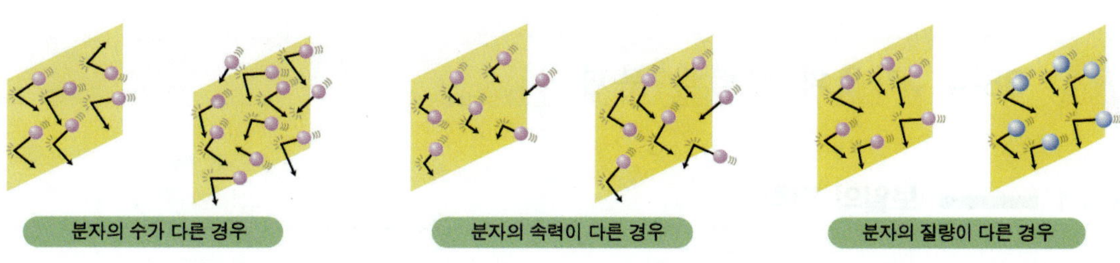

그림 8.8 분자의 조건에 따른 압력의 변화

기체의 압력이 커진다. 그리고 기체 분자의 질량이 클수록 충돌할 때 작용하는 힘이 크므로 기체의 압력도 커진다.

즉, 기체의 압력은 단위 시간동안 단위 면적에 충돌하는 기체 분자들의 수와 기체 분자가 한 번 충돌할 때 미치는 힘의 크기에 비례한다. 이를 수식으로 나타내면 다음과 같다.

기체의 압력 ∝ (매 충돌 당 생겨나는 충격량) × (충돌빈도)

$$P \propto (m \times u) \times \left(\frac{N}{V}\right) \times u = \left(\frac{N m u^2}{V}\right) \quad \left(\text{비례상수} = \frac{1}{3}\right)$$

$$PV = \frac{1}{3} N m u^2 = \frac{2}{3} N \cdot \frac{1}{2} m u^2 = \frac{2}{3} E_k \ (E_k = \text{기체의 총 운동에너지})$$

P : 압력, V : 부피, N : 분자수, m : 분자의 질량, u : 분자의 평균운동속력

풍선을 사람 머리의 반 정도 크기로 분 후, 풍선이 터지지 않도록 바늘로 옆면을 찔러 구멍을 내면 서서히 공기가 빠지면서 풍선이 작아진다. 그 이유를 기체의 압력과 관련지어 설명해보자.

정답 및 해설

풍선에서 공기가 빠지는 것은 풍선 내부 공기를 구성하고 있는 기체 분자들의 수가 줄어드는 것을 의미하므로 공기가 빠질수록 풍선 내부 공기 압력은 점점 작아지게 된다. 반면 풍선 외부에서 풍선을 누르는 압력은 일정하므로, 풍선 내부와 외부의 압력 차이로 인해 두 압력이 같아질 때까지 풍선이 작아지는 것이다.

08-4 기체의 압력과 부피

8-4-1 보일의 법칙

그림 8.9 진공실험 장치

약간 분 풍선을 진공실험 장치에 넣은 후 피스톤을 움직여 공기를 빼내면 풍선이 커지지만 진공실험 장치 위의 단추를 눌러 공기를 다시 넣어주면 풍선은 작아진다. 즉, 일정한 온도에서 일정량의 기체에 작용하는 외부 압력이 작을수록 기체의 부피는 커지고, 기체에 작용하는 외부 압력이 클수록 기체의 부피는 작아짐을 알 수 있다.

그렇다면 기체에 작용하는 외부 압력에 따라 기체의 부피는 얼마나 변할까? 이를 처음 밝혀낸 사람은 영국의 자연 철학가이면서 신학자였던 로버트 보일(Robert Boyle, 1627~1691)이었다. 그는 J자 모양의 관을 이용하여 기체에 작용하는 압력과 기체의 부피의 관계를 조사하였다. 즉, J자 관에 기체를 채우고 수은을 넣은 후, J자 관의 열린 쪽의 압력을 다르게 하면서, 기체의 부피와 수은 면의 높이 차(h)를 측정하였다. 이 때, 기체의 압력은 수은의 높이 차(h)를 변화시키는 압력과 대기압의 합이다.

그림 8.10 보일

보일의 실험 결과는 다음과 같다. 즉, 일정한 온도에서 일정량의 기체에 작용하는 압력이 2배로 증가했을 때 부피는 1/2배로 감소하고, 압력이 4배로 증가했을 때 부피는 1/4배로 감소하였다. 기체에 작용하는 외부 압력은 기체 자체의 압력과 동일하므로, 기체의 종류에 관계없이 일정한 온도에서 일정량의 기체의 압력(P)과 부피(V)는 반비례한다는 결론을 내릴 수 있는데, 이를 **보일의 법칙**이라고 한다.

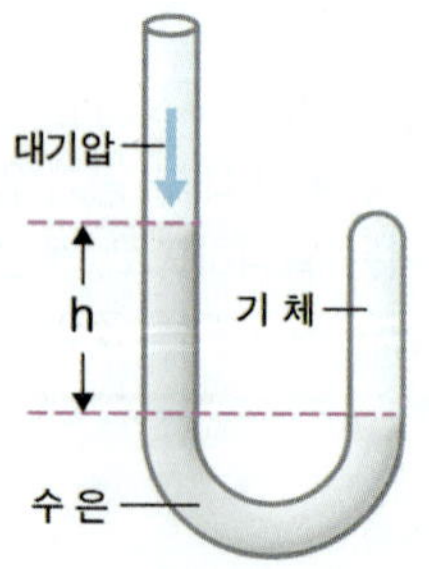

그림 8.11 보일의 실험

실험결과

온도 25℃

기체의 부피	높이차(h)	기체의 압력
46mℓ	0 cm	760 mmHg
24mℓ	76 cm	1520 mmHg
12mℓ	152 cm	3040 mmHg

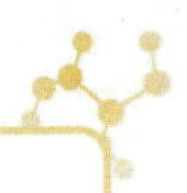

이를 식과 그래프로 나타내면 다음과 같다.

압력(P) × 부피(V) = k (k : 상수)

P_1V_1 (처음 조건) = P_2V_2 (나중 조건)

$$V \propto \frac{1}{P}$$

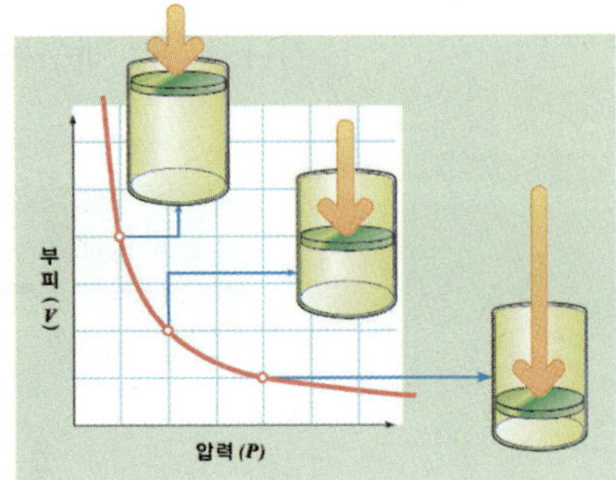

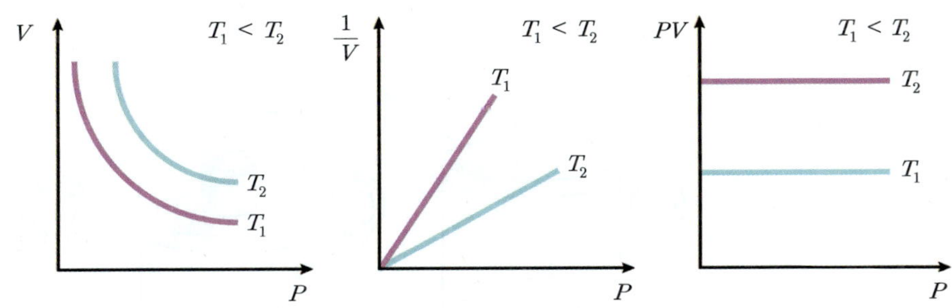

그림 8.12 일정량 기체의 압력(P)과 부피(V)의 관계

예제

어떤 온도에서 수소 기체가 10 L 들어 있는 용기가 있다. 이 때 수소 기체의 압력이 2기압이라고 할 때, 같은 온도에서 이 수소 기체를 4 L 용기로 옮긴다면 수소 기체의 압력은 얼마일까?

정답 5기압

해설 P_1V_1 (처음 조건) = P_2V_2 (나중 조건)

2기압 × 10 L = P_2 × 4 L

∴ P_2 = 5기압

8-4-2 보일의 법칙과 기체 분자 운동론

보일의 법칙을 기체 분자 운동론으로 설명해보자. 기체에 작용하는 외부 압력이 증가하여 기체의 부피가 감소하면 기체 분자들이 운동할 수 있는 거리가 가까워진다. 따라서 온도가 변하지 않아 기체 분자들이 같은 속도로 운동하더라도

실린더 벽과 충돌하는 횟수는 늘어가게 되고, 그 결과 실린더 속 기체의 압력은 외부 압력과 같아질 때까지 증가하게 된다. 그러나 이 때에도 기체 분자들의 크기나 모양, 개수는 변하지 않는다.

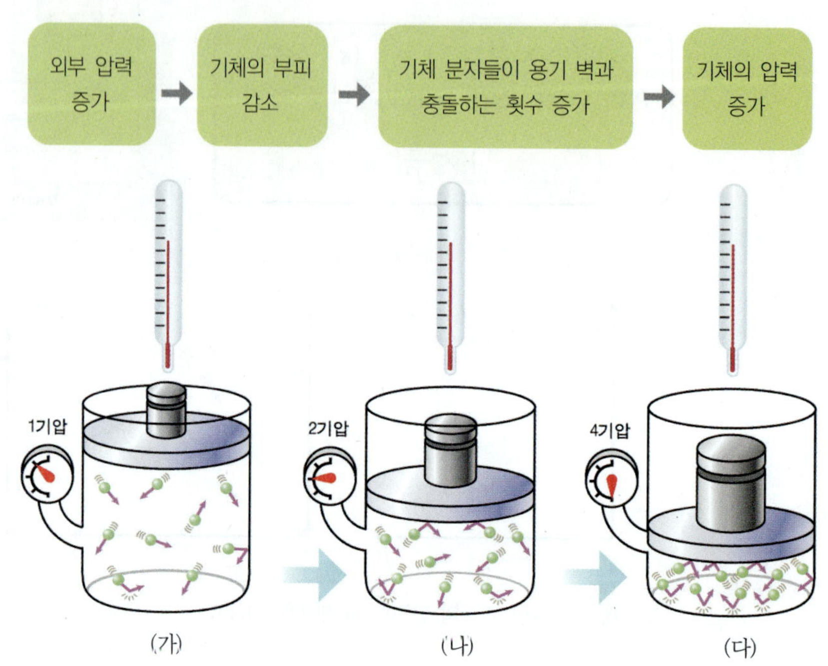

그림 8.13 보일의 법칙에 대한 분자 모형

[학생들의 흔히 범하는 오개념]

오개념		원인
기체에 압력을 가하여 부피가 작아지면 기체 분자들의 운동 속도가 변한다.	→	기체 분자들의 충돌 횟수가 증가하는 것을 운동 속도가 빨라지는 것으로 생각했기 때문이다.
기체에 압력을 가하여 부피가 작아지면 기체 분자 운동이 감소한다.	→	부피가 작아져 운동할 공간이 줄어들면 기체 분자들의 운동이 제약을 받는다고 생각했기 때문이다.
기체에 압력을 가하여 부피가 작아지면 기체 분자들의 모양이나 수가 변한다.	→	기체의 부피와 기체 분자를 동일시하여 생각했기 때문이다.
기체에 압력을 가하여 부피가 작아지면 기체 분자들이 한 쪽으로 모인다.	→	부피가 작아지면 기체 분자들이 조밀하게 분포한다고 생각했기 때문이다.
기체에 압력을 가하여 부피가 작아지면 기체 분자들이 고체처럼 일정한 배열을 갖게 된다.	→	압력이 커지면 기체 분자들의 운동이 매우 느려져 아주 조금씩만 움직이게 된다고 생각했기 때문이다.

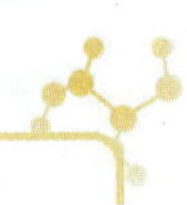

예제

다음은 3명의 학생이 피스톤의 압력이 증가하여 실린더의 부피가 감소하였을 때 실린더 속 기체의 상태를 분자 모형으로 표현한 그림이다. 이 그림에서 잘못된 점을 각각 찾아 설명해보자.

정답 및 해설

은경 : 부피가 감소하면 기체 분자가 실린더 벽과 충돌하는 횟수가 증가하나 기체 분자의 크기는 변하지 않으므로, 꺾인 화살표를 더 많이 그리고 원의 크기를 같게 그려야 한다.

민규 : 부피가 줄어도 기체 분자의 운동 속도는 변하지 않으므로, 화살표의 길이를 길게 그려야 한다.

수정 : 부피가 감소하면 기체 분자가 실린더 벽과 충돌하는 횟수가 증가하나 기체 분자의 개수는 변하지 않으므로, 꺾인 화살표를 더 많이 그리고 원의 수를 같게 그려야 한다.

8-4-3 보일의 법칙과 관련된 주변 현상들

우리 주변에는 보일의 법칙과 관련된 현상들이 매우 많다. 예를 들어, 수족관이나 바다 깊은 곳에서 잠수부가 숨 쉴 때 나오는 공기 방울은 물 위로 올라갈수록 커지는데, 이는 물 위로 갈수록 수압이 작아져서 공기 방울 안에 있는 공기의 부피가 커지기 때문이다. 같은 원리로 풍선이 하늘로 계속 올라가면 대기압이 작아져 점점 커지다가 결국 터져버리는 현상도 설명할 수 있다. 이외에도 축구공 또는 튜브를 깔고 앉으면 찌그러지는 현상도 보일의 법칙과 관련이 있다.

그림 8.14 보일의 법칙과 관련된 현상들

예제

페트병에 물을 공기 방울이 약간 생길 정도만 남겨두고 부은 후, 페트병을 손으로 힘껏 누르면 공기 방울이 작아지고 눌렀던 손을 떼면 공기 방울이 다시 커진다. 이 현상을 기체 분자 운동론으로 설명해보자.

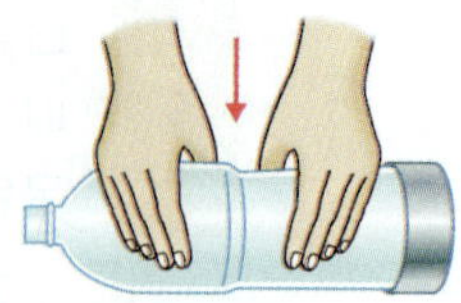

정답 및 해설

페트병을 손으로 힘껏 누르면 외부에서 공기 방울에 가하는 수압이 커진다. 반면 공기를 구성하고 있는 기체 분자들이 공기 방울 안쪽 벽에 가하는 압력은 변하지 않으므로, 그 압력 차이로 인해 공기 방울은 작아지게 된다. 이 때, 공기 방울이 작아지면 공기 방울 속 기체 분자들이 안쪽 벽과 충돌하는 횟수가 증가하여 공기 압력이 증가하므로, 공기 방울은 수압과 공기 압력이 같아질 때까지만 작아지게 된다. 누른 손을 떼었을 때 공기 방울이 커지는 현상은 이와 반대로 설명할 수 있다.

08-5 기체의 온도와 부피

8-5-1 샤를의 법칙

질소의 끓는점은 −196 ℃로, 액체 질소의 온도는 그보다 낮다. 이렇게 낮은 온도에서는 상온에서 볼 수 없는 여러가지 흥미로운 현상을 볼 수 있다. 예를 들어, 풍선을 온도가 매우 낮은 액체 질소에 넣었다 빼면 처음에는 쭈그러들었다가 시간이 지나면서 다시 원래 모양으로 커진다. 즉, 일정한 압력에서 일정량의 기체의 부피는 온도가 낮아지면 작아지고, 온도가 높아지면 커짐을 알 수 있다.

그렇다면 온도에 따라 기체의 부피는 얼마나 변할까? 1787년 프랑스 과학자 샤를(1746~1823)은 실험을 통해 '일정한 압력에서 일정량의 기체의 부피는

그림 8.15 액체 질소에 넣었다가 뺄 때의 풍선 부피 변화

그 종류에 관계없이 온도가 1 ℃ 오를 때마다 0 ℃일 때 부피의 약 1/273씩 늘어나고, 온도가 1 ℃씩 내려갈 때마다 0 ℃일 때 부피의 1/273만큼 감소한다.'는 사실을 알아냈다. 1802년 게이뤼삭은 증가 비율의 값을 1/267이라고 보고하였으나, 그 이후의 실험들에서 좀더 정확한 값인 1/273.15를 얻을 수 있었다.

$$V_t = V_0\left(1+\frac{t}{273.15}\right)$$

(V_t : 나중 부피, V_0 : 0 ℃일 때의 부피, t : 섭씨 온도)

이 비율에 따르면 섭씨 온도가 −273.15 ℃일 때 기체의 부피는 0이 되고, 온도가 −273.15 ℃ 이하로 된다면 기체의 부피는 음의 값을 가지게 되므로 이는 비물리적인 결과이다. 따라서 −273.15 ℃는 그 이하로 온도를 더 이상 낮출 수 없는 절대 한계점이라고 생각할 수 있으므로, 이 온도를 **절대 영도**라고 한다. 실제로, 기체는 절대 영도보다 높은 온도에서 모두 고체나 액체로 되므로, 기체를 포함한 어떤 물질도 −273.15 ℃ 이하로 온도를 낮출 수 없다. 이는 온도 척도에 대한 새로운 정의를 도입할 필요성을 시사한다. 이에 영국의 물리학자이자 수학자인 켈빈 경(1824~1907; 본명은 윌리엄 톰슨)은 절대 영도를 영점으로 하고 단위를 켈빈(K)으로 하는 새로운 온도 척도인 절대 온도(T)를 제안하였다.

$$T = 273.15 + t \quad (t : \text{섭씨 온도})$$

절대 온도를 이용하여 샤를이 알아낸 사실을 다시 정의하면 '일정한 압력에서 일정량의 기체의 부피는 그 종류에 관계없이 절대 온도에 비례한다.'고 할 수 있는데, 이를 **샤를의 법칙**이라고 한다.

샤를의 법칙은 다음과 같은 식과 그래프로 나타낼 수 있다.

$$\frac{V}{T} = k \quad (k : \text{상수})$$

$$\frac{V_1}{T_1}\ (\text{처음 조건}) = \frac{V_2}{T_2}\ (\text{나중 조건})$$

$$V \propto T$$

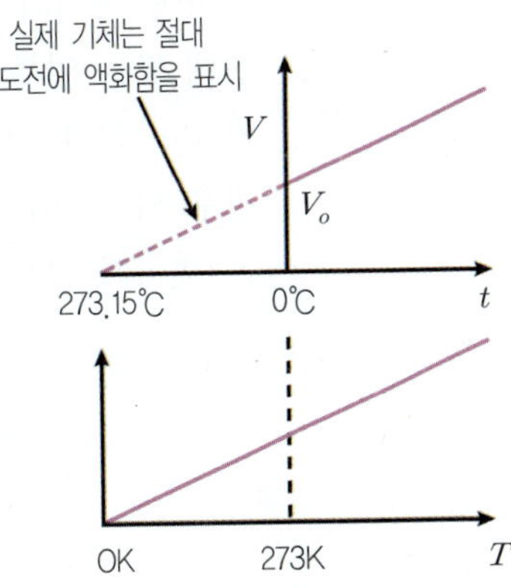

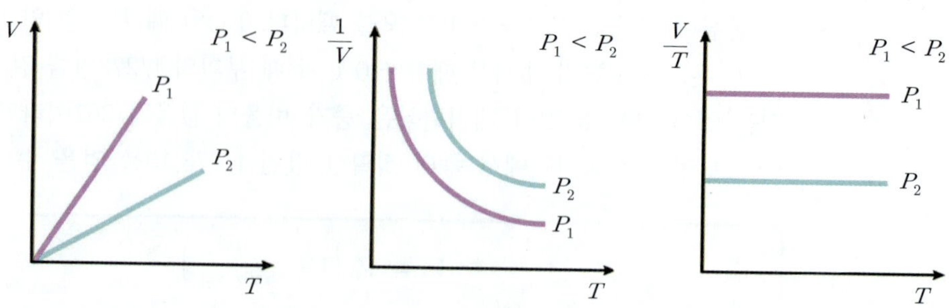

그림 8.16 일정량 기체의 부피(V)와 절대 온도(T)의 관계

예제

0 ℃, 1기압에서 수소 기체의 부피가 200 mL이다. 같은 압력에서 온도를 273.15 ℃로 높이면 수소 기체의 부피는 몇 mL인가?

정답 400 mL

해설 $\frac{V_1}{T_1}$ (처음 조건)$=\frac{V_2}{T_2}$(나중 조건)

$$\frac{200}{273.15+0}=\frac{V_2}{273.15+273.15}$$

$\therefore\ V_2=400$ mL

8-5-2 샤를의 법칙과 기체 분자 운동론

온도가 높아지면 기체 분자들이 더 빠른 속도로 운동하므로 같은 시간 동안 기체 분자들이 용기 벽과 충돌하는 횟수와 충돌할 때 용기 벽에 가하는 힘도 증가하여 기체의 압력이 증가하게 된다. 따라서 풍선이나 피스톤처럼 용기 면의 전체 또는 일부가 자유롭게 움직인다면 기체의 압력이 외부 압력과 같아질 때까지 기체의 부피가 증가한다. 그러나 강철 용기처럼 용기의 부피가 변하지 않는 경우에는 단지 기체의 압력만이 커진다. 이 때 기체 분자들의 크기나 모양, 개수는 변하지 않는다.

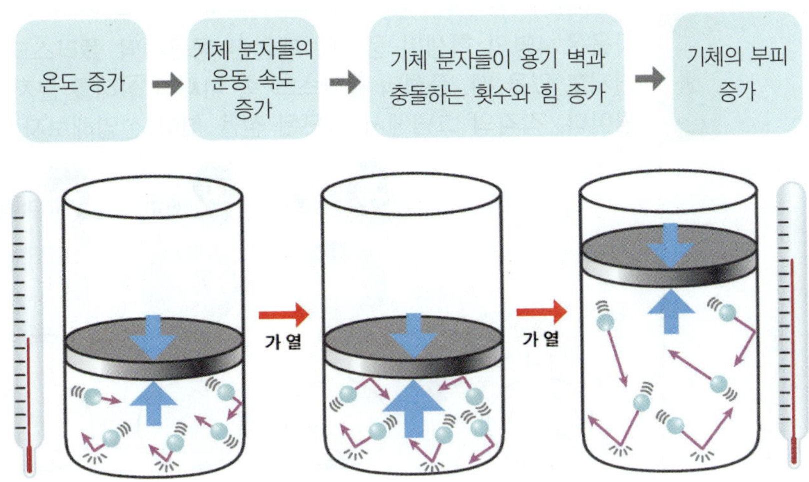

그림 8.17 샤를의 법칙에 대한 분자 모형

[학생들의 흔히 범하는 오개념]

오개념 유형		원인 분석
용기 바닥을 가열하기 전에는 기체 분자들이 바닥에만 있다.	⇢	가열하기 전에는 기체 분자들은 운동하지 않거나 활발하게 운동하지 않는다고 생각했기 때문이다.
용기 바닥을 가열하면 기체 분자들이 모두 용기 위쪽으로 이동한다.	⇢	가열하면 기체 분자들은 열을 피하기 위해 또는 용기의 위쪽 부분을 팽창시키는데 기여하기 위해 모두 용기 위쪽으로 올라간다고 생각하거나 가열을 공기 이동의 관점에서 생각했기 때문이다.
용기 바닥을 가열하면 기체 분자들의 일부만 용기 벽 쪽으로 이동한다.	⇢	일부 기체 분자들만 용기 벽 쪽으로 이동하여 용기의 부피를 팽창시키는데 기여한다고 생각했기 때문이다.
기체를 가열하면 기체 분자들의 크기나 수가 변한다.	⇢	기체의 부피가 커지는 것을 기체 분자 자체가 커지거나 기체 분자들의 수가 증가하는 것으로 생각했기 때문이다.

예제

다음은 4명의 학생이 풍선이 매달린 둥근바닥 플라스크를 가열하여 풍선이 커지고 있을 때, 풍선과 플라스크 속 기체의 상태를 분자 모형으로 표현한 그림이다. 각각의 그림에서 잘못된 점을 찾아 설명해보자.

정답 및 해설

은경 : 부피가 증가해도 기체 분자 자체의 크기는 변하지 않으므로, 원의 크기를 같게 그려야 한다.

민규 : 밀폐된 공간이므로 부피가 증가해도 기체 분자들의 수는 변하지 않는다. 따라서 원의 수를 같게 그려야 한다.

수정 : 가열하는 과정에서는 기체 분자들의 운동 속도와 기체 분자들이 플라스크나 풍선과 충돌하는 횟수가 증가하므로 화살표 길이를 더 길게 그리고 꺾인 화살표를 더 많이 그려야 한다.

영균 : 기체 분자들은 골고루 분포해야 하므로, 풍선과 플라스크에 원을 골고루 분포하게 그려야 한다.

8-5-3 샤를의 법칙과 관련된 주변 현상들

우리 주변에는 샤를의 법칙과 관련된 현상들을 흔히 볼 수 있다. 예를 들어, 찌그러진 탁구공을 뜨거운 물에 넣으면 원래 상태로 돌아오는데, 이는 탁구공 속에 있는 공기들의 온도가 증가하여 부피가 커지기 때문이다. 같은 원리로 반 정도 먹은 음료수 페트병을 냉동실에 넣어두면 페트병이 약간 찌그러지는 현상도 설명할 수 있다. 또한, 자동차가 고속도로를 한참 달리면 도로면과의 마찰열로 인해 타이어 속 공기가 팽창하여 타이어가 단단해지거나 스포이트 중간 부분을 감싸면 온도가 증가하여 스포이트 끝에 남아있는 액체 방울이 밀려나오는 현상도 샤를의 법칙과 관련이 있다.

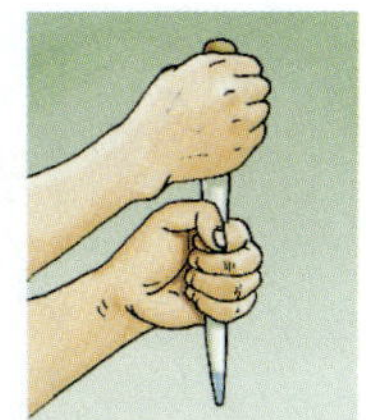

그림 8.18 샤를의 법칙과 관련된 현상들

예제

삼각 플라스크 안에 물을 조금 넣고, 끓을 때까지 가열한다. 그 후 껍질을 조금 벗긴 바나나를 삼각 플라스크 입구에 올려놓고, 삼각 플라스크를 찬물이 담긴 수조에 넣으면 바나나는 어떻게 될지 예상해보자. 또한, 그 이유는 무엇인지 분자 운동으로 설명해보자.

정답 및 해설

물이 담긴 삼각 플라스크를 가열하면 물이 끓어 수증기가 되고, 온도가 높아짐에 따라 수증기 분자들이 더 활발하게 운동한다. 이 때, 바나나를 삼각 플라스크 입구에 올려놓으면 삼각 플라스크의 내부가 밀폐된다. 밀폐된 상태에서 삼각 플라스크가 식으면 수증기 분자들의 운동이 느려져 플라스크와 바나나에 충돌하는 횟수가 줄어들고, 그 결과 플라스크 내부 압력이 감소하게 된다. 이로 인해 플라스크 외부에서 바나나를 누르는 압력이 플라스크 내부에서 바나나를 들어 올리는 압력보다 커지므로 바나나가 삼각 플라스크 내부로 밀려들어가며 껍질이 벗겨진다.

08-6 이상 기체와 실제 기체

8-6-1 보일-샤를의 법칙

우리는 앞 절에서 일정량의 기체의 부피는 일정한 온도에서 기체의 압력에 반비례하고(보일의 법칙), 일정한 압력에서 절대 온도에 비례(샤를의 법칙)함을 배웠다. 만일 압력(P), 부피(V), 온도(T) 중에서 2개의 변수가 동시에 변할 경우 다른 변수의 값은 어떻게 구할 수 있을까? 예를 들어, 지상으로부터 하늘로 아주

그림 8.19 헬륨으로 채워진 날씨 측정용 기구

높이 올라가면 대기압도 감소하지만 온도도 감소한다. 그러면, 날씨를 측정하기 위한 장비들을 하늘 높이 운반하는데 사용하는 헬륨 풍선 기구가 지상으로부터 약 30 km 정도의 높이에 올라갔을 때 이 기구의 부피는 어떻게 구할 수 있을까?

이 문제는 보일의 법칙과 샤를의 법칙을 함께 고려하여 해결할 수 있다. 즉, 보일의 법칙과 샤를의 법칙으로부터 일정량의 기체의 부피는 압력에 반비례하고, 절대 온도에 비례한다는 사실을 알 수 있다. 이를 **보일–샤를의 법칙**이라고 하며, 다음과 같은 식으로 나타낸다.

$$V \propto T,\ \frac{1}{P}$$

$$\frac{PV}{T} = k(k : \text{상수})$$

$$\frac{P_1V_1}{T_1}(\text{처음 조건}) = \frac{P_2V_2}{T_2}(\text{나중 조건})$$

- T가 일정할 때, $PV = k$ (보일의 법칙)
- P가 일정할 때, $V = kT$ (샤를의 법칙)

이 식은 샤를의 법칙에서 용기 면의 전체 또는 일부가 자유롭게 움직이지 않을 경우, 즉 기체의 부피가 일정할 경우 절대 온도와 기체의 압력의 비례 관계도 설명할 수 있다.

$$\frac{P}{T} = k(k : \text{상수})$$

$$\frac{P_1}{T_1}(\text{처음 조건}) = \frac{P_2}{T_2}(\text{나중 조건})$$

$$P \propto T$$

예제

27.15 ℃, 1기압에서 부피가 100 kL인 헬륨 풍선 기구가 있다. –23.15 ℃, 0.5기압인 고도에서 이 기구의 부피는 얼마인가?

정답 166.7 kL

해설 $\frac{P_1V_1}{T_1}(\text{처음 조건}) = \frac{P_2V_2}{T_2}(\text{나중 조건})$

$$V_2 = V_1 \times \frac{P_1}{P_2} \times \frac{T_2}{T_1}$$

$$\therefore\ V_2 = 100 \times \left(\frac{1}{0.5}\right) \times \left(\frac{250}{300}\right) = 166.7\ \text{kL}$$

8-6-2 아보가드로의 법칙

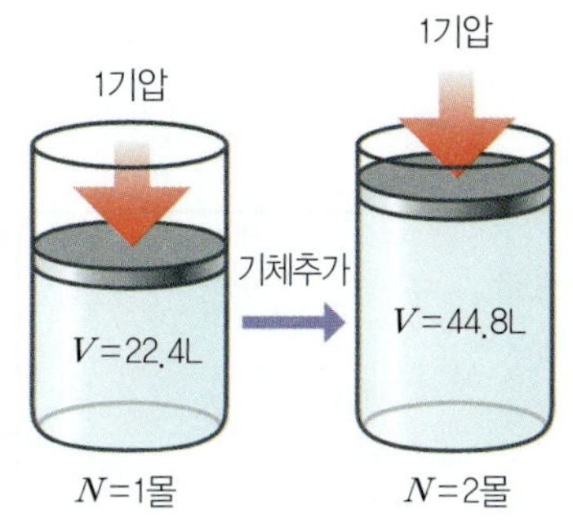

그림 8.20 아보가드로의 가설

보일의 법칙과 샤를의 법칙에서는 모두 기체의 양이 일정함을 전제로 한 상태에서 각각 기체의 압력과 부피의 관계, 기체의 온도와 부피의 관계를 설명하고 있다. 그러면 기체의 양과 부피는 어떤 관계가 있을까?

이탈이아 과학자 아보가드로(1776~1856)는 0 ℃, 1기압에서 여러 가지 기체의 1몰당 부피를 측정한 결과 기체의 종류와 관계없이 그 부피가 매우 유사함을 알아냈다. 그리고 이를 통해 1811년 '같은 온도와 압력에서 같은 부피 속에는 기체의 종류와 관계없이 같은 수의 입자가 들어 있다'는 **아보가드로의 가설**을 발표하였다. 그 후 이 가설은 실험으로 확인(1960년)된 후 법칙으로 정립되었다. 밝혀진 바에 의하면 0 ℃, 1기압에서는 기체의 종류와 관계없이 기체 22.4 L속에는 기체 1몰의 양에 해당하는 6.02×10^{23}개(기체의 성질을 이해하는데 큰 공헌을 한 아보가드로의 업적을 기려 이 수를 아보가드로수라 함)의 입자가 존재한다.

이를 다시 표현하면, 같은 온도와 압력에서 기체의 부피는 기체의 물리적, 화학적 특성과 관계없이 기체의 몰수(n)에 비례한다. 예를 들어, 기체의 몰 수가 2배가 되면 부피도 2배가 된다.

$$V \propto n(T,\ P\ \text{일정})$$

예제

다음 중 같은 온도와 압력에서 아보가드로의 가설을 가장 잘 나타낸 그림은 어느 것인가?

① ② ③ ④ ⑤

정답 ③

해설 왼쪽과 오른쪽 기체의 부피가 같으므로 입자(원자, 분자 등)수를 같게 표현한 것을 찾으면 되는데, 이것은 ③번뿐이다.

8-6-3 이상 기체 상태 방정식

아보가드로의 가설과 보일-샤를의 법칙을 종합하면 다음과 같이 나타낼 수 있다.

$$V \propto \frac{T}{P} \text{이고, } V \propto n \text{이므로}$$

$$V \propto \frac{nT}{P}$$

$$\frac{PV}{nT} = k(k : \text{상수})$$

아보가드로 가설에 의하면 0 ℃, 1기압에서 기체 1몰의 부피는 22.4 L이므로, 위 식에 대입하여 k를 구할 수 있다.

$$k = \frac{PV}{nT} = \frac{1\text{기압} \times 22.4L/\text{몰}}{1\text{몰} \times 273K} \fallingdotseq 0.082\text{기압} \cdot L/\text{몰} \cdot K$$

이 값은 기체의 종류나 압력, 온도에 관계없이 항상 일정하므로 기체 상수라고 정의하며, R로 표시한다. 따라서 보일-샤를의 법칙은 n몰의 기체에 대해 다음과 같이 나타낼 수 있는데, 이를 **이상 기체 상태 방정식**이라 한다.

$$\frac{PV}{nT} = R, \; PV = nRT$$

$$(\text{기체상수 } R = 0.082\text{기압} \cdot L/\text{몰} \cdot K)$$

이러한 이상 기체 상태 방정식을 이용하여 기체의 분자량과 밀도(d)를 구할 수도 있다.

$$PV = nRT \text{에서 } PV = \frac{w}{M}RT$$

$$M = \frac{wRT}{PV}$$

$$d = \frac{w}{V} = \frac{PM}{RT}$$

M : 분자량[g/몰]
w : 기체의 질량[g]
n : 몰수$\left(\frac{w}{M}\right)$
d : 기체의 밀도(g/mL)

그림 8.21 열기구

밀도에 관한 관계식은 열기구의 원리에 적용할 수 있다. 열기구의 내부를 가열하면 내부 공기가 따뜻해져서 열기구의 부피가 커진다. 그리고 열기구의 부피가 최대가 되어 더 이상 증가할 수 없게 되면 공기의 일부는 기구의 아래쪽 입구를 통하여 빠져 나온다. 이 때 아주 높이 올라가지 않는 한 압력은 거의 일정하고 열기구의 최대 부피도 일정하지만 빠져 나온 공기만큼 열기구의 질량이 감소하므로, 열기구의 밀도가 작아져 열기구가 뜨게 되는 것이다. 이것은 $n = \frac{PV}{RT}$에서 P와 V가 일정할 경우 n은 T에 대해 반비례하는 것으로도 확인할 수 있다.

예제

−23.15 ℃, 1.0기압에서 헬륨의 밀도(g/L)를 구하여라. (단, 헬륨의 분자량 4, R은 0.08기압 · L/몰 · K로 계산)

정답 0.2 g/L

해설 $T_2 = 273.15 - 23.15 = 250K$ $P = 1.0$기압

헬륨 1몰의 질량(M) = 4g/몰 $R = 0.08$기압 · L/몰 · K

$$d = \frac{w}{V} = \frac{PM}{RT} = \frac{1.0\ \text{기압} \times 4\ g/\text{몰}}{0.08\ \text{기압} \cdot L/\text{몰} \cdot K \times 250\ K} = 0.2\ g/L$$

8-6-4 실제 기체

어떤 조건에서도 이상 기체 상태 방정식이 잘 작용되는 기체를 이상 기체라 한다. 그러나 이상 기체 상태 방정식은 기체 분자 운동론의 가정들을 충족시키는 것을 전제로 하고 있으므로, 이상 기체는 실제로 존재하지 않는 가상적 기체이다. 왜냐하면 기체 분자 운동론에 의하면 이상 기체는 분자 자체의 부피가 매우 작고(기체 분자 부피 ≒ 0) 서로 인력이나 반발력을 미치지 않지만, 실제 기체는 일정한 부피를 가지고 있고 분자 사이의 인력이나 반발력도 미치기 때문이다. 따라서 실제 기체를 이상 기체 상태 방정식에 대입하여 분자량이나 밀도 등을 구하면 이론값과 다소 다르다. 그리고 실제 기체가 이상 기체에서 벗어나는 정도는 분자의 종류에 따라 다른데, 그 벗어나는 정도가 클수록 기체 분자 자체의 크기와 기체 분자 사이의 인력이나 반발력의 영향이 큰 것이다.

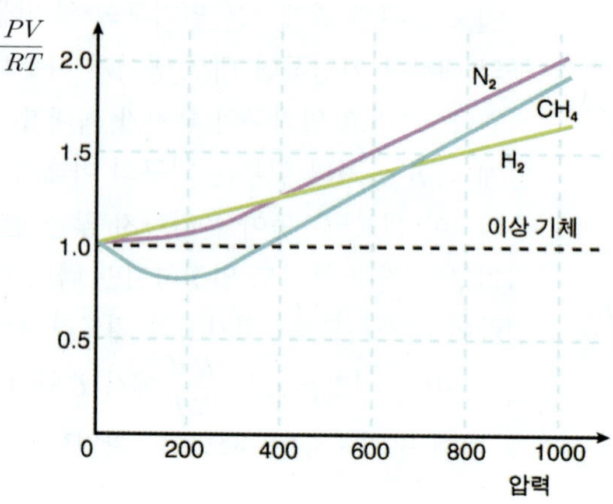

그림 8.22 이상 기체와 실제 기체

그러면 어떤 조건에서 실제 기체가 이상 기체와 가깝게 행동할 수 있을까? 그것은 바로 기체 분자 사이의 거리가 매우 멀어 기체 분자 자체의 크기와 기체 분자 사이의 인력이나 반발력의 영향이 거의 없는 조건이다. 즉, 온도가 높고 압력이 낮을수록 기체 분자 사이의 거리가 멀어지므로 높은 온도와 낮은 압력 조건에서 실제 기체는 이상 기체와 가깝게 행동할 수 있다. 또한, 무극성 분자이고 분자량이 작은 기체일수록 기체 분자 사이의 인력이나 반발력이 적으므로 이상 기체에 가깝게 행동한다.

van der Waals는 이상 상태 방정식에 기체 분자 자체의 부피와 기체 분자 사이의 인력이나 반발력의 영향을 포함시킨 실제 기체 상태 방정식을 제안하였다.

$$\left(P+\frac{n^2a}{V^2}\right)(V-nb)=nRT$$

b	• 기체 1몰의 분자가 차지하는 유효 부피 • 분자가 차지한 부피는 nb인자만큼 감소(분자 자체의 부피에 의한 보정값) • 기체를 압축할 수 있는 자유공간 → $(V-nb)$
a	• 인력을 나타내는 계수 • 분자 사이의 인력으로 용기 벽에 나타내는 힘이 $\left(\frac{n}{V}\right)^2$으로 감소하여 압력손실이 발생 → $\frac{n^2a}{V^2}$(분자 사이의 인력에 의한 보정값)
$a,\ b$	• 각 기체의 고유 상수로 온도와 압력에 무관 • 일반적으로 분자의 질량이 증가할수록, 분자가 복잡할수록 커짐

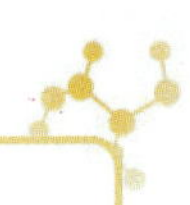

이처럼 실제 기체 상태 방정식은 다소 복잡하고 실제 기체를 이상 기체로 간주할 때 기체의 성질을 설명하기 위한 간결한 식이 정리될 수 있으므로, 실제 기체와 이상 기체가 다름에도 불구하고 이상 기체 상태 방정식을 사용하고 있다.

예제

실제 기체에 대한 다음 설명 중 옳지 않은 것은?

① 분자 자체의 부피가 무시할 정도로 작지 않다.
② 극성이 작은 기체일수록 이상 기체에 가깝다.
③ 기체 분자 사이에 인력이나 반발력이 작용한다.
④ 낮은 온도와 높은 압력에서 이상 기체에 가깝다.
⑤ 분자량이 작은 기체일수록 이상 기체에 가깝다.

정답 ④

해설 온도가 높고 압력이 낮을수록 기체 분자 사이의 거리기 멀어져 기체 분자 자체의 크기, 기체 분자 사이의 인력이나 반발력의 영향이 거의 없어지므로 실제 기체는 이상 기체와 가깝게 행동할 수 있다.

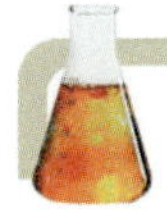

08-7 기체의 성질과 과학-기술-사회

1640년 토스카나에 살고 있는 한 대공은 사람들을 시켜서 궁전 뜰에 우물을 파게 하였다. 약 12 m 정도를 파 들어가자 지하수가 보이기 시작하였고, 사람들은 여기에 파이프를 박은 다음 펌프에 연결시켰다. 그러나 이상하게도 펌프를 통해 물은 한 방울도 나오지 않았다. 대공은 이 문제를 갈릴레이에게 부탁하였다. 갈릴레이는 곰곰이 생각한 끝에 '지하수가 10 m 이상의 높이까지는 올라올 수 없다.'라는 사실을 알아냈으나, 근본적인 원인을 밝혀내지는 못하였다.

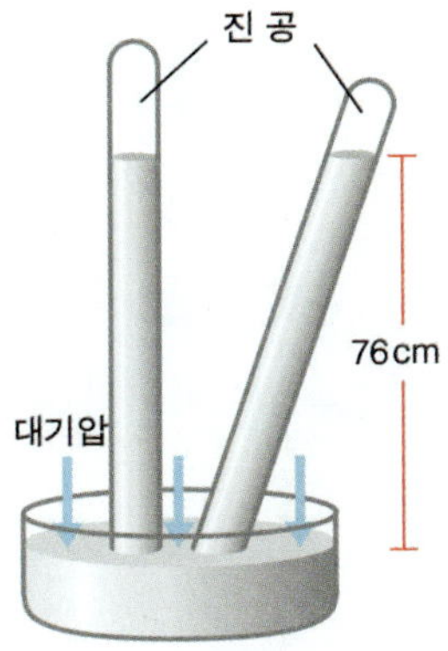

갈릴레이의 제자인 토리첼리와 비비아니는 이 문제를 해결하기 위해 물대신 수은을 사용하여 실험하였다. 같은 부피의 질량을 비교하였을 때, 수은이 물보다 약 13.6배 정도 무거우므로 수은이 최대로 올라갈 수 있는 높이는 물이 최대로 올라갈 수 있는 높이의 1/13.6 정도로 낮아질 것이라고 생각하였기 때문이다. 그들은 한쪽 끝이 막혀 있는 약 1 m길이의 유리관에 수은을 가득 채웠다. 그 후 뚫려 있는 유리관의 한쪽 끝을 손가락으로 막고 수은이 가득 담긴 그릇에 거꾸로 세운 후 손가락을 떼

진공
76cm
대기압

그림 8.23 대기압

었다. 그랬더니 유리관 속에 있던 수은이 통 속으로 내려가 76 cm 높이에서 멈췄고, 수은이 가득 차있던 윗부분에는 빈 공간이 생겼다. 이 사실을 바탕으로 토리첼리는 그릇의 수은 면을 누르는 공기의 무게, 즉 대기압이 수은이 관에서 흘러내려 오는 것을 막는다고 결론지었다. 또한, 물은 수은이 최대로 올라간 높이의 13.6배인 10 m 밖에 올라가지 않는다고 설명하였다.

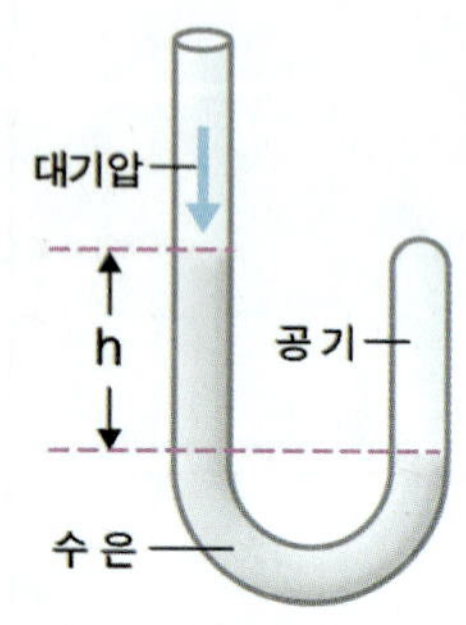

그림 8.24 보일이 사용한 J관 모양의 유리관

1661년 영국의 과학자 보일은 토리첼리의 실험을 검증하는 실험을 하였다. 우선 짧은 쪽 끝이 막힌 3 m 길이의 J자 모양 유리관에 수은을 조금씩 부었더니, 수은이 짧은 관 쪽으로 점점 밀려올라가 짧은 관 속 공기의 부피가 작아지는 것을 발견하였다. 그래서 그 후에는 짧은 관 속의 공기를 절반으로 줄이는데 수은 기둥의 높이, 즉 수은의 압력이 얼마나 필요한지 알아보는 실험을 수없이 반복하였다. 이 과정에서 3 m 정도 되는 유리관을 방에 세울 수가 없어 천장을 뚫기도 하고, 유리관이 수은을 견디지 못해 자주 깨져서 그때마다 유리관과 비싼 수은을 새로 사기도 하였다. 아마 보일이 귀족이 아니었으면 중간에 실험을 포기하였을지도 모른다. 그러던 중 수은의 압력을 2배로 하면 짧은 관 속 공기의 부피가 절반이 된다는 사실, 즉 보일의 법칙을 발견하게 되었다.

생활속의 화학

✲ 에어백의 원리

교통사고로 인한 사상자는 매년 증가하고 있는데, 에어백은 이러한 사상자를 줄이기 위해 개발된 대표적인 장치이다. 에어백이 어떻게 운전자의 생명을 구할 수 있을까? 에어백에는 센서가 있는데, 이 센서에 의해 충돌이 감지되면 기체 발생 장치에서 전기 접촉에 의해 순간적으로 불꽃이 생긴다. 그리고 이 불꽃에 의해 아자이드화 나트륨이라는 고체 화합물이 폭발적으로 분해되면서 순간적으로 많은 양의 질소 기체가 발생된다. 에어백의 종류에 따라 다소 차이가 있지만, 보통 운전석 쪽의 에어백은 약 35~70 L의 질소 기체가 채워지며, 보조석 쪽의 에어백은 약 60~160 L의 질소 기체가 채워진다.

그림 8.25 에어백

$$2NaN_3(s) \longrightarrow 2Na(s) + 3N_2(g)$$

발생한 질소 기체는 모든 방향으로 활발하게 운동하여 에어백 내부 벽과 충돌함으로써 순간적으로 에어백을 부풀린다. 이렇게 부풀어진 에어백은 플라스틱 덮개를 밀치고 나와 인체와 자동차 사이에서 완충 작용을 한다. 즉, 인체가 에어백에 부딪칠 때 가하는 압력에 의해 에어백의 부피가 줄어들음으로써 우리 몸에 가해지는 충격을 완화한다. 이런 과정을 통해 에어백은 운전자의 생명을 구할 수 있는 것이다.

✲ 자동차 타이어의 공기압과 환경오염

환경오염의 원인은 다양하지만 운전자들이 자동차 타이어의 공기압을 자주 점검하지 않는 것도 환경오염의 한 가지 원인이 된다고 한다. 그 이유는 무엇일까?

타이어는 공기압이 너무 낮거나 높으면 빨리 손상되어 수명이 짧아진다. 즉, 공기압이 정상보다 낮으면 땅에 닿는 타이어의 면적이 커져 열이 많이 발생하고 그 열에 의해 타이어의 양쪽 가장자리가 상대적으로 더 심하게 닳게 된다. 또한, 타이어가 회전하는데 필요한 에너지가 많아지므로 연료도 더 많이 쓰게 된다.

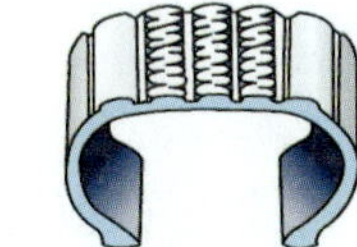

그림 8.26 공기압이 정상보다 낮을 경우 마모 상태

그림 8.27 공기압이 정상보다 높을 경우 마모 상태

이와 반대로, 공기압이 정상보다 높으면 충격을 감소시키는 타이어의 능력이 감소하여 타이어의 중앙 부분이 상대적으로 더 심하게 닳게 된다.

가만히 두어도 자동차 타이어에서 공기가 서서히 빠져나가므로 시간이 흐를수록 타이어의 공기압은 점점 낮아진다. 따라서 운전자들은 타이어의 공기압을 자주 점검하여 공기압을 정상으로 유지해야 한다. 이때 주의할 점은 공기압을 더운 날에는 정상보다 약간 낮게 하고, 추운 날에는 정상보다 약간 높게 해야 한다는 것이다. 그 이유는 타이어 속의 공기를 이루고 있는 기체 분자들이 더운 날에는 더 빠른 속도로 운동하여 타이어의 공기압이 높아지고, 추운 날에는 더 느린 속도로 운동하여 타이어의 공기압이 낮아지기 때문이다.

만일 타이어 공기압을 점검하는 일을 소홀히 한다면 타이어의 수명이 줄어들어 폐타이어가 많이 발생할 것이다. 폐타이어는 잘 썩지 않을 뿐만 아니라 연소할 때 발생하는 연기가 공기를 오염시키므로 함부로 버리거나 태우지 못하도록 하고 있다. 그러나 일부 비양심적인 사람들이 폐타이어를 산이나 도로 주변 등 곳곳에 몰래 버려 환경을 오염시키고 있다. 따라서 운전자들은 타이어의 공기압을 자주 점검하여 폐타이어의 발생 비율을 감소시키도록 노력해야 한다. 특히, 우리나라와 같이 계절에 따른 온도 변화가 큰 곳에서는 이런 노력이 환경 보호를 위한 작은 실천이 될 것이다.

핵심정리

기체의 발생

- 기체는 열분해나 전기분해 반응, 산소와의 반응, 금속 또는 이온성 화합물과 산의 반응 등과 같은 다양한 화학 반응에 의해 생성된다.

기체 분자 운동론

- 기체 분자 자체의 부피는 무시할 수 있을 정도로 작다.
- 기체 분자들은 다양한 속력 분포를 가지고 끊임없이 불규칙적인 직선 운동을 한다.
- 기체 분자들은 충돌하는 경우를 제외하고는 서로가 인력이나 반발력과 같은 힘을 미치지 않는다.
- 기체 분자들 사이의 충돌이나 기체 분자와 용기 벽과의 충돌 시 에너지가 손실되지 않는다.
- 기체 분자의 평균 운동 에너지는 온도에만 영향을 받는다.

기체의 성질에 대한 다양한 법칙

보일의 법칙	• 일정한 온도에서 일정량의 기체의 압력(P)과 부피(V)는 반비례 관계 $PV = k(n,\ T$ 일정) $P_1V_1 = P_2V_2$ ($n,\ T$ 일정) 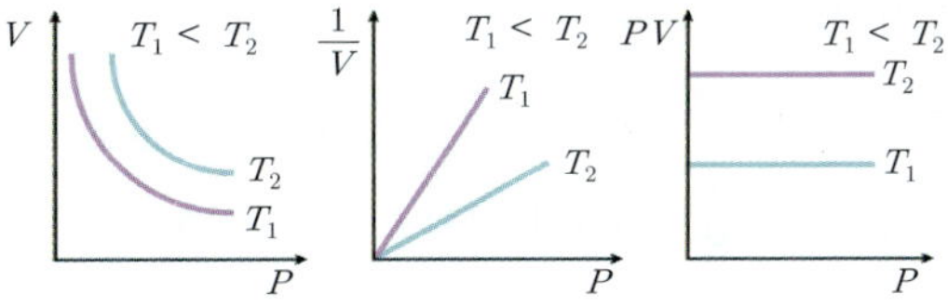 $T_1 < T_2$
샤를의 법칙	• 일정한 압력에서 일정량의 기체의 부피(V)와 절대 온도(T)는 비례 관계 $T = 273.15 + t$ (t : 섭씨 온도) $\frac{V}{T} = k(n,\ P$ 일정) $\frac{V_1}{T_1} = \frac{V_2}{T_2}$ ($n,\ P$ 일정) 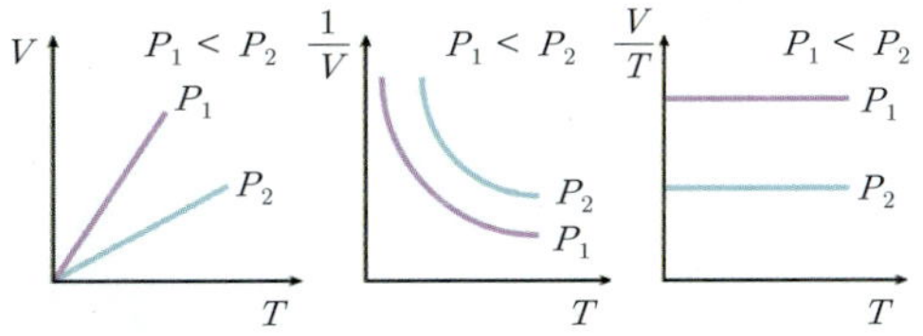 $P_1 < P_2$
보일-샤를의 법칙	• 일정량의 기체의 부피(V)는 압력(P)에 반비례하고, 절대 온도(T)에 비례 $\frac{PV}{T} = k(n$ 일정), $\frac{P_1V_1}{T_1} = \frac{P_2V_2}{T_2}$ (n 일정)
아보가드로의 법칙	• 같은 온도와 압력에서 기체의 부피는 기체의 종류와 관계없이 기체의 몰 수(n)에 비례 $V \propto n(T,\ P$ 일정) 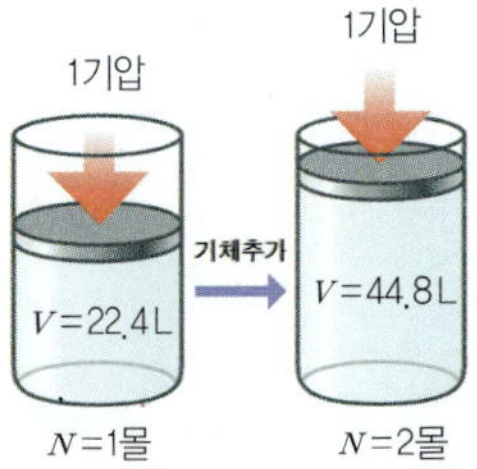 1기압 / V=22.4L / N=1몰 → 기체추가 → 1기압 / V=44.8L / N=2몰

이상 기체 상태 방정식	$PV=nRT$ $PV=\frac{w}{M}RT \rightarrow M=\frac{wRT}{PV}$, $d=\frac{w}{V}=\frac{PM}{RT}$ (기체상수 $R=0.082$ 기압 · L/몰 · K))
실제 기체 상태 방정식	$\left(P+\frac{n^2a}{V^2}\right)(V-nb)=nRT$ b : 기체 1몰의 분자가 차지하는 유효 부피 a : 인력을 나타내는 계수 a, b : 각 기체의 고유 상수로 온도와 압력에 무관. 일반적으로 분자의 질량이 증가할수록, 분자가 복잡할수록 커짐

이상 기체와 실제 기체

구분	이상 기체	실제 기체
분자 자체의 질량과 부피	질량은 있으나 부피는 없음	질량과 부피 있음
분자 사이의 인력이나 반발력	없음	있음
0K에서의 부피	0	0K 이전에 고체나 액체로 됨
기체 관련 법칙들과의 일치	완전히 일치	높은 온도, 낮은 압력에서만 거의 일치

평가문제

01 이산화탄소가 생성되는 반응을 3가지 제시하라.

02 부피가 변하지 않는 강철 용기에 수소 기체가 들어 있다. 이 용기를 가열할 때, 용기 속 기체의 압력은 어떻게 되는지를 분자의 운동으로 설명하라.

03 0 ℃, 1기압에서 수소 기체 100 L로 풍선을 가득 채웠다. 같은 온도에서 이 풍선을 0.5기압인 곳에 놓으면 풍선의 부피는 얼마나 되겠는가?

04 자동차가 강한 충격을 받으면 순간적으로 에어백으로부터 많은 양의 기체가 나와 에어백이 팽창함으로써 우리 몸에 가해지는 충격을 줄여준다. 이 때, 분자의 운동이 어떻게 관련되는지 설명하라.

05 7 ℃, 1기압에서 메탄(CH_4) 기체의 부피가 5.6 L이다. 그렇다면 27 ℃, 1기압에서 이 기체의 부피는 얼마인가?

06 실험실에서 그림과 같이 잘 건조된 빈 플라스크에 ㄱ자 유리관을 꽂은 후 유리관에 잉크 방울을 넣는다. 손을 대지 않고 잉크 방울을 왼쪽으로 옮길 수 있는 방법을 그 이유와 함께 가능한 많이 제시하라.

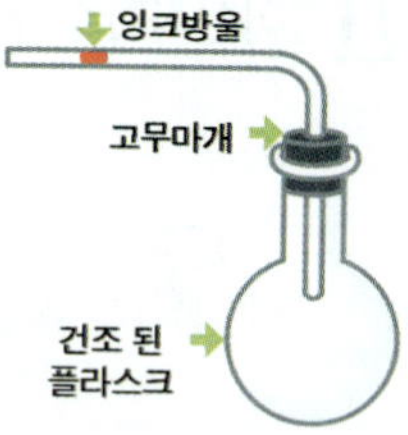

잉크방울
고무마개
건조 된 플라스크

07 속이 비어 있는 오줌싸개 인형을 70 ℃의 뜨거운 물에 완전히 담근 후 인형에서 공기방울이 더 이상 나오지 않으면 다시 20 ℃의 찬물에 완전히 담가 찬물이 인형 속으로 들어가게 한다. 이 때, 물이 인형 안쪽 공간을 완전히 채우지 않도록 한다. 그 후, 인형을 평평한 곳에 올려놓고 인형의 머리에 70 ℃의 뜨거운 물을 부으면 인형이 오줌을 누는 것처럼 물줄기가 나온다. 그 이유를 분자 운동으로 설명하라.

뜨거운 물에 담그기 → 찬물에 담그기 → 머리에 뜨거운 물 붓기

08 27 ℃, 4.1기압에서 0.1몰의 수소 기체는 600 mL를 차지한다. 부피를 일정하게 유지할 때, −3 ℃에서 이 기체의 압력은 얼마인가?

09 27 ℃, 1기압에서 수소 기체 150 L로 기상 관측용 풍선을 가득 채웠다. 이 풍선이 공중으로 올라가서 3000 m 높이에 도달하면 풍선의 부피는 얼마가 되겠는가? (단, 3000 m에서 온도는 −23 ℃, 압력은 0.8기압이며, 풍선은 새거나 터지지 않는다고 가정함)

10 오른쪽 그림은 어떤 용기 안에 들어 있는 기체를 나타낸 것이다. 같은 온도, 압력에서 위와 같은 크기의 용기 안에 들어 있는 어떤 기체의 상태를 가장 잘 나타낸 것은?

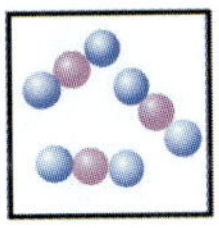

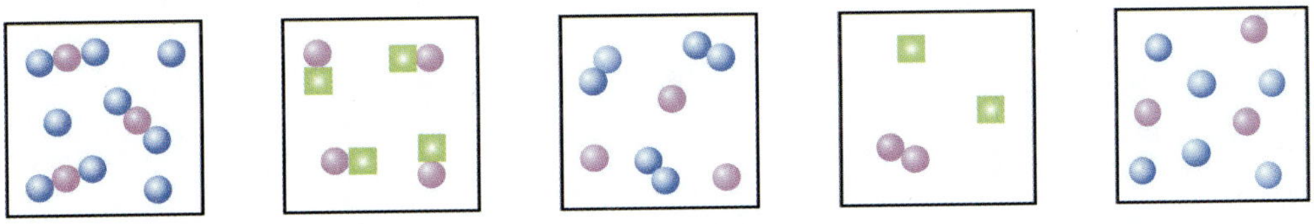

11 −23 ℃, 1.0기압에서 헬륨의 밀도(g/L)는 얼마인가? (단, 헬륨의 분자량 4, R은 0.08 atm · L/mol · K로 계산)

Chapter
09 연소와 소화

우리는 주변에서 초, 나무, 숯과 같은 고체 물질이 타거나, 천연 가스, 프로판(C_3H_8) 가스, 부탄(C_4H_{10}) 가스와 같은 기체 물질이 타는 현상을 흔히 볼 수 있다. 예를 들어, 케이크에 꽂힌 초에 불을 붙이거나 캠프파이어를 위해 모닥불을 피우곤 한다. 또한, 고기를 구워 먹기 위해 숯에 불을 붙이거나, 부탄 가스를 주원료로 하는 휴대용 가스레인지에 불을 붙이거나, 천연 가스 또는 프로판 가스를 주원료로 하는 도시 가스를 이용하여 주방용 가스레인지에 불을 붙인다. 이 현상들은 모두 연소와 관련된 현상의 예로, 연소는 우리 생활과 밀접한 관련이 있다.

이 장에서는 연소의 정의가 무엇이고, 그 종류에는 어떤 것이 있는지, 연소의 생성물에는 어떤 것이 있는지에 대해 공부할 것이다. 또한, 연소와 소화가 일어나기 위한 조건에는 어떤 것이 있는지에 대해서도 공부할 것이다.

09-1 연소의 정의와 종류

9-1-1 연소의 정의

어떤 물질이 탈 때에는 열이나 빛이 발생한다는 공통점이 있다. 초, 나무, 숯, 천연 가스, 프로판 가스, 부탄 가스 등을 태우는 이유는 바로 이 물질들이 탈 때 나오는 열과 빛을 이용하기 위해서이다. 이처럼 물질이 공기 중에 있는 산소를 매개로 열과 빛을 내며 타는 현상 또는 물질이 열과 빛을 내면서 빠르게 산소와 결합하는 반응을 **연소**라고 한다. 연소는 물질이 가진 화학 에너지를 열에너지와 빛에너지로 쉽게 전환할 수 있는 현상으로, 물질이 완전히 연소할 때 발생하는 열을 **연소열**이라고 한다.

나무의 연소

초의 연소

숯의 연소

부탄 가스의 연소

그림 9.1 여러 가지 물질의 연소

9-1-2 연소의 종류

그림 9.2 숯의 표면 연소

연소는 그 형태에 따라 크게 표면 연소, 분해 연소, 증발 연소, 자기 연소(내부 연소), 분무 연소(액적 연소), 확산 연소(발염 연소), 폭발 연소 등으로 나눌 수 있다. 일반적으로 고체의 경우에는 표면 연소, 분해 연소, 증발 연소, 자기 연소(내부 연소)를 하고, 액체의 경우에는 증발 연소와 분해 연소를 하며, 기체의 경우에는 확산 연소(발염 연소)를 한다.

표면 연소란 어떤 고체를 가열하면 열분해에 의해 가연성 기체가 발생되지 않고 그 물질 자체가 고체의 표면에서만 산소와 반응하여 연소하는 현상을 의미한다. 목탄, 코크스, 숯, 금속분 등의 연소가 그 예이다.

석탄, 나무, 종이, 플라스틱 등의 고체나 중유와 타르 등과 같이 비휘발성이고 끓는점이 높은 가연성 액체를 가열하면 먼저 열분해되어 일산화탄소(CO), 이산화탄소(CO_2), 수소(H_2), 메탄(CH_4), 탄화수소, 카르본산 등의 가연성 기체가 발

그림 9.3 나무의 분해 연소

그림 9.4 초의 증발 연소

생되고, 이 기체들과 산소가 반응하여 연소하는데, 이런 현상을 **분해 연소**라고 한다. 작은 나무 조각을 시험관에 넣고 가열하면 흰 기체가 나오고 나무 조각은 검은 숯이 되는데, 이 흰 기체에 불을 붙이면 불꽃을 내면서 타지만 검은 숯에 불을 붙이면 불꽃은 나지 않고 붉게만 탄다. 이것으로부터 나무와 같은 고체는 그 고체에서 생성된 가연성 기체가 연소하는 것임을 알 수 있다.

그러나 황, 나프탈렌, 파라핀 등과 같은 고체를 가열하면 열분해가 일어나지 않고 증발하여 그 증기가 연소하거나, 고체가 액체로 된 후 일정 온도 이상이 되면 그 액체가 기화하여 생긴 기체가 연소한다. 가솔린, 경유, 등유, 알코올 등과 같이 휘발성인 가연성 액체들을 가열해도 열분해가 일어나지 않고 기화하여 생긴 기체가 연소한다. 이런 현상을 **증발 연소**라고 하며, 이는 파라핀이 주원료인 양초를 연소시킬 때 심지와 불꽃 사이에 빈 공간이 존재하고, 양초가 꺼지자마자 심지 근처에 불을 붙이면 다시 불이 붙는 현상으로 확인할 수 있다. 또한, 알코올이 든 시험관에 불을 갖다 대면 타지 않지만 이 시험관을 더운 물에 넣어 데운 후에 다시 불을 가까이 대면 불꽃을 내며 타는 것으로도 확인할 수 있다.

그림 9.5 LPG의 확산 연소

확산 연소 또는 **발염 연소**는 가연성 기체가 불소, 염소, 산소, 오존 등과 같이 연소를 도와주는 기체와 미리 혼합된 상태에서 분출된 후, 착화원에 의해 점화되어 연소하는 현상을 의미한다. 이 때, 착화원의 종류로는 자연 발화, 전기 불꽃, 정전기, 충격 마찰, 고온 표면, 복사열, 단열 압축 등이 있다. 확산 연소는 가연성 기체의 대표적인 연소 과정으로, LPG, LNG, 프로판 가스, 부탄 가스 등의 연소가 그 예이다.

니트로화합물류, 셀룰로이드류, 히드라진유도체류, 질산에스테르류 등과 같이 가연성 물질임과 동시에 그 자체에 산소를 가지고 있는 물질들은 가열하면 열분해되어 가연성 기체와 산소 기체가 발생된다. 따라서 이 물질들은 공기 중의 산소가 없어도 연소할 수 있는데, 이런 현상을 **자기 연소** 또는 **내부 연소**라고 한다.

벙커C유와 같은 액체는 공기와의 접촉을 좋게 하기 위해 액체 입자를 안개 상으로 분출시켜 연소하는데, 이런 액체 연소의 형태를 **분무 연소** 또는 **액적 연소**라고 한다.

마지막으로 **폭발 연소**는 밀폐된 용기에 공기와 혼합 가스가 있을 때 점화되면 연소 속도가 매우 증가하여 폭발적으로 연소가 일어나는 현상을 의미하며, 실린더 내에서의 연소가 그 예이다.

퀴즈

학교에서 자주 사용하는 알코올램프의 연소는 연소의 여러 형태 중 어디에 해당되는가? 또, 그 이유는 무엇인가?

정답 증발 연소, 알코올램프 안에 있는 알코올이 증발하여 그 증기가 연소하기 때문이다.

해설 알코올램프는 알코올램프 안에 있는 알코올이 증발하여 그 증기가 연소하는 것이므로, 증발 연소에 해당된다. 이는 심지와 불꽃 사이에 빈 공간이 존재하는 것으로 확인할 수 있다.

09-2 연소 생성물

9-2-1 연소 생성물

연소 반응은 화학 반응의 일종이므로 연소 후에는 연소 전 물질과는 다른 새로운 물질이 생성되는데, 이를 **연소 생성물**이라고 한다. 따라서 연소 생성물은 연료의 구성 성분 원소를 추측하는데 유용한 정보를 제공해준다.

일반적으로 석유, 석탄, 천연 가스, 프로판 가스, 부탄 가스 등의 화석 연료나 종이, 나무 등의 물질과 같이 탄소(C)와 수소(H) 원자를 포함하고 있는 물질들이 연소하면 이산화탄소(CO_2)와 수증기(H_2O)가 생성된다. 연탄이나 숯 등과 같이 탄소(C)가 주성분인 물질들이 연소하면 이산화탄소(CO_2)만이 생성되며, 인(P)이나 황(S)이 포함되어 있는 물질들이 연소하면 오산화인(P_4O_{10})이나 이산화황(SO_2)이 생성된다. 철이나 마그네슘 등과 같은 금속의 경우에는 연소 후에 산화철이나 산화마그네슘 등과 같이 금속 산화물 형태의 생성물이 생성된다.

프로판 가스의 연소 : $C_3H_8(g) + 5O_2(g) \rightarrow 3CO_2(g) + 4H_2O(\ell)$

숯의 연소 : $C(s) + O_2(g) \rightarrow CO_2(g)$

황화수소의 연소 : $2H_2S(g) + 3O_2(g) \rightarrow 2H_2O(\ell) + 2SO_2(g)$

마그네슘의 연소 : $2Mg(s) + O_2(g) \rightarrow 2MgO(s)$

위의 생성물은 모두 더 이상 산화되지 않는 물질로, 산소의 공급이 충분하고 적정 온도를 유지시킨 상태에서 연소 반응이 일어날 때에만 생성된다. 이처럼 적정 온도와 충분한 산소 조건에서 연소가 일어나면 더 이상 산화되지 않는 생성물이 생기는데, 이런 현상을 **완전 연소**라고 한다. 일반적으로 천연 가스, 프로판

가스, LPG 등과 같이 수소에 비해 탄소의 수가 적은 탄화수소들이 연소할 경우에는 필요한 산소의 수가 적으므로 완전 연소하여 이산화탄소(CO_2)와 수증기(H_2O)가 생성된다.

그림 9.6
유리판에 생긴 그을음

반면, 온도가 낮고 산소의 양이 충분하지 않은 상태에서는 이외에도 그을음이나 일산화탄소(CO)가 생성되기도 하는데, 이런 현상을 **불완전 연소**라고 한다. 보통 수소에 비해 탄소의 수가 많은 물질, 특히 분자식이 $CH_3(CH_2)nCH_3$ 형태이고 탄소의 수가 16~40에 분포(특히 20~30의 것이 많음)하는 파라핀계 탄화수소들이 연소할 경우에는 필요한 산소의 수가 상대적으로 많으므로 불완전 연소하여 그을음이나 CO를 배출하기 쉽다. 이 때, 그을음은 대부분 탄소로 이루어져 있지만, 그 외에도 약간의 산소와 적은 양의 질소나 수소 등을 함유하고 있다. 결론적으로 같은 연소 조건일 경우에는 수소에 대한 탄소의 수가 많을수록 필요한 산소가 더 많으므로 완전 연소하기 어렵다.

한편, 연소 후에도 원자나 분자가 사라지거나 새로 생성되지 않으므로 연소 전과 후의 질량은 보존된다. 그러나 만일 연소 생성물 중에 기체가 있을 경우, 연소를 열린 공간에서 진행하면 생성된 기체가 공기 중으로 날아가므로 실제로는 연소 전보다 연소 후의 질량이 적게 측정될 것이다.

9-2-2 연소 생성물의 확인

그림 9.7 염화코발트 종이를 사용한 물의 존재 확인

많은 연소 반응에서 생성되는 물질인 물은 염화코발트 종이와 무수 황산구리의 색깔 변화로부터 확인할 수 있다. 즉, 염화코발트 종이와 무수 황산구리에 물이 묻으면 각각 붉은색과 푸른색으로 변하는데, 이를 통해 물의 존재를 확인할 수 있다. 이 때 색이 변하는 이유는 염화코발트 종이에 있는 코발트 이온과 무수 황산구리에 있는 구리 이온이 물과 만나면 물 분자와 결합한 착이온 상태로 존재하기 때문이다. 즉, 염화코발트 이온이 물 분자와 결합하지 않으면 청색을 띠고 물 분자와 결합하면 붉은색을 띠며, 구리 이온은 물 분자와 결합하지 않으면 흰색을 띠고 물 분자와 결합하면 푸른색을 띠기 때문이다.

그림 9.8 염화코발트 종이와 무수 황산구리를 사용한 물의 존재 확인

그림 9.9
이산화탄소의 존재 확인

한편, 이산화탄소의 존재는 수산화칼슘을 물에 녹인 석회수와 이산화탄소가 만나면 흰색 앙금인 탄산칼슘이 생기는 현상으로 확인할 수 있다.

$$Ca(OH)_2 + CO_2 \rightarrow CaCO_3\downarrow\ (\text{흰색}) + H_2O$$

$Ca(OH)_2$	+	CO_2	→	$CaCO_3\downarrow$ (흰색)	+	H_2O
수산화칼슘		이산화탄소		탄산칼슘		물

양초나 나무와 같은 물질이 타면 질량이 감소한다. 그 이유는 무엇인가?

정답 및 해설

양초나 나무와 같은 물질이 타면 이산화탄소와 물이 생성되는데, 이것이 공기 중으로 날아갔기 때문이다.

09-3 연소와 소화의 조건

9-3-1 연소의 조건

연소가 일어나려면 탈 물질, 공기 중의 산소, 발화점 이상의 온도가 필요한데, 이를 연소의 3요소라고 한다. 즉, 이 세 가지 요소 중 어느 한 요소라도 만족하지 못하면 연소는 일어나지 않는다. 먼저 탈 물질이라는 것은 불에 탈 수 있는 원료를 의미하며, 고체 연료(석탄, 나무, 종이, 숯, 초, 플라스틱 등), 액체 연료(알코올, 휘발유, 등유, 경유 등), 기체 연료(천연 가스, 프로판 가스, 부탄 가스, LPG 등)가 있다. 일반적으로 고체 연료보다는 액체 연료가, 액체 연료보다는 기체 연료가 더 잘 연소되는 경향이 있다.

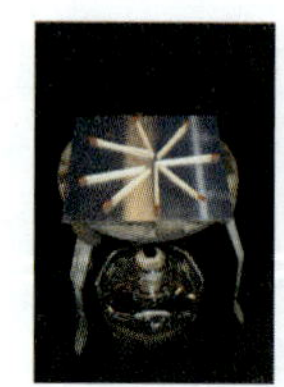  

그림 9.10 성냥의 발화점

불꽃에 직접 닿지 않아도 물질이 열을 받아 저절로 타기 시작하는데, 이 온도를 **발화점**이라고 한다. 즉, 발화점이란 어떤 물질이 스스로 연소할 수 있는 가장 낮은 온도를 의미하며, 발화점 이상의 온도란 물질의 온도가 발화점 이상에 도달해야 연소가 일어난다는 것을 의미한다. 발화점은 물질의 종류와 조건에 따라 다르다. 예를 들어, 성냥을 머리 부분과 나무 부분으로 나누어 철판 위에 올려놓고 철판을 가열하면 머리 부분에서 먼저 불이 붙는데, 이는 나무 부분보다 머리 부분의 발화점이

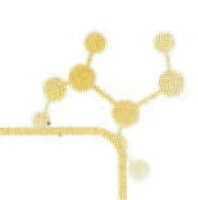

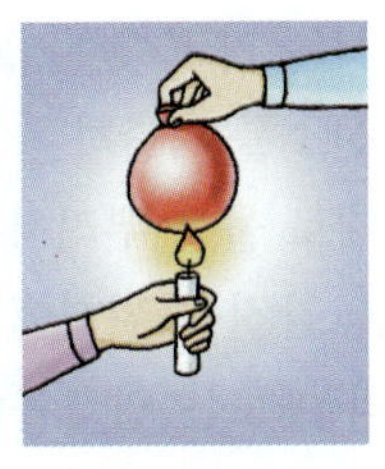

그림 9.11 종이와 고무의 발화점

더 낮기 때문이다. 또한, 종이컵이나 물 풍선을 가열하면 물이 먼저 열을 흡수하여 종이와 고무의 온도는 발화점(100 ℃ 이상)에 도달할 수 없게 되므로 종이와 고무에는 불이 붙지 않는다.

원시 시대에서 나무를 서로 문질러 불을 얻었던 것도 바로 발화점을 이용한 예인데, 나무를 서로 문지를 때 발생하는 마찰열이 나무의 발화점인 약 450 ℃보다 높아지면 나무는 저절로 타기 시작한다. 이외에 발화점을 이용한 현상으로는 돋보기를 이용하여 종이에 불을 붙이는 현상과 가스레인지의 스위치를 돌리거나 누르면 불꽃이 튀면서 가스에 불이 붙는 현상 등이 있다.

그림 9.12 발화점과 관련된 현상의 예

그림 9.13 양초 연소에 필요한 산소

마지막으로 연소가 일어나기 위해서는 일정량 이상의 산소가 있어야만 한다. 이는 타고 있는 양초를 비커나 집기병 등으로 덮으면 잠시 후 촛불이 꺼지거나, 크기나 모양, 촛불의 크기 등 모든 조건이 같은 2개의 촛불을 각각 크기만 다른 집기병으로 동시에 덮었을 때 크기가 큰 집기병으로 덮은 촛불이 더 오래 타는 현상으로 확인할 수 있다.

9-3-2 소화의 조건

그림 9.14 탈 물질 제거

어떤 물질이 연소하고 있을 때, 연소의 3요소 중 어느 한 가지 조건이라도 없애면 더 이상 연소가 일어나지 않아 불이 꺼지는데, 이런 현상을 **소화**라고 한다. 즉, 탈 물질을 제거하거나, 온도를 발화점 이하로 낮추거나, 산소를 차단하면 소화가 일어난다.

탈 물질을 제거하는 방법의 예로는 가스레인지의 밸브를 잠그거나, 책 더미에 불이 붙었을 때 타고 있지 않은 책을 치우거나, 산불이 났을 때 나무를 베어버리거나 맞불을 놓아 불이 더 이상 번지지 않도록 하는 방법이 있다.

그림 9.15 발화점 이하의 온도

온도를 발화점 이하로 낮추기 위해서는 타고 있는 물질에 물을 뿌리면 된다. 물을 뿌리는 것은 공기 중의 산소를 차단하는 효과도 있다. 단, 기름 화재나 전기 누전 화재에서는 절대로 물을 뿌려서는 안 된다. 기름이 물 위에 떠서 불길이 더 번지거나, 감전될 위험이 있기 때문이다.

마지막으로 산소를 차단하는 방법의 예로는 알코올램프를 뚜껑으로 덮거나, 타고 있는 물질에 소화기나 모래 또는 흙을 뿌리거나, 타고 있는 물질을 담요나 카펫, 특히 물에 적신 담요나 카펫 등을 덮어주는 방법이 있다. 그러나 나일론과 같이 불에 잘 타는 물질로 덮으면 불이 더 번질 수 있으므로, 이 물질로 덮으면 안 된다.

그림 9.16 산소의 제거

[학생들의 흔히 범하는 오개념]

오개념		원인
연소하는 물질과 연소 생성물은 같은 물질이다.	→	연소 반응이 화학 반응이 아니라 단지 고체가 액체나 기체로 변하는 상태 변화, 즉 물리 변화로 생각했기 때문이다.
연소 후에 질량이 감소한다.	→	연소할 때 양초나 산소가 없어지는 것과 같이 어떤 물질이 없어진다고 생각하거나, 양초의 연소 생성물로 이산화탄소는 쉽게 생각해 내지만 수증기는 생각해 내지 못하는 것과 같이 생성물을 고려하지 않고 반응물에만 주목했기 때문이다.
연소 후에 질량이 증가한다.	→	연소 결과 산소보다 무거운 이산화탄소나 연기가 생성된다고 생각했기 때문이다.
이산화탄소가 불을 끄는 성질이 있어 막힌 공간에서는 잠시 후 촛불이 꺼진다.	→	촛불이 꺼지는 이유가 산소의 부족이라기보다 연소 생성물인 이산화탄소가 불을 끄는 성질이 있어서라고 생각했기 때문이다.

평가

소화기를 뿌리면 불이 꺼지는 이유는 무엇인가?

정답 및 해설

소화기를 뿌리면 이산화탄소 기체가 나오는데, 이 이산화탄소 기체가 타는 물질을 덮어 산소 공급을 차단하기 때문이다.

09-4 연소 및 소화와 과학-기술-사회

플로지스톤설(열소설)에서 연소설이 성립되기까지

18세기에는 화학, 약학, 야금 등의 기술에서 연소가 가장 흔히 사용되는 방법이었으므로, 과학자들은 연소의 합리적인 설명에 대해 상당히 많은 관심을 가지고 있었다. 그 당시에 가장 지배적으로 받아들여진 이론은 가연 물질 속에는 그리스어로 '불꽃'이라는 뜻을 가진 '플로지스톤(phlogiston)' 또는 '열소'라는 타는 물질이 포함되어 있고, 연소할 때 이 물질이 빠져 나온다는 '플로지스톤설' 또는 '열소설'이다. 플로지스톤설은 화학 현상을 일관성 있게 설명한 최초의 이론일 뿐만 아니라 연소할 때 무엇인가가 빠져 나간다고 하는 감각과도 일치하였다. 또한, 그 전부터 내려오는 물질에 대한 4원소설 중에서 불의 원소와 맥을 같이 했기 때문에 연소에 대한 가장 합리적인 이론으로 받아들여진 것이다.

그림 9.17 슈탈

슈탈(Stahl), 블랙(Black), 러더퍼드(Rutherford), 캐번디쉬(Cavendish), 프리스틀리(Priestly), 셸레(Scheele), 바이엔(Bayen), 베르만(Bergman) 등 당시의 유력한 과학자들은 자신들이 얻은 모든 실험 결과를 플로지스톤설로 설명하였다. 예를 들어, 1770년 독일의 과학자 슈탈은 연소, 호흡, 금속의 산화 등의 현상을 이 이론으로 일관성 있게 설명하였다. 또한, 플로지스톤의 성질을 정립한 러더퍼드는 크기가 다른 용기 속에서 양초가 타는 시간이 다르다는 것을 발견하고, 그 현상을 양초 속에는 플로지스톤이 아직 남아 있지만 공기 중에 플로지스톤이 들어갈 수 있는 공간이 꽉 찼기 때문에 불이 꺼진 것이라고 설명하였다.

그림 9.18 러더퍼드

그러나 프랑스 과학자 드 모르보(de Morveau)가 모든 금속은 연소 후에 질량이 증가한다는 실험 결과를 보고 하자, 플로지스톤설은 위기에 처하게 되었다. 그 실험 결과를 '플로지스톤설'로는 설명하기 어려웠기 때문이다. 그럼에도 불구하고, 플로지스톤설을 지지하는 과학자들이 가장 많이 보인 반응은 플로지스톤을 완전히 버리지 않고 그 실험 결과를 설명하기 위해 플로지스톤설을 일부 수정하는 것이었다. 플로지스톤설의 가장 대표적인 수정안은 슈탈이 제안한 음의 플로지스톤설이다. 음의 플로지스톤설은 금속의 연소 시 질량이 증가하는 현상은 음의 질량을 가진 플로지스톤이 손실되었기 때문이라고 설명하는 이론이다.

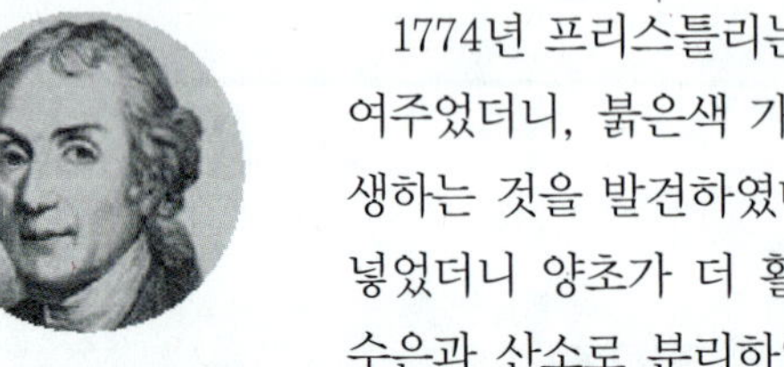
그림 9.19 프리스틀리

1774년 프리스틀리는 집광렌즈로 햇빛을 모아 붉은색 산화수은 가루에 쪼여주었더니, 붉은색 가루가 은백색의 금속 방울로 변하면서 어떤 기체가 발생하는 것을 발견하였다. 또한, 이 기체가 가득한 용기에 불이 붙은 양초를 넣었더니 양초가 더 활활 탄다는 사실도 알아내었다. 즉, 그는 산화수은을 수은과 산소로 분리하였지만 플로지스톤설을 강하게 지지하고 있었기 때문에 새로운 기체인 산소를 발견하고도 그 정체를 명확하게 밝혀내진 못하였다. 그리고 수은이 연소하면서 기체의 부피가 감소한다는 실험 결과를 산소의 소모로 인한 것이 아니라 플로지스톤의 발생으로 기체가 수축된 것이라고 주장하면서 여전히 플로지스톤설을 고수하였다.

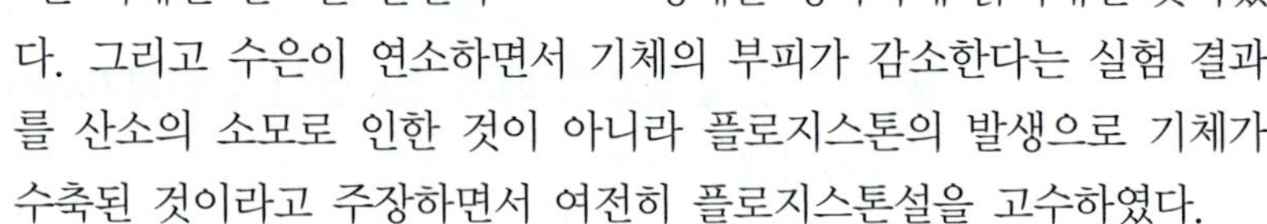

그림 9.20 프리스틀리의 실험

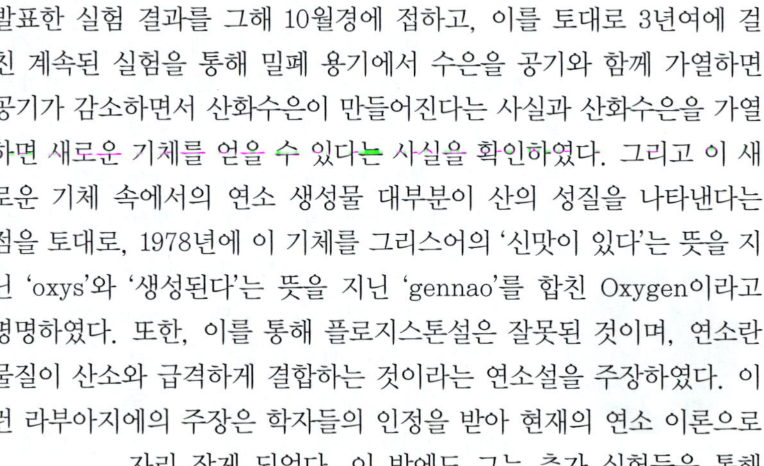

이 기체를 최초로 산소(Oxygen)라고 명명하고, 산소의 정체를 규명한 과학자는 바로 라부아지에(Lavoisier)이다. 그는 프리스틀리가 발표한 실험 결과를 그해 10월경에 접하고, 이를 토대로 3년여에 걸친 계속된 실험을 통해 밀폐 용기에서 수은을 공기와 함께 가열하면 공기가 감소하면서 산화수은이 만들어진다는 사실과 산화수은을 가열하면 새로운 기체를 얻을 수 있다는 사실을 확인하였다. 그리고 이 새로운 기체 속에서의 연소 생성물 대부분이 산의 성질을 나타낸다는 점을 토대로, 1978년에 이 기체를 그리스어의 '신맛이 있다'는 뜻을 지닌 'oxys'와 '생성된다'는 뜻을 지닌 'gennao'를 합친 Oxygen이라고 명명하였다. 또한, 이를 통해 플로지스톤설은 잘못된 것이며, 연소란 물질이 산소와 급격하게 결합하는 것이라는 연소설을 주장하였다. 이런 라부아지에의 주장은 학자들의 인정을 받아 현재의 연소 이론으로 자리 잡게 되었다. 이 밖에도 그는 추가 실험들을 통해 공기는 물질을 연소시켜 금속을 재로 변하게 하는 역할을 하는 기체(산소)와 이런 역할을 하지 않는 독의 기체(질소)의 혼합물이라고 주장하였다.

그림 9.21 라부아지에

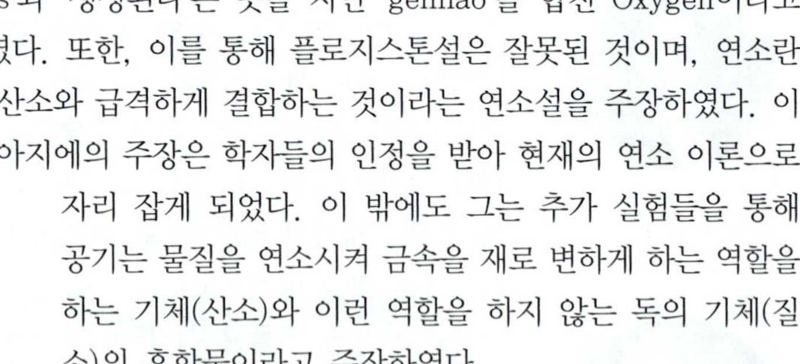

그림 9.22 라부아지에의 실험 장치

생활속의 화학

✲ 성냥

우리 주변에서 연소를 이용한 물품으로 대표적인 것이 성냥이다. 성냥은 나무개비의 끝 부분에는 발화연소제를 바르고 성냥의 마찰면에는 마찰제를 바른 것으로, 이 두 가지를 서로 마찰시켜서 불을 일으키는 발화 용구이다.

최초의 성냥은 1827년 영국의 약사인 워커가 염소산칼륨과 황화안티몬을 발화연소제로 사용하여 만든 마찰성냥으로 알려져 있다. 1830년 이후에는 프랑스와 오스트리아에서 황린을 발화연소제로 사용하여 만든 마찰성냥이 제조되어 실용화되었다. 그러나 이 황린성냥은 인체에 묻으면 뼈와 살이 썩어들어갈 정도로 매우 유독할 뿐만 아니라 발화점이 낮아 주머니 속에 넣어만 두어도 저절로 불이 나는 자연발화의 위험이 있으며 실제로 이런 일이 자주 발생하였다고 한다.

그림 9.23 안전성냥과 성냥갑

이에 유럽 각국에서는 황린성냥의 제조를 법률로 규제하였지만, 사람들은 성냥이 없어 많은 불편을 겪어야 했다. 그래서 과학자들은 해가 없는 안전한 성냥을 개발하기 위해 많은 노력을 들였으며, 그 결과 1845년 오스트리아의 슈로테는 해가 없는 적린(붉은 인)을 발견하였다. 그 후 적린으로 성냥을 만드는 방법은 계속 연구되었고, 마침내 1855년에 스웨덴의 룬드스트롬은 성냥개비에 황을 바르고 성냥갑에 적린을 발라 문지르는 안전성냥을 만들어 냈다. 현재 세계적으로 제조되어 사용되고 있는 성냥이 바로 이 안전성냥이다. 현재 안전성냥의 성냥개비는 황이나 송진 등의 가연제와 염소산칼륨, 중크롬산칼륨, 이산화망간 등의 산화제, 마찰시에 고온을 일으켜 발화를 촉진하기 위한 유리 가루 등의 혼합 물질을 나무개비 끝에 포리졸, 아라비아고무, 아교 등의 접착제를 사용하여 바른 후 건조시켜서 만든다.

✲ 무중력 상태에서의 양초의 연소

그림 9.24 무중력 상태에서의 양초 연소

연소에는 산소가 필요하다는 것을 알았는데, 산소가 충분하나 무중력 상태인 로켓 안에서는 양초에 불을 붙일 수 있을까? 이것을 알기 위해서는 우선 양초가 연소되는 과정을 살펴봐야 한다.

양초의 심지에 불을 붙이면 심지에 배어 있는 양초가 열을 받아 기체로 되고, 이것이 산소와 반응하면서 연소한다. 그리고 양초가 연소하면서 발생하는 열로 인해 불꽃 주위에 있는 고체 상태의 양초가 녹아 액체 상태인 촛물이 된다. 이 촛물은 모세관 현상에 의해 심지로 빨려 올라가 불꽃 속으로 들어간 후 불꽃의 열에 의해 기화되고, 이로부터 생긴 기체가 산소와 반응하면서 연소한다. 그리고 불꽃 주위에 있는 산소나 연소 후에 생성된 이산화탄소는 불꽃의 열에 의해 가벼워져 위로 상승하고 아래에서 새로운 산소가 공급되는 대류 현상이 일어난다. 바로 이런 불꽃 주위의 대류 현상에 의해 양초는 계속 연소하는 것이다. 따라서 대류 현상이 일어나지 않는 무중력 상태인 로켓 안에서는 산소가 아무리 충분해도 잠깐 동안만 연소하다가 양초 주위의 산소가 모두 소모되면 곧 꺼져버린다. 즉, 양초 심지 주위의 산소가 모두 소모되면 산소가 더 이상 공급되지 않은 상태에서 연소 후에 생성된 이산화탄소가 심지를 둘러싸므로 촛불은 꺼져버리는 것이다. 그러나 만일 양초 주위를 부채 등을 이용해서 가볍게 부쳐주면 산소가 공급되고 이산화탄소는 날아가므로 양초는 계속 탈 수 있다.

핵심정리

연소의 정의와 종류

- 물질이 공기 중에 있는 산소를 매개로 열과 빛을 내며 타는 현상 또는 물질이 열과 빛을 내면서 빠르게 산소와 결합하는 반응을 연소라 한다.
- 물질이 완전히 연소할 때 발생하는 열을 연소열이라 한다.
- 연소의 종류는 다음과 같다.

> • 표면 연소 : 고체를 가열하면 열분해에 의해 가연성 기체가 발생되지 않고 그 물질 자체가 고체의 표면에서만 산소와 반응하여 연소하는 현상
> 예 목탄, 코크스, 숯, 금속분 등의 연소
>
> • 분해 연소 : 고체나 액체를 가열하면 먼저 열분해되어 가연성 기체가 발생되고, 이 기체가 산소와 반응하여 연소하는 현상
> 예 석탄, 나무, 종이, 플라스틱 등의 고체나 중유와 타르 등과 같이 비휘발성이고 끓는점이 높은 가연성 액체의 연소
>
> • 증발 연소 : 고체나 액체를 가열하면 열분해가 일어나지 않고 이들이 증발하여 생긴 기체가 산소와 반응하여 연소하는 현상
> 예 황, 나프탈렌, 파라핀 등과 같은 고체나 가솔린, 경유, 등유, 알코올 등과 같이 휘발성인 가연성 액체의 연소
>
> • 확산 연소(발염 연소) : 가연성 기체가 불소, 염소, 산소, 오존 등과 같이 연소를 도와주는 기체와 비리 혼합된 상태에서 분출된 후, 착화원에 의해 점화되어 연소하는 현상
> 예 LPG, LNG, 프로판 가스, 부탄 가스 등의 연소
>
> • 자기 연소(내부 연소) : 가열하면 열분해되어 가연성 기체와 산소 기체가 발생되는 물질들이 공기 중의 산소가 없어도 연소하는 현상
> 예 니트로화합물류, 셀룰로이드류, 히드라진유도체류, 질산에스테르류 등의 연소
>
> • 분무 연소(액적 연소) : 공기와의 접촉을 좋게 하기 위해 액체 입자를 안개 상으로 분출시켜 연소하는 현상
> 예 벙커C유의 연소
>
> • 폭발 연소 : 밀폐된 용기에 공기와 혼합 가스가 있을 때 점화되면 연소 속도가 매우 증가하여 폭발적으로 연소가 일어나는 현상
> 예 실린더 내에서의 연소

연소의 생성물

- 적정 온도와 충분한 산소 조건에서 연소가 일어나면 더 이상 산화되지 않는 생성물이 생기는 현상을 완전 연소라 하며, 이때의 연소생성물은 다음과 같다.
  - 탄소(C)와 수소(H) 원자를 포함하고 있는 물질의 연소 생성물 : CO_2, H_2O
  - 인(P)이 포함되어 있는 물질의 연소 생성물 : P_4O_{10}
  - 황(S)이 포함되어 있는 물질의 연소 생성물 : SO_2
- 온도가 낮고 산소의 양이 충분하지 않은 상태에서 일어나는 연소 현상을 불완전 연소라 하며, 완전 연소의 생성물 이외에도 그을음이나 CO가 생성된다.
- H_2O는 염화코발트 종이와 무수 황산구리의 색깔 변화로 확인할 수 있다.
  (염화코발트 종이 : 청색 → 붉은색, 무수 황산구리 : 흰색 → 푸른색)
- CO_2는 석회수와 CO_2가 만나면 흰색 앙금인 탄산칼슘이 생기는 것으로 확인할 수 있다.
- 연소 후에도 원자나 분자가 사라지거나 새로 생성되지 않기 때문에 연소 전과 후의 전체 질량은 같다.

연소와 소화의 조건

- 연소의 3요소는 탈 물질, 공기 중의 산소, 발화점 이상의 온도이다.
- 불꽃에 직접 닿지 않아도 물질이 열을 받아 저절로 타기 시작하는 온도를 발화점이라 한다.
- 연소의 3요소 중 하나라도 제거하면 불이 꺼지는 현상을 소화라 한다.
  - 탈 물질 제거의 예 : 가스레인지의 밸브 잠금, 산불이 났을 때 타지 않은 나무를 베거나 맞불 놓음
  - 산소 제거의 예 : 알코올램프를 뚜껑으로 덮음. 소화기나 모래 또는 흙 뿌림
  - 온도를 발화점 이하로 낮춤 : 물을 뿌림

평가문제

01 우리 주변에서 볼 수 있는 표면 연소와 기화 연소의 예를 각각 3개 이상 제시하라.

02 오른쪽 그림과 같이 꽉 막힌 병 안에서 초가 타다가 꺼지면 저울은 어떻게 될까? 그 이유는 무엇인가?

03 우리 주변에서 '불난 집에 부채질 한다.'의 속담에 담긴 연소의 조건을 제거하여 소화시키는 예를 3가지 제시하라.

04 오른쪽 그림과 같이 나무를 촛불 속에 잠깐 동안 넣었다 꺼내 보면 어느 부분이 가장 많이 탔을까? 그 이유는 무엇인가?

④
③
②
①

05 수소로 가득 채워져 있는 공간에서 성냥에 불을 켜면 폭발이 일어난다. 그러면 산소로 가득 채워져 있는 공간에서 성냥에 불을 켜면 어떤 현상이 일어날까? 그 이유는 무엇인가?

06 오른쪽 그림과 같이 물이 반쯤 들어 있는 종이컵을 알코올램프의 불꽃이 종이컵 바닥을 벗어나지 않도록 하면서 가열하면 종이컵에서는 어떤 현상이 일어날까? 그 이유는 무엇인가?

Chapter 10

수질오염

물은 지구상에서 가장 풍부하게 존재하는 물질 중의 하나이다. 지구 표면의 71 %가 물로 덮혀 있을 뿐 아니라, 생명체 또한 거의 모두가 물로 구성되어 있다고 할 만큼 흔하게 존재한다. 예를 들어, 인간은 전체 무게의 약 60~70 %를 물이 차지하고 있으며, 어떤 생물은 90 % 이상이 물로 되어있다. 따라서 생물의 몸 안에서 일어나는 모든 화학 반응도 물 속에서 일어난다.

물은 인간이 살아나가는 데 필수적인 물질일 뿐 아니라, 문명이 발생하는 데에도 결정적인 역할을 하였다. 역사적으로 인류의 문명은 예외없이 강이나 호수 또는 바다에 근접한 곳에서 발생하였는데, 이는 물의 공급이 문명의 발달에 필수적인 것임을 나타낸다.

그러나 산업의 발달과 인구의 증가에 따른 물 사용량의 급증은 사용 가능한 물의 부족과 더불어 수질을 급격히 오염시키는 결과를 가져왔고, 이제는 더 이상 자연의 힘만으로는 복구할 수 없는 지경에까지 이르게 되었다. 이 장에서는 기본적인 물의 특성과 수질 오염의 지표, 수질 오염의 영향과 대책에 대해 알아보자.

10-1 물의 특성

물은 지구상에 가장 흔하게 존재하고 있는 물질로서, 다른 물질들과 달리 매우 특이한 성질을 가지고 있다. 물은 보통 우리가 살아가고 있는 지구상의 조건에서 고체, 액체, 기체의 세 가지 상태로 존재할 수 있는 유일한 물질이다.

10-1-1 끓는점과 어는점

물은 비슷한 분자량을 가진 다른 물질들에 비해 비정상적으로 높은 끓는점과 어는점을 가지고 있다. 분자량이 물과 비슷한 암모니아(분자량 : 17)는 끓는점과 어는점이 각각 −33.4 ℃, −77.7 ℃인데 비해, 물의 끓는점과 어는점은 각각 100 ℃와 0 ℃로 매우 높으며 온도 차이도 매우 큰 편이다.

물질의 끓는점과 어는점은 물질을 이루는 입자(분자 혹은 이온) 간에 작용하고 있는 힘의 크기와 관계가 있다. 물질이 액체 상태에서 기체 상태, 또는 고체 상태에서 액체 상태로 되려면 분자 사이에 작용하고 있는 인력을 끊어 주어야 한다. 따라서 분자 간의 인력이 큰 물질일수록, 그 인력을 끊어주는 데 많은 에너지를 공급하여야 하므로 끓는점과 어는점이 높아진다. 물의 끓는점과 어는점이 비정상적으로 높다는 것은 물 분자간의 인력이 다른 물질에 비해 매우 크다는 것을 의미하는 데, 이는 물 분자 사이에 수소결합(hydrogen bond)라는 독특한 힘이 작용하기 때문이다.

수소결합은 한 분자 내의 산소 또는 질소 원자와 다른 분자의 수소 원자 사이에 생기는 인력으로, 그 인력의 세기는 보통 분자 사이에 작용하는 화합결합의 세기의 1/10 정도밖에 되지 않는다. 하지만 근처에 있는 모든 분자들과의 상호 인력이 작용하므로 전체 인력은 매우 커지게 된다.

표 10.1 몇 가지 화합물의 어는점과 끓는점

물질	분자량	어는점(℃)	끓는점(℃)
물(H_2O)	18	0.0	100.0
메탄(CH_4)	16	−182.5	−161.4
암모니아(NH_3)	17	−77.7	−33.4
염화수소(HCl)	36.5	−114.2	−85.0
황화수소(H_2S)	34	−85.5	−60.3

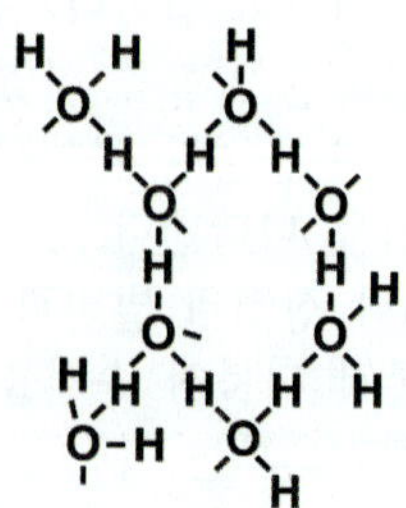

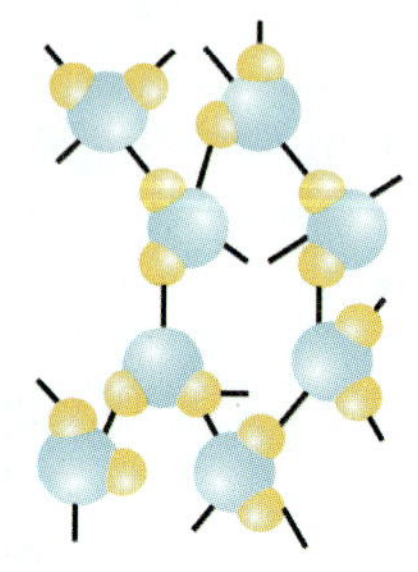

그림 10.1 물의 수소 결합

10-1-2 밀도

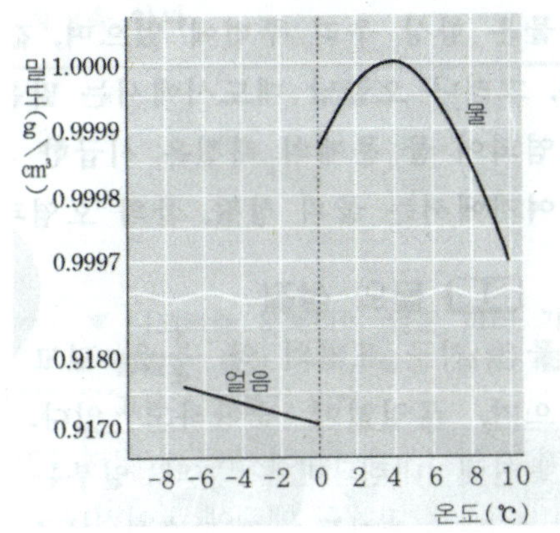

그림 10.2 온도에 따른 물의 밀도

밀도란 단위 부피 당 질량을 나타내는 값으로 온도에 따라 밀도가 변한다. 대부분의 물질은 온도가 높아지면 부피가 증가하므로, 온도가 높아질수록 밀도는 감소한다.

그러나 물은 그림 10.2에서 보는 바와 같이 4 ℃ 이상에서는 다른 물질과 마찬가지로 온도가 높아짐에 따라 밀도가 감소하지만, 0 ℃와 4 ℃ 사이에서는 온도 증가에 따라 밀도도 증가한다. 즉, 물은 4 ℃에서 가장 밀도가 크다.

물이 얼어 고체 상태인 얼음이 될 때, 수소 결합 때문에 분자가 차곡차곡 쌓이지 않고 분자들의 가운데에 빈 공간이 생기게 된다. 따라서 물이 얼음이 되면 부피가 증가한다. 밀도란 단위 부피 당 질량이므로 얼음의 밀도는 액체인 물보다 작아지게 된다.

물이 이와 같은 특별한 성질을 가지지 않았다면 생물은 살아갈 수가 없을 것이다.

예를 들어, 물이 다른 물질과 마찬가지로 온도가 낮아질수록 밀도가 커진다고 하자. 그러면 기온이 낮아지는 겨울철에 호수 표면의 물이 얼면 밑바닥으로 가라앉게 될 것이다. 계속적으로 표면에서 언 얼음이 바닥에 갈아 앉게 되면 호수 전체가 거대한 얼음 덩어리로 변하게 되고 호수의 생물은 살아갈 수 없게 될 것이다. 얼음의 밀도가 물보다 작으므로 기온이 떨어져 호수 표면에 얼음이 얼더라도 이는 호수 표면에 떠 있게 되고, 이 얼음이 절연체의 구실을 하여 얼음 아래 수온이 어느 온도 이하로 떨어지는 것을 방지하므로 물 속의 생물들이 생명을 유지할 수 있는 것이다.

10-1-3 열용량

열용량(heat capacity)이란 일정한 양의 물질의 온도를 1 ℃ 높이는 데 필요한 열량을 말한다. 따라서 열용량이 큰 물질은 온도를 높이는 데 많은 열량을 필요로 하므로 잘 데워지지 않으며, 온도가 낮아질 때는 많은 열량을 방출한다.

물은 표 10.2에서 보는 바와 같이 다른 물질에 비해 매우 큰 열용량을 가진다.

물의 이러한 성질은 지구의 대기 온도를 생명체들이 살아가기에 적합하도록 조절하는 데 큰 역할을 한다. 만일 지구 표면의 대부분이 물로 덮혀 있지 않았다면 밤과 낮의 온도 차이가 거의 달만큼 극심해 질 것이고, 생물도 살아갈 수 없게 되었을 것이다.

표 10.2 몇 가지 물질의 열용량

물 질	열용량(cal/℃)	온도(℃)
물(액체), $H_2O(\ell)$	1.0	15
알루미늄, $Al(s)$	0.21	20
탄소, $C(s)$	0.17	20
철, $Fe(s)$	0.11	20
수은(액체), $Hg(\ell)$	0.03	20

10-1-4 용매

물은 다른 물질을 잘 녹이는 성질을 가지고 있어, 자연계에서 존재하는 물질 중 가장 가장 좋은 용매로 알려져 있다. 일반적으로 고체를 액체에 녹이거나 액체와 액체를 섞는 경우, 녹이는 정도와 섞이는 정도는 주로 두 물질의 극성과 관련이 있다. 극성인 물질은 극성인 다른 물질을 잘 녹이거나 섞이며, 비극성인 물질은 비극성인 물질을 잘 녹이거나 섞인다.

물은 극성이 크기 때문에 이온성 물질이나 극성을 띤 설탕, 알코올 등은 잘 녹이지만 비극성인 기름, 탄화수소 등은 잘 녹이지 못한다.

또, 어떤 물질이 녹은 물은 물에는 잘 녹지 않는 물질도 녹이는 성질도 가지고 있다. 예를 들면, 비누가 녹아 있는 물은 기름을 잘 녹이며, 염화수소가 물에 녹아 있는 염산은 여러 가지 금속을 녹일 수 있다. 물은 고체 뿐 아니라 기체에 이르기까지 거의 모든 물질을 많든 적든 간에 녹일 수 있다. 그래서 물을 만능 용매라고도 부르며, 생명체 내의 모든 생화학 반응이 일어날 수 있는 까닭도 물의 이러한 성질 때문이다.

확인

1. 물의 밀도는 온도에 따라 어떻게 변하는 지 설명하시오.
2. 얼음은 물위에 뜬다. 그 이유는 무엇인지 설명하시오.
3. 바닷가에서 낮에는 바다에서 육지 쪽으로 바람이 불고, 밤에는 육지에서 바다 쪽으로 바람이 부는 이유는 물의 어떤 특성 때문일까?
4. 물을 순수하게 하는 것은 어려운 일이다. 그 까닭은 무엇인가?

정답
1. 4 ℃ 이상에서는 다른 물질과 마찬가지로 온도가 높아짐에 따라 밀도가 감소하나, 0 ℃와 4 ℃ 사이에서는 오히려 온도 증가에 따라 밀도도 증가한다. 즉, 물은 4 ℃에서 가장 밀도가 크다.
2. 얼음의 온도는 0 ℃ 이하이므로, 0 ℃의 물보다 밀도가 작다. 따라서 물에 뜬다.
3. 열용량
4. 물은 고체 뿐 아니라 기체에 이르기까지 거의 모든 물질을 많든 적든 간에 녹일 수 있기 때문이다.

10-2 물의 순환과 이용

그림 10.3 물의 순환

물은 지구 표면의 71 %를 덮고 있으며 끊임없이 순환하고 있다. 지표면에 내린 비나 눈의 일부는 땅 속으로 스며들어 지하수가 되지만, 대부분은 강을 거쳐 바다로 흘러 들어간다.

또, 강, 호수, 바다에 있는 물은 태양열을 받아 끊임없이 대기 중으로 증발하여 구름이 되며, 구름은 비나 눈이 되어 다시 지표면으로 돌아온다. 이와 같이, 물은 이동과 상태 변화를 반복하며 순환하고 있다.

지구상에 물은 매우 풍부하지만, 인간이 살아가는 데 사용할 수 있는 형태의 물은 매우 적다.

지구상에 존재하는 물 전체량의 약 97 %를 차지하는 해수는 염분이 함유되어 있어 음용수, 관개용수 또는 산업용수 등으로 부적당하다. 이용 가능한 3 %의 담수 중에서도 2.997 %는 만년설이나 빙하 또는 지하에 쉽게 이용할 수 없는 상태로 저장되어 있다. 지구상의 전체 물 중 단지 0.003 %만이 흙의 수분, 개발가능한 지하수, 수증기, 그리고 호소와 하천으로부터 이용할 수 있다. 만약 지구상에 존재하는 물의 전체량을 100리터라고 한다면, 바닷물을 제외한 담수는 약 3리터 정도이며, 그중에서도 이용 가능한 담수는 겨우 0.003리터에 지나지 않는다.

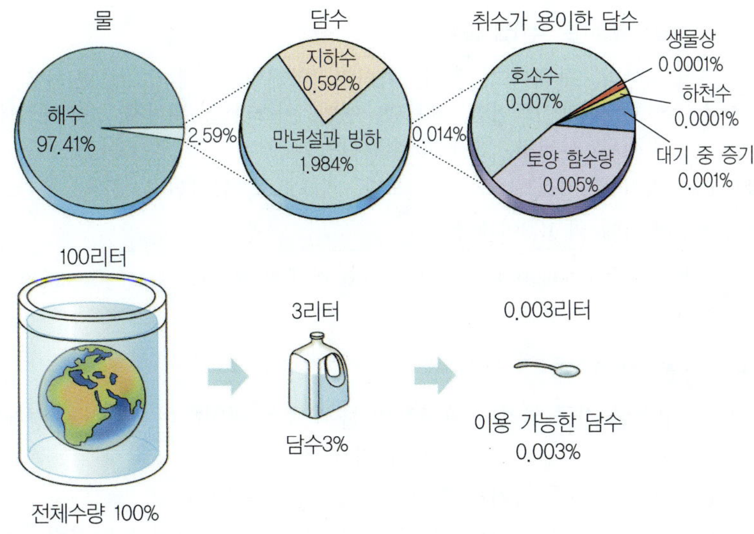

그림 10.4 지구상의 물의 분포

인간이 사용할 수 있는 지구상의 물 공급량은 1년에 약 9000 km^3이며, 이 중 인간이 실제로 사용하는 양은 4,300 km^3 정도로 절대량만으로 봐서는 충분하다고 할 수 있다.

그러나 문제가 되는 것은 인구의 불균일한 분포로 인한 지역적인 물 부족 사태이다. 도시로의 인구 집중과 지속적인 물 소비량의 증가, 산업 발달에 따른 공업용수의 증가는 물 부족 사태를 가속화하고 있다.

실제로 자국민에게 물을 안정적으로 공급할 수 있는 나라는 미국을 비롯한 서부 유럽의 몇몇 국가들뿐으로, UN의 통계에 의하면 26개국 2억 3천 만명의 인구가 '물 절대 부족지역'에 살고 있는 것으로 나타나 있다.

우리나라의 연평균 강우량은 약 1,150 mm로 전세계 평균 730 mm에 비해 높은 편이나, 대부분의 강우량이 장마철에 집중되어 있고 하천의 유출 속도가 빨라 이용 가능한 물의 양은 더욱 적을 수밖에 없다. 우리나라에서 이용 가능한 물의 양은 연간 661억 m^3 정도로 국민 1인당 활용 가능량은 지난 1950년의 3,247 m^3에서 1995년 1,472 m^3로 줄었다고 한다.

물 부족 국가로 분류된 한국

UN의 산하기구인 국제인구행동연구소(PAI)의 발표에 따르면, 우리나라의 활용 가능한 수자원량은 630억 m^3으로서 이를 국민 1인당 활용 가능량으로 환산할 경우, 1955년 3,247 m^3에서 1995년에는 1,472 m^3으로 줄어들어 물 부족국가로 분류되고 있다.

앞으로 수자원 개발의 획기적인 확대가 어렵다고 볼 때, 소비량을 줄이지 않는다면 우리나라는 물 기근 국가로 전락할 위기에 처해 있다.

표 10.3 개인의 물 사용량에 따른 국가별 분류

구분	국가
물기근 국가군	지부티, 쿠웨이크, 몰타, 카타르, 바레인, 바베이도스, 싱가폴, 사우디아라비아, 아랍에미레이트연방, 요르단, 예멘, 이스라엘, 튀니지, 카포베르데, 케냐, 부룬디, 알제리, 르완다, 말라위, 소말리아
물부족 국가군	리비아, 이집트, 모로코, 오만, 키프로스, 남아연방, 한국, 폴란드
물풍요 국가군	벨기에 외 120여개국

자료 : Sustaining Water Population and the Future of Renewable Water Supplies (Population Action International, 1993)

•1인당 사용가능한 물의 양

매년 1,000 m^3 미만(물 기근 국가) : 만성적인 물 부족을 경험하며, 그 결과 경제발전 및 국민복지 보건이 저해.

매년 1,700 m^3 미만(물 부족 국가) : 주기적인 물 압박을 받음.

매년 1,700 m^3 이상(물 풍요 국가) : 지역적 또는 특수한 물 문제만을 경험.

앞으로 2025년경에는 1258 m^3로 더 떨어져 물 소비량을 줄이지 않으면 '물 기근 국가'로 전락할 위기에 놓여 있다. 게다가 우리나라의 1인당 하루 물소비량은 평균 395 l로, 프랑스(281 l) 영국(323 l) 일본(357 l)보다 많아 물 부족 사태는 점점 가속화될 것으로 보인다.

예제

인간이 사용할 수 있는 물의 양은 충분함에도 불구하고 물 부족 사태가 일어나는 이유는 무엇인가?

정답 및 해설

인구의 불균일한 분포로 인한 지역적인 물 부족 사태

10-3 수질의 지표

수질을 나타낼 때 물에 포함되어 있는 오염물질의 양을 보여주는 여러 가지 지표가 사용된다. 여기에서는 수질 오염을 나타내는 대표적인 지표에 대해 알아보자.

오염된 정도를 나타내는 단위에는 mg/L, ppm(part per million, 백만분율), ppb(part per billion, 10억분율) 등이 사용되고 있다.

10-3-1 용존산소(DO, Dissolved Oxygen)

용존산소란 물 속에 녹아 있는 산소의 양을 나타내며, 그 양은 ppm으로 표시한다. 용존산소는 주로 대기 중의 산소가 물 속으로 용해된 것으로, 극히 일부는 수중 식물의 광합성에 의해 공급된다. 하천 상류의 깨끗한 물에는 거의 포화에 가까운 정도의 용존산소가 들어 있으나, 여러 가지 유기물에 의해 오염되면 유기물을 산화시키는 데 용존 산소가 소비되어 그 양이 점점 적어지고 용존산소가 없으면 결국 썩게 된다. 즉, 용존산소의 값이 크면 클수록 산소가 많이 녹아 있어 좋은 물이라 할 수 있다.

물이 빠르게 흐르는 하천에서는 공기와 접하는 표면적이 커져 산소가 물에 잘 용해되기 때문에 유속이 느린 하천이나 잔잔한 호수에 비해 용존산소가 높다.

또 수온이 낮은 물은 수온이 높은 물에 비해 산소의 용해도가 커지므로 용존산소 값도 커진다. 일반적으로 용존산소가 2 ppm 이상이 되면 냄새가 나지 않는 정도이며, 4 ppm 이상이 되면 물고기가 살 수 있다. 상류의 계곡수와 같이 깨끗한 하천의 용존산소 값은 약 8 ppm 정도이다.

10-3-2 생물학적 산소요구량(BOD, Biological Oxygen Demand)

생물학적 산소요구량(BOD)은 수중의 유기물이 호기성 세균에 의해 분해되어 안정화되는 과정에 필요한 산소의 양을 말하며, 보통 ppm으로 표시한다. 수중에 유기물이 들어오면 이를 분해하는 호기성 세균의 활동과 증식이 활발해지며, 이에 따라 산소의 소비량이 늘어나게 된다. 호기성 세균이 소모하는 산소는 물속의 용존산소에서 얻는데, 유기물이 들어오면 이를 분해하기 위해 호기성 세균들이 산소를 소모하게 되어 용존산소의 양은 감소하게 된다. BOD가 높다는 것은 물 속에 유기물이 그만큼 많다는 것을 나타내며, BOD가 과도하게 높으면 용존산소가 감소되고 결국 혐기성 세균이 번성하게 된다. 혐기성 세균이 번성에 따라 이들의 대사 산물인 메탄, 암모니아, 황화수소 등이 발생하여 악취가 난다.

물의 BOD를 측정할 때는 두 개의 병에 물을 채취한 다음, 하나는 즉시 용존산소의 양을 측정하는 데 사용하고, 다른 하나는 밀봉한 후 20 ℃의 어두운 곳에서 5일간 방치한 다음 감소된 DO를 측정하여 ppm으로 표시한다. 5일간 방치한 병에도 처음에는 다른 병에서 측정한 만큼의 용존산소가 들어 있으나, 5일 동안 미생물이 유기물을 분해하여 산소를 소비하기 때문에 용존산소량이 줄어든다. 따라서 미생물이 유기물을 분해하는데 필요한 산소의 양, 즉 BOD는 다음 식으로 계산할 수 있다.

$$\text{BOD} = (\text{즉시 측정한 DO}) - (\text{5일후 측정한 DO})$$

병을 밀폐하는 것은 공기 중의 산소가 물속에 녹아 들어가는 것을 방지하기 위한 것이고, 5일간 방치하는 것은 미생물이 유기물을 분해하여 얼마만큼의 산소를 소비하는지 알기 위한 것이다. 또한, 어두운 곳에 보관하는 것은 광합성에 의한 산소의 공급을 막기 위해서이다.

실험이 5일 동안 행하여진다 해서 BOD_5라고 쓴다. 물론 2일, 10일 또는 그 이상으로도 할 수 있다. 20일 동안 배양한 BOD를 최종 BOD 또는 장기 산소요구량이라고도 한다.

식수를 BOD 기준으로 나누어볼 때, BOD가 1 ppm 이하(상수원수 1급)이면 별도의 정수 처리를 하지 않고 여과만 시켜 먹을 수 있는 물이며, 1~3 ppm(상수원수 2급)이면 약간의 정수 처리 후 먹을 수 있는 물이다. BOD가 3~6 ppm(상수원수 3급)이면 고도의 정수 과정이 필요하며, 10 ppm 이상이면 공업용수로도 쓸 수 없다.

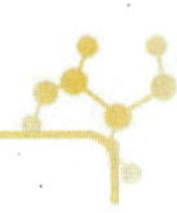

10-3-3 화학적 산소요구량(COD, Chemical Oxygen Demand)

BOD를 측정하는 데는 너무 시간이 걸리는 단점이 있다. 따라서 물 속의 유기질 양을 나타내는 데는 흔히 BOD 대신 **화학적 산소요구량**(COD)를 사용한다. COD는 일정한 조건에서 물 속에 존재하는 유기물을 산화시키는 데 필요한 화학적 산화제의 양에 상당하는 산소의 양을 나타낸 것이다. 즉, 중크롬산칼륨($K_2Cr_2O_7$)이나 과망간산칼륨($KMnO_4$)과 같은 산화제에 의해 산화되는 물질의 총량을 나타내는 것이다. COD 값이 적을수록 오염 물질이 적게 들어 있어 수질이 좋고, COD 값이 클수록 오염 물질이 많이 들어 있어 수질이 나쁨을 의미한다.

그러나 COD는 물 속의 총산화성 물질을 측정하는 것이기 때문에 유기물 뿐 아니라 아질산염이나 제1철염과 같은 환원성 무기물까지 측정되기 때문에 정확한 유기물의 양을 나타내지는 못한다. 그렇다면 BOD와 COD 중에서 수중 생물의 생존이 영향을 주는 유기물의 오염 정도를 정확하게 반영하는 것은 어느 것일까?

물 속에 유입된 유기물 전체의 양을 정확하게 반영하는 것은 COD일 것이다. 그러나 유기물 오염으로 수중 생물이 피해를 당하는 것은 유기물 자체가 많아서가 아니라, 그 유기물을 분해하는 미생물이 대량 번식하고 그에 따라 미생물이 산소를 고갈시키기 때문이다. 따라서 미생물이 분해할 수 없는 유기물은 물 속의 산소를 고갈시키는 원인이 되지 못한다. 그러므로 유기물 오염이 수중 생물의 생존에 어떤 영향을 미칠 것인지 판단하는 데 더 정확한 참고 자료가 되는 것은 COD가 아니라 BOD이다. 즉, 하천의 유기물은 산화제가 아니라 미생물에 의해 분해되기 때문이다.

일반적으로 COD를 측정하기 위해 산화제를 사용하면 미생물이 빠르게 분해하지 못하는 생활하수 속의 머리카락이나 산업 폐수 속의 유기 화합물 등도 분해되기 때문에 대개 COD가 BOD보다 크게 나온다. COD 측정 시에는 과망간산칼륨은 유기물의 60 % 정도를 분해하고, 중크롬산칼륨은 약 80 % 정도를 분해하기 때문에 사용한 산화제에 따라 다른 값이 나올 수 있다. 따라서 COD 값을 나타낼 때에는 사용한 산화제의 종류를 명시해 주어야 한다.

10-3-4 탁도

탁도란 물의 흐린 정도를 나타내는 것으로, 여러 가지 부유물질에 의하여 생겨난다. 그 크기는 콜로이도 분산질로부터 굵은 분산질에 이르며 물의 흐름 정도에 따라 달라진다.

호소와 같이 비교적 정체된 상태에 있는 물의 탁도는 대부분 콜로이드의 분산과 대단히 미세한 분산질에 의하여 생겨나며, 하천수와 같이 흐르는 상태의 물속에서는 비교적 굵은 분산질에 의하여 생겨난다. 탁도를 유발하는 물질로는 토사류와 같은 순수한 무기물질로도 있지만, 천연유기물 및 공장폐수와 가정하수에서 유입되는 많은 양의 무기물질과 유기물 혹은 유기물로 인해 생성된 박테리아와 미생물, 조류(algae) 등도 탁도를 유발하는 원인물질이 된다. 탁도가 급수에서 중요한 것은 소비자들이 탁하지 않은 물을 요구하는 심미감 때문이다. 또한 물은 탁도가 높으면 폐수에 의한 오염가능성이 있을 뿐만 아니라, 많은 병원 미생물이 이들 입자들에 의해 둘러싸여 소독제로부터 보호되어 수인성 전염병의 우려가 있기 때문이다.

10-3-5 수소 이온 농도(pH)

수소 이온 농도는 산성이나 알카리성을 나타내는 지표로 pH가 7.0이면 중성, 7.0 이하는 산성, 7.0 이상은 알카리성임을 나타낸다. 보통의 자연수는 pH 6.5 ~7.5의 범위 내에 있으며, 수질 환경 기준에서는 6.5~8.5 범위 내의 물을 허용하고 있다.

10-3-6 부유물질(SS, Suspended Solid)

부유물질은 물에 용해되지 않는 0.1 μm~2 mm 이하의 고형물질로, 식물의 삭은 조각이나 조류 등이 주요 원인이다. 부유물질량은 수질의 탁도에 크게 영향을 미치며 2차 오염의 주원인이 된다. 부유물질량은 일정량의 물을 여과하고 남은 물질을 증발 건조시켜 남은 무게를 측정하여 알아낸다.

10-3-7 대장균

대장균(*Escherichia Coli*)은 보통 사람과 가축의 장내에 기생하는 세균의 일종으로, 어떤 물에서 대장균이 검출되었다면 그 물이 사람이나 가축의 분뇨에 오염되었음을 나타낸다. 대장균 자체는 위험한 것이 아니지만, 대장균에 오염된 물은 소화기계 병원균이 존재할 가능성이 있으므로 병원성 세균 오염의 지표로 사용되고 있다. 또한 대장균은 소화기 전염병균보다 저항성이 크므로 살균 후 대장균의 유·무는 다른 병원균의 살균 여부를 확인하는 지표가 된다.

상수원수는 정화기능 이상으로 오염되지 않아야 하며, 염소 살균에 의해 완전히 사멸시킬 수 있는 한도 이내이어야 한다. 우리나라의 경우 상수원급 1급은 50 MPN/100 mL, 상수원수 2급은 1000 MPN/100 mL, 3급인 경우 5000 MPN/100 mL 이 기준이다.

10-3-8 총질소(Total Nitrogen)

오염된 물에는 단백질, 요소, 요산과 같은 유기질소 화합물과 암모니아(NH_3), 아질산(NO_2^-), 질산(NO_3^-) 등의 질소 화합물이 들어 있다.

오염물질 내의 총질소양는 암모니아성 질소와 NO_2^-, NO_3^-의 합으로 나타내는데, 이는 유기질소 화합물이 유기물 → NH_3 → NO_2^- → NO_3^- 단계로 분해되기 때문이다.

암모니아가 물 속에서 검출되었다면 그 물이 최근에 오염이 되었음을 나타내며, NO_3^-가 검출되면 비교적 오염된 시기가 오래되었음을 뜻한다. 따라서 암모니아와 유기질소의 측정은 토양 폐수 및 다른 오염된 물에 실시하고, 질산염의 측정은 깨끗한 물이나 정수 처리한 물에 대해 측정한다.

우리나라 먹는 물 수질기준은 NH_3와 NO_3^-가 동시에 검출되지 않아야 하며, NO_3^-의 농도가 10 ppm 이하로 규정되어 있다.

예제

1. 다음 중 용존산소가 더 많은 물은?
   (1) 찬물과 더운 물　　(2) 흐르는 물과 고여 있는 물
2. 특별한 종류의 대장균을 제외하고 대부분의 대장균은 물에 해롭지 않은데, 수질 오염의 척도로 사용되는 이유는 무엇인가?

정답 1. (1) 찬물　　(2) 흐르는 물
2. 대장균에 오염된 물은 소화기계 병원균이 존재할 가능성이 있으므로

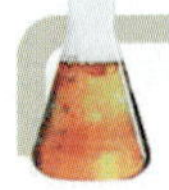

10-4 수질 오염의 원인

수질 오염의 원인은 크게 자연적인 요인과 인위적인 요인으로 나눌 수 있다.

자연적인 요인은 강우량의 연중 불균형에 의한 하천 용량의 저하와 하상의 형태에 의한 유량 및 유속의 불연속성, 그리고 하천 유역에서의 표사 퇴적으로 인한 각종 부유물질의 하천 유입 등이 있으나 대부분이 일시적인 것으로 크게 문제가 되지 않는다. 자연은 자정 능력이 있기 때문에 어느 정도 시간이 지나면 저절로 정화되기 때문이다.

인위적인 요인은 인구 증가 및 도시 집중화와 산업 발달에 따라 필연적인 것으로, 그 종류는 생활하수, 산업 폐수, 축산 폐수 등이 있다.

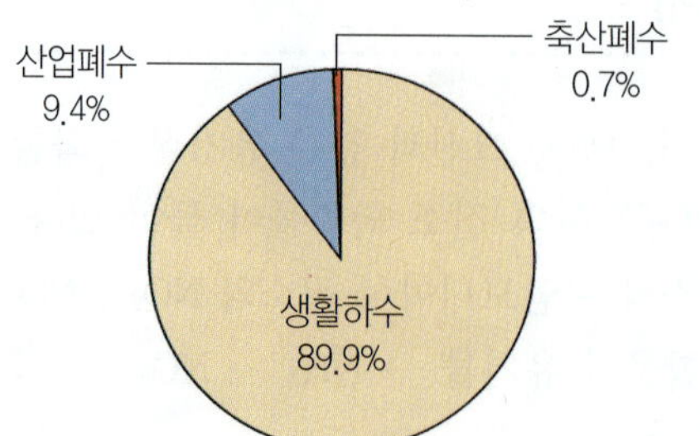

단위 : 천m^3/일

생활하수	24,028	89.9%
산업폐수	2,511	9.4%
축산폐수	197	0.7%
계	26,736	100%

그림 10.5 하폐수 발생현황(수질개선기획단, 물관리종합대책)

전국의 수질 오염 물질 일일 배출량을 보면 각 오염원이 차지하는 비율을 보면 그림 10.5와 같다. 생활하수가 89.9 %로 대부분을 차지하고 있으며, 산업 폐수가 9.4 %로 그 다음이고, 축산폐수는 0.7 %로 가장 낮다.

10-4-1 생활하수

인간의 생활로 인해 발생되는 오염물의 문제는 인구가 집중된 대도시에서 주로 일어나고 있으며, 수질 오염원 중에서 가장 높은 비율을 차지하고 있다. 생활하수는 가정이나 음식점에서 배출되는 음식물 찌꺼기와 합성세제, 폐식용유, 분뇨 등이 주된 오염 물질로 유기성 물질이 대부분을 차지하고 있다.

지금까지 우리나라에서 발생되는 음식물 찌꺼기의 대부분은 매립하여 왔으나, 근래에는 분리수거하여 소각하거나 일부는 가축의 사료화 혹은 비료화하고 있다. 그러나 우리나라의 음식물 찌꺼기에는 수분이 많이 포함되어 있어 소각 시 별도의 연료를 투입하여야 하는 난점이 있고, 염분이 많아 사료화나 퇴비화에도 어려움을 겪고 있다.

거의 모든 가정에서 사용되는 있는 합성 세제가 수질 오염에 큰 영향을 미친다는 사실은 널리 알려져 있다. 합성세제는 센물에도 잘 녹고 침전을 만들지 않는다는 장점 때문에 비누보다 널리 사용되고 있다. 그러나 다른 오염 물질과는 달리 미생물에 의한 분해가 어렵고 물 위에 거품막을 형성하여 산소가 물에 녹아 들어갈 수 없도록 할 뿐 아니라, 햇빛을 차단시켜 플랑크톤의 정상적인 번식을 방해하는 등 수질 환경에 큰 피해를 주고 있다. 또한 합성 세제의 세척력을 높이기 위해 첨가한 인산염은 부영양화 현상을 일으켜 물을 썩게 한다.

분뇨 수거는 대부분 수거식에서 수세식으로 전환되어 각 가정의 경우 자체 정화조가 설치되고 대규모 주택단지에서는 오수 및 분뇨의 자체 정화 시설인 '오수 정화 시설'에서 처리하고 있다. 또한 정화조나 오수 정화 시설에서 나온 하수는 별도의 분류 하수관을 통하여 대규모 하수 처리 시설에 모아 재처리하고 있다.

합성세제

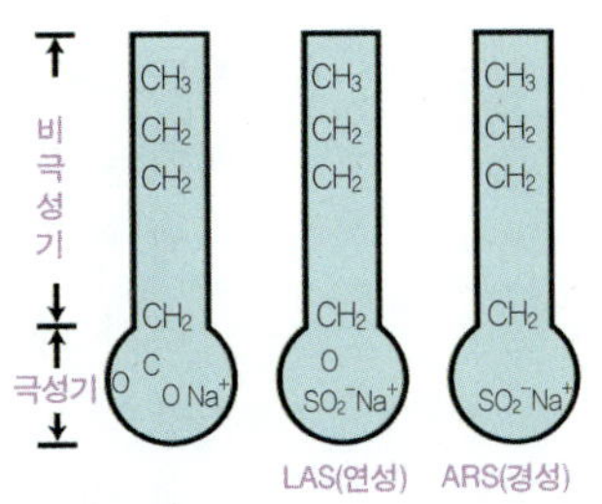

옛날에는 나무나 짚 등을 태운 잿물, 점토, 쌀겨 등이 세제로 오랫동안 사용되었다. 비누는 고급 지방산의 Na^+ 혹은 K^+의 염으로 세제 중에는 가장 오랜 역사를 가지고 많이 보급되고 있다. Ca^{2+}, Mg^{2+}이 포함된 센물에서는 지방산의 염이 형성되어 침전되고, 바닷물에서는 비누가 염석되는 등의 결점이 있어 이를 보완할 수 있는 세제가 절실히 요구되었다. 이에 대한 연구가 계속되어 1930년대 석유를 원료로 비누의 결점을 보완한 ABS(alkylbenzenesulfonate, $R-C_6H_4-SO_3Na$)라는 합성 세제를 시판하게 되었다. 그러나 ABS 세제는 생물에 의한 분해가 일어나지 않고 그대로 하천, 호수 등에 축적되어 환경오염의 원인이 된다. 이런 단점을 보완하기 위해 1960년대 LAS(linear ABS, soft ABS)인 생분해성 세제가 개발되었으며, 우리나라에서도 1980년부터는 LAS만 사용하도록 되어 있다. 그러나 LAS가 미생물에 의해 분해되면 페놀계의 물질이 생성되는 데, 이것의 생물 독성이 ABS보다 물고기에 대해 2~3배 클 뿐 아니라 식물 플랑크톤에도 큰 독성을 미친다.

우리나라 각 가정에서 사용되는 합성 세제의 양은 무려 적정량보다 5~6배가 넘는 경우가 많아 수질 오염을 가속시키고 있다.

1993년 우리 나라 인구 1인당 합성 세제의 소비량이 6.5 kg을 넘었고, 최근 환경부의 자료에 의하면 생활 하수 오염의 대부분이 합성 세제인 것으로 알려졌다.

10-4-2 산업 폐수

산업화에 따라 계속적으로 증가하고 있는 산업 폐수는 가정 하수와는 달리 각종 중금속을 비롯하여 고농도의 유기성 물질, 고도의 처리를 요하는 난분해성 물질들을 함유하고 있어 수질 오염이 더 큰 영향을 끼친다. 이들 물질은 대부분 기존 하천이나 호소의 자정 작용에 의해 정화되지 않거나 자정에 오랜 시간이 소요된다.

특히 중금속을 함유한 폐수는 생물 농축 순환 사이클에 의해 결국 인간의 몸속에 되돌아와 무서운 공해병 등을 유발하게 된다. 생물 농축이란 잘 분해되지 않는 중금속이나 합성 유기 물질이 먹이 연쇄 과정을 거치는 동안 상위 영양 단계로 올라갈수록 그 양이 점점 더 축적되는 현상을 말한다.

10-4-3 농축산 폐수

농·축산 폐수는 주로 농촌 지역에서 많이 배출되며, 가축의 분뇨·농약·가두리 양식장 등에서 배출되는 물고기의 배설물과 사체 등을 포함한다.

가축의 분뇨는 생활하수와 마찬가지로 분뇨에 포함된 질소와 인이 하천의 부영양화를 촉진시킨다. 농약은 표적이 되는 생물 뿐 아니라 다른 주변의 생물에게도 독성을 끼치며, 잘 분해되지 않고 생태계에 남아 생물 농축을 일으킨다. 근래에는 전국 곳곳에 많이 건설되고 있는 골프장에서 잔디를 유지하기 위해 엄청나게 뿌려대는 농약이 심각한 오염원으로 등장하고 있다.

축산 폐수의 배출량은 오폐수 전체 배출량의 0.7 %에 불과하나 BOD 기준 배출량은 32 %를 차지하는 고농도의 폐수이다. 현재 축산 시설의 90 % 이상이 비규제 대상 영세 축산농가이어서 개별적인 정화시설의 설치가 불가능하여 적정처리를 기대하기 어려운 실정에 있다. 화학 비료를 구하기 어려운 과거에는 농촌에서 가축 분뇨를 비료로 만들어 이용하였으나, 근래에는 취급이 어렵고 혐오감을 준다는 이유로 이용하는 양이 매우 적어 상당량의 축산 폐수가 미처리된 상태로 방류되어 농촌 소하천의 수질에 심각한 영향을 주고 있다.

1. 우리 나라 수질 오염의 가장 큰 부분을 차지하는 오염원은 무엇인가?
2. 축산 폐수의 배출량은 작으나, 수질 오염에 끼치는 영향이 큰 이유는 무엇인가?

정답 1. 생활 하수
2. 고농도 폐수이며, 소규모 축산 농가에서 미처리된 채로 방류되므로

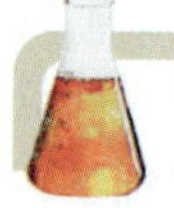

10-5 수질 오염의 영향

10-5-1 부영양화

생물의 성장과 물질 대사에 필요한 영양분 중에서 특히 중요한 것은 질소와 인이다. 이들은 자연계에 질산염과 인산염의 형태로 존재하며 하천이나 호소에 들어 있는 이들의 양은 생물의 균형 있는 성장을 유지시키는 데 충분하다.

그러나 이들의 양이 과잉 공급되면 식물성 플랑크톤이나 조류가 이상 번식하여 물 색깔의 변화와 투명도 저하를 초래하며, 이들의 사멸에 의한 잔해는 바닥에 침전되어 부패하면서 수질을 악화시킨다. 가정의 생활하수나 가축의 배설물 등이 하천이나 호소에 한꺼번에 다량 유입되어 물 속의 영양분이 과다 증가하는 현상을 **부영양화**라고 한다.

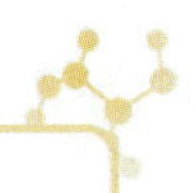

부영양화의 가장 큰 원인으로는 비료의 과다 사용을 들 수 있다. 20세기 후반 들어 세계 도처의 하천, 호수 등의 지표수에는 영양분이 급격히 증가하였는데, 이는 농산물 증식을 위한 화학 비료, 특히 질소 비료와 인산 비료의 사용량이 급증하였기 때문이다. 토양에 살포된 비료의 40 % 정도는 식물에 흡수되지 못하고 빗물에 씻겨 내려가 하천이나 호수로 유입되어 부영양화의 원인이 되고 있다. 또한 건조기에 축산 농가 근처에 쌓여 있던 축산 폐기물들이 장마에 쓸려 내려가 호수나 하천에 다량 유입되는 것도 부영양화를 촉진시킨다.

가정 하수에 함유되어 있는 영양염류나 합성세제도 부영양화에 많은 영향을 미친다. 가정 하수에 들어 있는 영양염류중에는 합성세제에 세탁력을 높이기 위해 첨가한 인산염이 상당량 포함되어 있다.

하천이나 호수에 질산염이나 인산염이 다량 유입되면 모든 생물의 성장이 촉진되는 데, 특히 단세포 생물인 녹조류와 남조류가 급속히 번식하여 **조화 현상**을 일으킨다.

조화 현상이란 수중의 질산염이나 인산염의 함량이 증가하여 조류의 번식이 촉진되어 조류 집단의 크기가 커지는 것으로 특히 인산염의 함량이 제한 요소로 작용한다.

조화 현상의 하나로 연안에서 발생하는 적조 현상이 있다. 적조를 일으키는 생물은 주로 규조류, 편모류, 섬모충류들이다. 적조가 생기는 원인은 온도가 높고 염도가 낮으며 영양염류가 충분할 때, 적조 생물이 이상 증식하기 때문이다. 이들 적조가 어느 정도 과다하게 번식하면 수중의 용존 산소가 급격히 낮아져 집단 사멸하게 되고, 사멸된 사체는 수중에서 부패하는 과정에서 더욱더 많은 산소를 소비하게 되어 무산소 수역이 형성된다. 무산소 수역에서는 어패류가 질식하여 집단 폐사하게 된다. 또, 적조 플랑크톤 중에는 마비성 패독을 생성하는 와편모조류가 있어 어패류 뿐 아니라 이를 섭취한 인간이 중독사하는 사건이 생기기도 한다.

우리나라에서는 1980년대 이후부터 유해성 적조가 발생하기 시작하였고, 1990년대부터는 양식 어패류의 대량폐사를 일으키고 있다.

이러한 적조의 연안 발생 상황을 조사한 결과 1970년까지는 간헐적으로 발생하였으며, 1981년도에는 7, 8월에 상당히 장기간 동안 발생하였다. 그 이후에는 4월에도 적조가 발생, 점점 빨리 발생 되는 추세를 보였고, 어떤 해역에서는 11월까지도 적조현상이 관찰되는 등 발생기간의 폭이 넓어지고 있다. 발생 지역은 주로 우리나라 남해안의 폐쇄성 내만인 진해만과 마산만에서 상습적으로 발생하고 있다.

물에 포함된 다량의 질산염은 인체에도 해를 끼친다. 질산염이 식수를 통해 몸 속에 들어가면 세균에 의해 일부의 질산염이 아질산염으로 환원된다. 이 아질산염이 흡수되어 혈액 내에 들어가면 적혈구의 헤모글로빈과 결합하여 메트헤모글로빈(methemoglobin)을 형성하고, 그 결과 산소 운반 능력이 저하되어 산소 결핍증을 일으킨다. 산소 결핍이 일어나면 피부가 파랗게 변하는 청색증 현상을 나타낸다. 청색증은 특히 유아에게서 명확히 나타나는 데, 이는 유아들이 질산염을 아질산으로 환원시키는 세균을 죽일 정도의 충분한 위산을 분비하지 못하기 때문이다.

10-5-2 독성물질 오염

수질 오염을 일으키는 독성 물질은 크게 중금속과 유기염소계 화합물로 나눌 수 있다.

중금속은 약 65 종류의 금속원소들로 자연계에 존재한다. 생물학적으로 볼 때 필수원소로서 요구되거나 또는 요구되지 않는 원소로서 물리, 화학 그리고 생물학적으로 가역적인 특성을 보이는 밀도 5 이상의 그룹으로 분류된다.

유기염소계 화합물은 주로 유기염소계 살충제에서 비롯된다. 1938년 DDT, 1942년 BHC가 발견된 후로 여러 종류의 살충제가 만들어졌는데, 유기염소계 살충제는 다른 살충제에 비해 사람과 가축에 급성 독성은 비교적 적은 반면, 살충력은 강하고 물에 잘 녹지 않아 지속성이 강한 살충제로 이용되어 왔다. 또한 제조 비용도 저렴하여 2차 세계 대전 후 전세계에서 대량으로 생산, 사용되어 왔다.

그러나 살충제의 사용이 증가함에 따라 야생 조류의 산란수가 감소하거나 알 껍질이 얇아져 쉽게 부서지며, 대량의 어류가 강이나 호수에서 폐사하는 등 자연계에서 여러 가지 이변이 나타나게 되었다. 이들 원인을 조사한 결과 생물 체내에 축적되기 쉬운 유기염소계 살충제 임이 밝혀졌다. 예를 들어 1948년 노벨상까지 받게 했던 DDT(Dichloro Diphenyl Trichloroethane)는 살충제로서의 성과는 매우 좋았으나 자연계나 생명체에서 DDT는 분해되기 어려워 조류(algae)에서 대형동물까지 먹이연쇄를 거쳐 농축된다. 그 예로 1957년 미국의 크리어 호수에 DDT를 5,000만 분의 1로 희석하여 말라리아 등의 질병을 일으키는 모기를 퇴치하기 위하여 살포했는데, 다음 해 겨울철에 약 100여 마리의 물새가 죽는 등 계속하여 사건이 발생되었다.

DDT는 지방에 용해되기 때문에 인체 들어오면 부신, 고환, 갑상선에 대량으로 축적되어 심장근육의 중요한 효소가 상하여 만성중독을 일으킬 가능성이 높다. 미국에서는 1969년 DDT 사용을 전면 금지하였으며, 우리나라도 1976년 생산을 금지한 바 있다.

표 10.3 유기염소계 화합물의 생물 농축

	농도(ppm)	농 축 계 수
해 수	0.003	–
동물성 플랑크톤	0.04	7.3×10^4
작은 물고기	0.5	1.4×10^5
큰 물고기	2.0	5.7×10^5
새	25	8.6×10^6
인간	–	1×10^7 이상

이들 유기염소계 화합물은 유기 용매에 잘 녹는 까닭에 동물의 체내에 흡수되면 지방에 축적되고, 이것이 먹이 사슬을 따라 생물 농축으로 다량 축적되어 독성이 나타나게 된다.

이들 물질의 생물 농축 현상은 표 10.3에서 보는 바와 같이 먹이 사슬에서 한 단계 올라갈수록 10배 가량 진하게 농축됨을 알 수 있다.

수은(Hg)

자연계에 존재하는 수은(Hg)의 형태는 무기 수은 및 메틸수은으로 대표되는 유기 수은이 있다. 그 중 메틸수은은 미나마타병의 원인으로 어패류 중에 다량 농축되어 어패류를 많이 섭취하는 일본에서 큰 사회 문제가 된 적이 있다. 메틸수은은 체내에 흡수된 후 그대로 장기에 축적되는 데 특히 신경계에 고농도로 축적된다. 메틸수은이 미량이라도 체내에 축적되면 중추신경계장애로 언어 장애와 시야 협착을 일으키며, 정서불안 · 신경쇠약 · 구강염 · 지각 장애 및 청력 장애가 나타난다.

무기 수은(Hg)은 구강 인두염 · 안면 창백 · 맥박 증가 · 복통 · 구토 등을 일으킨다.

카드뮴(Cd)

카드뮴은 주로 아연 정련의 부산물로 생성되며, 경도는 낮으나 화학적으로 안정한 산화막을 형성하므로 금속 부품의 도금에 널리 사용되었다.

근래에는 니켈-카드뮴 건전지에 많이 이용되고 있어 전지 사용 후의 처리에 유의하지 않으면 2차적 환경오염을 일으킬 가능성이 많은 중금속이다.

카드뮴의 독성은 금속 연기 또는 분진을 흡입할 경우 급성 중독 현상으로서 구역질 · 이질 · 요통을 동반한 급성위장염을 일으킨다. 만성 중독인 경우 칼슘 대사 장애를 일으켜 골연화증상인 이타이이타이병을 일으킨다.

크롬(Cr)

크롬 화합물에는 3가 크롬과 6가 크롬 두 가지가 있으나, 3가 크롬은 6가 크롬보다 독성이 약하다. 6가 크롬(Cr^{6+})은 자극성이 심하며 호흡기의 점막에 심한 장애를 주고 피부를 통해 접촉하면 피부점막을 자극하여 부종 및 궤양 등 피부염을 일으킨다. 지금까지 알려진 바로는 가장 피해가 많은 것이 코의 점막에 이상이 생기는 증상이고, 심하면 코의 중앙 부위가 뚫리는 비중격착공이나 인후점막에 염증이 발생된다. 그 외에 미각 장해 · 간 장해 · 위장염 · 폐암 등이 나타난다. 다량이 농축될 경우는 복통 등의 경련을 일으켜 사망한다.

납(Pb)

납이 대량 인체에 들어오면 급성중독을 일으키며, 최근에는 물에서 보다 대기 중의 납 농도가 증가되어 문제가 되고 있다. 자동차의 연료 중에 옥탄가를 높여주기 위해 사용한 사에틸납 때문이다. 납은 골수 등의 헤모글로빈 생성을 방해하며, 중독되면 두통 · 정신착란 · 빈혈 · 안색 창백 · 혈변 등이 나타난다.

10-5-3 세균 오염

물은 질병을 일으키는 바이러스, 세균, 원생 동물 등 병원체의 매개 경로이다. 병원성 세균에는 이질 · 장티푸스 · 파라티푸스 · 콜레라와 전염성 간염이 있으며, 지금도 전세계 인구의 약 35 %가 이들 수인성 전염병에 의해 고통을 받고 있다.

이들 세균들은 감염된 동물과 사람의 배설물을 통하여 물에 유입되는 데, 배설물이 그대로 방류되거나 완전히 염소 처리 되지 않았을 때 문제가 된다.

식수 내의 이들 병원체의 존재는 간접적으로 대장균 수를 측정하여 추정하는데, 대장균 자체는 인체에 무해하지만 대장균이 다량 검출되면 그 물에 다른 병원성 세균들도 있을 수 있다는 것이다. 그래서 상수 처리 과정에서는 살균을 위해 염소 처리를 한다. 그러나 근래에는 염소로 소독할 때 염소가 물 속의 유기물질과 반응하여 발암 물질인 THM(trihalomethane)을 생성시킨다는 것이 알려져 오존으로 소독하는 경우가 늘어나고 있다.

10-5-4 열오염

열오염(thermal pollution)이란 화력 발전소나 원자력 발전소에서 방류되는 냉각수가 직접 강이나 바다에 버려져 수온을 상승시키는 현상을 뜻한다. 물의 온도가 증가하면 수중 생물의 체온이 증가하고 따라서 호흡률도 증가하게 된다. 호흡율의 증가는 산소요구량을 증가시키는 데, 수온의 상승에 따라 용존 산소의 양도 줄어들게 되므로 수중 생물은 산소 결핍을 겪게 된다.

각종의 생물은 온도에 대한 내성 범위가 있으므로 대부분의 수중 동물은 그 범위 안에서만 생존할 수 있다. 따라서 발전소에서 방류되는 냉각수의 온도가

높으면 그 주변의 생태계에 커다란 영향을 미치게 된다. 발전소에서 냉각수를 방류할 때는 생물에 미치는 피해를 줄이기 위해 담수에서는 25 ℃, 해수에서는 20 ℃가 넘지 않도록 규제하고 있다.

확인

1. 부영화의 원인 물질은 무엇인가?
2. 적조 현상은 장마가 끝나고 기온이 높은 7, 8월에 주로 발생하는 원인은 무엇인가?

정답 1. 인산염과 질산염
2. 장마 때 대량의 비료가 하천이나 호수에 유입되며, 온도가 높으며 조류의 활동이 활발해 지므로

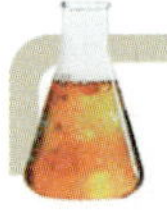

10-6 수질 오염 사건 사례

10-6-1 미나마타병

1953년 일본의 큐우슈우 미나마타라는 작은 어촌에서 원인을 알 수 없는 중추신경질환 환자가 드문드문 나타나기 시작하여, 1965년에는 환자수가 111명에 이르게 되고 그 중 4명이 사망하는 사건이 발생하였다. 그 후 이 병은 미나마타병으로 명명되었는데, 조사 결과 환자의 대부분이 어업에 종사하는 사람이나 그의 가족으로 어패류의 섭취가 주원인으로 밝혀졌다. 즉, 미나마타시에 있는 빙초산 공장의 아세트알데히드 제조 과정에서 촉매로 사용되는 메틸수은이 미나마타천을 통하여 미나마타만으로 유입되어 이곳에 서식하는 어패류에 축적되고, 이를 섭취한 주민 몸에 메틸수은이 체내에 축적되어 일어난 것으로 판명되었다.

미나마타병의 전형적 증상 은 지각 · 운동 · 언어 · 청력 · 보행의 장애와 가벼운 정신적 장애를 일으키며, 손발이 마비되고 안으로 휘어 들어가는 증세를 보이며, 심할 경우는 중추신경마비로 사망하게 된다.

그 후 1964년 일본 니이가타현의 아가노가와 하천 유역에서도 같은 증상을 나타내는 병이 발생하였는데 역시 유기수은 중독증으로 밝혀져 이를 제2의 미나마타병이라 부르고 있다. 이들 사건 후 어패류를 많이 먹는 일본에서는 어패류의 수은 오염에 대한 불안이 커져 큰 사회 문제가 되었다.

10-6-2 이타이이타이병

이타이이타이병은 1968년 일본 후생성이 공해병으로 인정한 병으로, 일본의 도야마현 신통강 상류지역에 위치한 신강광업소에서 선광·정련공정에서 배출된 카드뮴(Cd)이 신통강에 흘러내려와 농작물·패어류·상수원을 오염시켜 나타난 공해병이다.

1979년 3월까지 130명의 환자가 발생하였는데, 그 중 90%가 65세 이상이고 남자 3명 외에는 모두 여자이었다. 이 중 81명이 사망했으며 환자의 발병은 모두 20~30년 이상 신통천 유역에 거주한 사람이 대부분이었다.

처음에는 허벅지에 통증을 호소하는 정도였으나, 곧 전신에 퍼지면서 가래를 뱉기만 해도 탈골이 될 정도로 뼈가 물러지고 뼈의 위축 때문에 키가 20 cm 이상 줄어들기도 하였다. 이는 카드뮴이 체내에 축적됨에 따라 뼈 속의 칼슘과 인이 계속 배출되었기 때문이다. 이 때 극심한 통증을 수반해 계속 '이타이이타이'('아프다아프다'라는 뜻)하고 외쳤기 때문에 이와 같은 이름이 붙었다.

10-6-3 상수의 오염사례

병원균에 오염된 상수가 공급되어 전염병이 돌아 많은 사람들이 사망한 경우가 자주 있다.

1892년 독일의 함부르크시에서는 엘베강에서 취수하여 급수하였는데, 맞은편에 위치한 알토나시의 콜레라환자의 배설물이 투입된 물이 상수을 오염시킨 적이 있다. 이로 인해 1만 8,000명의 환자가 발생하였고 순식간에 이들 중 약 8,000명이 사망하였다.

1914년에는 스페인의 바르셀로나시에서 급수하는 물이 장티푸스균으로 오염되어 시민 60만 명 중 1만 8,500명의 환자가 발생되고, 1,800명이 사망했다.

1937년에는 일본 대모전시에서는 이질병으로 오염된 지하수를 급수하여 1만 2,329명의 환자와 609명의 사망자가 발생한 경우도 있다.

10-6-4 산업폐수의 오염사례

1986년 11월 1일 심야에 스위스 바젤시의 라인강가에 위치한 스위스에서 두 번째로 큰 화학 및 의약품 회사인 산도스사의 한 창고에서 화재가 발생하였다. 이 창고에는 820톤의 살충제와 12톤의 살균제, 솔벤트와 염료 등이 보관되어 있었다. 불을 끄기 위해 수십만 갤런의 물을 사용하면서 막대한 양의 살충제와 살

균제가 라인강으로 흘러 들어갔다. 이 중에는 무려 1.9톤의 수은이 포함되어 있었다. 그 결과 440톤 이상의 정어리가 폐사하여 수면에 떠올랐으며 송어 등 많은 어족이 폐사하였다. 서독과 네덜란드 상수도 정수시설이 가동을 중단하여 주민들이 상수도 공급을 받지 못했다. 이와 같이 수질오염은 피해의 규모가 대규모적이며 생태계 뿐만 아니라 인간에게도 막심한 피해를 준다.

수은과 카드뮴 중독으로 생기는 병의 이름은 무엇인가?

정답 수은–미나마타병, 카드뮴–이타이이타이병

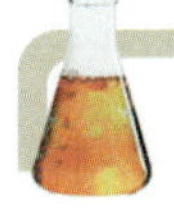

10-7 물의 정화

10-7-1 상수 정화

물을 안심하고 먹을 수 있으려면 불순물이나 몸에 해로운 박테리아 등이 없어야 한다. 따라서 상수원에 포함된 오염 물질은 정수장에서 안전한 양으로 감소되도록 정화되어야 한다.

정수장에서는 몇 단계의 정화 공정을 하나의 시스템으로 하여 깨끗한 물을 만들고 있으며 보통 물리적 · 화학적 처리 기술이 이용되고 있다.

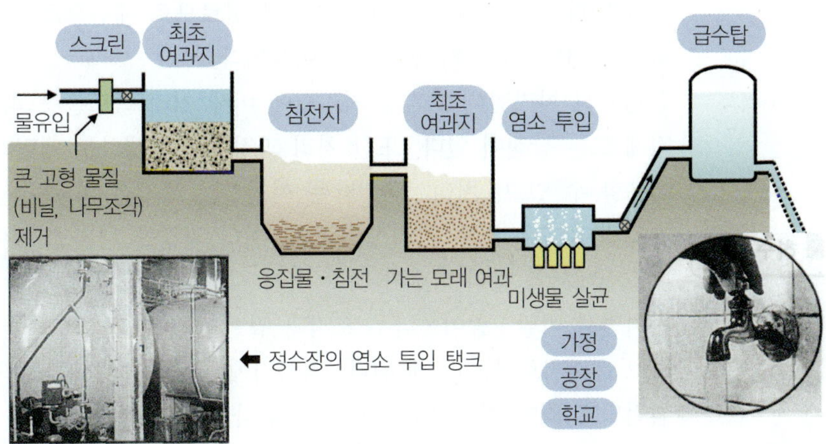

그림 10.6 수돗물의 정화 과정

물리적 처리 기술은 물과 고형 물질을 분리하는 것으로, 스크린·침전·분리·흡착 등의 기술이 이에 속한다. 오염 물질 중 비중이 작고 입자가 큰 고형 물질은 거름종이와 같은 원리의 스크린 장치를 이용하여 제거하고, 비중이 큰 입자는 물의 움직임을 줄여 자연적으로 가라앉게 하여 분리·제거한다. 이 때, 침전 효과를 높이기 위해 일반적으로 약품을 함께 사용한다. 입자가 아주 작은 물질들은 모래·규조토·활성탄 등을 사용한 여과탑을 만들어 제거하기도 한다.

정수장에서의 화학적 처리 기술로는 응집, 살균 등이 있다.

물에 떠 있으며, 크기가 10^{-4} cm 이하인 작은 입자를 제거하는 데는 사용되는 약품을 응집제라고 한다. 최근에는 고분자 응집제로서 폴리염화알루미늄(PVA) 등이 사용되며, 염소 등이 살균 소독제로 쓰인다.

10-7-2 하수 처리

오염된 하수를 처리할 때도 여러 단계의 처리 공정을 하나의 시스템으로 처리한다.

하수 처리 방법에는 크게 물리적, 화학적, 생물학적 처리 기술이 이용되고 있다.

물리적 처리 기술에는 스크린·침전·분리·흡착 등이 있으며, 화학적 처리 기술로는 중화·응집·살균 등이 있다. 중화 처리 방법은 폐수 중의 산성 물질이나 알칼리성 물질을 중화시키는 것이다.

생물학적 처리 기술은 미생물의 분해 작용을 이용하여 유기물을 처리하는 방법으로, 오염 물질을 분해하는 미생물이 산소를 이용하는 형태에 따라 호기성 처리법과 혐기성 처리법으로 분류된다. 호기성 처리법은 호기성 미생물을 이용하는 것으로, 용존 산소가 필요하므로 처리 시설 내에 공기를 계속 불어 넣어 주어야 한다. 이 처리법은 처리 속도가 빠르므로 대량으로 발생하는 도시의 생활 하수나 산업 폐수 처리에 많이 이용된다.

혐기성 처리법은 호기성 처리법에 비해 처리 속도는 느리지만 유지 관리비가 적게 드는 장점이 있다. 또한 처리 과정에서 발생하는 메탄가스를 에너지원으로 이용할 수 있고, 처리 후에 남는 찌꺼기는 유기질 비료로 활용할 수 있다.

그림 10.7은 하수 처리장의 하수 처리 과정을 나타낸 것이다.

그림에서와 같이 하수가 하수 처리 시설로 유입되면 제일 먼저 스크린 장치를 거치면서 비닐·종이·나무 조각과 같은 입자가 큰 고형 물질을 분리시켜 제거하고 침사지로 들어가게 된다. 침사지에서는 모래, 진흙 등의 비중이 큰 물질이 침전되고 최초 침전지로 들어가게 된다.

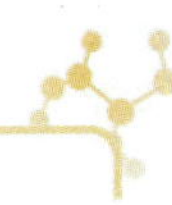

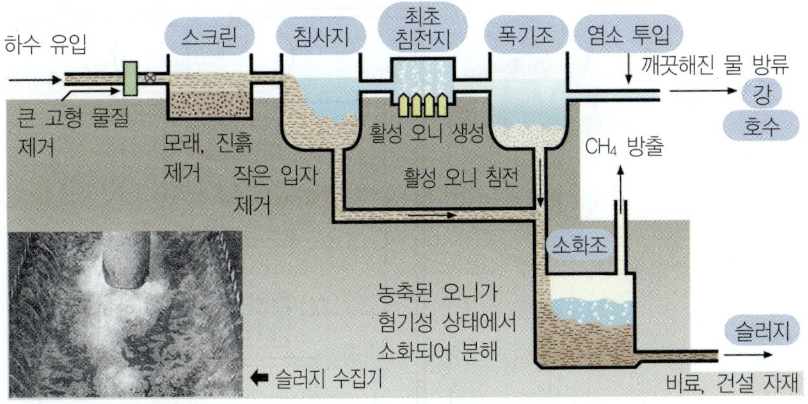

그림 10.7 하수 처리 과정

최초 침전지에서는 침사지에서 제거되지 않은 비중이 작은 부유성 물질을 침전시켜 제거한다. 이어서 공기 주입 장치로 공기를 불어 넣어 주어 호기성 미생물이 번성할 수 있도록 조건이 맞추어진 폭기조로 하수가 들어가면 호기성 미생물은 유기물을 분해한다. 이 때, 폐수 속의 탄소 화합물은 미생물의 에너지원으로 이용되고, 질소와 인은 미생물의 구성 성분으로 이용되면서 오염물질을 처리하게 된다.

최종 침전지에서는 오염 물질을 먹고 자란 미생물과 처리된 물을 분리하는 기능을 한다. 여기에서 분리 침전된 미생물의 일부는 폭기조로 반송되어 다시 미생물을 분해하는 데 이용되고, 처리수는 염소 소독을 거쳐 하천에 방류된다.

최초 침전지와 최종 침전지에서 가라앉은 물질들은 따로 소화조로 옮겨 혐기성 미생물로 분해한 후 비료나 건설 자재 등으로 이용한다.

10-7-3 중수도

중수(中水)란 수돗물과 생활 하수의 중간에 해당하는 물이라는 뜻으로, 중수도는 가정에서 사용한 세숫물과 목욕물을 기존의 하수관이 아니라 옥외에 별도로 분리시킨 중수관을 통해 배수 탱크에 모아 다시 사용하는 시스템을 말한다.

세숫물이나 목욕물로 사용된 오수는 별도의 하수관을 통해 건물 지하의 배수 탱크에 모아 황산알루미늄 등의 약품 처리 및 응집·침전·여과 과정과 염소 소독까지 거친 뒤 옥상 탱크로 옮겨진다. 그리고 별도의 송수관을 통하여 각 가정의 수세식 양변기의 세척수로 공급되는 것이다. 아파트에 이러한 중수도 시스템을 채용할 시 수돗물의 사용량과 생활 하수 배출량이 각각 20% 정도씩 감소한다.

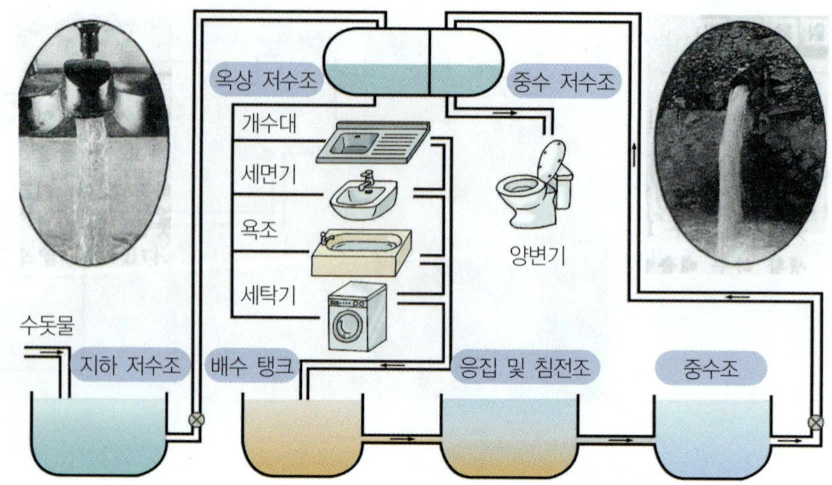

그림 10.8 아파트의 중수도 시설

이러한 중수도 시스템은 질이 좋은 수돗물이 청소 용수 등으로 사용되지 않게 함으로써 수돗물의 사용을 줄일 수 있으며, 하수 처리장에서 처리해야 할 하수의 양이 감소되어 물의 오염을 줄일 수 있다. 즉, 필요한 수질에 따라 사용되는 물을 선택함으로써 수자원을 합리적으로 이용할 수 있다는 장점이 있다.

핵심정리

물의 특성

- 끓는점과 어는점 : 물 분자 사이에는 수소결합이 작용하여 다른 물질보다 분자량에 비하여 끓는점과 어는점이 높다.
- 밀도 : 일반적으로 모든 물질은 온도가 높아지면 밀도가 감소하지만, 물은 4 ℃에서 밀도가 가장 크다.
- 열용량 : 물은 다른 물질에 비해 열용량이 크므로 쉽게 온도가 올라가거나 내려가지 않는다.
- 용매 : 물은 다른 물질을 잘 녹이는 성질이 있다.

물의 순환과 이용

- 물은 지구 표면의 71 %를 덮고 있으며, 끊임없이 순환하고 있다.
- 지구상에 존재하는 물의 전체량 중 우리가 사용할 수 있는 것은 겨우 0.003 %에 지나지 않는다.

수질의 지표

- 용존산소(DO) : 물에 녹아 있는 산소의 양. 더운 물보다 찬물의 DO가 높으며, 고여있는 물보다 흐르는 물의 DO가 높다.
- 생물학적 산소요구량(BOD) : 수중의 유기물이 호기성 세균에 의해 분해되어 안정화되는 과정에서 요구되는 산소의 요구량. 물 속에 유기물의 많을수록 BOD는 높아진다.
- 화학적 산소요구량(COD) : 일정한 조건에서 물 속에 존재하는 유기물을 산화시키는 데 필요한 화학적 산화제의 양에 상당하는 산소의 양. COD가 높을수록 오염물질이 많이 들어 있다.
- 탁도 : 물의 흐린 정도를 나타낸 값. 토사류와 같은 무기물질 뿐 아니라, 천연 유기물 · 미생물이나 조류에 의해 탁도가 유발된다.
- 수소이온농도(pH) : 물의 산성도를 나타내는 값.
- 부유물질 : 물에 용해되지 않는 작은 고형물질
- 대장균 : 사람과 가축의 장내에 기생하는 세균의 일종으로, 대장균 자체는 위험하지 않지만 병원성 세균의 오염 지표로 사용된다.
- 총질소 : 오염된 물속에 들어 있는 암모니아성 질소와 NO_2^-, NO_3^-의 양을 합한 값. 암모니아가 검출되었다면 최근에 오염되었음을 나타내며, NO_3^-가 검출되면 비교적 오염된 시기가 오래되었음을 나타낸다.

수질 오염의 원인

- 생활 하수 : 가정에서 배출되는 음식물 찌꺼기와 합성세제, 폐식용유, 분뇨 등이 주요 원인이다.
- 산업 폐수 : 각종 중금속을 비롯하여 고농도의 유기성 물질, 고도의 처리를 요하는 물질 등이 포함되어 있다.
- 축산 폐수 : 주로 농촌 지역에서 배출되며 가축의 분뇨, 가두리 양식장에서 배출되는 물고기의 배설물과 사체 등의 포함된다.

수질 오염의 영향

- 부영양화 : 질산염과 인산염이 하천이나 호소에 다량 유입되어 물 속의 영양분이 과다하게 증가하는 현상. 단세포 생물인 녹조류나 남조류 등이 급속히 번식하여 녹조 혹은 적조 현상을 일으킨다.
- 독성 물질 오염 : 중금속과 유기염소계 화합물에 의한 오염. 중금속으로는 수은, 카드뮴, 크롬, 납 등이 있으며, 유기염소계 화합물에는 DDT가 대표적인 물질이다.
- 열오염 : 화력 발전소난 원자력 발전소에서 방류되는 냉각수가 직접 강이나 바다에 버려져 수온이 상승하는 현상.

수질 오염 사건 사례

- 미나마타병 : 수은 중독에 의해 발생하는 중추신경질환
- 이타이이타이병 : 카드뮴에 의해 발생되는 공해병

물의 정화

- 상수 정화 : 고형물질의 분리 - 스크린, 침전, 분리, 흡착.
  화학적 처리 - 응집 살균
- 하수 처리 : 물리적 처리 기술 - 스크린, 침전, 분리, 흡착
  화학적 처리 기술 - 중화, 응집, 살균
  생물학적 처리 기술 - 미생물을 이용하여 유기물을 처리
- 중수도 : 가정에서 사용한 목욕물 등을 별도의 배수 탱크에 모아 간단한 처리 과정을 거친 후 양변기의 세척수 등으로 사용하는 시스템

평가문제

01 우리 나라 수자원장기종합계획에 관한 자료를 찾아, 우리나라 수자원 이용 현황에 대해 알아 보자.

02 우리 나라가 물 부족 국가로 분류된 이유는 무엇인가?

03 COD와 BOD의 차이점에 대해 설명하라.

04 생물 농축 현상의 대표적인 예를 찾아 설명하라.

05 세계적으로 문제가 된 수질 오염 사건에는 어떤 것들이 있는 지 조사하여 보자.

Chapter 11

대기오염

지구를 둘러싼 대기를 대기권이라 한다. 지구의 대기는 주로 질소(78.08 %)와 산소(20.95 %)로 구성되어 있으며, 아르곤(0.93 %), 이산화탄소(0.03 %) 및 기타 물질(0.01 %)로 이루어져 있다. 이러한 구성은 오늘날 인간을 포함한 생물이 사는 데 적정한 비율이다. 그러나 인간 활동이 활발해짐에 따라 화석연료의 사용이 증가하고, 또한 새로운 물질을 대기 중에 유입됨으로써 환경에 심각한 영향을 끼치게 되었다. 또한 이산화탄소의 증가로 온실효과에 의한 지구온난화 현상, 대기 오염에 따른 산성비와 오존층 파괴 등 전지구적인 위협이 상존하고 있다.

이 장에서는 먼저 대기오염에 대한 정의와 종류 및 피해 상황을 다루고, 이어 전지구적인 현상인 온실효과, 산성비와 오존층 파괴에 대한 현상에 대해 알아본다.

11-1 대기 오염

대기 오염이란 인공적으로 대기 중에 유입된 오염물질의 양, 농도 또는 지속시간이 그 지역의 사람이나 다른 생물에게 불쾌감을 주거나 피해를 주는 상태를 말한다.

화산폭발이나 산불 등의 자연적인 원인이나 자동차 배기가스, 공장 매연 등의 인위적인 원인에 의해 대기 중으로 방출된 오염 물질들은 기체나 액체뿐만 아니라 고체로도 존재한다. 오염 물질은 대기와 혼합되고 확산되는 도중 화학적인 변화를 거치기도 한다.

11-1-1 대기 오염 물질

매연 · 먼지 · 가스 · 악취 등으로 사람의 건강이나 재산에 해를 미치거나, 동식물의 생육 환경 등 자연 환경에 영향을 끼치는 물질을 **대기 오염 물질**이라 한다. 대기 오염 물질은 물리적 상태에 따라 입자상 물질과 기체상 물질로 구분할 수 있으며, 발생과정에 따라 1차 오염 물질과 2차 오염 물질로 나눌 수 있다.

1차 오염 물질이란 공장의 굴뚝에서 나오는 연기나 자동차의 배기가스와 같이 대기 중으로 직접 배출되는 입자상 또는 기체상의 물질을 말한다. 대표적인 1차 오염 물질로는 먼지, 황산화물, 질소산화물, 일산화탄소, 암모니아, 염화수소, 황화수소, 휘발성 유기화합물 등이 있다.

2차 오염 물질이란 배출된 1차 오염 물질이 대기 중에서 오염 물질간의 상호작용이나 광화학 반응 등의 물리 · 화학적 반응과정을 거치면서 다른 형태의 오염 물질로 변화된 것을 말한다. 대표적인 2차 오염 물질로는 오존, 알데히드 등이 있다.

(1) 입자상 물질(고체 및 액체상 물질)

입자상 물질이란 물질을 부수거나 선별하는 등의 기계적 공정을 거치거나 연소, 합성, 분해와 같은 작업을 통해서 나오는 고체 또는 액체상의 물질을 말한다.

크기나 모양, 성분 등에 관계없이 공기 중에 떠다니는 먼지의 총량을 총부유먼지 (TSP : total suspended particulate)라고 한다. 보통 직경이 10 μm이하인 먼지만이 호흡기를 통해 체내로 유입되어 건강에 나쁜 영향을 끼친다. 이러한 점을 고려하여 PM10(particulate matters less than 10 μm as an aerodynamic diameter), 즉 직경 10 μm이하의 먼지라는 개념이 도입되었다.

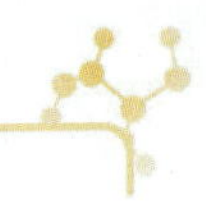

입자상 물질은 시멘트 공장, 연탄 공장이나 자동차 배기가스 등 인간 활동에 의해 만들어지기도 하지만, 중국 화북 지방이나 몽고 지방의 황토 지대에서 작은 모래 먼지가 강한 편서풍에 실려 오는 황사와 같은 자연적인 원인에 의하여 생기기도 한다. 이러한 먼지는 호흡기 질환이나 진폐증을 일으키며, 식물의 기공을 막아 농작물에 피해를 주기도 한다. 태양 및 지구의 복사 에너지를 분산시키거나 흡수하여 가시거리를 줄이기도 한다. 또한 이산화황, 산화질소, 일산화탄소, 오존 등과 함께 스모그의 원인이 된다.

입자상 물질은 생성 원인이나 크기에 따라 보통 먼지・훈연・미스트・매연・검댕이・연무・비산재 등으로 나눈다.

① 먼지(dust)
각종 작업장이나 공장, 또는 암석이나 토양의 자연적 침식 및 붕괴에 의하여 발생하는 고체 입자.

② 훈연(fume)
승화, 증류, 연소 등과 같은 화학 반응에서 생성된 증기가 공기나 기타 기체 속에서 응축되어 생성된 고체입자.

③ 연무(mist)
화학 반응 시 수증기의 응축에 의하여 생성되어 공기나 기체 속에 부유 상태로 존재하는 액체 입자.

④ 매연(smoke)
자동차 엔진에서 연료가 연소할 때 발생하는 탄소를 주성분으로 하는 미세한 입자.

⑤ 검댕이(soot)
연료의 연소 시에 발생하는 탄소입자가 타르(tar)에 젖어서 응결하여 생성된 것으로, 탄소 성분이 50 % 이상인 물질.

⑥ 박무(haze)
공기 중의 수분, 오염 물질 등이 부유 상태로 존재하여 대기가 매우 탁하게 보이고, 가시거리가 짧아지는 현상.

⑦ 비산재 (fly ash)
연료의 연소할 때 생기는 재와 불완전 연소된 연료 성분이 굴뚝 안에서 부유 상태로 있다가 배출되는 것.

(2) 기체상 물질

물질이 연소되거나 합성 또는 분해될 때 발생하거나, 물리적 성질에 의해서 저절로 발생하는 기체 상태의 물질을 말한다. 주요한 오염 물질로는 황산화물, 일산화탄소, 이산화탄소, 질소산화물, 오존 및 휘발성 유기화합물 등이 있다.

① **황산화물**(SO_x)

황산화물이란 황과 산소가 결합한 화합물로서 일산화황(SO), 이산화황(SO_2), 삼산화황(SO_3) 등 여러 가지 형태가 있다. 이중 대부분은 이산화황 형태로 배출된다. 이산화항은 색깔이 없으며, 자극적인 냄새가 난다. 성냥불을 결 때 나는 좋지 않은 냄새는 대개 이산화황 때문이다. 석유, 석탄 등의 연료에는 약간의 황이 포함되어 있으므로 화석 연료를 사용하면 황산화물이 증가한다. 자연적으로도 화산 폭발이나 온천 등에서 유출되기도 한다.

② **일산화탄소**(CO)

탄소가 포함된 가연성 성분의 연소할 때 산소가 부족하면 일산화탄소가 발생한다. 일산화탄소는 색깔과 냄새가 없다. 일산화탄소는 혈액 속에 헤모글로빈에 대한 결합력이 산소보다 약 200배 정도 강하므로 혈액을 통한 산소 공급을 차단하기 때문에 연탄가스 중독의 원인이 된다. 일산화탄소에 오랜 시간동안 노출되면 산소 결핍증이 일어나게 되고, 심장과 폐의 기능에 이상이 생기면 호흡기 질환 등을 일으킨다. 일산화탄소는 자동차 배기가스에서도 나오며, 연탄과 같은 화석 연료가 불완전하게 연소될 때 다량으로 발생한다.

③ **이산화탄소**(CO_2)

이산화탄소는 색깔과 냄새가 없으며, 나무 · 석탄 · 석유 등이 연소할 때 발생한다. 대기 중에는 0.03 %가 포함되어 있다. 이산화탄소 자체는 오염물질이 아니지만 온실효과를 일으키므로 지구 온도 변화에 심각한 영향을 끼칠 수 있다. 사람이나 동식물의 호흡에 의하여 발생되기 때문에 실내에 사람이 많을 경우에 이산화탄소 농도가 높아질 수 있다. 따라서 실내 이산화탄소 농도는 환기의 지표로 이용될 수 있다.

④ **질소산화물**(NO_X)

질소산화물이란 질소와 산소가 결합한 화합물로 NO, NO_2, NO_3, N_2O, N_2O_3, N_2O_4, N_2O_5 등으로 존재한다. 대기 중에 오염 물질로 가장 많이 있는 일산화질소(NO)와 이산화질소(NO_2)를 합쳐서 보통 질소산화물(NOx)이라고 한다. 질소 산화물의 대부분은 일산화질소의 형태로 발생하는데, 일산화질소는 대기 중에서 쉽게 이산화질소로 변환된다. 일산화질소는 무색이며 불연성의 독성 기체다. 이산화질소는 갈색을 띄며 불연성이 강한 질식성 기체이며 산화력이 강하다. 질소산화물이 비에 녹아 아질산이나 질산으로 변하면 산성비의 원인이 되기도 한다. 질소산화물이 태양광선의 영향으로 탄화수소와 광화학 반응을 일으키면 인체 및 동물, 식물에 유해한 오존, 알데히드 등의 2차 오염 물질을 생성하기도 한다.

⑤ **오존(O_3)**

오존은 산소 분자(O_2) 1개에 산소 원자(O) 1개가 결합한 것으로, 상온에서 마늘 냄새와 비슷한 특유의 냄새가 나는 기체이다. 산화력이 아주 강하기 때문에 살균, 소독에 이용되기도 한다. 오존은 자동차 등에서 배출된 질소산화물과 탄화수소가 광화학반응을 일으키는 과정에서 생성된다. 오존은 가죽 제품이나 고무 제품을 단단하게 만들며 농도가 증가하면 호흡기 세포를 파괴할 수 있다.

지구 대기의 성층권에서 존재하는 오존은 태양으로부터 들어오는 자외선을 차단하는 역할을 하기 때문에 지구에 사는 생물에게 매우 중요한 물질이다. 대기 중의 오존은 생물에게 해를 주는 반면 성층권에 존재하는 오존은 해로운 자외선을 차단하는 역할을 하기 때문에 성층권에서는 점차 오존이 줄어들어 문제가 생기고, 대류권에서는 발생하는 오존이 문제가 되는 이중성을 가진다. 우리 나라의 경우 오존 농도가 1989년 이후 증가 추세에 있으며, 앞으로 계속해서 대도시의 자동차 운행량의 증가에 따라 오존 농도도 증가할 것으로 예상된다. 대기 중의 오존농도가 일정 기준을 초과하면 오존경보를 발령하고 있다. 오존경보 발령 기준과 행동 요령은 표 11.1과 같다.

표 11.1 오존경보 발령기준과 행동요령(출처 : 한국환경연구원)

	발령 기준	행동 요령
주의보	오염도 0.12 ppm이상	실외 운동경기 및 노약자 활동 자제, 자동차 사용 자제 및 대중교통 이용
경보	오염도 0.3 ppm이상	유치원, 학교의 실외학습 제한. 발령지역 차량 우회 운행, 노약자 등 실외활동 자제
중대 경보	오염도 0.5 ppm이상	노약자 등 불필요한 활동 중지, 발령지역 유치원, 학교 휴교 권고, 발령지역 차량진입 억제

⑥ 기타 기체상 오염물질

이 밖에 기체상의 오염 물질로는 암모니아(NH_3), 염화수소 (HCl), 황화수소(H_2S), 상온에서 공기 중으로 쉽게 휘발되는 성질을 가진 톨루엔이나 자일렌 등의 휘발성 유기화합물, 포름알데히드(HCHO), 라돈(Rn-222) 등이 있다.

예제

1. 1차 오염물질이란 무엇인가?
2. 기체상의 오염물질에는 어떤 것들이 있는가?
3. 질소 산화물의 생성 형태에는 어떤 것들이 있는가?
4. 오존의 이중성에 대해 설명하라.

정답
1. 공정 굴뚝에서 나오는 연기나 자동차의 배기가스 등의 오염물이 대기 중으로 직접 배출되는 오염물질
2. 황산화물, 질소 산화물, 일산화탄소, 이산화탄소 오존 등
3. 열 질소 산화물과 연료 질소산화물
4. 대기 중에서는 인간과 생물에게 직접 피해를 주는 반면, 성층권에서는 생물에게 해로운 자외선을 흡수하는 역할을 한다.

11-2 온실효과와 지구온난화

세계기상기구(WMO)와 유엔환경계획(UNEP)이 공동 추진한 "기후변화에 관한 정부간 협의회(IPCC)"의 제 1차 과학보고서(1990)에 의하면, 지난 100년 동안 지구의 평균 기온은 약 0.5 ℃ 상승했다고 한다. 특히 1972년 이후 약 10년 동안 약 0.3 ℃ 정도의 급격한 기온상승이 나타난 것으로 보고되고 있다. 기온의 상승은 기상 이변, 사막화 현상 및 해수면 상승 등 전지구적인 재해를 가져온다. 이와 같이 지구의 평균 기온이 상승한 것은 대기 중에 이산화탄소(CO_2), 메탄(CH_4), 일산화이질소(N_2O), 프레온가스(CFCs) 등과 같은 기체에 의한 온실효과 때문이다.

11-2-1 온실효과

추운 겨울에도 온실에 들어가면 바깥과는 달리 매우 따뜻하다는 것을 알 수 있다. 이는 온실 안의 열이 밖으로 나가지 않고 온실 안에 갇혀있기 때문이다. 이와 같이 대기 중의 기체 일부가 태양 복사 에너지를 흡수하여 온실과 같이 따뜻하게 기온을 유지한다는 뜻에서 **온실효과**(greenhouse effect)라는 이름이 붙여졌다.

태양에서 지구로 들어오는 태양 복사에너지는 파장이 0.2~2 μm의 영역인데, 이 중 대부분은 0.4~0.8 μm의 가시광선 영역에 집중되어 있다. 이에 반해 지구에서 우주 공간으로 복사되는 에너지는 비교적 파장이 긴 4~30 μm의 범위로 적외선

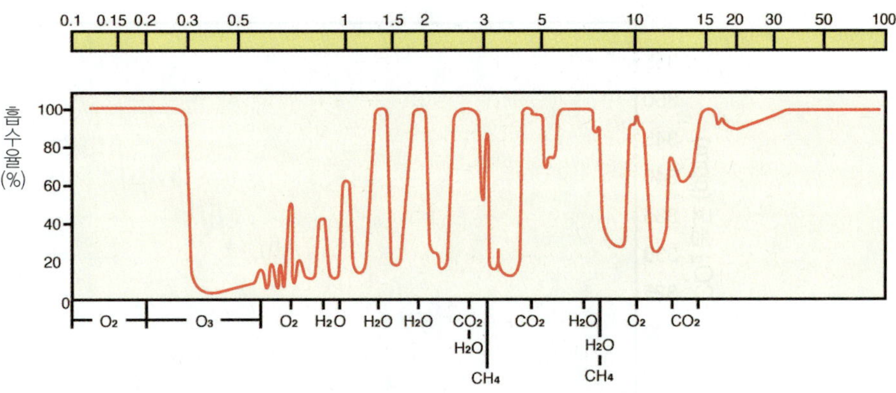

그림 11.1 지구 복사와 태양 복사를 흡수하는 대기 성분과 그 파장영역

영역에 속한다. 그런데 지구의 대기는 가시광선은 그대로 통과시키지만(대기의 창), 적외선 중 8~12 μm의 영역(이것을 적외선의 창이라고 함)을 제외하고는 거의 모두 흡수한다. 그 결과 태양 복사 에너지는 그대로 지표면에 도달하지만, 지구 복사 에너지는 지구의 대기를 뚫고 우주 공간으로 방출되지 않기 때문에 지구의 평균 기온이 높아지게 되는 현상이 나타난다.

그림 11.1에서 알 수 있듯이 파장이 0.31 μm보다 작은 자외선은 대류권 계면에 도달하기 전에 산소 분자(O_2)와 오존(O_3)에 의해 거의 흡수된다. 또한 4 μm 이상의 지구 복사 에너지는 이산화탄소(CO_2), 수증기(H_2O), 오존 등에 의하여 상당한 양이 흡수되고 있다. 또한 이보다 파장이 긴 적외선은 메탄(CH_4), 일산화이질소(N_2O), 프레온 가스, 오존 및 이산화탄소에 의해서 흡수된다. 따라서 적외선을 잘 흡수하는 기체들은 지구의 평균 기온을 상승하게 하는데, 이러한 기체를 **온실기체**라 한다. 온실기체는 지구상 생물에게 나쁜 영향만 끼치는 것은 아니다. 만일 지구상에 온실기체가 없었다면 지상의 평균 온도는 달의 표면 온도와 비슷한 영하 18 ℃가 되어 얼음으로 덮힌 행성이 될 것이다. 문제는 온실기체가 점차 증가하여 지구의 평균 기온을 현재보다 높게 한다는 데 있다.

11-2-2 온실기체

(1) 이산화탄소

이산화탄소는 주로 화석 연료의 사용과 산림의 자연 연소에 의해서 대기 중에 방출된다. 일단 방출된 이산화탄소는 100년 이상 대기 중에 머무르며 온실효과를 일으킨다. 인위적으로 발생한 이산화탄소의 온실효과에 대한 기여도는 약 50 %를 차지한다.

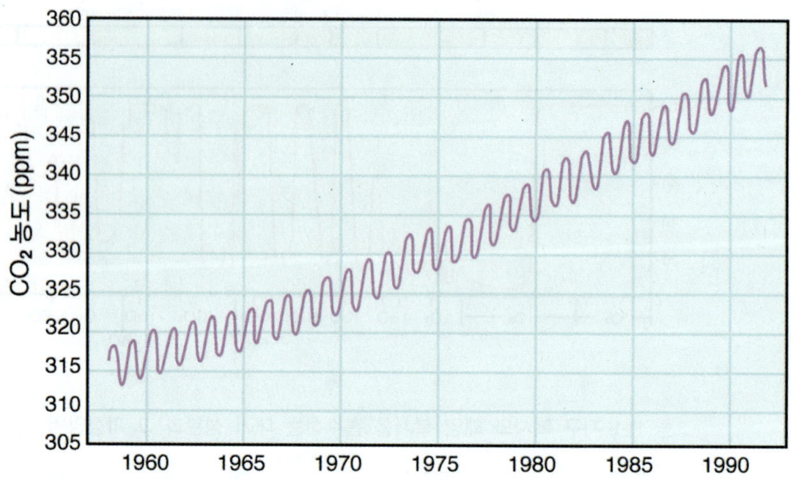

그림 11.2 마우나 로아(하와이) 관측소에서 관찰한 CO_2의 농도증가(Keeling, C.P., 1989)

이산화탄소는 지구상의 탄소 순환과 밀접한 관계가 있다. 즉, 식물은 광합성 작용을 통하여 이산화탄소를 탄수화물로 만들면서 산소를 발생한다. 탄수화물은 탄소, 수소 및 산소로 구성된 유기화합물로 설탕, 녹말, 셀룰로우즈 등을 들 수 있다. 한편 식물이 자연적 분해되거나 연소되거나 동물의 먹이가 될 때, 공기 중의 산소가 소모되며 이산화탄소가 대기 중으로 방출된다.

이러한 순환 과정에 의해서 대기 중의 이산화탄소의 양은 일정하게 유지될 수 있다. 그러나 인간 활동에 의한 삼림의 파괴와 화석 연료의 사용은 점차 이산화탄소의 양을 증가시켜 왔다. 또한 이산화탄소가 암석에 고정된 형태인 석회석으로 시멘트를 생산함으로써 탄소의 자연적인 순환을 방해하게 된 것이다.

그 결과 19세기 중에는 약 290 ppm이던 대기 중 이산화탄소의 농도가 1958년에는 315 ppm로 증가하였고, 1990년에는 350 ppm까지 증가하였다. 19세기 중의 자료에 대해서는 과학적으로 불확실한 점이 있으나, 1958년 이후 이산화탄소 농도에 대한 정확하고 과학적인 측정이 하와이의 마우나 로아(Mauna Loa) 관측소에서 이루어졌다. 그 결과는 그림 11.2와 같다.

그림 11.2에 의하면 매년 이산화탄소의 농도가 약 0.7 ppm 정도 증가하는 경향을 보이고 있다. 1년 동안 이산화탄소의 농도가 주기로 변화하는 것은 계절에 따른 식물 성장의 차이와 인간에 의한 화석 연료의 사용량에 관계된 것으로 해석된다.

(2) 각종 온실기체가 기온 상승에 미치는 영향

이산화탄소 이외에 온실효과를 일으키는 기체로는 메탄(CH_4), 일산화이질소(N_2O), 대류권에 있는 오존 및 인공합성 기체인 프레온 가스(CFCs)가 있다. 이러한 기체의 양은 적지만 계속해서 증가할 뿐만 아니라 단위 기체 당 온실효과율

이 엄청나게 크다는 데에 커다란 문제가 있다. 표 11.2는 대기 중에 포함된 미량의 온실기체로 각 기체의 온실효과율을 나타낸 것이다.

표 11.2 미량 성분의 농도변화에 따른 지구 기온 변화의 평가

성 분	농도 변화(ppb)		지상기온변화(℃)
	최저	최고	
이산화탄소(CO_2)	3×10^5	6×10^5	3~1.5
일산화이질소(N_2O)	300	600	0.3
메탄(CH_4)	1500	3000	0.3
CFC-11($CFCl_3$)	0	1	0.15
CFC-12(CF_2Cl_2)	0	1	0.13
CFC-22(CF_2HCl)	0	1	0.04
사염화탄소(CCl_4)	0	1	0.14
사불화탄소(CF_4)	0	1	0.07
염화메틸(CH_3Cl)	0	1	0.013
염화메틸렌(CH_2Cl_2)	0	1	0.05
클로로포름($CHCl_3$)	0	1	0.1
메틸클로로포름(CH_3CCl_3)	0	1	0.02
에틸렌(C_2H_4)	0.2	0.4	0.01
이산화황(SO_2)	2	4	0.02
암모니아(NH_3)	6	12	0.09
대류권의 오존(O_3)	현재의 농도	현재의 농도 2배	0.9
성층권의 수증기(H_2O)	3000	6000	0.6

특히 프레온 가스는 온실효과뿐만 아니라 오존층의 오존을 파괴하는 주범이기도 하다. 근래 들어 오존층을 파괴하는 프레온 가스는 규제 대상으로 정해졌으나, 규제대상이 되지 않는 대체 프레온 가스 역시 온실효과를 일으키므로, 이에 대한 정확한 예측과 연구 및 대책이 필요하다.

표 11.3은 온실기체의 과거와 1980년 및 2030년의 예측 농도를 나타낸 것이다.

표 11.3 온실기체의 과거 및 근래(1994년)의 대기 농도와 2030년 예측 농도

온실기체	과거(1880년경)	근래(1994년)	미래(2030년)
CO_2	270 ppm	385 ppm	450 ppm
CH_4	1.15 ppm	1.72 ppm	2.34 ppm
N_2O	285 ppb	318 ppb	375 ppb
CFC-11	0	268 ppb	1100 ppb

* 과거와 2030년 예측 농도는 추정치이며, 1994년은 국립환경연구원 자료임.

11-2-3 지구온난화에 따른 현상과 대책

온실효과에 의해 지구의 평균 기온이 높아지는 지구온난화 현상은 기후의 변화뿐만 아니라 농업과 삼림 및 수산업 분야에 막대한 영향을 끼친다. 또한 남북극의 빙하가 녹고 해수가 팽창하여 평균 해수면이 높아지는 등 전지구적인 재해를 가져올 수 있다.

(1) 지구온난화에 따른 세계적인 현상

① 기후변화

지구온난화로 혹한과 혹서의 빈도가 증가하고 있다 또한 기온의 상승은 물의 순환을 빠르게 진행시키므로 특정 지역에서의 극심한 가뭄이나 홍수가 일어난다.

② 농업과 삼림

열대와 적도 지역에서는 기온상승에 의한 증발량 증가로 곡물 재배를 할 수 없을 정도로 가뭄이 생겨 곡물 생산량 줄어들 것을 예상된다. 그러나 북유럽이나 러시아 및 북미 지역에서는 곡물 생산이 증가될 것이다. 지구 전체로 본다면 유럽의 서부. 미국 남부, 호주 서부, 남부 아프리카 지역 등에서 곡물 생산이 감소되어 세계 곡물 가격에 막대한 영향을 미칠 것이다. 또한 한대 지역의 숲은 병충해에 의한 피해가 커질 것이며, 건조 지역에서는 수분이 충분히 공급되지 않아 산불에 의한 자연피해가 커질 것으로 예상된다.

③ 수자원

농업용수 부족으로 경작을 포기해야 할 토지는 세계 기준 경작지의 5 %에 이르는 약 1300만 ha에 달하며, 이러한 손실을 회복시키기 위한 댐, 운하 등의 건설 등에 많은 비용이 예상된다. 또한 지구온난화에 의해 증발량 증가로 토양수분이 손실되어 전 세계적으로 약 6000만 ha의 면적에 관개시설이 필요할 것이다.

④ 해수면 상승

남북극에 있는 빙하가 녹거나 해수의 팽창으로 말미암아 해수면은 상승하게 되고 그 결과 대규모의 땅이 물에 잠길 것이다. 이로 인하여 조류나 어류의 서식처의 감소되는 등의 생태계에 심각한 사태가 초래될 수 있다. 또한 해수면 상승으로 연안 지역에 해수 범람과 태풍 등의 피해가 증가할 것이다.

⑤ 환경과 보건

해수면 상승으로 개발도상국가들의 해안 저지대 지역, 섬 지역, 건조 목초 지역, 도시 빈민 지역 등에 식수 및 용수에 커다란 변화가 생기고 수질오염 문제가 생길 수 있다. 또한 지구온난화로 인하여 스모그 형성이 촉진되며, 대기 대순환이나 강수 형태의 변화로 말미암아 심각한 대기 오염을 유발할 수 있다.

(2) 지구온난화에 따른 우리나라의 현상

이산화탄소의 농도가 현재보다 두 배로 증가할 때 국립환경연구원에서 예측한 우리 나라의 상황은 다음과 같다(국립환경연구원, 1999).

① 우리나라의 하천 유량은 봄과 여름에 증가하고 이로 인해 홍수의 빈도가 증가될 것이다. 반면에 대청댐, 안동댐, 남강댐, 섬진강댐에서는 겨울철에 하천 유량이 감소되어 유량 유지에 어려움이 클 것이다.

② 우리나라의 쌀 생산량은 광주를 포함한 남부 논농사 지대에서 30 % 감소, 수원 지역에서 40 % 감소가 예상된다.

③ 과거 90년간 지구온난화와 수반되어 우리나라의 기온은 0.8±0.3 ℃증가된 것으로 추정된다. 이러한 지구온난화 경향이 다음 세기에도 계속 유지된다고 가정할 때 21세기말 한반도 기온은 현재보다 약 1.4 ℃ 정도 상승할 것으로 예상된다.

(3) 지구온난화를 막기 위한 국제적인 대처 : 기후변화협약

1988년 11월 세계기상기구(WMO)와 유엔환경개발회의(UNEP)에서 지구온난화를 막기 위하여 처음으로 기후변화에 관한 정부간 협의회(IPCC)가 설립되었다. 이후 1990년 8월에는 기후변화의 원인, 영향 및 대응에 관한 종합보고서가 발표되었고, 11월 UN에서는 기후변화협약 제정을 위한 「정부간 협상위원회(INC)」를 설치할 것을 의결하여 그해 12월에 설립되었다. 1992년에 제5차 INC회의에서 기후변화협약 채택되었으며, 우리나라는 1993년 12월에 47번째로 가입하였다. 이 협약을 준수하기 위해 1997년 일본 교토에서 제3차 당사국총회(COP)를 개최하여 교토의정서 채택하여 지구온난화를 저지하기 위한 국제적인 노력이 계속되고 있다. 1998년 3월까지 이 협약에 가입한 나라는 174개국이다.

1. 〈그림 11.1〉에서 이산화탄소와 메탄이 주로 흡수되는 파장은 얼마인가?
2. 〈그림 11.2〉를 볼 때 이산화탄소의 농도는 매년 증가함을 볼 수 있다. 그런데 매년 이산화탄소의 농도가 증가 감소를 반복하는 이유는 무엇인가?
3. 지구온난화가 미치는 영향에 대해 설명하시오.

정답 1. 이산화탄소 : 약 3 μm, 4.5 μm와 12 μm　　메탄 : 약 3.2 μm와 8 μm
2. 계절에 따른 식물의 성장 차이와 화석 연료의 사용량에 관계
3. 기후 변화, 농업과 삼림, 수자원의 변화, 해수면의 상승, 보건 문제 등

11-3 오존층 파괴

1974년 캘리포니아 대학의 모리나(Molina)와 로우랜드(Rowland) 박사는 유명한 과학 잡지인 『네이쳐(Nature)』지에 프레온 가스가 성층권에 있는 오존층을 파괴한다는 충격적인 논문을 발표했다. 1987년 10월에는 1957년 이후부터 계속해서 남극 상공의 오존층을 관측했던 영국의 남극 조사팀에 의해 오존층 파괴가 처음으로 확인되었다. 태양으로부터 유해한 자외선을 차단하는 오존층이 파괴되면 인류를 포함한 지구상의 생물들은 치명적인 위험에 처할 것이다.

11-3-1 오존층

지구를 둘러싼 대기권은 높이에 따른 기온의 변화를 기준으로 대류권(0~10 km), 성층권(10~50 km), 중간권(50~80 km) 및 열권(80 km 이상)으로 나눈다. 이 중 성층권에 오존층이 존재하는 데, 오존층은 태양에서 오는 복사 에너지 중 자외선을 흡수하는 중요한 역할을 한다. 오존(ozone)은 3개의 산소 원자로 이루어진 분자 구조(O_3)를 갖고 있다. 오존은 자극성의 냄새를 풍기며, 푸른 빛을 띠는 강력한 산화제이다. 오존이 인체에 미치는 독성은 강력한 산화 작용 때문이다. 이러한 성질을 이용하여 오존을 공기나 물의 소독제로 이용하기도 한다. 대류권에서는 오존이 오염 물질이지만, 지상 10 km에서 50 km 높이에 있는 성층권에 있는 오존은 태양에서 나오는 유해 자외선을 흡수하여 지구상의 생물을 보호하는 중요한 역할을 하고 있다.

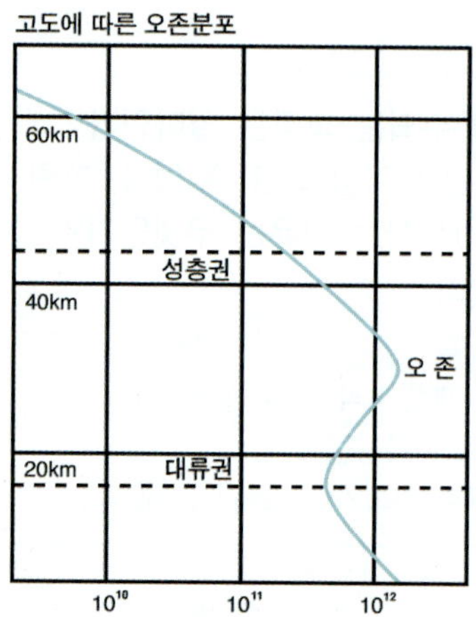

그림 11.3 높이에 따른 오존의 농도

대류권에서는 고도가 높아짐에 따라 기온이 하강하지만, 성층권에서는 고도가 높아짐에 따라 기온이 상승한다. 그러므로 대류권은 불안정하여 대류 현상이 나타나지만, 성층권은 대단히 안정하여 대류 현상이 없으며 단지 분자의 확산 운동에 의하여 대기가 이동하게 된다. 대기 중에 포함되어 있는 모든 오존의 양을 지상 기압으로 압축시켜 보면 두께 약 0.3 cm에 불과한 양이다. 그런데 전체 오존의 90 %가 성층권에 있고 나머지 10 %는 대류권에 있다. 특히 성층권 내에서도 25 km 부근에 오존이 밀집되어 있는데 이 층을 **오존층**(ozone layer)이라 한다.

성층권에 있는 오존층의 오존(O_3)은 산소 분자(O_2)가 태양으로부터 방출되는 강력한 자외선을 받아 두 개의 산소 원자(O)

로 분해되면서 발생한 산소 원자가 다시 산소 분자와 결합하여 생성된다. 이렇게 만들어진 오존은 다른 분자들과 화학적 반응을 거듭하면서 생성과 파괴 과정을 끊임없이 계속한다. 이를 간단히 화학식으로 표시하면 다음과 같다.

$$O_2 \xrightarrow{\text{자외선 (파장 242 nm 이하)}} O + O$$

$$O_2 + O + M \longrightarrow O_3 + M \text{ (M : 질소 분자나 다른 산소 분자)}$$

$$O_3 \xrightarrow{\text{자외선 (파장 242 nm∼290 nm 이하)}} O_2 + O$$

성층권 오존은 파장이 290 nm 이하의 강한 자외선을 흡수하는 역할을 하게 된다. 그러므로 흡수한 에너지 때문에 더워져서 대류권 아래로 잘 내려오지 않으므로 층을 형성한 것이다. 이와 같이 오존의 생성률은 태양의 복사량에 따라 달라지므로 계절과 위도에 따라 오존층의 두께는 달라진다. 그러므로 극지방 보다는 적도 지방의 오존층이 두꺼우며 겨울보다는 여름철이 두껍다.

자외선은 파장에 따라 UV-A(320∼400 nm), UV-B(290∼320 nm), UV-C (230∼290 nm)로 나누고 있다, UV-A는 비타민 D를 생성하는 유용한 광선이며, 생물에 매우 위험한 UV-C는 오존층에서 흡수되어 거의 지표까지 도달하지 않는다. 우리에게 가장 큰 영향을 주는 자외선은 주로 UV-B이다. UV-B는 인체의 피부와 눈에 해로우며 또한 면역체와 비타민 D의 합성에 나쁜 영향을 끼치는 것으로 밝혀졌다. 일반적으로 성층권의 오존농도가 1 % 감소하면 UV-B의 양은 2 % 증가한다. 이에 따라 피부암의 발생율은 약 4 %, 백내장은 0.6 % 증가하여 시력을 잃는 사람이 매년 10만 명 이상 증가될 것으로 예상되고 있다. 또한 과도한 자외선 노출은 인체의 면역 기능을 저하시켜 폐결핵 등 전염병의 예방이 어렵게 된다. 이 밖에도 UV-B가 증가할 경우, 해양계에서 먹이 사슬의 중요한 역할을 맡고 있는 플랑크톤이 감소하여 해양의 먹이 사슬이 파괴되며, 육상 생물의 돌연변이 발생과 농산물 수확 감소를 초래하게 된다.

11-3-2 오존층 파괴

(1) 오존 구멍

1974년 염화불화탄소(CFCs, 일명 프레온 가스)가 오존층을 파괴한다는 내용이 처음 발표되어 충격을 주었다. 그 후 1985년에는 남극 상공의 오존층이 1957년 처음 관측했을 때보다 20 %나 감소하였음이 영국의 남극 조사단에 의해 보고

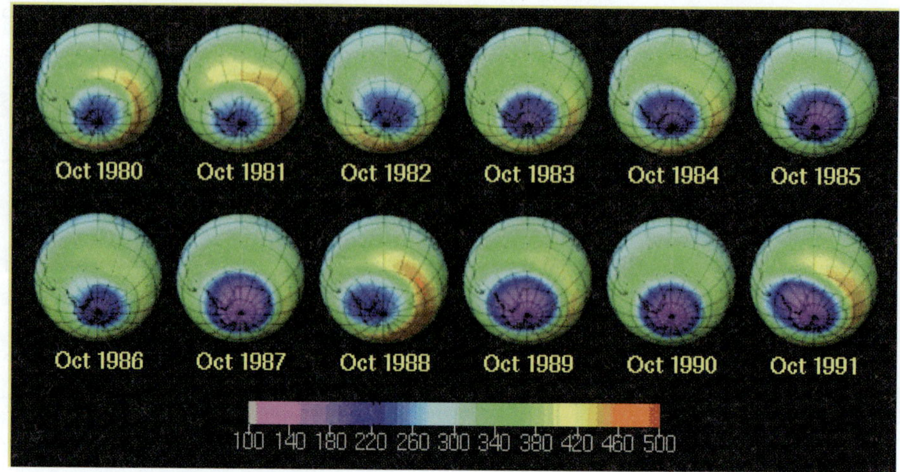

그림 11.4 기상 위성에서 본 남극의 오존 농도

되었다. 1989~1990년 동안에 오존층은 아주 심각하게 파괴되었으며, 1979년 이래 전지구적 오존전량은 년 3 %정도 감소되고 있음을 발견하였다. 최근에는 기상 관측 위성인 님버스 7호(NIMBUS-7)에 의해 오존전량측정기(TOMS)로 관측된 자료를 재분석한 결과 과거 12년 동안 북반구에서 6~8 %의 오존이 감소되었고, 특히 4~5월에 4~6 %의 오존이 감소됨이 밝혀졌다.

그림 11.4에서는 남극 상공에 오존의 농도가 낮아 동심원 모양으로 구멍이 뚫린 것처럼 보이는데, 이것을 **오존 구멍**(ozone hole)이라 한다.

아르헨티나 기상청의 연구에 의하면, 남극 오존 구멍의 크기가 1991년의 1700만 km^2에서 1992년에는 북미 대륙 절반에 해당하는 2300만 km^2로 확장되었고, 오존층의 두께도 1년 사이에 80 %정도 얇아졌다고 한다. 한편 북극 상공에서도 미약하나마 오존의 농도가 감소했다는 결과가 발표되었다. 우리나라에서도 마찬가지로 오존 전량이 과거 10년 동안 연평균 3.8 % 감소 경향을 보이고 있다.

(2) 오존층 파괴와 프레온 가스

오존층를 파괴하는 물질로는 인공적으로 합성한 프레온 가스를 들 수 있다. 프레온 가스는 자신은 화학적으로 변하지 않으면서 오존의 분해 과정에 촉매로서 작용한다. 이러한 촉매 기능을 가진 화학 물질로는 프레온가스(CFCs) 이외에 일산화질소(NO), 염화메틸(CH_3Cl), 메탄(CH_4), 사염화탄소(CCl_4), 할론(halon, 염화브롬화탄소) 등이 있다. 이러한 기체들이 오랜 시간동안 대류권에 머물면서 점차 확산되어 결국 성층권에 유입되게 되고, 자외선에 의해 수소·질소·염소·불소·브롬 등과 같이 고도의 화학적 활성을 가진 물질을 생성하여 오존의 파괴를 일으킨다.

주요 오존 파괴 물질의 파괴 능력과 특성을 정리하면 표 11.4와 같다.

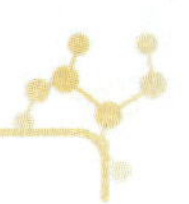

표 11.4 주요 오존 파괴 물질의 파괴 능력과 특성

화학물질	수명 (년)	오존파괴능력 (ODP)	주요용도
CFC-11	60	1.0	발포제, 냉장고, 에어콘
CFC-12	120	1.0	발포제, 냉장고, 에어콘
CFC-113	90	0.8	전자제품 세정제
CFC-114	200	1.0	발포제, 냉장고, 에어콘
CFC-115	400	0.6	발포제, 냉장고
Halon 1301	110	10.0	소화기
Halon 1211	25	3.0	소화기
Halon 2402	28	6.0	소화기
Carbon tetrachloride	50	1.1	전자제품 세정제, 살충제,
Methyl chloroform	6.3	0.15	약제, 용매제, 접착제

* ODP(Ozone Depletion Potential) : CFC-11의 파괴 능력을 1로 했을 때 단위 중량당 파괴 능력을 말함.

프레온 가스는 메탄(CH_4)이나 에탄(C_2H_6)의 수소 원자를 불소(F)와 염소(Cl)로 치환하여 만든 인공 화합물로, 1930년대에 미국의 듀퐁사가 프레온(Freon)이라는 상품명으로 처음 사용하였다. 원래의 이름은 염화불화탄소(CFCs)이다. 이것은 독성이 없고 무색 무취의 매우 안정한 물질이며, 비등점이 낮아 기체와 액체 사이의 변화가 쉽기 때문에 냉장고와 에어콘의 냉매제, 단열제의 발포제, 스프레이의 분사제, 전자제품의 세척제 등으로 사용된다. 프레온 가스는 안정한 물질이므로 대류권에서는 분해되지 않는다. 따라서 지상에서 방출된 프레온 가스가 성층권에 도달하면 자외선에 의해 분해되어 염소 원자(Cl)를 방출한다. 이 때 생긴 염소 원자는 오존(O_3)와 반응하여 오존을 파괴한다. 이러한 과정을 화학식을 나타내면 다음과 같다.

$$CF_2Cl_2 \rightarrow CF_2Cl + Cl$$
$$Cl + O_3 \rightarrow ClO + O_2$$

이 때 생긴 일산화염소(ClO)는 산소 원자(O)와 반응하여 다시 염소원자를 만든다.

$$ClO + O \rightarrow Cl + O_2$$

여기서 생성된 염소는 또 다시 오존과 반응하여 계속적으로 오존을 파괴한다.

이와 같이 대단히 안정한 프레온가스는 오랜 시간을 체류하면서 염소 원자 사이의 연쇄적인 반응에 의해 한 개의 프레온 가스 분자가 오존 10만개를 파괴한다.

11-3-3 오존층 파괴에 따른 영향과 대책

오존층은 태양으로부터 방출되는 자외선을 흡수하여 지상에 도달하는 강한 자외선을 막아 준다. 또한 자외선의 흡수로 성층권의 온도를 상승시키기도 한다. 그러므로 오존층의 파괴되면 지상에 과다하게 자외선이 들어와 생명체에 위협을 가할 것이며, 아울러 성층권의 온도 변화를 초래하여 기후의 변화를 가져올 것은 쉽게 예상할 수 있다.

(1) 자외선의 증가와 인체에 미치는 영향

생명체를 구성하고 있는 유기화합물에 자외선이 흡수되면 화학적 변화가 일어난다. 유전자의 본체인 DNA에 250~280 nm의 자외선을 쪼이면, DNA 분자 중에 있는 피리미딘 염기(티민이나 시토신)끼리 결합하는 변화가 일어나기도 한다. 이와 같이 DNA분자에 결함이 생기면 유전정보를 잘못 전달하거나 전달하지 못하는 수도 있다. 이러한 유전정보의 이상 전달로 세포가 돌연변이를 일으키거나 죽기도 한다. 암도 DNA의 결함에 의해서 발생하는 일종의 돌연변이라고 할 수 있다.

(2) 농작물에 미치는 영향

자외선의 증가는 식물의 생장을 저해하여 생산성을 떨어뜨린다. 특히 UV-B 자외선은 물 속을 통과하므로 상당한 깊이까지 침투되어 광합성이 가능한 단세포 조류에 위협을 가한다. 그러므로 수중 생태계에 악영향을 미치게 된다. 또한 식물들도 종류에 따라 각기 다른 정도로 UV-B의 양에 영향을 받는다. 꽃들의 개화 시기도 자외선의 양에 따라 민감하다. 이와 같이 자외선의 과다노출로 인하여 꽃의 개화 시기에 변동이 생기면 꽃가루를 운반하는 곤충들도 혼동되어 자연 생태계의 변화에 중요한 결과를 초래하게 된다.

(3) 기후에 미치는 영향

성층권의 온도 분포는 성층권 오존에 의한 태양 복사의 흡수량과 대류권의 오존, 이산화탄소 그리고 수증기 등에 의한 대기 복사의 배출량 사이에 복사 평형으로 유지되고 있다. 수치실험에 의하면 오존의 양이 15 % 감소할 때 약 40 km의 층에서의 오존 농도는 40 % 감소하며, 오존 감소량은 고도에 따라 다르다는 것이 밝혀졌다. 이에 따라 기온도 고도에 따라 10 ℃까지 감소된다고 추산되고 있다. 성층권의 온도 분포는 대기 대순환과 밀접한 관계를 갖고 있기 때문에 성층권 오존 감소에 따른 온도 변화는 기존 대기 대순환을 바꾸게 하여 지구 기후도 달라지게 한다. 또한 성층권 오존층 파괴로 인한 지상의 자외선을 증가시킬 것이고, 그 결과 대류권의 오존량을 증가시켜 광화학 스모그의 발생을 촉진시킬 것이다.

(4) 오존층 파괴 방지를 위한 대책

오존층 파괴의 주범은 프레온가스이다. 그러므로 가장 단순한 대책은 프레온가스의 사용을 억제하는 것이다. 이를 위해서 UNEP는 1985년 비엔나에서 "오존층 보호를 위한 비엔나 협약"을 채택하였다. 이 후 캐나다 몬트리올에서 "오존층 파괴물질에 대한 몬트리올 의정서"가 1987년 9월에 채택되었고 1989년 1월부터 발효되도록 정했다. 여기서 결의된 주요 사항은 프레온 가스를 1986년의 사용량으로 동결하고, 1999년까지는 소비량을 50 %로 삭감하자는 것이었다. 이후 헬싱키 회의(1989년)와 런던회의(1990년)에서 보다 엄밀하게 규제하기를 합의한 결과 프레온 가스 5종, 할론 가스 3종 및 사염화탄소를 2000년부터는 전혀 생산하지 않기로 했으며, 메틸클로로포름의 경우 2005년부터 생산을 중지하기로 결정했다.

간접적인 방법으로는 프레온가스를 대체할 수 있는 물질의 개발하여 사용하는 방법이 있다. 대체물질은 크게 HFC(Hydro-fluoro-carbon)와 HCFC(Hydro-chloro-fluoro-carbon)로 나눌 수 있다. HFC는 염소를 포함하지 않기 때문에 오존층을 파괴하지 않는다. HCFC는 종래의 프레온 가스 분자에 H를 첨가시킨 것으로 대류권에서 쉽게 파괴되어 오존의 농도가 높은 성층권까지 도달하지 못한다. 그러나 이것도 염소가 포함되어 있으므로 비록 적지만 프레온 가스의 1/10정도로 오존층 파괴능력이 있다.

1. 오존층의 감소가 생물에 미치는 영향에 대해 설명하시오.
2. 오존 구멍이 남극 상공에만 생기는 이유는 무엇인가?
3. 우리나라 상공의 월별 오존층 변화에 대해 설명하시오.

정답 1. 플랑크톤 감소에 의한 해양 먹이사슬 파괴, 돌연변이의 증가 등
2. 광화학적 과정, 대기 대순환의 변화, 태양 흑점 주기의 변화
3. 2, 3, 4월에 비교적 높으며 3월에 최고, 8, 9, 10월에 비교적 낮으며 10월에 최소

11-4 산성비

1993년, 서울에서는 pH 4.2의 강한 산성비가 내린 것으로 측정되었다. 이것은 보통 깨끗한 빗물(pH = 5.6)보다 30배나 강한 산성비였다. 산성비란 용어는 영국의 화학자인 스미스(R. A. Smith)가 1853년 영국 맨체스터 지역에 내린 빗물의 강한 산성을 띠고 있음을 발표한 것이 처음이었다. 이후 1950년대 호수의 산성화와 삼림쇠퇴 등이 주목을 받아 북유럽을 중심으로 한 유럽과 캐나다, 미국 등의 북미에서 산성비가 심각한 문제로 대두되었다. 1961년 스웨덴의 오든(S. Oden) 등은 지표수 측정망을 운영하여 산성비의 원인이 대기 오염물질의 장거리 이동임을 알아냈고 빗물의 주요 이온과 산성도에 계절적 변화가 있음을 발표하였다. 그의 주장에 근거하여 스웨덴은 1972년 제1차 유엔환경개발회의에서는 산성비에 관한 피해를 제기했고, 이후부터 산성비가 범지구적인 관심의 대상이 되었다.

11-4-1 산성비의 정의와 특징

순수한 물은 중성으로 pH가 7이다. 그러나 대기 중에는 이산화탄소(CO_2)가 0.03 % 섞여 있으므로 빗물에 이산화탄소가 자연스럽게 녹아 들어가 pH가 5.6 정도의 약한 산성을 띠게 된다. 그런데 대기 중의 오염 물질 중 기체상 물질이 구름으로 유입되고, 구름에서 빗방울을 만드는 과정 속에서 화학 반응에 의해 황산, 질산, 염산 등의 물질이 생성되면 빗물은 pH가 5.6 이하가 된다. 이와 같이 빗물의 pH가 5.6미만인 경우를 **산성비**라고 정의한다. 그러나 경우에 따라서는 자연적으로 발생하는 물질들로 인한 효과를 고려하여 대략 pH가 5.0 이하일 때를 산성비로 간주하기도 한다. 이러한 주장의 근거로는 산성비의 피해가 나타나기 시작하는 빗물의 pH는 5.0 이하이며, 빗물의 pH가 5.0보다 작을 때만 인간 활동에 의하여 산성비가 만들어졌다고 볼 수 있기 때문이다.

산성비를 일으키는 주요 오염 물질은 이산화황(SO_2)과 질소산화물(NOx), 염소(Cl_2) 및 암모니아(NH_3) 등이 있다. 이것들은 대기 중에서 기체상의 산화반응과 액체상의 산화반응을 거쳐 황산(H_2SO_4), 질산(HNO_3)이나 염산(HCl) 등으로 전환된다. 특히 산성비를 만드는 주요 원인은 이산화황으로 그 효과는 전체의 84 %를 차지한다.

기체상 산화반응은 주로 OH에 의해서 일어나므로 광화학 반응이 활발한 여름에 겨울보다 많이 일어나며 밤보다는 낮에 활발하게 일어난다. 반면에 액체상의 산화반응은 구름이나 안개 내에서 주로 일어난다. 이와 같은 생성 기구를 요약하면 그림 11.5와 같다.

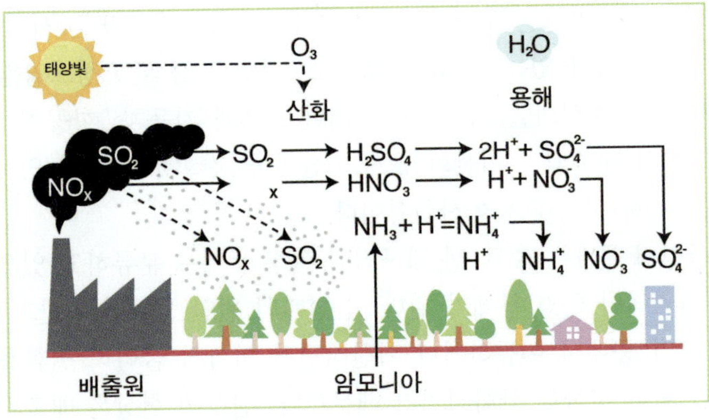

그림 11.5 산성비의 생성

여기서 기체상의 이산화황은 황산으로 변환할 때 OH가 중요한 역할을 하고 있나.

$$OH + SO_2 + M \rightarrow HOSO_2 + M \text{ (M은 } O_2, N_2 \text{ 등)}$$
$$HOSO + H_2O \rightarrow HOSO_2 \cdot OH_2$$
$$HOS_2 \cdot OH_2 + O_2 \rightarrow H_2SO_4 + H_2O$$

한편 이산화질소(NO_2)가 오존과 함께 반응하면 질산이 생성한다.

$$NO_2 + OH(+M) \rightarrow HNO_3(+M)$$
$$N_2O_5 + H_2O \rightarrow 2HNO_3$$
$$NO_3 + RCHO \rightarrow HNO_3 + RCO \text{(R은 H 또는 } CH_3)$$

또한 이산화질소가 액체상에서 아래와 같은 반응으로 질산이 생성된다.

$$2NO_2 + H_2O \rightleftarrows 2H^+ + NO_3^- + NO_2^-$$
$$NO + NO_2 + H_2O \rightleftarrows 2H^+ + 2NO_2^-$$
$$2NO_2 + H_2O \rightleftarrows 2H^+ + 2NO_3^- + NO$$

암모니아 역시 대기 중 산성 기체와 반응하여 입자상 암모늄염을 형성하여 고체 산성물질을 낙하시킨다.

$$2NH_3 + SO_2 + [O] \rightarrow (NH_4)_2SO_4$$
$$NH_3 + SO_2 + [O] \rightarrow (NH_4)HSO_4$$
$$NH_3 + NOy \rightleftarrows (NH_4)NO_3$$
$$NH_3 + HCl \rightleftarrows (NH_4)Cl$$

산성비를 만드는 오염원으로는 공장, 화력발전소 또는 사업장이나 건물 및 가정에 설치되어 있는 보일러, 소각로, 가열로 등의 고정오염원에서 발생하는 이산화황, 질소산화물, 염소 등에 의한 오염과 자동차, 항공기, 기차 등의 이동오염원에서 배출되는 이산화황, 질소산화물, 탄화수소 등이 있다. 이중 가장 많은 양을 차지하는 것은 이산화황이다.

산성비 문제는 주로 전 지구적인 환경 문제로 분류하고 있으나 엄격히 말하자면 지역적인 환경 문제가 된다. 산성비의 원인 물질인 이산화황이나 질소산화물은 대기 중에서 이동하거나 확산하면서 화학적 물리적 변환을 일으켜 황산, 질산이 되어 빗물을 산화시키기 때문이다. 산성비 현상은 배출원으로부터 수천km 떨어진 곳에까지 미치는 것으로 알려져 있다. 따라서 산성비 문제는 여러 국가 간의 대기오염물질 장거리 이동이 문제가 된다. 특정 지역의 빗물의 산성도는 지역오염과 대기오염 물질의 장거리 이동이 복합적으로 나타난 결과이다.

산성비에 대한 피해에 대해서는 유럽과 북미 대륙에서 보고된 바 있다. 그 동안 많은 국가들이 참여하여 산성비의 영향을 밝히고 저감대책을 세우는 것을 목표로 한 많은 국제공동연구의 결과로 국제협약이 체결된 바가 있다. 우리나라를 포함하는 동북아시아 지역의 대기오염 물질 배출량은 이미 서유럽과 북미대륙과 비슷한 수준에 이르렀으며, 향후에는 세계최대의 대기오염물질의 배출지역이 될 것은 매우 명확한 사실이다. 따라서 동북아지역의 산성비 피해를 방지하기 위해서 산성비를 장기적으로 감시하는 것이 중요하며 산성비 특성을 파악하는 것은 매우 중요할 것이다.

11-4-2 산성비의 폐해와 대책

산성비에 의해 우산에 직접 구멍을 뚫린다던가 사람의 피부를 순식간에 손상시키는 경우는 거의 없다. 또한 당장 눈에 띌 정도로 나무나 풀들을 죽이지도 않는다. 하지만 산성비는 광범위한 지역을 서서히 망가뜨리고 있다.

우선 산성비에 의한 피해는 생태계에 심각한 영향을 준다. 예를 들면 수목이나 농작물의 잎에 직접적인 피해를 주어 열매나 씨를 맺지 못하게 하며, 장기적으로는 토양을 산성화시켜 알루미늄, 철, 망간 등의 금속성분이 토양에 녹아 들어가 농작물의 성장이 어렵게 만들며, 토양 속의 미생물을 죽인다. 독일에서는 산성비에 의해 전 산림면적의 반 이상이 피해를 입었으며, 수목에 대한 피해만도 1년에 800만불, 농작물피해도 600만불이나 되는 것으로 보고되고 있다.

또한 중금속이 녹아있는 빗물이 호수나 강으로 들어가 물 속의 생물들을 멸종시키기도 한다. 미국 뉴욕주에 있는 한 호수의 pH가 6.6~7.2이었던 것이 점차 3.9~5.8로 떨어져 물고기의 75 %가 피해를 입었고, 캐나다의 온다리오주의 많은

호수에서도 pH 4.5가 되어 물고기와 플랑크톤의 생육이 곤란해졌다는 보고가 있다.

산성비는 인류가 만든 구조물을 부식시키기도 한다. 예를 들어 대리석으로 된 조각품이나 철교와 같은 금속 구조물, 시멘트 건축물들은 심각한 영향을 받는다. 또한 산성비에 의해 인체에 해로운 중금속이 물이나 토양에 녹아 들어간 후 오랫동안 걸쳐서 먹이사슬을 통해 농작물이나 물고기 등에 축적되고, 결국 우리에게 심각한 영향을 끼친다는 점에 있다.

산성비에 대한 대책은 산성 산화물의 발생을 억제하는 데 있다. 그렇기 위해서는 이산화황을 적게 배출하기 위하여 천연가스와 같은 청정연료의 사용 확대나 저황탄 및 저황유의 사용이 필요하다. 그리고 공장 등에서 황산화물이 배출되기 전에 처리하는 배연탈황 시설이 필요하다. 한편, 자동차 매연 등에서 배출되는 질소산화물의 발생을 억제하기 위하여 백금을 이용한 촉매가 배기 시스템을 장착해야 할 것이다. 그러나 보다 근본적인 문제는 대체 에너지를 개발하고 저연비 자동차를 개발하는 일일 것이다.

1. 산성비의 원인이 되는 주요 원인 물질은 무엇인가?
2 산성비가 생태계에 미치는 영향에 대해 설명하시오.

정답 1. 황 산화물과 질소 산화물
2. 식물의 성장 방해, 토양의 산성화, 토양의 미생물 죽임, 삼림의 감소, 호소나 강의 생물 멸종

핵심정리

대기 오염

- 대기오염물질 : 매연, 먼지, 가스, 악취 등으로 사람의 건강이나 재산에 해를 미치거나 동식물의 생육환경 등 자연 환경에 영향을 미치는 물질
- 1차 오염 물질 : 대기 중으로 직접 배출되는 입자상 또는 기체상 물질
- 2차 오염 물질 : 대기 중에서 오염 물질 상호 간의 상호작용이나 광화학 반응 등 물리 화학적 반응 과정을 거쳐 다른 형태의 오염 물질로 변한 것.
- 입자상 물질 : 먼지, 훈연, 연무, 매연, 검댕이, 박무, 비산재 등
- 기체상 물질 : 황산화물, 질소산화물, 일산화탄소, 이산화탄소, 오존 등

온실효과와 지구온난화

- 온실기체 : 메탄, 일산화이질소, 프레온 가스, 오존, 이산화탄소 등 적외선을 잘 흡수하는 기체
- 온실기체의 온실효과율 : 이산화탄소 > 메탄 > 일산화이질소
- 지구온난화에 따른 현상 : 기후 변화, 농업과 산림의 변화, 수장원의 변화, 해수면 상승, 보건 문제
- 지구온난화가 우리나라에 미치는 영향 : 하천 유량이 봄과 여름에 증가, 홍수의 빈도 증가, 겨울철 유량 감소, 쌀 생산량 감소, 평균 기온 상승

오존층 파괴

- 오존층 : 지상 10~50 km 사이의 성층권에 존재. 파장 290 nm 이하의 강한 자외선(UB-B) 흡수. 계절과 위도에 따라 두께가 변함.
- 오존층 파괴의 원인 : 프레온 가스, 일산화질소, 염화메틸, 사염화탄소, 할론 가스 등
- 오존층 파괴의 영향 : 자외선의 증가 → 피부암 발생율 증가, 백내장 증가, 플랑크톤 감소에 의한 해양 먹이사슬 파괴, 돌연변이의 증가 등

산성비

- 산성비 : pH 5.6 이하의 빗물. 자연의 빗물에도 이산화탄소가 녹아 들어가 pH 5.6 정도의 약한 산성을 띰.
- 산성비의 원인 물질 : 황산화물, 질소산화물 등
- 산성비가 생태계에 미치는 영향 : 식물의 성장 방해, 토양의 산성화, 토양의 미생물 죽임, 삼림의 감소, 호소나 강의 생물 멸종

평가문제

01 로스엔젤레스형 스모그와 런던형 스모그의 차이점에 대해 설명하시오.

02 대기 오염 물질의 종류를 나열하고, 각각의 물질이 생기는 원인과 이들이 미치는 영향에 대해 설명하시오.

03 황산화물은 연료에 포함된 황 화합물 때문에 발생한다. 그러나 연료에 질소 화합물이 포함되지 않아도 자동차나 보일러에서 질소 산화물이 발생한다. 그 이유에 대해 설명하시오.

04 온실효과가 일어나는 이유에 대해 설명하시오.

05 온실효과가 없다면 지구상에 어떤 일이 일어날지 설명하시오.

06 온실기체의 종류를 나열하고, 각각의 물질이 생기는 원인에 대해 설명하시오.

07 지구온난화에 따른 현상을 설명하시오.

08 지구온난화를 방지하기 위한 국제적인 노력에 대해 설명하시오.

09 지구 대기권에 대해 설명하시오.

10 오존층의 역할에 대해 설명하시오.

11 오존층 파괴의 원인에 대해 설명하시오.

12 오존층 파괴가 미치는 영향에 대해 설명하시오.

13 오존층 파괴 방지를 위한 국제적인 노력에 대해 설명하시오.

14 오존층 파괴 방지를 위한 개인의 노력에는 어떤 것들이 있을 수 있는 지 설명하시오.

15 산성비의 정의와 특징에 대해 설명하시오.

16 산성비가 미치는 영향에 대해 설명하시오.

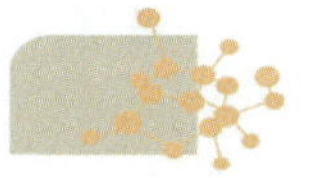

참고문헌

3-2 과학

3학년 교과서 지도서

4-2 과학

4-2 과학 초등학교 교사용 지도서, 교육인적자원부

4-2 실험관찰

4학년 2학기 과학 초등학교 교사용 지도서, p. 162

5-1 과학

5-1 과학 교사용 지도서, 교육인적자원부

7차 교육과정 초등학교 3학년 2학기 과학 교과서, 교육인적자원부

7차 교육과정 초등학교 3학년 2학기 과학과 교사용 지도서, 교육인적자원부

7차 교육과정 초등학교 5학년 1학기 과학 교과서, 교육인적자원부

7차 교육과정 초등학교 5학년 1학기 과학과 교사용 지도서, 교육인적자원부

Brady & Holum, "화학", 제2판, P.105~134, 자유아카데미(1997)
Daniel C. Harris, "최신분석화학", P.3~410, 자유아카데미(1999)

Brown, John, C., 양정성 역(1993), 『인간과 자연』, 자유아카데미

David E. Goldberg, 기초일반화학,

David W. Oxtoby, 현대 일반화학, 자유아카데미

EBS화학 Ⅱ, 89p

General Chemistry(2nd ed.)(1999). J. W. Hill & R. H. Petrucci. Prentice Hall International, Inc.

http://100.naver.com/100.nhn?docid=17188 네이버 두산동아 백과사전

http://article.joins.com/article/article.asp?Total_ID=2752838

http://schoolnet.goe.go.kr/board/upload/20070702130001.pdf

http://user.chol.com/~roparktc/park/e3_8.htm

Introductory Chemistry(2nd ed.)(1998). D. D. Ebbing & R. A. D. Wentworth. Houghton Mifflin Company.

Macmurry and Fay, 일반화학 제4판, 화학교재편찬위원회

Nivaldo J.Tro, 화학의 이해, 라이프 사이언스

Oxtoby Gillis Nachtrieb 일반화학교재연구회. 현대일반화학 제 5판. 자유아카데미

Oxtoby, Freeman, Block ,일반화학, 淸文閣

P. W. Atkins, 일반화학,

Peter Atkins, Loretta Jones 일반화학 제3판

Raymond Chang, 일반화학 4e, 자유아카데미

Theodore E. Brown, H. Eugene LeMay, Jr, Bruce E. Bursten [공저] ; 화학교재편찬연구회 역(2007). 일반화학: 과학의 핵심. 서울 : 녹문당

감압병 다이빙 의학상식
http://cafe351.daum.net/_c21_/bbs_search_read?grpid=1BLRY&fldid=Gn81&contentval=0000Ozzzzzzzzzzzzzzzzzzzzzzzzz&nenc=elG-wjTaG8GzvTqaUIR9ww00&dataid=24&fenc=m-IBNZAC2hs0&docid=1BLRY|Gn81|24|20080101110329&q=%B4%D9%C0%CC%BA%F9%20%B0%FA%C6%F7%C8%AD

건교부(1996), 수자원장기종합계획

고흥중학교 : 분별증류나 증류 과정을 PPT로 제시하고 있다.
http://goheung.ms.kr//index2_05.cgi
[경로 : 고흥중학교〉과학〉2학년〉ICT활용자료〉분별증류에 의한 혼합물의 분리]

국립환경연구원 홈페이지 : http : //www.nier.go.kr

국립환경연구원(1992), 지구환경연구를 위한 기초 조사(I)

국립환경연구원(1993), 기후변화 협약에 대한 우리 나라의 대응 방안(이산화탄소를 중심으로)

국립환경연구원(1999), 환경 자료집

김남일 · 김왕근 · 노경주 · 이면우 · 이대형 · 추병완(2000), 인간 · 환경 · 교육, 춘천교육대학교 출판부

김유근 · 이상준 · 이화운 · 주기재(1999), 환경과학 I, 형설출판사

김희강 · 김광렬 외(2000), 인간과 환경, 동화기술

노미선(2005). 「초등학교 용액의 진하기 단원에서 간이비중계 실험의 개선방안」, 서울교육대 교육대학원 석사학위논문

노재식(1985), 『환경과학 입문』, 전파과학사

두산 백과사전 – 캡사이신, 열오염, 여과, 분별증류

박정남(2003). 「상황에 따른 초등학생들의 용해 개념에 따른 이해 조사」, 금오공과대 교육대학원 석사학위논문

사이언스타임즈 http://www.sciencetimes.co.kr/article.do?atidx=0000014769

삼성지구환경연구소(1998), 기후변화협약(그 실체와 대응)

생활과 화학 교재 편찬위원회(1994), 생활과 화학, 자유아카데미

서울특별시 교육청(1996), 『고등학교 환경과학』, 서울특별시 교육청

서원대학교 : 순물질과 혼합물의 내용 및 분리 방법을 간단하게 설명하고 동영상을 볼 수 있다.
http://dragon.seowon.ac.kr/~bioedu
[경로 : 서원대학교〉중학교 과학〉중1과학〉혼합물의 분리]

쉬운화학, 이안 구츠 지음, 홍훈기 옮김, 교문사(2005)

에듀넷 http://www.edunet4u.net/teacher6/html/index.html

오정희 · 유의경 · 정국영, 박현주 공역(1999), 인간 · 환경 그리고 화학, 자유아카데미

우리교육 http://www.uriedu.co.kr/

윤순창, 이용근, 김윤신(1992), 『대기환경기준 설정 및 대기환경지표 개발에 관한 연구』, 환경과학 연구협의회

이강일(2004) 서울교대 교육대학원 석사학위 논문. 초등학교 '용액의 진하기' 단원의 실험방법 개선에 관한 연구.

이강일(2004). 「초등학교 '용액의 진하기' 단원의 실험방법 개선에 관한 연구」, 서울교육대 교육대학원 석사학위논문

일반화학(2008). 이익모 외(역). 북스힐.

일반화학, 일반화학 교재연구회, 자유아카데미, 제1판, 2002년 p. 202-209

일반화학, 화학교재 편찬위원회, 탐구당, 제 2판, 2001년 p. 498~508

전병문(2001). 혼합물 분리 방법에 따른 개선 방안. 석사학위논문, 부산교육대학교

정호연 (2004). 혼합물 분리하기 단원의 두부 만들기 실험 방법의 개선에 관한 연구. 석사학위논문, 서울교육대학교

중앙교수학습센터 : 혼합물의 분리 방법 중 밀도차를 이용하여 볍씨를 고르는 방법과 끓는점의 차이를 이용하여 원유를 분별증류하는 방법을 표현한 자료가 있다 (왼쪽의 자료를 다운 받으면 원유의 분리 방법을 플래쉬로 보여준다.)
http://www.edunet4u.net/main/index.jsp
[경로 : 에듀넷〉교사〉수업자료〉멀티미디어자료〉중학교〉2학년과학〉8단원 혼합물의 분리〉혼합물의 분리방법]

중학교 과학 수업 자료 개발에 관한 연구 : Chromatography 실험 방법의 개선안/홍명희/경희대 교육대학원/2004

중학교 과학 수업 자료 개발에 관한 연구 : Chromatography 실험 방법의 개선안/홍명희/경희대 교육대학원/2004
일반화학/김일두/사이텍미디어/1998

즐거운 과학 세상 www.scienceall.com

증류에 대한 이론적인 설명이 나와 있음
http://www.edunet4u.net/main/index.jsp
[경로 : 에듀넷>학생>중학교>주제별학습>과학>전체구조보기>혼합물의 분리>끓는점의 차이]

천연비누전문푸른몰닷컴 www.purunmall.com

초등학교용 실험실 안전 지도 자료, 교육인적자원부(2006)

최경희 (2000). 최경희 교수의 과학아카데미2 화학 · 생물. 서울 : 동녘

하이탑 화학2, 두산동아

한국과학문화재단 : 혼합물의 분리 원리를 동영상으로 간단하게 설명해주고 있으며 내용 정리 및 형성평가 문항을 제시하고 있다.
http://www.science.or.kr/index.jsp
[경로 : 사이언스올〉과학교육〉가상실험실〉7차교육과정실험실〉중2물상〉혼합물의 분리]

한국외국어대학교 환경과학연구소 편(1999), 『환경과 삶』, 한국외국어대학교 출판부

한국잠수협회지도자모임
http://cafe352.daum.net/_c21_/bbs_search_read?grpid=1CFAl&fldid=G5vF&contentval=00002zzzzzzzzzzzzzzzzzzzzzzzzz&nenc=elG-wjTaG8GzvTqaUIR9ww00&dataid=2&fenc=9D6MIgcmLmM0&docid=1CFAl|G5vF|2|20080426181454&q=%B4%D9%C0%CC%BA%F9%20%B0%FA%C6%F7%C8%AD

한국지구과학회 편(1994), 『지구환경과학 II』, 대한교과서주식회사

한국학술진흥재단 : 분별증류 실험을 동영상으로 볼 수 있다. 내용은 대학생들을 대상으로 제작해 놓은 것이나 분별증류 실험을 설명하는 데 이용할 수 있다.
http://kowon.dongseo.ac.kr/~binoh/chemistry/root
[경로 : 한국학술진흥재단〉유기공업화학〉분별증류]

한상준(2005) 진주교대 교육대학원 석사학위 논문. 황산구리 결정 만들기 실험의 개선에 관한 연구.

현대일반화학(제4판)(2002). 일반화학교재연구회. 자유아카데미.

현승의(1987), 『기상환경의 이해』, 지구문화사

혼합물의 분리를 동영상으로 보여주면서 학생들이 직접 실험 과정을 순서대로 해볼 수 있도록 제공하고 있다. 여기서는 동영상 실험뿐만 아니라 원리와 퀴즈도 함께 제시하고 있어 체계적인 학습이 되도록 도움을 준다.
http://www.edunet4u.net/main/index.jsp
[경로 : 중앙교육학습센터(에듀넷)〉학생〉테마학습〉과학교실〉사이버가상실험실 〉화학〉혼합물의 분리]

화학과 생활(2000). 화학교재편찬위원회. 한승.

화학의 이해, Nivaldo J. Tro, 라이프 사이언스

화학의 현재와 미래(1997). 여인형 외(역). 자유아카데미.

환경과 생활 속의 화학(제5판)(2006). 교재연구회. 자유아카데미.

환경부(1995), 지구환경감시 및 기후 변화 예측 기술(오존층 감시 기반 기술)

환경부(1995, 1998), 환경 백서

환경부(1998), 지구환경노력과 우리의 대응노력

환경부(1998), 환경 통계연감

환경학교재연구회(1999), 『환경학개론』, 자유아카데미

황수관의 호기심 천국. 호기심천국제작팀 한국과학문화재단

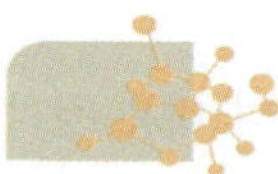

찾아보기

(ㅈ)

초등교사를 위한 화학

2011년 3월 5일 1판 1쇄 인쇄
2011년 3월 10일 1판 1쇄 발행

저 자 이대형 · 여상인 · 장신호 · 강훈식
발행인 연 규 산
발행처 청범출판사
등 록 1991년 8월 13일 No. 5-282
주 소 서울시 노원구 공릉1동 598-7
전 화 02-971-5385
팩 스 02-977-8967
가 격 20,000원
ISBN 978-89-88247-63-1 03430